唐君毅全集　卷十一

中西哲學思想之比較論文集

臺灣學生書局印行

目錄

中西哲學思想之比較論文集

附　錄

中西哲學思想之比較論文集

本書原名「中西哲學思想之比較研究集」，後作者改爲今名。一九四三年由正中書局初版，一九四八年再版，後作者要求停止重印。全集所據爲四八年再版本，並經全集編輯委員會校訂。

自序

本書乃輯著者所發表及未發表有關中西哲學之比較論文而成。此論文，除五篇外，均民二十三至二十六年中所作，故表現一貫之中心問題及中心思想，互相照應，略成一系統。全書自文化觀點論哲學，故於細密之問題未暇涉及，而純為一種鳥瞰式之論法——全書均以天人合一之中心觀念以較論中西思想之不同。第一篇中國文化根本精神之一種解釋論中國人之宇宙觀及人生態度與西洋人印度人所持者大體上之差別。第二篇論中西哲學問題之不同乃自中西哲學所著重之主要問題以辨中西哲學之不同。第三篇中國自然宇宙觀之特質，則係自宇宙論問題上辨明中國自然宇宙觀與西洋印度之不同而補充第一文者。蓋第一文所論之中國人之宇宙觀乃關於宇宙之抽象形式方面，屬於所謂 Formal ontology 之問題，而此文所論則關宇宙之實際構造方面，所謂 Cosmology 本身之問題也。第四文如何了解中國哲學上天人合一之根本觀念則係自人心論及認識論上略論中國哲學之天人合一觀念之根據者。第五文論中西哲學中本體觀念之一種變遷，第六文中西哲學中關於道德基礎論之一種變遷，則係各就宇宙人生兩方之一問題以指明中西哲學出發點之不同，而其分別之發展則表現交合之趨向，藉以暗示中西哲學融會之可能。第七文中國藝術之特質，第八文中國哲學與中國文學之關係，第九文中國宗教之特質，三文皆以中西相較，以表示中國藝術、文學、宗教、思想之特質，同原於第一文所論之中國人之宇宙觀及人生態度。第十文莊子的變化形而上學與黑格爾的變化形而上學之比較，係自形而上學中舉出中西二哲作證，以表示中西哲學之不同。第十六文孔子與歌德一文本爲十年前當歌德百年紀念時所作。其中較論孔子與歌德二人同點，尙係只自二人人格之外表立論，今頗不滿。惟此文最後一段，則係就中西人生態度之不同以說明二人人格成長之不同者，故亦列入附錄。第十一文中國哲學中天人關係論之演變，則係說明各時代儒者天人觀之不同。蓋本書處處皆以天人合一之觀念作爲中國哲學之中心觀念，而所謂天人合一之意義，則中國各時代之哲人主張並不一致，由先秦至清代，實表現四階段之發展。第十二文老莊易傳中庸形而上學之論理結構，則係以西洋式思路把握中國形而上學之觀念，並以之解答西洋形而上學之某一問題之作。全書以此文純哲學意味最爲濃厚，析理最爲細密。此文辨老莊易傳中庸形而上學之論理結構，指出老莊易傳中庸之形而上學雖同爲變化之形而上學，而中心觀念又不同，於此可證中國哲學非渾淪汗漫之物。惟此文主乎分析，作法與其他各文迥異，讀者如無耐心，於此文必不感興趣。第十三文略論作中國哲學史應持之態度及其分期，則爲根據余之中國哲學觀對今後作中國哲學史者之希望。附錄二文論不朽及二十世紀西洋哲學之一般特質，亦皆二十二年所作，本與此書中心問題無關，然亦可補充書中之數點，故亦列入。凡此諸文非一時一地所作，所應刋物需要又各不同，故深淺不一，又此諸文皆數年前所著，今日之見解與昔自不能盡同。唯著者近年用心別有所在，不自滿之處不及一一修改，惟關於大端，認識仍以爲不誤，故照舊付印。夫宇宙事物之同異，誠如莊子所言：「自其異者視之，肝膽楚越也；自其同者視之，則萬物皆一也。」哲學何獨不然。人類文化之前進實賴殊方異域之思想，能交流而互貫。欲其交流而互貫也，恒須就其同者引而申之，觸類而長之，以完成其交流互貫之事。故著者之所爲，因未嘗否認人類不同之民族哲學思想有其匯歸之交點。不然，則哲學將如培根所謂種族之成見，哲學將復何有？抑猶有進者，同異二範疇乃互爲基礎。惟感其異乃舉其同，知其所同，乃能辨異。重小同者忘大異，重大異則捨小同，以小同在大異中，則以關聯之異，而同亦不同矣。惟知其大異者，乃能進而求其更大之同。今人恒言世界未來之哲學當爲中、西、印融合之局面。無論所謀融合爲積極之互相滲透或消極之互相限制，其問題之領域，皆融合也，此說筆者信之。筆者復信，在世界未來哲學中，中國哲學之精神當爲其中心，此非自哲學內容之高下立論；中國哲學派別之繁，問題之豐富，析理之細密，實不及西洋與印度。然或正以此故，中國哲學遂特純正而富於彈性，此卽其蘊蓄宏深堪爲載重之器之證。惟欲以中國爲主以融攝西洋印度之思想，必須先辨其大方向之異，以辨大異爲求更大之大同大通之資。而觀不同民族哲學彼此大方向之異，如觀人之氣象與態度，非可以耳目口鼻論。縱耳目口鼻有相同者，亦當渾融之於整個氣象中而觀之。故較論民族哲學之同異者其舉示哲人之說，皆取其爲民族哲學精神之象徵的意義，而不必其哲學系統本身中之意義。此黑格爾所謂觀「社會客觀精神」與觀「個人主觀精神」不同之說也。觀客觀精神之事最有賴於冥會與洞識。冥會與洞識者貴得其全。然此所謂「全」，又非純由通常所謂綜合特殊之事例而得。若誠純由綜合特殊事例而得，則探求歷史與學術文化客觀精神之歷史文化哲學將不可能，以世固無一人盡知歷史事實學術文化之全部也。人之不必盡知歷史事實學術文化之全部而可有歷史哲學，一如人之不必細察耳目口鼻之微而可知人之氣象與態度，而人之細察耳目口鼻之微者，反不能觀其流動活潑之氣象與態度，此觀全與辨分之不同也。必明乎客觀精神與觀全之義，而後哲學比較之事可得而言。此二義之重要，著者昔草本書各文時，尚未盡知，故所論多不自滿；問題深處，近年頗有抉發，容緩口再爲系統著述以論之。今印此集，蓋望國人對此問題能够有所認識而已。十五年前梁漱溟先生東西文化及其哲學一書首提出中西思想之不同。筆者於此問題之感與趣，實受其啟發爲多。先公廸風在時，恒以中土先哲之訓相教，少年不能盡解，時與辯論。十年以來，讀書漸多，每憶其言，輒有所觸發。師友切磋，所在多有。唯此集非同系統之作，不蹈俗例一一致謝。筆者自對所言負責，其與他人之同異，讀者當自得之。

唐君毅　民國三十年二月十五日於重慶沙坪壩中央大學

導言

——中國文化根本精神之一種解釋

此題之作法有三：一為先持一種藝術上之欣賞態度，對中國文化之特質，作一心靈上之漫游，以鳥瞰之方法，逐漸提升自己之觀點，而最後抵於此各種特質薈萃之焦點，遂以此為中國文化之根本精神；二為先持一種科學上之分析態度，對中國文化各領域之一切文化現象，加以分析，由分析而發現其共同之點，本歸納之步驟，層層累積，以得一最高之文化範疇，遂指為中國文化之根本精神；三為先提出一種抽象假設，由此假設而逐漸尋覓其意義，剝露其涵蘊，遂以說明中國文化之各種特質。在第三種作法，又可分為二種：一為根據嚴謹之邏輯，依推理之步驟，以演繹出此假設之意義或涵蘊，且處處指明此假設為解釋中國文化特質唯一可能之假設，其他假設均不可通，使此假設由假設而進為絕對之眞理；二為但取此假設作為討論之中心，視作各種文化特質之「意義線」輻輳之處，雖取邏輯之推演方法，然並不一定依照嚴密之推理步驟作直進式之演繹，但視邏輯推演為一方便，如探海燈投射光線以探海上行舟或礁石之用，亦並不從事證明此假設為唯一可能，而留其他假設之是否可能於其他之嘗試者，今惟證明所採之假設確屬可能而已。此數種作法之優劣今不具論。作者所採之法，則為第三種中之後一種。雖時或類其餘三種，然作者本意實係採第三種之後一種。此所望讀者切記在胸以便了解本文之結構者也。

今先將作者所假設之中國文化根本精神以一命題表述之於下，然後再進而說明之。

中國文化之根本精神即「將部份與全體交融互攝」之精神：自認識上言之，即不自全體中劃出部份之精神（此自中國人之宇宙觀中最可見之）；自情意上言之，即努力以部份實現全體之精神（此自中國人之人生態度中最可見之）。

此命題或以為不足說明中國文化，故不能稱為中國文化之根本精神；或以為此乃各種文化所同之精神，不能專視作中國文化之根本精神；或以此外尚有更根本之中國文化精神。然就作者現有之知識觀之，則此精神可謂中國文化最根本之精神，別無更根本之精神可得；其他文化雖或多少表現此種精神，然未有如中國文化之自始即以此精神為理想且充分表現此精神者，中國文化之特質亦無不可直接間接以此精神說明之。以下即當陸續證明此語之非誣。為方便計，下文先就中國人之宇宙觀及人生態度之特質分別加以說明①而後進而略論究其與文化之關係。今依序先作中國人之宇宙觀特質之說明。

中國人之宇宙觀特質之說明

中國人之宇宙觀之特質有七：一、無定體觀，二、無往不復觀，三、合有無動靜觀，四、一多不分觀，五、非定命觀，六、生生不已觀，七、性卽天道觀。今一一論之如後。

一、無定體觀　中國人心目中之宇宙恆只爲一種流行，一種動態；一切宇宙中之事物均只爲一種過程，此過程以外別無固定之體以爲其支持者(Substratum)。易經全部實卽將宇宙視作往來之過程而說明之，故謂「神無方而易無體」。老子論道曰：「周行而不殆。」論語孔子謂：「逝者如斯夫，不舍晝夜。」均自過程觀宇宙之語。同此類之話頗多，不勝悉舉。卽如中國所講五行八卦之類，在初民心理中或本所以代表固定之金木水火土山澤風雷等；然書經洪範中之五行，易中之八卦，卽均失其固定之性質而化爲一種意味，一種功用。故洪範謂：「金曰從革，木曰曲直，水曰潤下，火曰炎上，土爰稼穡。」易說卦傳謂：「乾，健也；坤，順也；震，動也；巽，入也；坎，陷也；離，麗也；艮，止也；兌，說也。」故八卦在易中已用以象徵人身社會自然之各部，後儒論五行亦復如此。吾人但觀五行之行字，八卦之卦字（易說卦謂「觀變於陰陽而立卦」），吾人已可知中國之五行八卦與希臘原子論者之言地水火風之絕對不同。尤有趣者，爲中國人於一切均好以氣解釋，嚴幾道譯之名學淺說中一段，論及中國人之思想方法，謂：「問人何以病，曰邪氣內侵。問國家何以衰，曰元氣不復。於賢人之生曰閒氣，見吾足忽腫曰溼氣。他若厲氣、淫氣、正氣、餘氣，鬼神者二氣之良能，幾於隨物可加。」此一方雖表明中國人頭腦之混沌殊覺可笑，然同時亦正可見中國人之視一切物爲一意味、動態、功用、過程，故視萬物爲氣之流行。故中國哲學竟無唯物論，與唯物論相近之思想均融入於唯氣論中，實非偶然。中國思想家之論本體皆不離用，故常有「卽用顯體」、「卽體卽用」、「離工夫外無本體」之說。關於中土體用之學義蘊宏深，今所不及論，茲爲便於引申後文，惟言此體與用不離，而爲流行中之主宰，而非流行後面之主宰固定不變體之觀念而已。

此種無定體觀乃中國人所有之宇宙觀。西洋思想始於欲在現象外求本體，將一切現象均視作物之附性非眞正之實在，故恆欲撇開現象以探索支持宇宙之固定不變眞實本體。希臘哲學中之本體觀念幾無不與現象對立，而所謂本體者率皆含固定不變之性質。近代哲學中之唯物論多元論所謂本體亦然。絕對唯心論所謂本體自與現象不離，其所謂絕對不變之涵義與固定之義有別，自一義論之，其所謂「絕對」頗同中土所謂流行中之主宰。現代哲學家懷特海（Whitehead）、柏格孫（Bergson）等尤重變與不變之融攝。然自全部西洋思想而言，則論宇宙本體者多陷於視本體爲固定不變之說。如柏格孫形而上學序論，杜威（Dewey）哲學之改造，懷特海科學與近世，羅素（Russel）哲學中之科學方法，斯泡丁（Spaulding）新埋性論，卽均詳論及此，而以此爲西方哲學須根本改造之理由（彼等之書且論絕對唯心論者皆犯同一錯誤）。印度佛法以破我執法執爲教，立諸行無常諸法無我之義諦，蓋與中國之無定體觀最相近。然印度其他宗教固大多建立一常住不變之本體世界，如支配印度人思想最久最深之婆羅門教，卽承認一常住不變之梵天之存在。佛法在印度迄未佔多大之勢力，佛法中之大乘竟絕於印而只保留於中國。且佛法之以宇宙爲無常無我，推其原仍出於求常求我之動機，故深以無常老死爲苦。唯感於世間終無常我可得，始只得認此當前宇宙爲無常無我，是佛法之最初出發點仍未免於執常執我。而中國人之宇宙無定體觀則遍於自古至今之中國人思想中，其視此宇宙爲無定體，並非如西洋人印度人之先迫切追求定體不得方逐漸悟到，蓋自始卽將宇宙視作無定體可得者也。

以上已將中國人之宇宙無定體觀說明，現吾人可進而論其如何自吾人上述之根本精神而來。吾人今姑不問現象以外有無固定不變之本體，此乃另一問題。吾人今所欲問者爲自知識起原上言之，人何以欲於現象外求固定不變之本體，自無常外求常。自吾人之直接經驗而言，一切固皆流行不息，瞬目揚眉，山河頓易，無不變者。故所謂現象以外之固定不變本體，實係自直接經驗之遷流生化之宇宙全體中抽象出之產物，抽象後而復隔離之於此全體以外之產物。而中國思想家之視宇宙爲無定體，直下承擔此遷流生化之宇宙萬象於變中見不變。則實自不在全體中劃出部份之根本精神而來也。②

二、無往不復觀　中國人心目中之宇宙恆非直線進行，而爲輪流周轉。故認爲一切事象之演化，均非往而不返，而呈無往不復之觀。易與老子於此所見特深。易復卦以「復見天地之心」，繫辭傳贊易謂：「變動不居，周流六虛」，故六十四卦均可旁通，如環無端。易之全書卽不外本之以象徵宇宙間一切消息、盈虛、往來、屈伸、剝復、損益之各種循環關係。老子一書亦大半均在講明「長短相較，高下相傾，前後相隨。」「曲則全，枉則直，窪則盈，敝則新。」「飄風不終朝，驟雨不終日。」「物壯則老。」「天下之至柔馳騁天下之至堅。」之理，故曰：「大曰逝，逝曰遠，遠曰反。」「反者道之動。」後來之道家無論莊列淮南，莫不盡力發揮此義。又如禮運所謂「五行之動，迭相竭也。五行四時十二月，還相爲本也。五聲六律十二管，還相爲宮也。」一段亦所以明宇宙事物往復循環之義。故中國人恆信所謂氣運之流轉，恆信一治一亂，五百年必有王者興之說。中國人計年以花甲六十年爲一週，算命者即憑之以斷人之命運，均本於氣運輪轉之觀念，而非有信於抽象之數之魔力。中國五行說之金木水火土，皆互爲生尅，彼此制化，無端可尋。故中國人比較有系統之宇宙時間觀，如邵康節之所持，其終始全可以易之六十四卦由復至坤之圓圈表示。天地開闢至閉之一元之時間，其中會運世之輪轉，正同一年由初一至除夕，其中月日時之輪轉然。中國人較有系統之宇宙空間觀，如史記孟子荀卿列傳所載騶衍環海九州之說，謂中國有九州，其外如中國者九，有裨海環，如此者又九，乃有大瀛海環其外。亦屬重重圓圈之想像。是均可見中國人對宇宙之持無往不復觀也。

此種宇宙觀亦中國人所特有。西洋希臘人之宇宙乃一有限而表現整齊秩序有「由低至高之層疊」(Hierarchy) 可見之宇宙。故一切自然物均有其一定之位置，遵照一定之軌道運行如一清明之圖畫，所謂 (Cosmos) 是也。此種宇宙在柏拉圖 (Plato) 之提姆士 (Timaeus) 中得一最具體之表現。自希臘人觀之，如宇宙一朝失去其整齊之秩序，則只能成爲混沌 (Chaos)。故即注重變化之赫拉克萊丟斯 (Heraclitus)，亦不能不成立一邏各斯 (Logos) 以作變動中之支柱，以免宇宙成爲混沌。混沌乃希臘人所最忌，故 (Cosmos) 與 (Chaos) 二字必截然分別。而中國人則素不分此二字；中國人心目中唯一種宇宙，此宇宙誠亦有其秩序，然此秩序並非固定。此秩序殆類乎振動中之週期，只爲一種節奏之反復。故中國人之宇宙並不表現由低至高之層疊，乃屬升降起伏波動無常者。自此而言，希臘人必將視作混沌。可見中國無往不復之宇宙觀，非希臘人所有。近代西洋人之宇宙雖變動不已，然其變動純係在一直線上進行往而不返者。近代西洋人打破希臘人之有限空間，而認識一無限之空間；然此無限空間正屬向三量度一直伸展往而不返之物。近代西洋人打破希臘人有窮之時間，認識無窮之時間；然永遠進化之思想正無所歸宿之宇宙之反映。誠然黑格爾（Hegel）一流之辯證法宇宙觀多與中國人正反相生之觀念有相同之處，故人恆持以相比附。然黑格爾之辯證發展之宇宙，自時間上言之，仍屬在一直線上進行。其所謂正反合乃一一累積而上，故其宇宙大可有終局。如其所謂文化之發展，則顯然可有最高之結束點。其認普魯士文化卽最高之文化形態，其自己之哲學，卽最後之哲學；均可爲證。西方思想家對於時間空間觀念與中國思想均尙相似者，似唯有柏格孫與懷特海。然柏格孫所謂生命衝動（Elanvital），懷特海所謂創進（Creative advance），終出自前進不回之觀點。此外如尼采（Nietzche）等雖有永遠輪迴之思想，然彼等所謂永遠輪迴只爲過去事之重現。此種輪迴非眞正之輪流周轉，而只能視作直線之重疊。至於印度思想中之宇宙輪迴觀，以宇宙自時間上言之，表現一刼復一刼；自空間上言之，三千大千世界又呈重重包裹之狀；誠與中國思想最近。然印度思想家終不曾如中國思想家之注目於眼前事象之消息盈虛，觀無往不復之理於日用尋常之對象。故吾人仍可言無往不復之宇宙觀，爲中國人宇宙觀之特質也。

吾人現可進而說明此種無往不復之宇宙觀之來源。此種宇宙觀既可謂自無定體觀而來，間接出自上述中國文化根本精神；亦可謂直接由上述中國文化根本精神而來。云何可謂自無定體觀來？蓋吾人之相信事物運行，往則不返，直進不曲時；必同時相信事物之運行，並非出於事物之自動，而由有固定之體在後以迫脅之支持之，使之向一定方向而進行。若吾人根本上即持宇宙無定體觀，則所謂事物之運行，不外各種現象之遷流生化。此各種現象之遷流生化，無在後迫脅之支持之者，純爲自動。既屬自動，其動向自不必限於一定方向而可轉移回繞；呈「唯變所適不可爲典要」「往復無常」之觀。云何又謂來自中國文化之根本精神？蓋凡世間一切消息盈虛往來剝復屈伸損益一切之相對二種狀態，自吾人之認識上言之，皆互相補足相反相成而不可離之兩面。吾人承認其一面，同時必須假設有其他面。二者實構成一全體。吾人之所以只看一面而忽略他面，顯由吾人之抽象作用將一面特別提出之故。此特別提出正是自全體中劃出部份。中國人既不自全體中劃出部份，自不將二面視作分裂，而自注目於其正反相生交輪互轉之處矣。

三、合有無動靜觀　中國人之視宇宙，恆視作即有即無，即動即靜。老子謂：「天下萬物生於有，有生於無。」「有無相生。」「靜爲躁君。」易論乾本至動而其靜專在其中，坤本至靜而其動闢在其中。莊子尤好論動靜交易有無出入之理。至宋明儒者論及有無通（張載），一動一靜互爲其根（周濂溪）之語尤多。故中國人心目中無畢竟空絕對靜之時間空間，亦無充塞運動無有少罅之時間空間。中國人心目中之時空恆被稱爲太虛。所謂虛正係在有無動靜之間，而爲有無動靜之過渡者。故老子論虛曰：「虛而不屈，動而愈出」。誠妙哉其言。此種合有無動靜之宇宙觀，在印度佛法及西洋神秘主義誠咸有之，然印度佛法在印度人思想中，西洋神秘主義在西洋人思想中，均不佔主要之地位。且印度佛法與西洋神秘主義均視有無動靜合一之理爲超世間法，而不視作世間法。故認爲唯有升至彼界時，方能親證之。故此理與世間法不相聯續。中國思想家則素不視此理爲超世間法，不必升入彼界方能親證，而以此理與其他理全可打成一片。以後當再論及之。卽此而言，吾人至少可謂此理在中國文化中之意義較在印度西洋豐富多多也。

吾人今進而論此種宇宙觀之來源。第一、吾人可謂其來自無往不復觀。蓋自無往不復觀，則一切盈虛消長往來屈伸均互相補足之兩種狀態，皆爲一全體之兩面。必兩面兼具，方成整個之一事。吾人可試問當吾人只見一面時，另一面有與否。此時可謂無，以另一面尚未生；然亦可謂之有，以此面卽將轉變至彼面，此面中已含孕有彼面——此面不含孕彼面則此面不能完全。吾人用此眼光以觀宇宙，自必視宇宙爲卽有卽無；同時亦必視宇宙爲卽動卽靜。以由靜至動卽由無至有或由有至無，不過在動靜之概念中必預設一動靜者而已。第二、吾人可謂其來自無定體觀。蓋吾人持有無動靜不相通之見時，吾人同時必信於有無動靜之現象外後面有固定支持者或托底者（Underlying entity）。若果一切現象均無固定支持者、托底者，則一種現象只爲一種現象，並無自持其爲有爲無爲動爲靜之狀態之「能力」。若有此「能力」，則此「能力」已爲現象外之固定支持者或托底者。一種現象既無自持其爲有爲無爲動爲靜之「能力」，佛家「才生卽滅」「生滅同時」之義與夫黑格爾由汎有（Being）至無（Non being）合有無成變（Becoming）之義成立；而中國人有無動靜合一之義亦得其解矣。第三、吾人可謂直接來自中國文化之根本精神。蓋在吾人直接經驗中，一切均流轉不已，一切均在本無今有、暫有還無、靜極復動、動極復靜之過程中，所謂有無動靜之對待，均原於對直接經驗之剖分，此正係自全體中劃出部份也。

四、一多不分觀　中國哲學中，素不斤斤於討論宇宙爲一或多之問題。蓋此問題之成立，必先待吾人將一與多視作對立之二事。而中國人則素無一多對立之論。老子以「一生二，二生三，三生萬物」。又謂「萬物得一以生」。易暌卦彖辭謂「天地暌而其事通也，男女暌而其志通也，萬物暌而其事類也」。繫辭傳謂「太極生兩儀，兩儀生四象，四象生八卦，……引而伸之，觸類而長之，天下之能事畢矣。」「天下同歸而殊塗，一致而百慮。天下之動，貞夫一者也」。均含一多可相貫攝之意。後來宋明儒尤好論萬殊一本之理。如周濂溪所謂「是一是萬一實萬分。」朱子所謂「一物一太極統體一太極。」而呂新吾所謂「一止在萬中走」尤爲有味。此種一多不分之宇宙觀，亦唯在中國思想中始普遍。西洋思想常偏重多之一面。當西洋思想家持宇宙一元之論時，則恆易以此一爲含超絕性之一，而多元論者恆泥多而失一。印度思想中婆羅門之思想明明偏重一，其他外道則大均偏重多。佛法誠最善持中道義，然佛法之合一與多，恆自非一非多處立論，少自即一即多處立論。故其合一多之理，恆用於超絕之境界，仍未能似中國思想家之應用之於日常所見，當前宇宙也。

吾人今亦援前例而論一多不分觀之來源。第一、可謂其來自合動靜有無觀。蓋吾人之所以將一多視作分立，正由吾人將各物視作靜而不動有而不無以自成界限。若以為動靜有無可相轉變，多可相融合以為一，一可以變化而成多；何一多對立之有。第二、可謂其來自無往不復觀。蓋吾人之將一多視作對立，又必待吾人視各物為相離則不能合，相合則不能離者。若離復能合，合復能離，則一多之分立自不可能。物之離合，即可視作物之往復。若持往復無常觀，自當持離合無常觀，而一多不分之義在其中矣。第三、可謂來自無定體觀。蓋若一切均無定體，則一與多均無支持之者。一多既均無支持之者，則孰使一常住為一，多常住為多。第四、可謂來自吾人所謂中國文化之根本精神不自全體中劃出部份。蓋吾人之所以有一外之多，必先由全體直接經驗中劃出許多獨立之部份；吾人之所以有多外之一，必將全體直接經驗視作離此劃出之部份而另有其存在者。若吾人根本不自全體中劃出部份，自無一外之多與多外之一之分立矣。

五、非定命觀　中國思想家素不信宇宙一切現象，均只為一種神之前定計畫開展而成之說；亦不信宇宙間有任何盲目之力量逼迫宇宙作機械之轉動。中國人極早即見得一切無作者之一義。老子雖言道生萬物，然其論道之言曰：「大道氾兮，其可左右；萬物恃之而生而不辭，功成不名有，衣養萬物而不爲主，常無欲，可名於小；萬物歸焉而不爲主，可名爲大，以其終不自爲大。」「道之尊，德之貴，莫之命而常自然。」「道法自然。」其所謂道蓋全無定命義。易恒言神，然繫傳論神曰：「神也者，妙萬物而爲言者也。」「神無方而易無體。」又曰「神以知來。」其所謂神只含一種伸引生養之意味。中國人恒信命。然中國人心目中之命，並非所謂神所下之諄諄然之命。中國人心目中所謂命，只爲大化流行之一種情勢。此情勢有其大體之方向，故謂之命。然自其動向言，實又在逐漸遷變之中，而非獨立不改者。故中國人雖信算命，然同時無不承認命之好壞可以修德立品而轉移，仍非絕對之決定論。在中國思想中眞有定命思想者惟列子力命篇，然其以力與命對言，則在邏輯上已不承認命之絕對，且彼之思想固不曾在中國思想上生大影響也。

非決定之宇宙觀西洋及印度思想中亦未始無之；然大體而言，西洋及印度之思潮均偏於決定論。希臘思想家心目中之秩序整齊不可轉移之宇宙，正屬一種決定論之宇宙。至希臘悲劇中所表現者尤顯係一種不可避免之命運之力。中世紀之西洋人認爲宇宙之全權操於上帝，一切存在之命運繫於上帝之恩典，亦明不免爲一種決定之宇宙觀。近代科學家如牛頓（Newton）、葢律雷（Galileo）所建立之動者恆動靜者恆靜之宇宙觀，視一切天運地處日月雲雨之往來施佈，咸如莊子所謂有機緘而不獲已，更屬決定之宇宙觀。此種宇宙觀懷特海名之科學的唯物論。三百年來歐洲哲學家文學家所努力者，不外欲逃出此種宇宙觀。迄至最近因物理學天文學之革命，方始有趨向非決定論之新宇宙觀之孕育。然此新宇宙觀之系統，迄今尙未完全確立。印度佛法雖否認外道之神我及一切命定之說，持有情之業力能改變其宇宙之說；然佛法承認三世之說，以爲有情雖能造業，而過去無量刼來之業力早已決定。故有情之宇宙雖可以新業力改變，而效果極微。中國思想家則素不承認三世之說。中國思想家至多只承認祖宗之福德可影響後代。故在印度必經三大阿僧祇刼而後可成佛之說傳至中國，竟易以頓悟成佛之禪宗之說。是均可見印度人之宇宙之決定論成份實較中國爲多也。

今吾人再進而論非決定觀如何來。第一、可謂來自一多不分觀。蓋所謂定命所謂作者一被設想均不能免於視作離多之一而設想之；若吾人不分一多，自無決定論產生之可能也。第二、可謂來自合有無動靜觀。蓋所謂定命作者，恆爲有而不無靜而不動者，若有可攝無，靜可含動，則定命作者之觀念必歸自破。第三、可謂來自無往不復觀。宇宙事物之運行，旣無往不復上下無常，則注定一途之定命無不可反向折回而變化轉易矣。第四、可謂來自無定體觀。凡相信命定論者，必相信一能發定命之不變定體。此定體或爲神，或爲物質，而其爲定體則一。吾人若視一切均無定體，則命定之論將無所據矣。第五、可謂直接來自吾人所謂中國文化之根本精神不自全體中劃出部份。蓋所謂作者、定命之觀念，無論爲神爲物或其他，均由吾人自全體直接經驗中抽象而出之部份而賦之以一種獨立之權力所產生者。若吾人根本不自全體中劃出部份，自無定命論之產生矣。

六、生生不已觀　中國思想家對於宇宙從不視為有止息，而以宇宙乃永遠生生不已者。詩經中有「維天之命，於穆不已」之句，已見生生不已之義。易繫辭傳象辭中於此尤有極好之發揮。繫辭傳謂：「生生之謂易。」又謂：「乾坤毀則無以見易，易不可見則乾坤或幾乎息矣。」易乾象辭謂：「大哉乾元，萬物資始。」坤象辭謂：「至哉坤元，萬物資生。」恒象辭謂：「天地之道，恆久而不已也。」易經最後終以未濟一卦，亦正係欲說明「物不可窮」之義。此外如論語中孔子謂：「天何言哉，四時行焉，百物生焉。」中庸：「天地之道可一言而盡也，其為物不二，則其生物不測。」及後來周濂溪太極圖說所謂：「萬物生生而變化無窮。」程明道所謂：「生之謂性。」無不自宇宙生生不已處着眼所發之論。道家亦好論生生化化之理，如列子第一篇天瑞，即講得極好。不過大體而言不及儒家之透徹而已。故中國人素不好論世界之始終，所謂言不雅馴是也。論宇宙開闢者尚有，論世界末日者乃竟無人。是均可證中國人所持之宇宙觀為生生不已之宇宙觀也。

此種宇宙觀似亦非中國人所獨有，西洋印度亦有之。然覈實以談，則西洋人終未能眞相信生生不已之義。希臘人宇宙觀中之時間觀念乃有限的時間觀念，其宇宙決非生生不窮之宇宙。中世紀西洋人之思想中，視地上之時間為永久不變之天國之幻影，亦決不容許生生不窮之宇宙之存在。惟近代西洋人之宇宙，有無限前途可發展，似類生生不已永無窮期之宇宙。然近代西洋人之所以視宇宙有無限前途，不根據於宇宙生命潛力之無限之說，如進化論者所持；即根據於一絕對心靈為世界創造之源泉之說，如唯心論者之所持；仍非眞正相信當前宇宙，卽日新復日新，能自然生生不已者。印度人雖承認宇宙之變，刹那刹那，旋滅旋生，然至智證眞如時，所見宇宙終屬不生滅境界。而中國思想中直只講生生，易言元亨利貞，而貞下起元而不以生滅對言；與印度思想之以生滅對言，言生住異滅而終於滅者，終不同也。

吾人今再進而論生生不已觀之來源。第一、可謂來自非決定論③。蓋宇宙既非決定，其進行變化自出於自動自發。其進行變化既出於自動自發，自當恆久不息，生生不已。第二、可謂來自一多不分觀。蓋一多不分，則一非固定之一，多非隔離之多。一非固定之一，多非隔離之多，自可有各種融貫綜合所生之各種變化；生生不已之宇宙自當可能。此中庸之所以以天道之不二，證生物之不測也。第三、可謂來自合有無動靜觀。蓋吾人之所以昧於生生不已之理，正由吾人將宇宙一時之無所表見，靜而不動，作爲眞無眞靜。若果能於無中見將生之有。靜中見欲作之動，自當覺宇宙生生不已之機無時不運④。第四、可謂來自無往不復觀。自表面言之，如本無往不復觀，則一切均始卒如環，何能有生生不已。然自中國思想家觀之，正由宇宙處處表現無往不復之律，方有眞正之生生不已，蓋唯往而又復，方有再往。如有春夏之往與秋冬之復，然後有第二春夏。唯其往而再往，春夏又春夏，時間方一年一年以進行，宇宙方恆久不息生生不已。故易繫傳謂：「一闔一闢之謂變。」「變則通，通則久。」而恆象又謂：「四時變化而能久成。」第五、可謂來自無定體觀。蓋萬象本遷流不息無定體以執持之，亦卽無限定之者，既無限定之者，自可變化無窮，生生不已。第六、可謂來自吾人所謂中國文化之根本精神不自全體中劃出部份。蓋吾人之所以昧於宇宙生生不已之理，正由吾人將時間之流從中截斷，以爲以後卽將不存在之故。然呈現於吾人直接經驗中之時間之流，固前後相連無有間隔之整個時間之流。可見吾人之截斷之，全由於自全體中劃出部份。若吾人根本不自全體中劃出部份，直下承擔之事象之流，既連綿相繼，何由截斷之以證宇宙生生之有窮耶？

以上已將中國人宇宙觀之六種特質述完。然尙未述及中國思想家對人在宇宙中地位之問題之答案。關於此問題之一部當俟論人生態度時再爲詳述，今所欲論者唯限於人與宇宙在本質上是否和諧，支配人之則律與支配宇宙之則律是否一致之問題。於此問題中國思想家殆皆持和諧之論。於是有中國人之宇宙觀之特質七——

七、性卽天道觀　性卽天道蓋爲中國思想家歷代相沿之共同信仰。書經謂：「不虞天性。」以天性合稱，已見性天不二之意。詩經謂：「天生烝民，有物有則；民之秉彝，好是懿德。」左傳載劉康公謂：「民受天地之中以生，乃所謂命也。」尤明示性原於天之旨。是均在孔子以前之語。至於孔子尤明主性與天道不二之說。孝經載子曰：「天地之性人爲貴。」禮運記孔子語：「人者天地之心也。」論語所載子曰：「人之生也直。」均含性與天道不二之說。子貢雖有「夫子之言性與天道不可得而聞也」之說，然所謂「不可得而聞」不過罕言，故他處謂子罕言命與仁（命正卽天道，仁正卽性）；非不言也。至子貢之將性與天道合稱，亦正可見孔子之未嘗二之。中庸主「天命之謂性，率性之謂道」之說，以誠之者與思誠者未發之中與已發之和，爲一而不異，亦性即天道之旨。孟子以心之官爲天之所以與我，仁義忠信樂善不倦爲天爵，持「知其性則知天」「萬物皆備於我」「浩然之氣則塞於天地之間」之論，亦顯係不離性天之說。荀子雖認爲生之所以然之性與人僞二者截然對立，持「從天而頌孰與制天而用之」之說，似以性與天道不可合；然亦持「人心爲天官」之論。而其所謂心雖非其所謂性，而實與其他儒者之所謂性頗同。是荀子仍非絕對之性天割裂論者。至漢以後儒者更無不持性即天道之說。如董仲舒之「道之大原出於天」之說，張橫渠「天地之塞吾其體，天地之帥吾其性」之說，陸象山「宇宙即吾心，吾心即宇宙」之說，程朱學派「性即理」之說，不過其顯著者耳。至於道家雖有「天地不仁」之說，「人之君子，天之小人」之論；然老子亦言「人法天，天法道，道法自然」，莊子亦言「天地與我並生，萬物與我爲一」。是儒道兩家均同主性即天道之說。性既即天道，自然外自無當然，當然自運行於自然之中。此又中國言性雖有性善、性惡⑤、性善惡混、性無善無不善、性分三品之說，而性善論獨佔勢力之故也。

性即天道之宇宙觀，亦爲中國思想所獨有。希臘思想中如原子論派，殆均忽略人性在宇宙中之意義與價值。柏拉圖雖建立一理念世界以爲人所追慕之眞善美等價值求得一本體上之根據；然彼終信人性之二元，以人性中之黑馬（喻肉欲）時可驅人之靈魂向理念世界之反對方向而去。在希臘思想中較能將宇宙則律人之性作通體觀者，唯亞里士多德（Aristotle）耳。西洋中世紀思想將天上人間截然分立，以人類有原始罪惡，唯有經深切之懺悔，受隆重之洗禮，方能超昇天國，其非持性與天道合一論也可知。西洋近代思想中如進化論之思想雖以自然律則解釋人性，然其結果於人性之尊嚴高貴一面，乃全盤抹煞，但溯其源於低級之本能，仍未眞能合性與天道。理想主義將人之性溯源於宇宙心（Cosmic Mind）絕對心（Absolute Mind）普遍意識（Universal Consciousness），誠能將性與天道合。然理想主義仍以吾人之個體心乃根本不完全，充滿錯誤與罪惡者；其與中國思想家之以個體心卽可攝宇宙心，並無虧欠，本自完全，但盡其性卽可參天地者，終不同也。

吾人今試進而問性卽天道觀自何而來。第一、吾人可謂來自生生不已觀。蓋宇宙既生生不已，自不主故常，而爲化育之過程。宇宙既爲化育之過程，人亦爲化育之過程，自可互相感應和諧，性與天道，自當不二。第二、可謂來自非決定論觀。蓋宇宙與人既均無決定其命運之第三者；人之性之如何，自必本於人與宇宙關係之本身；卽必本於人與宇宙間自然之默契，自然之和諧，而無所間隔。第三、可謂來自一多不分觀。既持一多不分觀，則宇宙與人，自一方言，可謂多——宇宙自宇宙而人自人；然自另一方面言，亦可謂一——宇宙與人交相透攝。身之與物，認識與其對象，均爲交相透攝者。多而復一，自可和諧矣。第四、可謂來自合有無動靜觀。蓋吾人之視宇宙與人本質上不相和諧，必由吾人有感於宇宙人生有不相關切趨向不同之時；亦卽發見宇宙有某種事實，而人生無某種要求，或吾人有某種要求而宇宙無某種事實之時。然若吾人能將有無動靜合一，則無能育有，靜可含動，自當不以宇宙事實人生要求爲不可和諧矣。第五、可謂來自無往不復觀。蓋據無往不復之說，則宇宙間一切關係均爲一往一復相互反映者；人與宇宙間之關係自亦當爲一往一復相互反映者。一往一復相互反映之際，自必彼此互相依據而不可割裂，和諧卽在其中矣。第六、又可謂來自無定體觀。蓋宇宙既非定體，人亦非定體。宇宙人生，彼此既各均無定體以支持限制之，其本質上自可和諧矣。第七、又可謂來自吾人所謂中國文化之根本精神。蓋於吾人直接經驗中，宇宙與人本不可分。自一面言，宇宙不外吾人認識之對象，與吾人之認識活動渾一而不可分以構成吾人整個之知識。自另一面言，吾人身體不外客觀宇宙之一物，乃與客觀宇宙其他物息息相關，無時無地不互相作用，而與宇宙中其他物無絕對之界限者。故吾人之將人與宇宙分裂，不生於自整個知識全體中將其爲吾人對象之宇宙部份劃分出，卽生於自客觀宇宙全體將吾人身體部份劃分出。然無論前者或後者，其爲自全體中劃出部份則一也。

上已述中國人之宇宙觀七特質竟。其均原於不自全體中劃出部份及其息息相通之處，已於上文說明。唯以中國宇宙觀本非一嚴整之理智系統，唯賴一種深透之直覺力方能冥會其意蘊，而上文強以西洋式思路把握之而又欲指出其有機性，立言自不免繚繞。善會其意，是賴讀者。以下當進而討論中國人之人生態度。爲避繁文，故另採一種組織法，然根本意旨固一貫也。

中國人之人生態度之說明

由上所論，可知中國人宇宙觀之特質爲無定體，爲往復無常，爲合動靜有無，爲通一與多，爲非決定，爲生生不已，爲性卽天道。如以一語概之，可謂其本在不裂全與分，其歸則明天人之不二。今茲所論，則在進以論中國人之人生態度。其詳下列具陳。若要而論之，其本則在由分以體全，其歸則不二天人而已。

自一義論之，由分以體全、不二天人，乃一切人類共同之理想，匪吾華所獨有。一切人類之問題，無不生於分全之不相攝，天人之背道而馳。西洋印度思想家之所祈嚮，何嘗不在分全合一，天人同軌，唯西洋印度思想家之最後祈嚮雖容與吾華先哲同，然彼均先有裂而後求合，先有異而後求同。而吾華則自始不裂，未嘗有異。嘗試論之，西洋人者出分於全，執分以推之，推之不已，欲由其分而另得其全者也；離人於天，欲去此天，以另覓人之天者也。印度人者欲出分於全，而卽知分之不可執，推之不能窮，遂去其分以成其全；欲離人於天，而卽知天人之不可離，遂去此人以成天人者也。西洋人重在得，重在立，故有表而無遮，遮均所以成其表，而以表覆遮，故「非此卽彼，非彼卽此」。印度人重在去，重在破，故有遮而無表，表正所以明其遮，而以遮爲表，故「非此非彼，非彼非此」。中國人則自始知全分之不當裂，故不由分而推全，而全未嘗不有；不去分以成全，而全未嘗外。知天人之不當二，故不另覓其天，而天已在人；不去此人，而人不違天。遂重在卽去卽得，卽破卽立。故「亦此亦彼，無可無不可」。是三方雖自一義言均可謂以分全合一天人同軌爲祈嚮；然自始卽以分體全、不二天人者，唯吾華先哲而已。

以上所云，唯在引端，似難徵信。今將吾華先哲之人生態度之顯然與西洋印度異者，列爲十目（一曰讚美人生，二曰物我雙忘，三曰仁者之愛，四曰德樂一致，五曰反求諸己，六曰虛靜其心，七曰擇乎中道，八曰不離現在，九曰化之人格理想，十曰氣之不朽論），一一加以論列，以見其旨均不外以分體全、不二天人而已。

一、讚美人生　印度人以生爲病死苦之源，故印度思想雖萬派千宗，無不以達於無生境界爲究竟。雖原始佛敎亦論世間法，大乘佛學尤呵斥灰身滅智之外道小乘；然佛法旣在得根本湼槃，則其不以吾人之生爲可樂，乃終不可掩者。西洋基督敎支配之中世紀思想以人生爲墮落，人世爲罪惡之淵藪，視人之情欲如毒蛇猛獸，其爲厭棄人生之思想，亦彰彰明甚。希臘人於和風麗日中歌笑舞誦，誠人類眞讚美人生者；然以尼采所指希臘悲劇中所表現狄阿尼索斯（Dionysus）精神而觀之，則希臘於其清明在躬之另一面，實對彼蒼昊感無限之祈求與戰慄。故卽思想上最足代表阿波羅（Appollo）精神之柏拉圖於其共和國中，亦設喩謂「人處世間，如在重囚，唯借日光，得見眞實世界雜物之影」。可見其完美整齊之理念世界，實壓於一陰暗沉重之現實世間之上。則希臘人非眞正樂生者可知。近代西洋浮士德式之人，生在無盡追求與幻滅之輪流輾轉之中，表現於浪漫主義文學者爲悵望天涯，時時若有所失之情緒；表現於自然主義文學者，爲慘淡寂寞，若將長此以終古之情緒。故西洋近代人雖一方向前奮鬥義無反顧，而詛咒人生之悲觀思想反更易淪浹人心。雖二十世紀以來對於以前流行之悲觀思想多所改造；然全體而言，西洋近代人在此世界無「家室之感」，當無可疑。而中國人則素無詛咒人生之思想。文學中雖時或有「知我如此不如無生」之語，然其情調之嚴肅程度，實遠不及表現於西洋文學者。至哲學上更無極端悲觀之論。列子楊朱篇雖頗多悲觀語，然亦論「天下無對，制命在內」之道，以爲安身立命之具。中國哲學中儒家皆以生爲絕對之善。故謂「天地之大德曰生」，以發育萬物，曲成萬物，並育萬物，作爲讚嘆之辭。而孟子之言「樂則生；生則惡可已；惡可已，則不知足之蹈之，手之舞之」一段，尤足見我先哲涵泳默息於自己生命中所感之無窮意趣。宋明儒者爲對中國人生態度最有親切之體驗者。故諸大儒於此點咸有心心相印之故事。周濂溪窗前草不除，言與自家意思一般。張橫渠觀驢鳴亦謂如此。程明道窗前有茂草數砌，或勸之芟，曰：「不可，欲見造化生意。」又置盆池畜小魚數尾，時時觀之，或問其故，曰：「欲觀萬物自得意。」即嚴謹之伊川，亦謂：「萬物之生意最可觀。」⑥道家雖言不生，然歸本於生生者不生，仍以生爲主。故老莊書言生處仍極多，原書具在，無待多舉。至於中國文學家則大多以「樂意相關禽對語，生香不斷樹交花。」爲其會心。「池塘生春草，園鳥變鳴禽。」爲其對境。「何必蘭與菊，生意總欣然。」爲其選題。而中國之田園文學遂獨能造絕於世界。中國人在此世界絕無詛咒之意。西洋人所謂「厭倦人生」中國人直全不解。中國人唯知欲遂其生而不能者之足悲，未有以生爲可厭可悲反欲逃此人生者也。其所以致此之故，曰在不二天人以分體全而已。不於自然外求當然，不以此世界外別有人之所樂而以此世界爲可厭可惡，乃卽此世界而見其可欣可樂，非不二天人之旨歟？不畫此世界爲兩部，以爲將由此以達彼或去此以存彼，乃卽物而觀其與己相通生生不已之機，非以分體全之旨歟？

二、物我雙忘　印度婆羅門教以人入梵天中，如瓶破而瓶中之虛入於太虛。佛法以人證大菩提，乃更無人相我相諸法相。西洋之神秘主義亦有與婆羅門教相類之思想。⑦西洋文學家亦常言入自然懷抱及各種陶醉 Intoxication、忘我 Ecstasy 之境。物我雙忘似非中國人所獨有之人生態度。然此言似之而非也。佛家婆羅門教徒或西洋神秘主義者所祈達之物我雙忘之境乃係超世間之境；在此世間彼等固無時不感物之對待。此其所以力求逃脫此世間以達超世間之境也。中國人之物我雙忘之境則係此世間之境，此乃中國人之物我雙忘與西洋印度之物我雙忘之所不可同日而語者。故中國思想家論物我雙忘之語，如老子所謂「我獨泊兮其未兆，如嬰兒之未孩；儽儽兮若無所歸；我愚人之心也哉。沌沌兮……我獨昏昏……我獨悶悶，澹兮其若海，飂兮若無止」。及論語上孔子之所謂「空空如也」，「默而識之」；莊子所謂「物化」，所謂「神遇」，所謂「坐忘」；孟子所謂「大而化之」，所謂「所過者化，所存者神，上下與天地同流」，程明道識仁篇所謂「渾然與物同體」；均非指超世間之境。故老子「無爲」而能「無不爲」；孔子「空空如也」而能「叩其兩端」，「默而識之」而能「學而不厭」。莊子物化仍不離「栩栩然之蝴蝶蘧蘧然之周」，「神遇」正所以「批卻導窾」⑧，「坐忘」而能「聽人之言」⑨；孟子大而化之本於「充實」之美，過化存神之功在於「民日遷善而不知爲之者」；明道「渾然與物同體」不礙義禮智信之分辨⑩；明見中國思想家之物我雙忘全是世間法。至於西方文學家入自然懷抱及各種陶醉忘我之境，雖是世間境界，然其境界純係將我投物，暫時相與無間時所感之境界；仍非中國文人哲士與物默然對坐，相看不厭，或獨立閒階，渾無一事所感之物我雙忘境界。其顯然之差別：卽一爲熱烈，一爲恬淡。故西方文學家陶醉忘我之感，恆迫若懸湍，稍縱卽逝。而中國文人哲士物我雙忘之感，則恆瀲灩縈迴，欲返不盡。故西方文學家在陶醉忘我之際，頓覺騰空直上，入於永生之域。而中國文人哲士之物我雙忘，不過如心逐野雲飛時行行止止於流衍之虛空而已。要而論之，則印度人與西洋神秘主義之物我雙忘乃破此物我後之物我雙忘；西方文學家之物我雙忘乃我突離本位向物飛躍時之物我雙忘；而中國文人哲士之物我雙忘則卽此物我相融無礙時之物我雙忘也。破此物我之物我雙忘，雖無物我於後，實有物我於前；我向物飛躍時之物我雙忘，則如牛郎織女之「金風玉露一相逢」，雖相會時「兩情無那」，「勝卻人間無數」，而良宵一度，依舊「盈盈一水間，脈脈不得語」。故嚴格論之，則眞正之物我雙忘，唯中國文人哲士有之而已。——物我雙忘之物屬於天，我屬於人，其爲天人不二當無別論；不分物我而相貫通，又非以分體全而何？

物我雙忘之境其卽上段「卽物而觀與己相通之生生不已之機」之視線之過道；「卽物而觀與己相通之生生不已之機」，其如物我雙忘之境中之流光歟？

三、仁者之愛　人相與間之愛爲人類之所同貴，仁者之愛則中國人之所獨尊。人相與間之愛，有佛陀慈悲之愛，耶穌保育之愛，柏拉圖虔敬之愛，而均非中國先哲所恆言之仁者之愛。佛陀慈悲之愛，乃施愛者超於生死流轉之彼岸，對在生死流轉中者所感之不勝哀憐憫恤之愛。愛者與被愛者乃生活於全然不同之兩世界。耶穌保育之愛，愛者與被愛者雖同屬天父之子，然愛者施愛時，全係本諸天父之心。而天父之愛其子也，一視同仁，故愛者體天父之心以施愛，亦一視同仁，無親疏遠近之差。柏拉圖虔敬之愛乃出於在現實世間者對彼眞實之理念世界中至高無上之眞善美所感之崇仰悅懌之愛，其所愛者純抽象之理想。故由柏拉圖之愛可產生之對人之愛，純由其人爲抽象理想之實現者、代表者，而非有所愛於人之本身。然唯其如此，故其愛一人也，更能致其崇拜悅服之誠。中國所謂仁者之愛，則愛者與被愛者同在一世界。愛者卽推其好生惡死之欲及一切喜怒哀樂之情於他人，對他人盡其扶持匡助體恤施與之愛。故中國先哲以「恕爲仁之施」，孔子以「己欲達而達人，己欲立而立人」、「己所不欲，勿施於人」爲敎，孟子謂「強恕而行，求仁莫近焉」，而淸人戴東原尤暢論「不思遂一己之欲，而思遂天下人之欲，無是情也」之意。可見中國仁者之愛與佛陀之慈悲之不同。中國所謂仁者之愛亦本於體天心，故孔子學天之不言，讚天之無私⑪。中庸謂：「大哉聖人之道，洋洋乎發育萬物，峻極於天。」周濂溪通書謂：「天以陽生萬物，聖人法天以仁育萬物。」朱晦庵仁說謂：「仁之為道，乃天地生物之心，……在天則块然生物之心，在人則溫然愛人利物之心。」張橫渠西銘更全篇專論體乾坤父母之心以愛人之意。然中國人之天非同上帝能貫注其愛於其子。中國人之天只為一片周流不息生生不窮之機。其育萬物也雖無所私；而以萬物之性不同，故因其材而篤焉。栽者培之，傾者覆之，故仁者之體天心，亦唯在體其一片周流不息生生不窮之意。其施於物也雖無所私；而以親疏遠近之本有不同，遂自然別其厚薄。蓋如日月雖無私照，以物遠近之不同，而所受光強弱因以異者。故中國仁者之愛之發也，雖一理而分殊，雖同本而異末。於物也，愛之而弗仁；於民也，仁之而弗親。先哲制禮，於親親之殺二致其意，蓋全本於此。而中國文字上於族戚遠近，咸有專名，不似西洋之簡單者，亦間接由斯而來。故中國仁者之愛雖原於體天心，而仍以人體天心。故其於愛者雖有安之懷之之意，而非代天保育之心⑫。遂與耶穌保育之愛，因以逈別。又中國人素不解所謂柏拉圖之愛。柏拉圖以眞善美之本身高高位於一理想之世界，人之責卽在匍匐攀援理性之梯以求漸升於是。中國人之視眞善美皆道而已；而道唯人能弘之，非道能弘人。故中國仁者之愛人，雖愛賢勝不肖，然決非以其本身代表更多之眞善美等抽象之理想，毋寧愛其「見善如不及，見不善如探湯」之具體之人格而已。且中國仁者雖愛賢勝不肖。然不賢者，仁者未始不愛之而望其賢。仁者欲「凡有血氣者莫不尊親」，欲「民日遷善而不知為之者」，欲「尊賢而容眾，嘉善而矜不能」。其愛人非本於柏拉圖式之理想明矣。

由上所言，要而論之，則中國仁者之愛者，同形同情之人之相愛也；無所不愛而又先及其親之愛也；恤賢化不肖之愛也；愛之而不有之之愛也。不法人外之佛陀上帝以愛人，不本人外之理想以愛人，不以「欲擁據與我對立之人以之屬於我」而愛人；而卽本我之心以法宇宙生物不窮之意以愛人。此非不二天人之旨乎？不畫分一整個世界爲兩部而自位於彼部以憐愛此部之人，或欲由此部至彼部因移愛於能實現彼部之理想之人；卽在一世界推小己之心而愛及羣倫。此非以分體全之旨乎？

仁者之愛可謂眞讚美人生者對人必有之情緒；讚美人生亦可謂仁者反觀整個人生之默契；仁者之愛又可謂物我雙忘時由我至物之情感上一種通貫之道；物我雙忘又可謂仁者施愛時直覺上必有之無對之感。

四、德樂一致　印度思想雖重在避苦求樂——各派思想均以證入「無一切苦得究竟樂」之涅槃境界爲目的，然此樂唯於入涅槃時方可得之。故修道之時諸外道皆苦行是尚。佛法雖反對苦行，然亦謂成佛前，當忍受一切苦難。希臘思想家如蘇格拉底（Socrates）、柏拉圖、亞里士多德於德與樂雖不持兩極之論，然犬儒學派西勒學派之爭，斯多噶派伊辟鳩魯派之爭，則明係生於重德重樂之各執一偏。中世紀人雖信在天國中有德者必有樂，然仍謂在人世修德當重苦行。近代西洋思想中快樂主義與非快樂主義之爭，亦迄無寧日。大多數思想家均以道德之價值，與快樂之價值爲截然二事。然中國思想自始卽無樂德對立之論。墨子以利爲義，莊子以至樂爲道。而儒者尤素持德與樂之進成正比之論。

故論語曰：「君子不憂不懼。」「不憂不懼斯謂之君子。」「不仁者不可以長處樂。」孟子曰：「禮義之悅我心，猶芻豢之悅我口。」孔子自道其樂以忘憂；孟子自道其三樂；顏子以不改其樂爲孔子所稱；宋明儒者恆教人尋孔顏樂處，以爲道卽在是。明儒王心齋作學樂歌謂：「樂是樂此學，學是學此樂。不樂不是學，不學不是樂，嗚呼天下之學何如此樂，天下之樂何如此學。」尤明示中國儒者合德樂之意。故儒者之評人德之高下也，恆視其能否由知之而好之而樂之；不然，則縱愧悔交幷，涕泗橫流，若未能睟面盎背，和暢於中，樂得其道，猶未足云至德。故曰：「學不至於樂，不可謂之學」。然中國儒者之所謂樂，又非印度西洋之所謂樂。印度之樂非人世所可得。而儒者之樂，則「反身而誠，樂莫大焉」，不待滅度而後有。西洋快樂主義者如西勒學派所謂官能享樂，其非中國儒者之樂，當無庸論。一簞食，一瓢飲，何官能享樂之有？伊辟鳩魯派之所謂樂原於無有罣礙恐怖而生之心靈平靜，故其樂純爲消極的去苦而非積極有所樂；而中國儒者之樂則匪特消極無所苦，心靈安靜而已，蓋猶有存於活動中積極之樂在。故孔子樂以忘憂，而同時發憤忘食。後代儒者亦無不一面自樂其樂，一面自強不息。故其樂無待於外，不自無所苦來。邵康節詩謂：「得自苦時終入苦，來從哀處卒歸哀。此非哀苦中間得，此樂直從天上來。」殆卽此之謂。西洋近代功利主義者，則以爲道德中所含之樂，原於本能之滿足。雖所謂產生道德之本能，言人人殊（或以爲變相的利己本能，或以爲求讚賞之本能，或以爲利他的本能），然其以此樂存於本能之滿足則一。而中國儒者之樂又非原於本能之滿足。

中國儒者蓋素不解何謂本能。以本能均係一種向一定目的而發之自然衝動。中國儒者所見之人心，則純爲「出入無時莫知其鄉」毫無一定之衝動可指者。而中國儒者所謂：「孩提之童，無不知愛其親，及其長無不知敬其兄。」本近乎今之所謂種族本能；然孟子視之則「苟能充之，足以保四海；苟不充之，則不足以事父母」，遂只爲上下無常之一種傾向，逈非有一定意旨之本能之比⑬。且凡所謂本能，其發均若機括，其滿足之樂乃係於過去已成機括作用之完成，而非生於當前生命之開展，故不能新新不已。而中國儒者所謂樂則時時皆樂，不待完成而後樂。故陽明謂：「樂爲心之本體。」唯其爲心之本體，是能縈繞方寸，新新不已。故曰：「學而時習之，不亦悅乎。」可知西洋近代功利主義者之樂，亦非中國儒者之樂。然則中國儒者之所樂可與其所謂德合一者，果何在歟？曰：儒者所謂樂者非他，卽生機流暢是已。孔子曲肱而枕樂在其中者，行無所事，生機流暢也。曾點：「暮春者，春服既成，冠者五六人，童子六七人，浴乎沂，風乎舞雩，詠而歸。」樂在其中者，生機流暢也。生機流暢則一腔生意反復周行，故能如水由地中行，與境相適而無忤。此顏子之所以能安命，簞食瓢飲居陋巷而不改其樂歟？生機流暢則念念生生不窮，念念革故鼎新，念念返照自家，念念擇所應爲。此中國儒者之所以能發憤忘食，自強不息歟？生機流暢，則內外無對；凡屬有對，則成窒礙，焉能流暢。內外無對，自能視人之憂若其憂，視人之戚若其戚，思天下有飢者如己飢之，思天下有溺者如己溺之。此中國儒者之所以不自本能出發，而能爲無所不愛之仁者歟？生機流暢則如春水全融，更無冰滓。既無機括，何待完成？卽此空明，光迴照返，雲日輝映，自共澄鮮。此中國儒者「其爲樂不可勝計」新新不已之故歟？

由上所言，生機流暢卽中國儒者之所樂而可與其所謂德合一者。由生機流暢而無往不樂，內外無對，無機括而樂自新新不已，非忘天人之別而不二天人乎？生機流暢而與事與境相融無礙，推恩四海，新樂無窮，非不以分自限而以分體全乎？

生機流暢⑭可謂所讚美之人生之狀態，讚美人生可謂對生機流暢之人生之形容。生機流暢可謂爲物我雙忘之背景，物我雙忘可謂生機流暢之前幕。生機流暢又可謂仁者之愛之發端於己者，仁者之愛又可謂生機流暢之連以及人者。此四者同出於以分體全，天人不二。蓋息息相通，相待而成。如欲排而列之，則仁者之愛生機流暢均偏於自情意而言，物我雙忘讚美人生則偏於自認識而言；生機流暢讚美人生均偏於自「己」之發而言；仁者之愛物我雙忘則偏於自「物」之愛而言。唯強加割裂，終無當耳。

以上四者乃中國人由不二天人以分體全出發而生之基本人生態度，以下當繼而述中國思想家中此基本人生態度而持之外表的人生態度：

五、反求諸己　西洋人之人生者，出分於全，離人於天之人生也。然求圓滿和諧者，人之性也，缺於此必求全於彼，不安於此必求安於彼。西洋人出分於全，離人於天，於此自然宇宙，自然世界，不能安適，故不能不別求其宇宙或世界以爲其安身立命之所。曠觀西洋全部人生，其寄托精神之宇宙或世界殆無不在此當前之宇宙外者。代表希臘人神秘精神之各種宗教家心目中之神靈世界，固在此宇宙外；代表希臘人秩序精神之柏拉圖，心目中之理念世界，又何嘗不在此宇宙外。中世紀人所仰慕之天國，固不在此當前宇宙；近代人所想像之無限乾坤，又何嘗在此當前宇宙。唯心論思想家之絕對固被實在論者視作現實世界以外之怪物，實在論思想家之潛在境域物之自體又何嘗與現實世界為同一物。一般宗教哲學家所希望接觸者，固屬不可見之本體世界；科學家所欲探索之宇宙曲律，原子構造，事業家所欲創造之理想國家，未來社會，又何嘗屬於可見之眼前世界。故西洋人之生活無往而不表現向外追求之態度。其所以自勉而勉人，不曰向靈境飛馳，卽曰為理想犧牲；不曰不知足乃神聖，卽曰永遠創造。蓋不如此則不能眞寄托其精神於此宇宙外之另一宇宙也。故西洋人之向外追求者，西洋人之全分觀天人觀所必有之結果，不有之則不能解決其人生問題也。然印度人之問題則不同。印度人生者，蓋嘗欲裂分於全離人於天矣。印度人之感無常者，以求常也；畏流轉者，以求不流轉也。其感無常之深，正見其求常之迫；其畏流轉之切，正見其求不流轉之急。於萬化遷變未始有極之中，而獨求吾身之常住不流轉，非出分於全離人於天乎？然印度人之求圓滿和諧，終不似西洋人之執定此宇宙外有另一常住世界，而信其可全此宇宙之不全安此宇宙之不安。印度人才執常卽知常之終不可得，而深悟吾人之所以不能得常正以求常之故；愈欲求常而執之，則所感無常之苦將愈深而分與全天與人當更離裂而不可和諧。故認為欲得分全天人之和諧，唯有先去吾人求常之念。故內破我執，外破法執。及我執既除，法執亦捨，不再求常；則卽流轉而見其如如不動，不必裂分於全而自無分非全矣；卽山河大地而皆妙明心中物，無待離人於天亦自無人非天矣。此印度人之所以專事向內修習以破除執障也。故向內修習者，印度人全分觀天人觀所必有之結果，不有之則不能解決其人生問題者也。中國人之人生問題又與西洋印度人均不同。人生憂患，中國先哲知之，生死事大，中國先哲未始不知之。然中國先哲仰視天，彼蒼蒼者，不知其所窮也；俯視地，彼塊塊者亦不知其所極也；人生其中，天生以氣，地養以物，耕於斯，食於斯，聚族國於斯，子子孫孫，曼衍連緜，人之在世，如樹根在土，延引而不離；於是恍然悟曰：「天地之大，無可逃也；天生地養，吾何憾焉；雖我之死，猶有繼繩者也。天地與人，本未嘗離，吾奈何其離之？分之與全，本未嘗裂，吾奈何其裂之。」故其問題，既不在另覓人之天，亦不在使人成天人；既不在執分，亦不在去分。中國人之問題唯在如何保此天與人全與分原有之和諧而已。此和諧既屬原有，故但不自離天人，自裂分全，未有不能長保不失者，其所以失者，均吾人自失之。吾人自失之，吾人當自求之。求之於外，則唯有愈求愈遠。所謂「盡日尋春不見春，芒鞋踏破隴頭雲」是也。「反身而誠」，當下卽可見「如有物焉，得於天而具於心」，亦無須如印度人之向內修習。所謂「歸來笑撚梅花嗅，春在枝頭已十分」是也。此中國先哲所以最多自誠、自道、自反、自慊、自新、反身、省吾身、愼獨之語以「反求諸己」爲敎之故歟？

六　虛靜其心　西洋人重在另覓其宇宙，故向外追求。向外追求，則必求實其心，動其心。故西洋人養心之法，曰實地觀察，曰細心實驗，曰貫徹思考，曰提高興趣，曰引發衝動，曰促進興奮，曰訓練勇敢，曰增大意志力，加強生命力。一言以蔽之，均所以實其心動其心以便開闢新宇宙而已。印度人重在自除其執障，故向內修習。向內修習則必求易其心，洗其心。故其養心之法，曰持戒，曰忍辱，曰禪定，曰布施，曰精進，曰大智慧。一言以蔽之，均所以洗其心易其心，以自除其執障而已。而中國人則重在保持天人全分之和諧，既非向外追求，亦非向內修習，唯在使內外長保其相融無礙，欲內外長保其相融無礙，則必虛其心靜其心。故其養心之法，曰致虛守靜，以觀復；曰用心若鏡，應而不藏；曰虛靈不昧；曰主靜立極；曰寂然不動，感而遂通；曰動亦定，靜亦定；曰寂而常惺，曰歸寂通感；曰默而識之；曰毋意，毋必，毋固，毋我。自其所養在內之「致虛守靜」、「用心若鏡」、「寂然不動」、「四毋」而言，則顯然與向外追求之西洋人之養心之法極端相反。自其應於外之「觀復」、「應而不藏」、「感而遂通」、「默而識之」而言，又顯然與向內修習以求豁悟之印度人絕對不同。一言以蔽之，唯在虛其心靜其心不生對待之念，以使天人全分得其和諧而已。

中國人唯有反求諸己之人生態度，故處世必求其謙，所謂「勞而不伐，有功而不德」；行己必求其毋自滿，所謂「上德若谷，廣德若不足」；處事必求其無所容心，所謂「過而不悔，當而不自得」，「當喜而喜，當怒而怒」；觀物必求不作妍媸，所謂「心如止水，以止眾止；心如明鏡，以鑑萬象」。中國人所以恆有「靜裏乾坤大，閒中日月長」之感，其以此哉。

七、擇乎中道

西洋人重在另覓其宇宙。然欲另覓其宇宙，必先破當前宇宙之平衡。平衡之衝破，必用力於一偏。蓋若兩偏並用力，必平衡依舊，唯用力於一偏方能使平衡衝破，以使當前之天地旋轉生罅而容我人之創造也。印度人重在自除其執障。雖不另覓宇宙，以衝破此宇宙之平衡；然印度人以為人與宇宙之平衡，蓋自無始以來，無明風起，識浪洶湧，即早已破壞。今欲復風平浪靜之狀，唯有顛覆根本無明。欲顛覆根本無明，則唯有苦修以求各種針鋒相應之對治之道。是仍須用力於一偏也。中國人則不然。中國人之視宇宙也，本來平衡。（本來偏者，必捄之以偏。印度人是也。）本來平衡，則但我不偏，孰能偏之。故中國人遂有擇乎中道之教。擇乎中道者，非執中點也。擇乎中道者，即常有權在握，念念勿失此宇宙之平衡，免人與宇宙劃然分裂。故中庸曰：「不偏之謂中。」「喜怒哀樂之未發謂之中。」「中也者，天下之大本也；和也者，天下之達道也。致中和，天地位焉，萬物育焉。」易經言：「中正以觀天下。」「不偏」「未發」謂中，明「中」者不破壞平衡也。「致中和」而「天地位」「萬物育」，得「中正」而「可觀天下」，明中非中點。若徒為中點，何能位天地，育萬物，觀天下？位天地育萬物觀天下，非明言執中則可使宇宙平衡乎？吾人試觀中國昔賢所謂中道之教，如書經「直而溫，寬而慄，剛而無虐，簡而無傲，柔而立，愿而恭，亂而敬，擾而毅，直而溫，簡而廉，剛而塞，彊而義」。論語「溫而厲，威而不猛，恭而安，泰而不驕，和而不同；羣而不黨，樂而不淫，哀而不傷」。中庸「淡而不厭，簡而文，溫而理」。及禮記表記「隱而顯，不矜而莊，不厲而威」。亦何莫非教吾人毋過不及，不偏倚於一面以失宇宙平衡之意哉！

八、不離現在　西洋人欲另覓其宇宙，故其寄托在將來。天國之樂，唯未來享受之；理想社會國家，唯未來有之；自然之最後秘密，宇宙之根本結構，亦唯未來知之。未來者，西洋人生命之所寄托也。幻想集中於是，希望集中於是。過去現在者，未來之工具也。故過去之苦不足計，現在之憂不足數，以未來之光明在前，不我欺也。雖或吾欺，而未來之未來，終有光明在焉。縱此未來之未來之光明依舊可望而不可卽，此永遠之追逐卽吾生之意義。未來永不可窮，非卽吾生意義無窮之證歟⑮。印度人欲自除其執障，以還原其無明未始⑯以前之清靜，故其注目之點，乃在過去。業障重重，皆過去無量刧來所作。故印人之希望不在未來之開發，唯在除此過去無量刧來所作之業障。現在將來，均不外對付此過去所作之業障耳。而中國人則既不欲另覓宇宙，故不寄托精神於將來，亦不以過去有業障重重，而注目於過去。其所求者唯當下宇宙與人之和諧。故其所注重者爲念念不離現在。蓋中國人視宇宙爲流行之體，其與吾人融合無間之點，唯在現在，離現在則無往而有和諧。此莊子之所以有「不將不迎」「不思慮不預謀」之言；孔子顏子之所以能「用之則行，舍之則藏」；顏子不遷怒之所以爲好學；後來宋明儒者之所以常以「物來順應」「不離見在」。「日用卽眞玄」爲教之故歟？

中國人唯有擇乎中道、不離現在之人生態度，故待人必求酌量親疏，體顧情實；不貴率直以逕行，而貴和婉以盡分⑰。行己必求善與人同，隨順世俗；毋索隱行怪，不立異鳴高。處事必求從容中道，寬裕有餘；因應變化，能期實用。觀物必求曲盡原委，悟其中要；直觀形勢，見其實然。中國人在宇宙之所以恆有魚相忘乎江湖之感，蓋因是也。

以上四者爲中國人較表見於外之人生態度，要以論之，蓋皆不外保天與人全與分之和諧之道而已。反求諸己者，言勿馳於外但求此和諧也；虛靜其心者，言勿蔽於物，以觀照此和諧也；擇乎中道者，言勿激於偏，以破此和諧也；不離現在者，言勿滯於習，以蔽此和諧也。反求諸己者，斂外以達內；虛靜其心者，明內以攝外。是一事之二面也。擇乎中道者，自方而言；不離現在者，自時而言。時方亦一事之二面也。以人生爲立腳點，則有內外之分；以宇宙爲立腳點，則有時方之分。時呈於內，方顯於外。人生宇宙，又一事之二面，此故四者又皆原於一者也。

以上已將中國思想家人生基本及外表之態度略加陳述，今將進而論者爲在此人生態度下之理想人格之形態如何，及在此種人生態度下所求之人生之不朽如何。此二問題，以下亦當各略述之，以結束中國人之人生態度之討論。

九、化之人格理想論　西洋人重在另覓其宇宙，故人在宇宙間之責任遂爲有所開發，有所創造。一言以蔽之，則責在成是已。故西洋所言之人格價值爲高貴 Nobleness，爲雄偉 Magnanimity 爲卓爾不凡 Extraordinary，爲能自抒機杼 Originality，爲新穎 Freshness，爲活潑 Activeness，爲直進 Straightforwardness，爲天眞 Innocence，爲一往直前死而無悔之勇 Vigour，爲有燭照人生行程之智慧 Wisdam，皆成之事也。印度人重在自去其執障，故人在宇宙間之責任不在有所開發增益，而在有所減損；不在有所創造以取得，而在有所消除。一言以蔽之，則責在毀是已⑱。故印度人所言之人格價值爲能斷諸煩惱，爲能空諸法相，爲不染世間諸樂，爲遠離顚倒夢想，爲勇猛精進誓離生死之勇，爲照見五蘊皆空之智慧。皆毀之事也。中國人則不然。中國人重在卽保此天與人之和諧，人在宇宙之責任既不在有所開發增益，亦不在有所減損消除，而只在求與此萬化之流行長融契而無間。一言以蔽之，則責在化是已。故中國人言人格之價值曰元氣渾然，曰氣象沖和，曰質性醇厚，曰涵養深純，曰溫其如玉，曰養浩然之氣與無餒之勇，曰知人自知之智慧。皆化之事也。故西洋人之理想人格，極端伸展自我之執著以開闢天地之人格也。印度人之理想人格，自我執著之根本斷滅以如實觀此天地之人格也。中國人之理想人格，盡其性以盡人性盡物性以參贊此天地化育之人格也。西洋人任其所執以開闢天地，是欲人造天地者也；印度人欲去執如實觀此天地，而天地不出於一心，是欲人包天地者也。中國人者則唯在此宇宙與人和諧。故當其進也，先天而天弗違，己分內事卽宇宙內事，以人求與天地參，是近乎人造天地；當其退也，後天而奉天時，宇宙內事卽己分內事，以人唯天地是贊，則近乎人包天地。左右逢源，進退俱安，誠得天人交攝之妙。天人交攝者，不二天人之實也。

嘗試喩之，西洋偉大人格之構造蓋如造塔，層層上逼，直衝霄漢，欲「仰首攀南斗，翻身仰北辰，舉頭天外望，無我這般人」（陸象山詩）者也。印度人之人格構造，蓋如掘地，掘之又掘，直入地心，欲穿過地球彼面，以求豁然貫通者也。中國人之人格構造，則如導江使煙波往還，東海西海南海北海均相通者也。此西洋偉大人格之所以最多瑰意奇行難能可貴之事；印度偉大人格之所以淵默玄深令人莫測其底；中國偉大人格之所以恆令人生如沾化雨，如坐春風之感之故歟⑲？

十、氣之不朽論　西洋人以欲另覓其宇宙，自造其天地，故人所探得之境界愈高，離地面愈遠；其努力愈甚，其與現實衝突愈烈。一言以蔽之，人格愈偉大者，人生悲劇之感亦愈深是已⑳。故西洋人所求之不朽遂有二：一爲所理想之宇宙之永存，二爲追求此宇宙之精神之永存。此二種不朽，西洋人無不至少承認其一。唯心論者大都同時承認此二者。蓋自唯心論者觀之，此二種不朽本無別也。至於實在論者如羅素、尼采雖不信其理想宇宙永存，亦必相信人之精神實能建立其寧靜於千愁萬恨之城堡之上（羅素 Freeman's Worship 中意）；亦必相信人之精神可忍受永遠輪迴而不屈不撓（尼采寫 Zarathustra 之根本信念）。是亦無意中假設一可摧破一切阻礙而不失其存在之精神也。至於純粹唯物論者實證論者，則雖不相信人之精神之不朽，然率皆承認其理想社會國家能相當永存。印度人則不然。印度人欲自去其執障，而其所證悟之境界之高度，雖與其離地面之遠度成正比例，然係向地心而縮，非向天而遁。故其離地面愈遠，其與現實之衝突反日少；其人格愈偉大，內心愈得清靜淡漠。於是印度人所求之不朽，遂與西洋人迥異。印度人所求之不朽，既非所理想之宇宙之不朽，亦非追求此宇宙之精神之不朽（是兩者正印度人所欲其速朽者也）。印度人所求之不朽，「能容受此理想宇宙此追求精神者」之不朽也。如以鏡喻之，西洋人所求之不朽，鏡中之像，鏡外之光源之不朽；而印度人所求之不朽，則鏡之不朽也㉑。故印度人所謂靈魂之意義，純爲——無限度之藏。如佛家之阿賴耶識卽以藏名。與西洋靈魂之義近乎精神或各種心的能力 Faculties of mind 者截然不同焉㉒。然中國人解決不朽問題之道，乃與西洋印度人又根本懸殊。中國人唯欲長保此天人之和諧，故人格所達之境界愈高者，愈能安樂於此世界。前已論之詳矣。故其所求之不朽，既非西洋人理想宇宙之不朽，亦非追求此宇宙之精神之不朽，又非能容受此宇宙或精神者之不朽。西洋印度所求之不朽，自中國人視之，蓋皆尙有昧於宇宙生生不窮恆轉如流之理，故不免執著形迹，裂分於全，離人於天，以求一定之不亡者。中國人所求之不朽，唯此天人相與之際，往來屈伸之氣之不朽而已。如以鏡中之像鏡外之光源喻西洋人所求之不朽，鏡之所以爲鏡喻印度人所求之不朽，則浸潤於鏡前之光，其卽中國人所求之不朽歟？是光者既非有體之光源，亦非可見之形影，更不復能容受一切，然當其反映於外也，則縱橫四射，無遠弗屆，變化靡常，而又永存於宇宙中未嘗散失。此中國人之所以恆以精氣、游魂、妙用、功能之名言鬼神，「原始要終，氣運不息。」「心如太虛，本無生死。」「父子祖孫，一氣連綿。」之意言不朽之故也。

人格理想論論人在宇宙間之成就，可謂自人生一面言；不朽論論人在宇宙間之歸宿，可謂自宇宙一面言。自人生一面言人在宇宙之成就，則中國人理想之人格爲天人交攝之人格，自宇宙一面言人生之歸宿，則中國人所求之不朽爲天人相與之氣之不朽。其本於天與人全與分之和諧，詎不明歟？

中國人之人生態度與中國文化之關聯性

以上論中國人之人生態度十特質，其本在不裂全與分，其歸在不二天人境。以下當進而論述其與中國文化之一般特質之關聯性。

一、中國人讚美人生，故認爲一切文化均以遂人之生爲目的。順乎生則善，逆乎生則惡，唯生爲估量一切文化之價值標準。此中國文化之所以表現生命本位之特質而被稱爲生命本位之文化也。

二、中國人最能持物我雙忘之態度，故特能舍是與非，與物宛轉，若飄風之還，若羽之旋，得空中音，得相中色，妙契風雲變態花草精神於筌蹄之外，而藝術心靈之根本因以鞏固㉓。此中國文化藝術獨能擅長而又被稱爲藝術之文化之故也。

三、中國人重仁者之愛，故歷代先哲咸努力於求人與人間相生相養相愛相安之道。於是化人與人間一切關係爲倫理關係，以各盡其相互之責任爲重，不可相視爲工具。倫理關係中以父子兄弟夫婦關係爲最親，故等朋友之倫於兄弟，等君臣之倫於父子，而文人更時復以夫婦之愛喻朋友君臣相思相念之情。此中國文化之所以表現重倫理（狹而至於民族主義倫理）之特質，而被稱爲倫理之文化也。

四、中國人以信德樂一致，重自家生命之生機，故重養其天和，順其天趣，以爲「其嗜慾深者其天機淺」，以爲「養心莫善於寡欲」，遂不重物質之享受，而以豐屋美服厚味姣色爲戒。自中國先哲觀之，生命之流暢，唯資於生命本身之反復周行，若爲物質所引則往而不復，焉能流暢。故中國歷代均淫技奇巧是禁，而物質文化遂無由發達㉔。此中國文化之所以有輕視物質文明之特質而被稱爲精神之文化也。

五、中國人以反求諸己爲教，故於一切衝突矛盾均於自己身上覓其諧和覓其解決之道。於是自己成爲問題之中心，而生萬物皆備於我之感，個人之責任無限之感。此中國文化之所以表現求之內心特質而被稱爲內心之文化也。

六、中國人重虛靜其心，故愈大之人物，其用力之處，愈不可見。蓋凡可見之力，均正面之用力；負面之用力，固不可見也。中國人所用虛靜之功夫，皆負面之用力。其所能顯於外者，唯渣滓剝落後，胸懷灑落，內外晶瑩，一片光風霽月之氣象而已。故中國愈大之人物，其在外表文化上自動有所創造之念愈少，其所留事業文章，愈成其餘事。此中國文化之所以表現以受用爲主之特質，而被稱爲受用爲主之文化也。

七、中國人重擇乎中道，故於各種學術文化，恆取兼容並包之態度。於各種異族文化，均思冶爲一爐，學者又好樹立或依附正統，以籠罩百家。此中國文化之所以表現好調和之特質而被稱爲好調和之文化也。

八、中國人重不離現在，故注目之點全在具體之當前事實而不在抽象之理想——以抽象之理想均指向未來者也。縱有理想亦均成平面形而不成梯形，無截然不亂之階段，無高低有序之層疊 Hierarchy，仍未足云眞正之理想。故中國文化恆不免以維持現狀解決眼前之實際困難爲主，全不以求未來之進步爲目的；而中國文化遂長停滯而不進步。此中國文化之所以被稱爲重眼前實用之文化也。

九、中國人重化之人格理想。能化之人格，即天人交攝之人格。天人交攝則人在天之中，又在天之外。在天之中，故不能自外其責；在天之外，故不能自小其形。於是造化之運一日不息，人之責任一日無已。同時每個人之責任均相同，故各人人格本身無高下。此中國文化之所以表現人本主義之特質而被稱爲人本主義之文化也。

十、中國人持氣之不朽論，不於此生生不窮氣運不息之宇宙外求不朽；而以爲即在此日用尋常生活中盡道而死，斯爲正命。然宗教之產生正以欲於此日用尋常之生活外求不朽爲根本原因；中國人既不於日用尋常生活外求不朽，故中國文化幾全無宗教。此中國文化之所以被稱爲無宗教之文化也。

二十三年十二月

（一九三五年六月「中央大學文藝叢刊」第二卷第一期）

---

①此二部均以說明名，可知作者旨趣雖在說明，並不在價值上之評判。後文雖有貌似評判之語，均只所以說明之助。作者於中國文化之評價，此文尚未之及，故亦幸望讀者以此眼光看本文也。

② 此處只言固定本體觀念由自全體宇宙之經驗中劃出部份而構成，至於何種定體如何構成，全分之概念何解及應否自全體中劃出部份，則問題極複雜，非今之所及論也。

③ 在西方哲學概論中恆將自由論與非決定論視作一問題之二面，宇宙生生不已之論卽屬自由論。然我今特重之點，故分爲二項也。

④ 吾前謂印度思想亦見及合有無動靜之義。何以印度思想終只能見及旋生旋滅而不能見及生生不已，此乃由印度思想家於合有無動靜之義，只見得一半：只能於出世間見合有無動靜之義而不能卽此世間見合有無動靜之義之故，唯在世間也。

⑤ 嚴格論之，中國直無性惡論。卽唯一持性惡論之荀子，仍謂心善，其心亦可謂性也。

⑥ 此語據宋元學案係明道語，然朱子語類則引作伊川語。

⑦ Otto之 Mysticism of East and West 對此兩方神秘主義有頗詳之比較，唯只重 Eckhart 及 Sankara 二人。

⑧ 莊子養生主言庖丁解牛段。

⑨ 莊子人間世顏回請之衞段。

⑩ 程明道識仁篇謂仁者渾然與物同體，又謂義禮智信皆仁也。

⑪ 論語子曰：「余欲無言。」子貢曰：「子如不言，則小子何述焉。」子曰：「天何言哉，四時行焉，百物生焉。」可知孔子老安少懷之心，卽天生百物之心。禮記孔子閒居子夏曰：「三王之德，參於天地，敢問何如斯可謂參於天地也。」孔子曰：「奉三無私以勞天下。」子夏曰：「何謂三無私。」孔子曰：「天無私覆，地無私載，日月無私照。奉此三者以勞天下，此之謂三無私。」

⑫ 中國古書言仁者之愛時，亦言保育。然其保育與耶教之保育之愛終不同。以中國無相當之辭，只得將此字易

義遷用於耶穌之愛也。

⑬ 中國人言性善而不承認有一定意旨之本能，語似矛盾。然吾人若知中國人所謂性善，實不外乎言人生命之自然流行可恰到好處，本非謂性向客觀之善而趨，則可於此無疑矣。

⑭ 此處本應用德樂一致。然德樂一致之實，卽生機流暢也。

⑮ Lessing 謂：「若有一人一手持絕對眞理，一手持永遠追求，欲我擇其一，則我當毫不遲疑以擇永遠追求。」此最可見西洋人之精神。

⑯ 此處言未始，假想言也。非言無明眞有始。

⑰ 葉公子高以其父攘羊而子證之爲直，而孔子謂父爲子隱子爲父隱爲直在其中。可見中國之直卽含曲。

⑱ 此處言印度人責在毀。乃對當前人生言，非謂印度人生無其積極之意義也。

⑲ 嚴格論之，印度中國之人物均不可用人格二字加之。以西洋所謂人格原爲有個性有單一性者，而中國印度之人格均不必有之也。

⑳ 烏納摩羅 Unamuno 著 Tragic Sense of Life 謂一切人生問題均在解決此人生悲劇之感，誠西洋人之自道也。

㉑ 凡喻均取一分相似，印度人所求之不朽雖只爲鏡，然自印度人觀之，則可謂一切光色均不出乎鏡以外而別有體也。

㉒ 西洋之靈魂亦含 Box 意，然所重者終在 Box 中所含之精神及各種心的能力也。

㉓ 此非謂藝術心靈之構成，更無他條件。卽中國藝術之特質亦非只狹義物我雙忘之概念所能說明也。以後當論之。

㉔ 中國科學不發達可謂物質文明不發達之一因。然亦可謂物質文明之不爲人所重，爲科學不發達之因。覈實而談，而二者皆果而非因，後當論之。

論中西哲學問題之不同

中西哲人對哲學態度之不同

與哲學問題相近的名詞，在中國哲學著作中是找不著的。中國哲學家在他的著作中，儘管表現很堅固的哲學信仰，很深刻的哲學思想，但是他究竟是因爲感著什麼哲學問題而有這種信仰這種思想，他著的書是在討論什麼哲學問題，中國哲學家卻從不曾明顯的指出。這與西洋哲學上每一主張之出現，都是爲意識著一種哲學問題的困難而欲求解決，每一本哲學書都是先指出問題所在，然後指出可能的答案，再到最後的答案，恰恰是一對照。我們追索其原因大約有三種，這三種都是屬於中國哲學家與西洋哲學家對哲學態度的根本不同。這三種態度之不同，與我們後來要講的哲學問題的本身之不同也有一種內在的聯繫，所以我在此地不厭稍加以詳細的說明，雖然這三點大家或許都已多少注意到。

一、重知重行之不同　西方哲學家對於哲學一向是重在知，所以哲學原意爲愛「智」。雖然在柏拉圖、斯賓諾薩（Spinoza）等曾特別注意哲學之愛的活動的一面。但是他們所謂愛仍以知作骨子，而且西方哲學家一貫相承的總是注重所愛的「智」的一面。因此，西洋哲學家總愛說爲知識而求知識。近代的實用主義哲學家雖然極注重知識的效用，但是滿足純粹的理智的欲望，詹姆士（William James）杜威便都承認是求知最直接的效用。而且實用主義的哲學尚遠說不上現代西洋哲學的主潮，所以我們決不要以爲西洋哲學因實用主義之出現，便放棄了他們傳統的重知的態度。然而在中國哲學家態度便大不同，中國哲學家中從來無爲求知識而求知識的思想。孔子有兩句話，可以表示中國哲人對於純粹求知問題的最高智慧。他說：「知及之，仁不能守之，雖得之，必失之。」這是最斬截的說明純粹求知之不可能。此外老子曾說「絕聖棄智」，而主張「修之於身，其德乃眞」。莊子以「逐無涯之知則殆已」，而貴以知養恬以恬養知。都是重行不重知的論調。墨子雖有頗豐富的自然哲學論理學的興趣，但所重終在「言足以舉行」。名家之公孫龍子惠施雖被稱爲辯者（人以之與希臘 Soppist 比較），但公孫龍自序其書明說其目的在「正名」以行政，惠施之說在由「天地一體」「合同異」以說明「汎愛萬物」之理。下隸漢魏諸子，更無不以付諸實行爲思想之宗旨。到了宋明儒者逕直將德性之知與聞見之知對立，視記問之知爲玩物喪志，而專貴由躬行實踐而證悟之德性之知。宋明儒雖好論太極陰陽之理，然其歸旨仍在於日用尋常。此乃粗習宋明儒書者所共知。因此，在中國竟無哲學一名，與哲學相當之名均非如西洋哲學之專以愛智爲義，如莊子天下篇之道術，宋代之理學道學心學均兼含知解與實行二義。惟魏晉之所謂玄學，不含實踐意。但玄學實未嘗眞成學，是均可見中國哲人之重行而不重知也。

這重知重行之不同，爲中國哲學家無明顯之哲學問題，西洋哲學家有顯明之哲學問題之第一原因。因爲哲學問題之正式成立，必在我們把此問題之解決作爲本身目的時方可能。但我們能把一問題之解決作爲本身目的必以我們有純粹求知之心爲條件。不然，哲學思想雖自問題之焦點過，問題仍不能爲我們所自覺。若我們所重在行，則哲學思想全以歸宿於行爲目的，在未達到目的以前，唯努力於達到目的，決無暇停於中途自觀其問題所在，那當然不能有顯明之哲學問題了。

二、以思辨爲哲學方法與以直覺爲哲學方法之不同　西方哲學家治哲學方法自來便重思辨，此自泰利士以來即然。因爲據亞里士多德之玄學所載，泰利士之以宇宙本體爲水，仍是根據好幾重理由方得此結論。我們翻開西洋哲學家的著作一看，他們所採的方法幾無不是用思辨。如柏拉圖斯賓諾薩柏格孫等雖均灼見直覺方法之重要，但彼等於哲學之路仍無不由思辨入。他們之論哲學應用直覺方法，均係指出「思辨無能爲力，故應用直覺」。然其指出之方法仍全是思辨。如尼采、哥德Goethe等之哲學方法雖可謂純粹之直覺法，但在西洋哲學史家視之均視作文學的哲學，而不視作純粹的哲學。在中國則全相反，中國哲學家之哲學方法十分之六七均係直覺法，孔子有「默而識之」的話，孟子曾說：「所惡於智者，爲其鑿也。」而以行無所事若禹之行水之智爲大智，正是直覺法。老子以道爲不可道，不可名，惟可於怳兮惚兮中觀其象觀其物。莊子說：「無思無慮始知道。」又說：「聖人之用心若鏡」。這亦是直覺法。中庸雖講愼思明辨，但最後終歸於自明而誠再由誠而明，以達至誠如神之前知。荀子雖處處注重辨察，然以歸根於心之「虛壹而靜」爲知道之方。宋明儒者尤深論徒事思辨不足以知宇宙大理，故他們論思想的方法總是愛講「體認」「存養」，「豁然貫通」「不勉而中」一類的話。而且他們對於直覺法思辨法之取舍更嚴。譬如張橫渠曾說「窮神知化，乃養盛自致，非思勉之所能強」，「計度而知昏也，思蓋未能有也」。是他本人已深知直覺法之重要，但是程伊川尙說他「所論大概有苦心極力之象，無寬裕溫厚之氣，非明睿所照，而考索至此。更願完養思慮，涵泳義理」。又如邵堯夫他曾說：「聖人之所以能一萬物之情者，謂其能反觀也。所以謂之反觀者，不以我觀物。不以我觀物者，以物觀物之謂也」。他所謂以我觀物，正是理智，以物觀物，正是柏格孫所謂「智慧的同情」之直覺。但是程伊川同他談論，也說他待推而知爲不知。可見他們對於直覺法分辨之嚴了。

以直覺爲哲學方法是中國哲學家無明顯的哲學問題之第二原因。以行爲爲哲學之目的，不過使哲學思想之進行常爲迫於達到目的，而無暇自反，因而不能自識其問題。但如果所用的方法是思辨法，則思辨是有步驟的，每一步可遇著一思想進行的叉路，每一步都有前瞻後顧的機會，仍然可對自己的問題發生自覺。中國哲學家的哲學方法既又是直覺法，自更不易對其問題自覺了。（重行之極必主重直覺，但二者仍當分開。）

三、重講習辯論與否之不同　這可以說是從前面二者而來。重知重思辨，自當重講習辯論。重行重直覺，自不重講習辯論。也可說，因無講習辯論之習慣，故重直覺重行，因常講習辯論，故重思辨重知。所以此地仍單獨列之爲一項。西洋講習辯論之風之盛，自希臘以來即如此。希臘的學園是最便於講習辯論的。我們看柏拉圖語錄所載其前輩聚會論學之情境，最可想見當時哲人對講習辯論興趣之濃。至近代大學成立既多，又均重知識之貫輸，哲學家自更重視講習辯論。但在中國則學術界素無講習辯論之習慣。孔子曰：「予欲無言。」「君子欲訥於言。」老子曰：「知者不言，言者不知。」「行不言之敎。」莊子曰：「言者所以得意，得意而忘言。」又說：「意有所隨，意之所隨者，不可以言傳也。」荀子以「入乎耳，出乎口，爲小人之學」，論敎育方法則主張「問一告一問二告二」。禮記學記也說：「善待問者如撞鐘，叩之以小者則小鳴，叩之以大者則大鳴。」所以人稱孟子好辯，孟子立刻便要聲明是「不得已」。宋明理學家雖聚徒講學，但仍不以單純之講說論辯爲重。尹和靖見程伊川半年後始得大學西銘看。游定夫問程伊川陰陽不測之謂神，伊川不答而說：「賢是疑了，問是揀難的問。」（見宋元學案伊川學案）宋明儒者雖多於宇宙人生灼有所見，但關於天人性命之學之著作仍大半爲門弟子所記。論辯雖時或有，如朱陸之辯即其著者，但亦未嘗必欲得結果以勝人爲高。故朱陸之辯最後仍歸於「各尊所聞，各行所知」（朱子答象山第二書）。後來朱陸二派雖對峙不下，然辯論之事仍極少。王陽明雖亟攻朱說，但亦必造一朱子晚年定論，以爲如此「委屈調停以明此學」一心方安（王陽明報羅整庵書）。後來一般學者亦多以理一分殊，殊途同歸，百慮一致，言非一端，各有所當之語，以調和二家，可見中國哲人之怕辯論了。

中國哲學家不重辯論講習是中國哲學家無明顯的哲學問題的第三原因。重行重直覺雖係主觀上足以阻止哲學問題之自覺之原因；但哲學家們若常常討論辯駁，則因常有共同的論點，問題自可漸漸具體提出；而有明白的意識。惜乎中國哲學家又素不重講習討論，於是哲學問題之自覺只好成爲完全不可能了。

中西哲學各所著重之問題之不同

中國哲學家不先明顯的提出哲學問題而後加以討論，是爲中國哲學之所以缺乏系統，與論證之所以無條理的根本原因；同時也是引起現代一般人對於中國哲學誤解的原因。因爲只有在問題明顯的提出之後，然後有對於問題的次第的分析，於是由一問題至二問題思想逐步進展，系統才能成立，論證才有條理。因中國哲學家不曾將其問題具體羅列，而西洋哲學的問題卻是羅列得非常明顯，現在治中國哲學的人便不期然而然的應用西洋哲學問題的分法來看中國哲學，以爲中國哲學家雖未嘗明顯的提出其哲學問題，但其事實上所感到的問題，仍不外西洋哲學上的問題，這種看法誠然有他的效用。因爲我們確乎可以把西洋哲學問題配到中國哲學書上，而找出那些話是解答什麼問題，那些話是解答其他的問題。但是這種看法只能證明中國哲學家在事實上——雖然不曾自覺的具體提出——也有西洋哲學家的問題，但不能證明中國哲學家在事實上感到的問題，只是西洋哲學家的問題；亦不能證明西洋哲學家的主要問題，是中國哲學家的主要問題。換言之卽此種看法，只能找出中國哲學家的問題與西洋哲學家的問題同的方面，而不能找出異的方面 。然而這異的方面，正是構成中國哲學問題之特質的。所以我們要治中國哲學，非打破以西洋哲學問題的分法來看中國哲學問題的分法不可。在我看來這種打破是有非常重大的意義的。假設我們眞正心目中完全不存一點西洋哲學問題，僅從中國哲學著作中探索中國過去哲學家心靈中眞正的哲學問題是些什麼，我們便可看出中國過去哲學家所最親切感著的問題，所認爲最重要的問題，與西洋哲學家所感到並認爲最重要的截然不同。這種不同並非偶然不同。這種不同，大而言之，是本於兩種文化精神之不同；小而言之，是兩種哲學的心靈哲學的精神發展之不同。儘管這兩種心靈哲學精神發展之途徑有許多交錯重疊的地方，然而這絲毫不礙其根本方向之差異。而且我們試就兩方所各特別著重的問題來看，我們簡直可以看出它們是在互相對映的兩條路上排列著的兩組問題。其他次要的問題我們就最重要問題的蹤跡追尋起去，也不難同樣尋出他們照應之點。不過詳細的探討非本文的任務；而且這種探討是可以有各種程度的深度，同各種方面的推進的。本文的目的是在試把西洋哲學中最重要的問題拿來安排到中國哲學典籍上，指出他們在中國哲學上並非重要的問題，同時另外舉出與之相應的中國最重要的哲學問題，來證明中西哲學問題確是在排列在兩條路上的兩組問題。

西洋哲學上最重要之第一問題，是形而上學中本體與現象之關係問題。西洋哲學自希臘泰利士以來，便以在現象以外探求本體爲任務。西洋哲學家總是相信現象的意義不限於現象，另外有賦與現象的意義的本體。在希臘哲學中除了感覺主義派及懷疑主義派外，幾無不承認現象以外之本體之存在。但就是感覺主義派懷疑主義派之否認本體，都是原於追求本體而不得之失望所生。中世紀的哲學根本是建築在另一世界的信仰上。中世紀哲學家，不管是唯名論者 Nominalists 唯實論者 Realists，都是同樣承認上帝爲世界之支柱，承認萬物有本體。近代哲學之先驅如培根等雖欲人從今摒棄天國之問題而專論人國之問題，但笛卡兒領導之大陸學派仍從另一方面開闢了解本體之門。英國的經驗主義者雖自洛克便說明了我們對於本體知識之不可能，巴克萊因而否認物的本體，休謨因而否認一切本體；然而到了斯賓塞還是要保留一個不可知的「不可知體」。從康德直到後康德派的唯心論哲學，雖把超越的本體漸漸化爲內在的本體，使本體與現象漸漸連絡；然而嚴格論起來，即在黑格爾還是不能眞將現象與本體融攝無二。現代的新實在論者有意識的與西洋哲學上傳統的本體觀念決鬥；但大多數的新實在論者，仍離不掉潛在世界的假設，還是變相的象外體的觀念。西洋哲學既然都要從現象進一步求本體，本體的意義自不等於現象；本體與現象之關係，自必成嚴重的問題。這問題之具體提出在柏拉圖

Parmenides語錄之前半部，因爲柏拉圖是將本體界現象界視作截然劃分的。但是在該語錄中，這問題便懸而未決。以後哲學家們凡承認一本體觀念者無不曾對此問題提出主張，其中有各種不同的說法（以下諸說之安排多出己意故不厭稍詳）：或持本體界與現象界無嶄絕之差異只有層級之不同之說，如亞里士多德；或持現象界自本體界流出之說，如新柏拉圖學派（此派雖導源於柏拉圖 Timeaus 語錄，然有新解釋）；或持現象界隨附於本體界之說，如斯賓諾薩；或持本體界隨附於現象界之說，如斯賓塞（斯賓塞之不可知體隨其所謂現象而分化實可謂隨附於現象）；或持本體界與現象界有根本不同之說，如康德；或持本體界與現象界外不同而內相通之說，如叔本華；或持本體界與現象界內容同而意義不同之說，如黑格爾（黑格爾以一切現象均存於本體，本體亦不能於現象外有其成份，唯現象在本體中意義全轉化）；或持本體界與現象界內容廣狹不同而意義同之說，如新實在論(新實在論者多承認一潛在世界，其中之中立實體 Neutral entities 或實有 Beings 實現於時空系統則入於存在世界。潛在世界與存在世界中之質素 Stuff 實無不同；唯潛在世界中有無限之可能實體 Possible entities 故較存在世界範圍廣）；或持現象界即含本體界，本體界即攝於現象界之說，如詹姆士、柏格孫及懷特海。此外還有各種混合的及其他不同的說法。誰也得承認這是西洋哲學中最根本的一個問題。然而這一個問題儘管在西洋哲學中如此熱鬧，在中國哲學中則幾乎無此問題。因爲這個問題的產生，原是起於在象外求體；而中國哲學家卻從無正式承認象外有體之思想者。所以，如果說中國哲人對於西洋的現象與本體關係問題有什麼主張，這主張就是上述最後一種現象與本體融攝論。這一種主張差不多遍於中國過去哲學家思想中。中國哲學在它發展的途中，尤其是發展到宋明理學的末期，逐漸有求象外之體的趨向，然就整個精神言，仍是屬於現象本體融攝論。在中國哲學上與本體相當之字，如「道」，如「太極」，如「玄」，如「理」，沒有一個含在象外之意。老子說：「地法天，天法道。」中庸說：「可離非道也。」這兩句話便很明顯的指出道與現象界不離的意義。莊子淮南雖將「道」推高一層說，如道生天生地，然「生」在古代，原意與「不離」意同。如老子說：「萬物生於有。」有卽萬物，何能說生，可知生卽不離之意。「太極」初見於「易」（或謂太極由道家之太一來，今不追論）。易繫辭傳言：「易有太極。」言易有太極，可見太極不離易。易本身意義如何，此另一問題。然易必涵攝現象；太極不離「易」是不離現象。此外揚雄葛洪之所謂「玄」，宋明儒之所謂「理」，均未嘗外日用尋常之事物而言。此我們但讀他們之書可知。且卽推道「太極」「玄」「理」諸字之本義：「道」言人之所行；「極」之爲言至也：「玄」，黑白不分之色；「理」，玉之紋理；均無西洋所謂 Substance, Substratum, Logos, Thing in Itself 之獨立存在之意。我們要找西洋哲學上其他各種現象本體關係論幾全找不着。可見這問題之在中國哲學實遠不及在西洋哲學中之重要，而且幾乎可以說不算問題。因爲凡成了一個問題的，必至少曾有兩類以上極端相反互相對立的答案。若只有一類主要的答案，則無異問題未嘗成立。

但是，中國形而上學上雖無本體與現象之關係問題，然有一與之相應之形而上學問題，卽本體與工夫之關係問題。中國哲學上有「本體」「工夫」二名詞之相對，在我看實非偶然。中國哲學家旣均承認本體與現象不二，則根本上自用不着撇開現象以求本體，而卽象可以明體。假設我們不能見本體，其咎不在現象之遮蔽，而在我們本身之自作障礙。於是，撇開現象之努力，必然化爲袪除自身習氣的障礙之努力；分析現象與本體之關係問題，必然化爲了悟本體與工夫關係問題。我們從表面看，現象與本體之關係問題是純粹的形而上學問題，本體與工夫問題，只能算人生哲學的問題。但是，這話是不對的。人生哲學與形而上學之分，只能就其目的來分，如其目的在人生之修養，則談形而上學亦屬於人生修養之事而隸屬於人生哲學之內。如其目的在了解宇宙實相，則講修養工夫亦是了解宇宙實相之事而隸屬於形而上學之內。而且，我們假設把宇宙人生割裂的偏見打破，我們便可看出如何撇開現象分析現象參透現象的內蘊，與如何袪除習氣對治習氣發露本來面目全是同樣的事。因爲習氣正可謂一種內部的現象；而現象正可謂一種外表的習氣。所以，只要我們把中國過去哲人對於本體工夫關係問題的主張，看作以了悟本體爲目的的，我們便可隸屬之於形而上學。這樣一來，我們便可看出中國哲學家在形而上學之本體與工夫關係問題上之貢獻，並不弱於西洋哲學家在形而上學之本體與現象關係問題上之貢獻。中國哲人凡言本體必對工夫，如：言道必言修道，言理必言「理得」。揚雄言玄兼人道（太玄七），葛洪言玄尤重修持，易言太極必歸於吉凶大業，宋明儒尤好言離工夫外無本體。本體與工夫關係之論極多。譬如我們拿動靜作工夫說，則有：主張必有主靜之工夫方能見本體的，如周濂溪太極圖說以爲主靜方能立人極而體太極；以爲必有動而敬之工夫，而後能見本體的，如程伊川謂「敬則自虛靜」，又謂「非靜以見天地之心，乃動以見天地之心」；或以爲必無動無靜之誠敬工夫，方能見本體的，如程明道識仁篇以「勿忘勿助之工夫」見「天地之用皆我之用」；……等說。又如我們拿養心的工夫來說，則有：主張盡心之工夫方能見體，如孟子「盡其心者，知其性矣，知其性，則知天矣」；或以不必有則心之工夫方能見體，如易「洗心退藏於密……明於天之道」；或以爲必心無思無慮方能見體，如莊子知北游以無思無慮始知道得道；……等說。這都是不同方面的說法，雖然其中也有相通之處。此外論本體與工夫關係之說猶多，我們可擇取各種之分類標準來看中國之本體工夫關係論。我們可以看出大半非西洋哲學家所曾注意到或重視著的。誠然，這樣分去所得的結果，在許多人看來，仍然找不著西洋哲學中那樣豐富的思想來講。不過，這樣的意見仍是產生於把西洋哲學家對哲學的態度拿來對中國哲學之故。習於西洋哲學的人，總是以爲哲學當重知，並取思辨方法，且可以講述。於是總處處看著中國哲學思想之空疏。但是，我們假設用中國哲人對哲學的態度來對中國哲學，我們便可看出哲學本來不必要有豐富的思想來講。因爲所謂哲學的意義不外了解絕對的眞實。我們並無理由說，必有豐富的思想，然後方能了解絕對的眞實；也無理由說，必有豐富的思想，然後有最高的哲學。在中國哲學中，儘管找不著西洋哲學中那樣豐富的思想，然而只要它有其特殊注重的問題，它便可與西洋哲學對峙。而且思想的豐富之眞義應該是內在的涵義之豐富。假設我們從內在的涵義之豐富來看中國哲學思想，我們正可看出其內容非常豐富之處。譬如主動、主靜、盡心、洗心之問題，我們就表面看，似乎意義很貧乏；但我們就其與我們行爲的聯繫上，用直覺的方法去體玩，我們便可看出其意義非常充實而且確有問題之存在。高攀龍所謂愈窮微者是。但是，我們必須放棄西洋哲學家對哲學之態度，轉過頭來，方能認識此點。以後我們再來用西洋哲學方法去分析而講述之，我們便可以了解其意義之豐富不在西洋哲學之下了。（此點不弄淸楚對中國哲學永不能入門，而且對我下面所講也會發出同樣疑問；故不能不稍加解釋。）

西洋哲學最重要之第二問題是形而上學中本體之性質爲心爲物等之問題。這問題在西洋哲學中的重要極易看出。大約希臘的宇宙論者中最初的幾個唯物論者都同時是萬有有生論者。其所謂火氣之類均兼攝生命非只物質。但自 Heraclitus 提出 Logos 之概念，Empedocles 提出 Love and Hate 之概念，Antaxagoras 提出 Nous 之概念，心與物開始割裂。到德謨克利託與柏拉圖唯心唯物兩說屹然對峙之勢成後，西洋哲學上唯心唯物之爭遂緜延不斷。如唯心論、唯物論、心物二元論、一體兩面論、副現象論之分，乃稍有哲學常識者所共知。至十九世紀，以生物進化論之興起，哲學者溯物心皆源於生命，遂有唯生命論。羅素霍特 Holt 一派新實在論者分析心物之邏輯構造，得心物均由邏輯原子感覺與料而成之結論，遂有心物均由中立質料構成之中立一元論。亞力山大溯各級存在至於原始蘊積 Matrix，得時空爲萬彙所從出，遂可謂時空一元論。但亞力山大摩根等同主張宇宙中有心、生命、物各級之存在層層創出，又有所謂層創進化論。但是我們回頭來看中國，則關於本體之性質爲何之問題卻絕沒有這許多之爭論。姑無論中立一元論、時空一元論、心物二元論、一體兩面論、副現象論、層創進化論之主張在中國絕對找不著，卽唯物論在中國亦從來沒有。只明代有葉世傑著草木子一書，其第一篇管窺論論天地始於水，由水而土石而金而火，頗有唯物論思想，但其全部思想仍非本於唯物論。王充之思想曾被人視作唯物論，但其論衡中只言一切由氣化，只可謂唯氣論，不可謂唯物論。唯物論不言物含善惡，論衡本性篇則言稟質之善惡。可見其非唯物論之比。唯生命論似與易經繫辭中之思想頗近，但易經中所謂生非如柏格孫所謂生物之本體之生命，如所謂「生生之謂易」，「天地之大德曰生」，皆另有其涵義。非自生物之本體之觀念來。唯心論似頗盛於中國哲學中，宋明儒者多被稱爲唯心論者，陸王一派被嫌尤重。但就唯心論的一般意義來說，唯心論是主張「唯心眞實物依心存」的，而中國之宋明儒者則從無此意。宋明儒者雖極言心之作用，然亦不過言心體萬物而不遺，與萬物同廣狹，未嘗言唯心眞實，物皆附於心而爲心之屬性，如西方唯心論者之所持。程朱一派可不必論，陸王一派可上溯至程明道。明道只言「心可普萬物」，「心活可周流無窮」，然又言「心要在腔子裏」，何嘗有「唯心眞實物依心存」之意？陸象山只言「吾心卽宇宙」。雖亦言「宇宙卽吾心」，其意蓋謂心與宇宙同廣狹。他曾說：「萬物森然於方寸之間，滿心而發，充塞宇宙，無非此理。」（全集卷三十五）未嘗明言宇宙屬於心也。楊慈湖已易篇言：「天者吾性中之象，地者吾性中形。……在天成象，在地成形，皆我之所爲。」誠若視宇宙唯心所造；然此亦不過用以明我與宇宙之不二，非正式論唯心實在，宇宙屬於心之本體。故下文卽說：「吾未見乎天地與人有三也。」絕四篇又曰：「此心無體，清明無際，有與天地同範圍。」王陽明謂：「天地無我之良知，則不成天地。」「人死則其人之天地萬物與之俱去。」此亦不過心物不離之意。故曰：「遺吾心而求物理，無物理矣。外物理而求吾心，吾心又何物耶？」又說：「心無體，以天地萬物之感應爲體。」可見他仍無唯心眞實物依心存之意。亦可見卽最有唯心論嫌疑之陸王，尙不能稱唯心論者。遑論其他？我們假設要對於中國哲人對宇宙本體性質問題一般所持的主張加一個名字，我們只可名之爲「心與物等性質交融論」。陸王如此，程朱亦如此；孔孟如此，老莊亦如此；此地不必細論。這種主張，從一方面看，與非希特之超越唯心論黑格爾之絕對唯心論微有相似，不過非希特之絕對自我黑格爾之絕對精神皆實超越於通常所謂心物者之上，而中國哲人如談絕對則內在於相對之心物等中。然而這種主張亦不能說是一體兩面論。因爲中國哲人並不承認交融有相對之心物等中之絕對爲一實體 Substance，心物等各爲其屬性，如斯賓諾薩席林之論。我們要找與這種主張最相近的，恐怕還只有懷特海之心物交關論，不過懷特海之心物交關論尙不能算有自圓性之學說而已。

由上可見西洋哲學家對於宇宙本體性質問題所持之各種學說中國都沒有，中國所有的只有心與物等性質交融論一種。這一種說法可以說是中國哲人對本體性質問題唯一的貢獻。中國哲人不談此問題則已，談此問題總是採此說。照我們前面的話「對於一個問題只有一種答案則此問題不能算正式成立」的說法，我們也可說此問題在中國哲學家心目中未正式成立。但是，中國哲學家對此問題雖未正式成立，卻另外成立了一個問題。這問題就是心物等性質如何貫通之問題。此問並不是覺著心物等有固定性質不能相通，而要追尋其貫通之道的問題。若果如此，則仍不外西洋哲學中心身關係心物關係之問題。中國哲學家旣持心與物等性質交融論，根本上就不會覺著心物等有固定性質不能相通，何必追尋貫通之道。所以此問題不是生於不能貫通而求貫通。恰巧相反，正是因爲原覺貫通，所以要問貫通是如何一回事；正是因爲原覺心物等性質均不固定，而相交遍融攝。所以要問在這種交遍融攝的狀態中是含蘊一種什麼意義，有一種什麼原則貫乎其中。此所謂意義，此所謂原則，又與西洋哲學家所謂意義原則不同。與其說意義，不如說意味，與其說原則，不如說意趣。這個問題是西洋哲學家所不會有的，也是習於西洋路子思想的人所不易想像。要能親切感到這個問題，我們必先把宇宙間心物等性質的交遍融攝之爲交遍融攝，作爲我們意識的對象——最好說作爲我們體玩的對象，使之縈迴宛轉於我們心目中，猶如一已成之客觀事實一般，然後我們才覺找出其意味，尋求其狀態，成一個問題。這問題對於宇宙間各種性質是否眞正交遍融攝尙懷疑的西洋哲學家是不成問題的；然而這確是一個問題，而且從一意義上可以說是上一級的問題。這問題從下一級去看自然不成問題，或以爲問題本身無意義；但只要有人能把宇宙間種種交遍融攝之狀作爲對象，而此時又並非想去分析此構成交遍融攝之材料或關係，而專就此交遍融攝之意味意趣來追問，則必生此問題。關於此問題的中國過去哲人的答案，今可舉出數種爲例。如老莊之道原論，中庸之誠原論，易經之易原論，程朱之理原論，張橫渠之虛氣同原論，這各種學說都是以說明宇宙中交遍融攝之狀態之意味或意趣爲目的的。從表面看，似乎道就是誠，誠卽是道並無分別。或者以爲要有分別，我們必把物心等性質分別解釋進去。其實這全是錯的。我們之所以以爲只有加進物心等性質，然後才能看出道誠理之分別，全是我們的一種成見，以爲只有物心等性質才可造成分別。我們之所以看不出道誠等之分別，全是因我們未鑽進問題中之故。假如我們將這種成見打破鑽進問題中，我們便可看出每種說法均各有其意旨。儘管同是要說宇宙交遍融攝中之意味，而其所說之方面卻不同。卽此方面不同便已足爲學說之特徵。若必要所說絕對相反，然後才算不同學說，則一切學說均可謂是一說，以同論一宇宙之不同方面。故現在我們首先看老莊之道原論。莊子自言其學亦卽言其所謂道曰：「芴漠無形，變化無常，死與生與，天地並與，神明往與，芒乎何之，忽乎何適，萬物畢羅，莫足與歸。」老子曰：「大道氾兮其可左右，萬物恃之而生而不辭。」可見他們把道視作宇宙之根源，爲宇宙萬物之交遍融攝之所以可能者。但是他們既不曾說道是心，也不曾說道是物或其他性質。老子只說：「人法地，地法天，天法道。」是有心之人與天地之物同法道。莊子說：「天地與我並生，萬物與我爲一。」又說「氣深於心，能虛而待物。」（人間世顏回見仲尼一段）他也不曾說心物孰爲根本。其次我們來看中庸之誠原論。我們假設屏除文字的障礙，純用我們哲學的智慧去看哲學問題的發展，我們便可看出誠原論實是對於道原論之一種修正。我們看中庸說：「誠者物之終始。」「不誠無物。」可見誠非特一修養的境地，而同時是萬象的本原。所以說：「誠者，天之道也；思誠者，人之道也。」天是宇宙，心屬於人。誠貫宇宙與心，可見誠不含物心之性質。中庸說：「天地之道，可一言而盡也。其爲物不二，則其生物不測。」又說：「誠則形，形則著，著則明，明則動，動則變，變則化。」誠是生物不測之本，變化之根，可見誠亦是說明宇宙之交遍融攝之狀態之所以可能的。與老莊之所謂道作用全同。不過老莊之論道所注重的是宇宙之交遍融攝狀態中之混淪不分流轉無常的一面，而中庸之論誠則重在交遍融攝狀態中悠久敦篤至誠無息的一面。在中庸作者，而以誠爲道之本。所以說誠是道，而不說道是誠。在開始便說：「天命之謂性，率性之謂道。」天命正本於誠（可參考誠者自成也一段）。可見中庸作者以誠先於道。在「誠者自成也而道自道也」一段，前二句中亦先言誠後言道；但直下去則專言誠而不再言道。老莊言道均以「化」爲本，好以化喻道：但中庸卻說：「唯天下至誠爲能化。」可見中庸之誠原論，明是老莊之道原論更進一步的主張。易之繫辭傳謂：「易不可見則乾坤或幾乎息矣。」「乾坤其易之蘊邪。」「乾坤其易之門邪。」是明以易爲宇宙之根源，我們可名之曰易原論。易爲說明宇宙間交遍融攝之狀態之書。易貫乾坤，可見其性質既非心也非物。易之義含簡易變易之義（鄭康成所謂易有三義今將不易略去）。自易之變易之義言，可謂有同於老莊之道；自易之簡易之義言，可謂有同於中庸之誠。所以說：「易則易知，簡則易從，……有親則可久，有功則可大。」有親、有功、可久、可大，均與中庸所言誠之德相同。不過易經繫辭傳將變易與簡易並列，於變易中顯簡易，則與中庸以誠統化之說又不同（易傳不定在中庸之後一時期）。現在我們再看宋儒之張橫渠之虛氣合原論。張橫渠謂「虛空卽氣」，謂「太虛不能無氣，氣不能不聚爲萬物，萬物不能不散爲太虛」。又曰：「有無隱顯，通一無二。」又曰：「彼語寂滅者，往而不反；徇生執有者，物而不化。二者雖有間矣，以言乎失道則均焉。聚亦吾體，散亦吾體，知死之不亡者，可以言性矣。」可見他明明以虛氣來說明宇宙交遍融攝之狀態。這種說法把漢儒所重之氣字提出，較以前諸說更爲質實。但氣仍是無所謂物心等性質的；如他一方面說「合虛與氣，有性之名」，一方仍說風雨霜雪亦不外虛與氣之絪縕（正蒙太和）。可見虛與氣既不限於心，亦不限於物，而只是說明宇宙交遍融攝之狀態之所以可能者。我們再來看宋子之理原論。朱子之理論由程伊川來；不過在伊川尙未正式成立此說，正式成立此說者爲朱子。朱子以爲「凡天下之物莫不有理」（大學補傳）。他說：「理先於氣、氣生於理。」（朱子語類卷一）從表面看去，朱子之所謂理，頗與新實在論者之所謂共相 Universals 相同。但是朱子一方面說物各有理，一方面又說萬物只是一理。所以他一方說：「一物一太極。」（太極卽是理）一方又說：「統體一太極。」我們說一物一理之理是共相，還說得通。說萬物之統體是一共相，則朱子曾說，理「包括乾坤提挈造化，無遠不周，無微不到。」（全書卷四十六）理若是抽象之共相，如何能有此作用？此則無論如何說不通也。我們也不能說朱子所謂最高之理所謂太極，即西方唯心論者如黑格爾等之絕對 Absolute。西方唯心論者之絕對，乃包裹萬有而又超乎萬有之上者。黑格爾之絕對乃萬有依其本身之辯證的發展之最高最後的綜合；而朱子所謂理，則朱子從不曾如此解釋過。朱子雖一方面說統體一太極，同時卻又說一物一太極。雖然唯心論者之絕對亦表現於任一物中，每一物均能表現絕對，然而唯心論者必不肯說一物一絕對。可見朱子之理亦不能解釋作絕對。在我看來，朱子之理仍只是說明宇宙之交遍融攝之所以可能的。因為萬有處處都息息相關，所以交遍融攝的意味，在每一物均表現得出，因此才說「一物一太極」。前所引「包括乾坤，提挈造化，無遠不周，無微不到。」（朱子全書四十六）正當作如是解釋。朱子之理原論顯然較橫渠之虛氣同原論及以前諸說為細密，朱子也曾說：「理字細密。」（全書四十六）可見他之提出理原論實進一步之發展。此外對於宇宙交遍融攝之狀態有所說明的尚有其他說法，但今均不一一論了。（此節後部不妥但亦可備一說姑存之　二十九年十二月註）

西洋哲學最重要之第三問題為形而上學中一元多元之問題。西洋哲學自帕門尼德 Parmenides 主張絕對一元論與恩比多克 Empedocles 等之多元論正式對立以來，一元多元之問題，遂一直成西洋哲學之主要問題。中世紀哲學中關於三位一體之論爭，及其相連之唯名論唯實論之論爭，都是以一多問題為論爭之關鍵。近世哲學上一元多元之爭，更為複雜。此乃略諳近世哲學者所共知，今不具論。現代哲學中一般哲學家雖不復以抽象之一元多元為問題，而多努力於宇宙構造之解釋；然一論及宇宙之層疊，宇宙之原始質料，仍無時不涉及一元多元之問題。如懷特海之哲學逕以一多之範疇爲其哲學最根本範疇，可見此問題在現時代西洋哲學中之重要。然而在中國又素無此問題。中國哲人論及一元多元時，從未有視一之與多爲不相容者。老子之「一生二，二生三，三生萬物」，一是道，是道之一與萬物之多不離。易經「易有太極，是生兩儀，兩儀生四象，四象生八卦」，亦一多不離。周濂溪太極圖說論「無極而太極。太極動而生陽。動極而靜，靜而生陰」，蓋與易繫辭傳意近。但周濂溪下卽補之曰：「五行一陽陰也，陰陽一太極也，太極本無極也。」太極之一與五行之多不離。五行八卦在原始中國人心目中，雖或所以代表八種或五種不同之物；然就見於載記者言之，則自始未嘗有八元五元之論。故後儒論八卦五行均可歸於太極。所以中國對於一元多元問題只有一種答案，就是卽一卽多說。此外宋儒特好論萬殊歸一本，一本在萬殊之理。雖或重一本如李延平，或重萬殊如李愿中，但只都是修養注目之點不同，須持一萬分立之論。這樣看起來，對於一多問題，中國又只有一種答案，又不能算正式成立的問題。

但是，中國雖無西洋哲學中一元多元之問題，然仍有一問題代替之，卽爲各種一與多間之配合問題。這問題正是中國從前所謂象數之問題。中國從前所謂象數之問題中，所欲求的象與數、數與數的聯繫，正是要配合各種一多關係。此問題在哲學問題中重要性如何，此屬估價之事，非今之所及。但此問題確是中國哲學所獨有之問題。雖然這種數的配合，在原始民族中都曾有過（Forke World

Conception of the Chinese p. 244-249 曾論及此可參考），但是決無一民族看重數的配合如中國者；而且，在文化已很成熟的朝代，如宋代的哲學家都還很看重它，可見這決非只普通的原因所能解釋。在我看來，這問題之產生，全是由卽一多論的思想已普遍於中國哲學中而來。中國哲學家既不視一多爲分立，以一多爲相卽不離，則其對於各種一多必然要努力求貫攝，以證其確未嘗離。此時各種一多間之配合問題必然要產生。蓋爲保存一多相卽不離之根本信念計，非迫切解決不可也。在不了解此意者，恆不免奇怪中國過去哲學家爲什麼在作此配合工作時，雖明明覺得滯礙難通，還是要勉強通之而後已。但若知此意，則大可無怪其然。關於此問題最早之答案，上所舉易繫辭傳「太極是生兩儀，兩儀生四象，四象生八卦」一段，卽係一種一多關係之配合說，說卦中復以八卦配合各種可相應之八物。唯此問題之正式成立仍在漢代。漢初，儒家思想道家思想及陰陽方士之說混作一團，亟須求一和諧，故關於各種一多之配合亦特成問題。當時思想家除以太極合陰陽、陰陽合五行之外，復以五行配五色、五聲、五氣、五臟、五常、五事、五帝、五方、五季……以至四季、六情、六氣、八卦、天干、地支、十二月等（可參考蕭吉五行大義）。漢代儒者如董仲舒淮南子服虔鄭康成王充之著述及諸緯書，無不對此問題多少有所論列。此外揚雄則另造系統，自立其玄之四重論。他的太玄數，以一玄合三方九州、二十七部、八十一家，遂有八十一首，而以之配歲時（太玄曆）；又分天爲九天，各相當於一州；與九天相應者，有九地、九人、九體、九屬、九竅、九序、九事、九年；至於五行、五方、五色、五味等又另有其配合之道。到了宋代，則司馬光之潛虛、邵康節之皇極經世、蔡九峯之洪範皇極雖立說各異，且較漢儒更著重純粹數間之配合，不似漢儒之雜配；但其目的同不外在證明各種一多之能貫攝流通，以見他們所謂「虛」「氣」「太極」之一，貫乎眾多，無乎不在。不過，此文不在舉出答案，而在指出問題，所以不一一論了。

西洋哲學最重要之第四問題爲形而上學中人在宇宙是否自由之問題。自一義來說，這問題可謂西洋哲學之中心問題。因爲這個問題在形而上學與人生哲學之間，一方確定人在宇宙中之地位，一方卽保障人生之努力之意義。希臘人素來對於人在宇宙間之命運，卽有無限之惶惑。此自希臘文學宗教中最可見之。希臘哲學自蘇格拉底指出人對於其品德能自由造就以來，小蘇格拉底學派卽努力於討論人可安靜於世界之道。以後經柏拉圖、亞里士多德、伊辟鳩魯派、斯多噶派，人之自由問題更逐漸重要。中世紀哲學以人如何得救爲根本問題，於是「自由意志乎?上帝恩典乎?」之問題，更盤旋於當時哲人之心而不可解。至於近代，則一般科學家、探險家、實業家之心所祈嚮者均爲人在自然中之自由發展，而其所認識所處置者又爲純粹之物質世界無情機械。在此內心祈嚮與所處置對象之矛盾間，自由問題之須解決更迫急不可終日。關於此問題之學說，歸納而言，不外機械論、目的論、自由論及其混合之諸說。爲人所易知，無待煩釋。但是我們回顧中國哲學史，則中國哲學家對於此問題之重視，又遠不及西洋。機械論、目的論在中國都沒有。有機械論的嫌疑的哲學家，一爲列子在力命篇所表現的，一爲王充在論衡中所表現的。然我們細細一看，則均與西洋之機械論有殊。王充著論衡的動機，其自紀篇自謂由於「世書俗說，多所未安。」故又於佚文篇中說「篇以十數，一言以蔽之，曰疾虛妄。」其學說重在破而不重立。其說有類機械觀者，或出於矯枉過正之辭。如骨相、逢遇、命祿、氣壽、命義諸篇雖亟論人之有命，然其論命之原與其視作機械論，不如視作偶然論。西洋之機械論必承認自然先有固定之定律爲萬彙所遵照以行者；但王充在自然篇論自然界則說：「天自然無爲者何，恬淡無欲，無爲無事者也。」「天地合氣，萬物自生。」在物勢篇中，他又說：「天地合氣，物偶自生。」是均偶然論之思想。故其一方雖說人生有命，同時仍承認人之善惡可自爲，而於率性篇論「人之賢不肖在化不在性」，可見王充不能視作西洋機械論一類。列子力命篇雖言力之不能勝命，然彼以力與命比，仍承認力有其所及之範圍，只不過不能出此範圍。是仍未嘗視一切爲機械而同受一律之支配，如西洋機械論者之所持。至於目的論亦非中國所有。中國哲人從未有言宇宙本身有一定之目的，如西洋 Teleology 一字之所指，足以引萬物向之而趨者。宋明儒者雖多論「道之在天下，從未嘗亡，不隨人而絕續」，及「天地以生物爲心」，然前一句話不過謂宇宙之理，總是如此如此；後一句話不過謂天無不覆載，使萬物咸得養育；非謂有「道」或有一「天地之心」爲萬物運行所向之客觀目的也。漢儒論天之賞善罰惡，墨子之論天志，亦只謂天與人能感應，人有何等之行，則天有何變異；或「我爲天之所欲，天亦爲我之所欲」爲止，非謂其自有目的，從外貫注於人之意願，能迫人之意願照之而行，如西洋目的論之所持。此外老子的「天道無親，常與善人」，亦不過謂善人能謙虛自守，卑弱自持，天道如張弓，遂能舉之補之。此不過自然盈虛消長相循之理，亦非天有一貫目的之謂。機械論目的論在中國既均沒有，所以中國哲人對人在宇宙間是否自由問題差不多都是同聲同口的持自由論。他們以爲人能自順其性，自遂其志，是不成問題的；人之自由簡直是一已成的事實，並不是一要求的對象，所以西洋哲學家那樣對於人在宇宙間自由之要求之迫切，中國哲學家簡直不了解。因此，對於這個問題也遠不及西洋哲學家之重視。但是中國哲學家雖不重視此問題，但亦有一問題代之，即人之自由如何表現問題。表面看來，此問題也同樣爲主張自由論的西洋哲學家所注重。因爲主張自由論的哲學家也要問人的自由從何處表現。不過有一點根本不同。西洋自由論的哲學家之問人的自由如何表現，是問人如何自不自由中表現其自由，如何自機械的自然必然的命運中表現其自由。斯賓諾薩以爲人在對於上帝有智慧的愛 Intellectual Love 時，可表現其自由。但是，這自由全是對他所謂服從的必然律的自然說的。康德以爲人在他道德的實踐中可表現其自由，這自由也是對他所謂服從因果律的自然說的。柏格孫以爲人在生命的向上發展中可表現其自由。這也是對他所謂向下的物質之機械性說的。中國哲人之問人的自由如何表現，則並不問人的自由如何自不自由的自然中表現。西洋哲學家那樣不自由的概念，中國哲人簡直不了解。中國哲人所要問的只是人的自由以何形態出現，什麼地方表現著人的自由。這是先承認人的自由爲一已成立的事實，去看人的自由如何表現，這與西洋哲學家之想自不自由的自然中成立人的自由，是完全相反的。假設我們從這種眼光去看中國哲人之論人之自由如何表現問題，我們約略可看出三種主要的說法：一、是人之自由表現於天人合德之際說。這可以說是漢代儒者的說法。漢代儒者大都以爲天人本同氣，人卽氣之靈；人本處處象天，所以天人本和諧；人在天地間本無限制之者，只要人盡其道，便可與天合德，與天相感，而自由無礙，而獲福致祥；其所以獲禍致殃，純由人自己背道而行，破壞其原來之和諧與自由。漢儒書籍如白虎通災變篇，陸賈新語道基篇，淮南精神訓篇，董仲舒春秋繁露循天之道、天地之行、天地陰陽、天地施第、威德所生、如天之爲諸篇，王符潛夫論本訓篇本政篇，荀悅申鑒、時事篇，都是從天人之相感應來看人之自由的。此地不必細論。二、是人之自由表現於人返於天說。老莊以爲人本天所生，來自天，原係逍遙自在，惟自造種種束縛，「黥以仁義，劓以是非」，而後有不自由。故自由之表現惟在返於天，「無己，無名，無功」，「齊是非」，「忘物我」，「一生死」，把人自作的一切分別除去，則自能「乘天地之正，而御六氣之辨，以游無窮者，彼且惡乎待哉」；自能「與天地精神相往來，而不敖倪於萬物」，回反其原來與天合一時之自由。除老莊外，淮南子、抱朴子、列子都是持此種說法。三、是人之自由表現於不自限其性說。儒家以爲人但盡其性則可與天地參，存心養性則可以知天事天而立命。因爲在我力之所及，我本可自盡其才，無能限制我者；非我力之所及，我本不當願乎其外，亦無能限制我者。人本自由。其所以不自由，乃由人之自暴自棄，自梏其性。所以人但不自限其性，卽可表現其自由。這種說法全部儒家均持之。這三種對於人之自由如何表現的說法，可概括其他各種混合的說法，所以不多加論列了。

西洋哲學最重要之第五問題爲知識論上之外界之知識如何可能問題。西洋知識論之問題通常分爲知識之起原，知識之對象，知識之可能限度，眞理之標準數問題。但其根本之問題，只是知識如何可能之問題。其他的問題，都是由此問題而來。所以如洛克康德等都曾明白說他們的著作之目的是在決定我們知識的限度。因爲要決定我們知識的限度，所以不能不分析我們知識的來源。於是有知識之來源問題。因爲要決定我們知識的可能限度，所以不能不問我們知識的對象究竟是有多少客觀性，是在內或在外。於是有知識之對象問題。因爲要決定我們知識的可能限度，所以要問什麼是眞理之標準，可以決定我們什麼時是眞知道了。於是有眞理之標準問題。西洋認識論者所謂知識之可能限度問題，主要是我們對於外界（自然界）知識之可能限度問題。這從 Protagoras 以來卽是這問題。（如再早可以說 Empedocles 已有此問題，因爲他曾主張我們所以能知道於外界，都是因我們內界有與外界相同的成份。）我們知道外界有多少？我們如何能知道外界？雖然蘇格拉底曾提出知道你自己（Know thyself）的口號，但這絲毫不能把當時的認識論者的外界知識如何可能的問題，轉移到內界知識的可能問題上來。柏拉圖雖然認爲知識之根據在內界，只有回憶前生的觀念，今生的知識方可能；但據柏拉圖對於認識問題最有系統的語錄 Theatetus 看來，柏拉圖原來的知識問題，還是外界知識如何可能的問題，不過他認為外界知識之所以可能，其根據在內界而已。到了近代認識論的主要問題，更是外界知識何以可能之問題。笛卡兒便是對於這問題最看得嚴重的。他為了無法證明我們關於外界的知識之確實性，幾乎使他發狂。以後洛克、萊布尼茲、巴克萊、休謨、康德的認識論無不以此問題為中心。康德更明白的指出我們根本不能對我自己有知識。到了後康德派之非希特、席林、叔本華、黑格爾等雖對於自我之認識認為可能，並且從一意義講，他們之看重自我之認識，過於對外界之認識；但是他們所欲解決之主要問題，仍可說是關於我們所謂外界之知識之問題。他們分析意識 Consciousness 自己意識Self Consciousness 普遍意識 Universal Consciousness 的結果，最後總是要把我們對於所謂外界自然的知識演繹出來。雖然他們並不承認通常所謂外界的實在，但是只要關於自然之知識，照我們現在的說法，仍可謂外界知識。到了現代哲學因為心理學生理學之發達，對於外界如何認識之問題更見複雜，認識論者更著重此問題之研究。由馬黑派下來的新實在論派，由梅農 Meinong 派下來的批判實在論派，其問題全集中於外界之認識問題。此外之實用主義派、柏格孫派及其他之唯心論者亦莫不特別重視此問題。這我想只要對於現代認識論曾眞正注意過的人必承認我的話。然而我們回頭來看中國哲學，則中國哲學家們從不曾把對於外界之知識如何可能的問題當作問題。中國哲學家因為不重知識之故，對於自然的知識本來就不看重，當然會覺得無對於我們關於自然的知識找根據之必要。而且照中國形而上學看起來，我們的心與物本來就是交融的。「天地與我並生，萬物與我為一」，「萬物皆備於我矣」，這是中國哲人普遍的信仰。物本與心交遍融攝，心之於物本是「寂然不動感而遂通」的，內界外界既無障隔，外界之知識，何成問題之有？所以西洋認識論中關於外界知識如何可能的問題，中國哲學家必然不會把他看得嚴重的。西洋哲學家關於此問題的許多答案，縱然在中國哲學書上亦可找著一些，但中國哲學家決不是有意去答復此問題的。

但是，中國哲學中雖無外界知識如何可能問題，卻又有一其他相近的問題，即如何知道自己之問題。在西洋哲學家，大約因爲覺得自己對於自己總是了解的，所以以了解外界爲主要問題；中國哲學家因爲覺得外界本與內界無隔，所以反而以了解自己爲主要問題。這問題，在中國極早之哲學家即注意到。老子有「自知者明」的話，莊子更曾明白的指出自知與外界之不同，所以說：「吾所謂聰者，非謂其聞彼也，自聞而已矣；吾所謂明者，非謂其見彼也，自見而已矣。」儒家雖無與道家同樣明白的話，但儒家所謂省身、自反、反身而誠，都含知道自己之義。眞正的知道自己是自己的意識照透自己的意識，無一點滯礙之處執著之處。所以孔子說：「吾有知乎哉？無知也。……空空如也。」前面的「無知也」是說無客觀固定之知，後面的「空空如也」正是表示一種最高的自知的心靈狀態。孔子所謂「仁」也不外一種自知的心靈。此涉及其他問題，今不再論。我在此地只是要指出自知的理想，中國極早的哲人便已提出。所以如何自知的問題，卽自己在什麼狀態下了解自己的問題，一直成爲中國哲學家的問題。宋明理學家尤其特別著重此問題。王陽明所謂「致良知」，正是叫人了解自己。關於這問題及其所統屬的問題的許多說法，其辨別在幾微間，此地不能細論。不過我們應當注意一點，就是中國哲學家所求之自己了解與西洋後康德派之超越唯心論之所求之自覺，現代之現象學派 Husserl 之認識超越意識中之本蘊 Essences 絕不能混淆。因爲現象學派之認識本蘊是一種心之所對。超越唯心論之自覺，是普遍意識之自覺。普遍意識無論如何總是與個體意識相對的。而中國哲學家之求了解自己，則只是爲了解自己，使自己明白自己，使自己的心靈之光常有一種內在的自照。這種自照是要歸到能所絕待。所以其問題也就不同了。

西洋哲學最重要之第六問題爲人生哲學中人應當如何之問題。西洋之人生哲學之根本問題，爲人應當如何之問題。什麼是人的根本義務？什麼是人生究竟的祈嚮？什麼是最後的道德責任？這種問題從蘇格拉底一直到近代的西洋道德學家，無不把它視作人生哲學中根本的問題。尤其是康德更把我應當做什麼 What ought to do 一問題給與最嚴肅的討論。在純粹自然主義的道德學家雖然常把應當作什麼的問題化作事實上我們需要作什麼，或我們不得不作什麼的問題；然而我們從西洋哲學史上看起來，純粹自然主義的道德學家，始終沒有佔重要的地位。因他們實未嘗眞認識西洋人道德生活中根本問題。原來西洋人的道德生活與西洋人的宗教生活有不離的關係。西洋人在其宗教生活中已習於信仰一超越的世界爲其最後的歸宿，習於信仰一種神的律令爲其生活的規範，所以在其道德生活中也必然常覺著一種自上而下的責任感支配著他們。因此，所有的道德學說都注重應當如何問題，而不能與他們實際上的道德生活相符。這可以說是西方自然主義的道德學不能得勢，西方道德學一貫相沿的以人應該如何爲中心問題的主要原因。

我們現在回頭再看中國人生哲學中是否以此問題爲中心。我們馬上便可看出中國人生哲學中對於人應該如何問題之討論，遠不及西洋哲學中之熱鬧。在西洋哲學中討論人應當如何之問題，總有許多針鋒相對的不同學說，如人應當求至善，應當求幸福；應當利己，應當利他；而且常常只就單純的應當來說，把人性的根據常不免抛掉。卽在論人性的根據時，西洋哲人也都不承認我們所謂人性中原來就具有我們現在應當實現的價值理想；總以爲價值理想是客觀的，超出人性之外的，人性只是實現價值理想基礎或材料，這在柏拉圖、康德固然如此看，在亞里士多德、斯賓諾薩、黑格爾亦還不免如此看。亞里士多德所認爲最高的福德，必以玄想生活爲主。他所謂玄想生活卽 Worship and Contemplation of God。斯賓諾薩所認爲最高之福德，是 Intellectual love of God，與亞里士多德之說頗相似。只是亞里士多德較之更看重其他之德；而且，他們的上帝的觀念亦各不相同。不過，他們對上帝的觀念雖不同，但他們同是主張 God 雖表現於世界而其本身終在人性之外的。所以最高的福德，在他們看起來，仍非人性本身所必能具有。黑格爾認爲最高的人生活動是藝術、宗教、哲學，藝術中表現上帝；宗教中啟示上帝；哲學中體悟上帝。個人之性雖通於上帝，而上帝之全，與個人之性始終有大小之別。在自然主義的道德學者如功利主義實用主義之道德學者，雖是號稱最注重道德之人性的基礎的；但如彌爾杜威等仍將人性放在一面，人所實現之社會價值放在另一面。然在中國哲學中則絕找不著這許多針鋒相對的人應當如何的問題的答案。雖然有偏重幸福，有偏重至善，有偏重利己，有偏重利他……但是並沒有多少舌劍脣鎗的討論。雖然並不是全無細密處的爭執，但大體上各哲學者都有共同的意見。又在討論人應當如何的問題時，絕少就單純的應當來說。從沒有一個哲學家，有意要把人所應當實現的價值理想放在人性之外。所以中國哲學家提到「當然」，必說這本於「自然」。中國哲學家所謂自然與西洋哲學家所謂自然不同。西洋哲學家所謂自然，或是物質的自然，或是生物的自然，是不含任何價值成份的。所以西洋道德學家必須視人所實現的價值爲外在於自然的，同時也是外在於通常所謂人性的。西洋自然主義道德學家之不能完滿的說明道德生活者以此；彌爾杜威等之必承認一客觀的社會價值來謀補救者亦以此。但是中國哲學家的自然是根本包含人的價值理想的，自然中本含攝當然的。所以要在人性外求人的價值理想的根據，自然外求當然，自用不著。所以像西洋哲學中之純粹問人應當如何的問題，在中國哲學家必然不會看重。不過，因爲中國哲學家把自然與當然人性與人當實現的價值理想合一之故，於是有另一問題產生，卽人性之善惡問題。人性之善惡問題在中國哲學上討論得最多，差不多要算中國哲學中最主要的問題。表面看來，這是偶然；但照我剛才所說，則這問題是中國哲學家必然要著重拿來代替西洋之純粹人應如何的問題的。因爲中國哲學家既然不承認單純的當然，以及在人性外的價值理想，則道德的根據自全轉入人性的本身，假如在人性中找不著道德的根據，找不著人所當實現的價值理想，則無異根本摧毀道德。所以中國哲學家論道德必首先從人性的本身追尋道德的根源。這在主張性善論的中國哲學家目的固如此，卽在性惡論、性無善無不善論者，目的亦是如此。性惡論者和性無善無不善論者都是對性善論的反動者。他們根本上先接受了性善論者的問題，想從人性中問人的道德的根源。他們在最初仍是相信道德的根源當在人性本身的，不過他們研究到最後，得著失望的相反結論而已。而且嚴格說起來，中國哲學中根本沒有性惡論。荀子雖主張性惡，但同時主張心善，其所謂心正近乎別人所謂性。至於性無善無不善論則在中國亦不盛行，這正是因爲這問題的發生時卽根本有一當然之價值理想必在自然之人性中有根據之故。不過，中國哲學家雖大半相信人性中有善的一部，然究竟是只有善的部份？或兼有惡的部份？善的部份與惡的部份比例如何？存在先後次序如何？及其他相互關係如何？仍處處成問題。所以這問題成爲中國哲學中最中心的問題。關於此問題的各學說之不同，因著作之多，我們都便於認識，而且述來太繁，此處也不必舉例了。

西洋哲學最重要之第七問題爲人生哲學如何建立價值理想之層疊 Hieracby 的問題。在西洋人生哲學中因爲注重人應當如何的問題，所以一向對於什麼是最高之價值的理想的討論非常多；同時對於次的或較低的價值理想，亦連帶有許多的討論。所以西洋哲學家一方論什麼是人生最高的價值理想的問題，同時亦卽是論各種價值理想之層疊的問題。這種對於各種價值理想層疊之討論，最早見於柏拉圖的語錄。柏拉圖在共和國中把正義作爲高的品德（因正義包含智慧勇敢節制各種品德）。其次是智慧，其次是勇敢，其次是節制。此外，在斐德諾篇 Phadrus 中，論各種愛的意義的解釋，由低的解釋到高的解釋，也同樣表現一種愛的價值之層疊。此外柏拉圖論到價值之高下的層疊的地方還很多。在亞里士多德的道德學中對各種品德中所包含的價值高下之分，雖不如柏拉圖之淸楚，且缺乏邏輯上的整齊，但仍表現有一種由低至高的層疊。在近代的道德學書中，只要論到各種品德，亦無不涉及各種品德中所含的價值之高下。最近德國的一個思想家哈特曼 Hartmann 在他的道德學第二本中尤特別注重各種價值理想之高下的問題。他在此書中對於各種道德價值的分析，幾如分析一座寶塔。不過在他看起來，他還不承認這寶塔的頂他已看見，他認爲在他所曾分析的最高的道德價值外還可有更高的待我們去探索的道德價值。他認爲這種探索是可以一層又一層加高的。所以，在他的道德學中，Hierachy 的觀念簡直被看重到極點，而最能代表一種西方道德學的精神。

但是我們回頭來看中國哲學方面，則各種價值理想之層疊的問題又不曾被著重。中國道德學書中很少有確定的說某種價值理想是最高的，某種第二，某種第三。建設一種價值理想的由低到高的層疊不是中國哲學家的目的，因爲中國哲學家根本就沒有層疊的觀念。所以我們拿中國道德學書來一看，總看不出系統的品德高下之討論。不過，中國道德學家雖沒有品德的層疊問題，他們卻有另一問題，就是：如何說明各種價值理想之貫通問題，如何指出各種品德之出於一原的問題。這問題在孔子時纔可謂正式成立。在書經中論各種品德的話很多，如：「直而溫，寬而慄，剛而無虐，簡而無傲，柔而立，愿而恭，亂而敬，擾而毅，直而溫，簡而廉，剛而塞，彊而義。」但那種品德是可以貫通各種品德的中心，卻不曾明白指出。到了孔子，便明白提出「仁」字作爲諸德之貫通，孔子一方面將仁與其他品德如知、信、直、勇、剛……並列說，似乎仁尚非全德。他說：「好仁不好學，其蔽也愚；好知不好學，其蔽也蕩，好信不好學，其蔽也賊：好直不好學，其蔽也絞：好勇不好學，其蔽也亂；好剛不好學，其蔽也狂。」這是就古代傳下來的「仁」字意義說的；他根本的意思實是以「仁」統諸德。他從各方面說「仁」，每一方面都原是一特殊品德；但是他都認爲是「仁」之表現。他看淸楚了各種品德應該有共同的中心；而且他親切的覺到從「仁」的心理出發，就自然而然能在各種情形之下，表現各種外表不同的品德，所以他拿「仁」來統諸德。但是，我們不能說他的意思是要把「仁」當作一最高的德，從此建立一德的層疊。因爲他所謂「仁」與其他諸德是完全不能獨立的：離了「仁」沒有其他諸德，離了其他諸德也沒有「仁」，「仁」原是諸德周流互貫的中心；他不曾說仁是最高的德，其他諸德一一分列在下。把「仁」與諸德分裂開，這決不是孔子的意思。假如孔子有此意，他便應首先規定「仁」的性質，再規定其他諸德的性質，並指明諸德間的結構與高下的層疊；然而，孔子卻從未如此做。孔子所謂「仁」及其他諸德都是活的，並無一定的性質。「仁者」固然必具諸德；然每一德至其極，「仁」亦在其中，而其餘諸德隨之以備，這是儒家道德哲學的根本觀念。以後儒者論各種品德之關係，都無不採同樣的見解。譬如孟子不單說「仁」而兼義禮智。「仁」固最爲孟子所著重，但是孟子並不曾說這四德間有一二三四的高下的次序。以後儒家著作中雖各有所特著重之德，如中庸重誠，孝經重孝，荀子重禮，都有以之貫通其他諸德之意。但要拿西方德之層疊之觀念來附會，同樣是不可能。下逮宋明儒者，大約都仍本孔子之意，以「仁」統諸德。對於「仁」與諸德間周流互貫脈脈相通之處，亦更講得圓融透闢，親切有味。因爲他們對於諸德間須要貫通的意思，體會得更深，所以他們對於如何貫通諸德的問題的答案，自然也更深到。不過，他們的話都須我們細心去涵泳，方能眞正了悟。其中義理，非語言文字一時所易表達，也不再講下去了。此地不過說明中國哲學中有此與西洋哲學不同之問題而已。

西洋哲學最重要之第八問題爲人生哲學中不朽之問題。西洋哲學之重視不朽之問題，由來已久。據柏拉圖語錄所載，我們知道蘇格拉底對此問題，便已非常著重。此外，在柏拉圖語錄中討論不朽問題的地方也很不少。亞里士多德對於這問題的討論雖不及柏拉圖多，但是他仍明顯的承認人靈魂的不朽——因爲人靈魂中，有能動的理性 Active Reason 之故。中世紀的哲學根本上就假設人精神的不朽，所以此問題討論之多，自不必說。到了近代，亦沒有一個系統的哲學家不曾討論此問題。康德尤其把這問題認得清楚；他指出非承認不朽則道德生活根本不可能。這實道出了西洋人努力證明人之不朽之根本動機。從西洋人的道德生活上著眼看不朽的建立確是必需的。雖然他們對於不朽有各種不同的說法，不一定都注重人格的不朽，個體精神的不朽（或重大我的不朽，或重社會的不朽，或竟不承認有所謂不朽），但是同是把這問題當作嚴重的問題來討論。這問題最初之成立，卻是由承認不朽之可能來的。

但是，我們回顧中國，則不朽的問題又不爲各哲學所重視。中國哲學家解決不朽問題的方法常常是很容易的，就是取消不朽問題。在中國哲學家中，對於不朽問題討論最多的是莊子。但是他解決不朽問題的辦法，是「察其始也，而本無生。非徒無生也，而本無形。非徒無形也，而本無氣。雜乎芒芴之間，氣變而有形，變形而有生，今又變之而死；是相與爲春、夏、秋、冬，四時行也。」是想「吾惡乎知悅生之非惑耶。」是想「浸假而化予之左臂以爲鷄，予因以求時夜；浸假而化予之右臂以爲彈，予因以求鴞炙。」都是極簡單的取消不朽問題的辦法。此外，中國其他哲人對不朽問題所討論的很少。孔子說：「朝聞道夕死可矣。」死後如何，他全不問。他不像蘇格拉底，死時先要論一篇靈魂永存的大道理。王陽明死時只說了一句：「此心光明夫復何言。」他不像哥德死時還需要更多的光明 More Light。蘇格拉底哥德是與中國哲人最相近的西方哲人，但是他們終不能如中國哲人之只以今生之仰不愧俯不怍爲滿足。中國哲人的道德生活與西方哲人是不同。西方哲人須要建立不朽，道德生活纔可能，而在中國哲人看起來，則希慕彼界，一定要求不朽，正是私欲，正是不道德。這裏含有最深的意趣，只有曾照中國的道德理想生活過的才眞正能了解。中國過去的儒者均深知此意趣，所以他們都不把不朽的問題看重。中國哲學史上曾有一度關於神滅不滅問題的討論，但是這討論是由佛家引起的。宋明儒中如朱子雖對於這問題論列頗多，但是他並不承認眞正的不朽。他雖承認人死後可有暫不散之魂魄，但他認爲遲早總是要散的。而且他認爲一定要求個體的不朽，正是「只緣有個私字分了界至，故放不下耳。」（答廖子晦書）可見他仍看不重此問題。不過，中國哲學中雖無不朽之問題，卻有另外一問題，即孝與祭的意義的解釋的問題。中國儒者之重孝與祭，不只是原始民族的祖先崇拜的遺留。拿初民社會的眼光去看，根本是要不得的。中國儒者之孝與祭的意義，非要對於中國儒者的整個人生態度有所參悟不能了解。中國儒者雖不求自己人格之不朽（因爲這種要求根本同他的道德生活之理想衝突的），但對於他的父母祖先以及賢哲師友之歿去所生的悲感卻是很深的。同時，中國儒者雖不能相信人定不朽，但一死而無所存的觀念亦是沒有的。這兩個觀念本是相待而成的，只有曾一度相信一死無所存的人，纔一定要求不朽。中國儒者不一定要求不朽，亦同時表示他從來不曾眞正相信一死無所存。在中國儒者看起來，人死不是一死無所存是很明白的。子孫的身體顯然是與死者一氣連綿，我們不能說子孫的生命是另一生命；或其生命的基礎，是另一堆物質。獨立的生命的觀念與分立的物質的觀念，都要待我們把本體與現象分爲兩截而後有。中國的儒者既根本無本體與現象分爲兩截的觀念，則把構成子孫的身體的生命與物質作爲獨立於構成其父母祖先的生命與物質之外的觀念，當然不會有；而勢必以爲子孫與父母祖先是一氣連綿的，而且死者的情感志願聲音笑貌都分明在我們生者的心裏，這也不能說只是我們的主觀的表象。因爲主觀與客觀中國人也是不分的。所以，死者顯非一死無所存。死者既非無所存，死者與我們的關係，便仍然不曾斷。死者並非卽歸烏有；然而，也不能說眞有。假如此地一個西洋哲學家跑來問：究竟是有還是無？那中國儒者便可馬上答復他：「亦有亦無。」意卽生者能承繼死者的志願情感，死者卽有；不能承繼死者的志願情感，死者卽無；生者能誠心思念死者的聲音笑貌，死者卽有；不誠心思念死者的聲音笑貌，死者卽無。所以孔子說得好：「祭如在，祭神如神在。」假如這位西洋哲學家還不能滿意，要再進一步問究竟「如在」還是「眞在」？究竟是「如有如無」？還是「眞有眞無」？那中國儒者便可答復他：「你還是執著主觀客觀的分別，你還是在外面看，所以你必要分一個『如』與『眞』。你假如能够眞體念一個生者哀悼他親愛死者的心理，你便可了解這時卽是眞，眞卽是如。這時他照著死者的情感志願去努力，他便眞覺得死者的情感志願來感格他；他念著死者的聲音笑貌，他便眞覺得死者雖歿猶存。你要問這『覺得』是主觀客觀，這是你根本弄錯了問題。因這原是超絕主觀客觀的問題，他此時不須求你所謂客觀的眞不朽，你要他求客觀的眞不朽你並不能解決他的問題。他的問題是直接的覺得一親愛的人死去，你不能使他親愛的人復生，你只是從邏輯上形而上學建立一種空洞形式的客觀不朽，你並不能安慰他。同時，你要他離開當下的『如眞』去求客觀的眞，你無異根本摧毀他此時哀悼的眞實情緒，使他喪失其當下的『如眞』。他此時只須當下的『如眞』卽可解決他的問題：亦只有當下的『如眞』才可解決他的問題。因爲『如眞』即是『眞眞』。」所以中國儒者解決生死問題的方法，不採取西洋哲學家之努力證明人格不朽的方法，只想如何使生者體死者之志願情感，念死者聲音笑貌，覺死者實未嘗死，因而把他人生死問題解決；而自己的生死問題卻視爲不成問題，在解決他人之生死問題中即無異完全解決生死問題了。中國因是家族社會之故，我們最需體念之死者之志願情感，無過於父母之志願情感。中國儒者要人體死者之志願情感，第一就是要人體父母之志願情感。這就是中國儒者所謂盡孝的意思。中國儒者所謂盡孝主要的意思，全在體父母之志願情感。所以孔子說：「夫孝者善繼人之志，善述人之事。」此外在禮記中、孝經中及後代儒者之論盡孝的書中，亦都以繼志爲盡孝之主。至於致祭，則其目的在思死者之聲音笑貌，同時亦思其志願情感。禮記祭義載：「齋之日，思其居處，思其笑語，思其志意，思其所樂，思其所嗜。齋三日，乃見其所爲齋者。祭之日，入室僾然必見乎其位；周還出戶，肅然必聞乎其容聲，出戶而聽，愾然必有聞乎嘆息之聲。」亦因中國是家族社會之故，所以致祭之本義亦常偏於祭父母祖宗。但祭的眞正涵義，一如繼志的眞正涵義，都不限定對父母祖宗，而同是中國儒者用以解決關於親愛者之死的問題的方法。這種方法是中國儒者所特見到，西洋印度哲人雖亦知教孝論祭，但遠不及中國儒者教孝論祭之精。所以中國過去儒者論盡孝致祭之意義之文亦特別多。除論語、孝經、禮記、曾子家語等書外，宋明儒者論此者亦不少。其中說法雖大體相似，然亦有不同之處。所以仍要算中國哲學上之重要問題。不過現代一般中國學者都不了解盡孝致祭的意義之重大，所以無人研究之而已。

以上已將中西哲學主要的問題之不同，一一指出。自然，此外還有其他次要的問題亦不相同，但是我們已不必再追索下去，以免淪於瑣碎。而且，我作本文的意思並非欲將兩方哲學同異之問題羅列淨盡。這不僅不可能，且亦不必要。我的意思只是要使人知道兩方哲學問題，確不在一條路上，我們不能毫無保留的把西洋哲學問題，套在中國哲學書上。要知道中國哲學自有他所着重的問題。這些問題因爲中國從前的哲學家重行不重知……等等原因，所以沒有自覺的提出；而現在研究西洋哲學的人，因其一肚子裝的都是西洋哲學觀念，仍把這些問題掩蔽了。所以，我現在不嫌詞費的舉出八個重要問題的不同來。我的意思並不說西洋的哲學問題中國絕對沒有，我只是說兩方着重的問題不同。譬如本體與現象關係問題，在中國也非絕對沒有。中國各哲人對此問題之說法，也有差異。我最近曾著一文論中國本體現象觀念之變遷。不過，拿來與西洋哲學相比，則中國的所有本體現象關係論都只能算本體現象不離論，因爲他不會有意要分開本體與現象。我們可以說此問題在中國哲學是不成問題的。同時，關於本體與工夫關係問題在中國哲學家確是非常看重，所以我們拿來與西洋哲學上之本體現象關係問題對立。此外，其他問題也同樣不能說西方有的中國沒有。只要是人類的眞正的問題，所有的人類都會多少感着的。但是因此說兩方哲學中的主要問題，全是相同，則陷於嚴重的錯誤。關於一切大同小異大異小同的辨別，全憑方寸衡量。當我們的心重在同一面，則小同亦看作大同或全同；

當我們反轉來注重異的面，又覺小異亦成大異或全異。此之謂扶得東來西又倒。我們要同時注重異同兩面已是難，又要決定異同之分量，自更難。關於這種問題我覺得沒有別的辦法，只是望各人把自己的心放穩去慢慢衡量。不過，我要說明我本文內所論中西哲學重要問題之不同，尙不只是我個人細心分別衡量各個問題重輕之結果，而是根據一更高的原則演繹出來的。這更高的原則就是我們前面所謂兩種哲學心靈之根本不同。這兩種哲學心靈之根本不同，可謂對宇宙看法根本不同。這種對宇宙看法之根本不同，我在中國文化之根本精神之解釋一文中曾有所解釋。我以爲：中國人對宇宙的看法，根本上是採取「分全合一天人不二」的看法的；西洋人對於宇宙的看法，根本上是採取「先裂分於全離人於天」的看法的。（這兩種看法不同之事實的原因很複雜，可參考中西哲學中本體觀念之變遷及中西哲學中道德基礎論之一種變遷與中國哲學中天人關係論之演變三文，此三文於此點略有說明。）這兩種對宇宙看法之根本不同，直接決定兩方哲學心靈之不同，間接決定兩方各所着重之哲學問題之不同。

我們假設追索前面所講各哲學問題之不同，我們便都可看出其原因在此種對宇宙看法之根本不同。我們前面論西方哲學所着重之第一問題是本體與現象關係問題，第二問題是唯心唯物之問題，第三問題一元多元之問題。這些問題之所以成立，那一個不是由於我們先把宇宙全體畫成許多部份而後產生的？本體現象的對立，心與物的對立，一與多的對立，是這些問題產生的根本前提。這些對立顯然由我們整個宇宙加以割裂而後有的。再如西方哲學之第四問題人在宇宙中是否自由之問題，第五問題外界知識何以可能之問題，則顯然由我們將人與宇宙對立而生。第六問題人應當如何之問題，第七問題如何建立德之層疊問題，第八問題如何成立人之不朽問題，雖與表面看「先裂分於全離人於天」之看法無關；但我們細想便知這些問題的產生，都是生於先要想把人的地位從當前宇宙中分出來，把人的尊嚴提到自然以上，所以要問：人究竟有他什麼神聖的義務？有什麼超出自然外的當然？人的品德如何層層疊積而上？人可以如何一級一級升到他特殊的價值世界去？人如何超出自然的時間的限制？人的精神與自然不同，人應當不朽，我們如何建立這應有的不朽？中國人既然根本對宇宙不持「裂分於全離人於天」的看法，這些問題當然不會產生。同時，中國人對宇宙持「天人不二分全合一」的看法，必本體現象打成一片，而只問本體工夫如何聯繫；心與物打成一片，而只問心與物等如何貫通；一與多打成一片，而只問一與多如何配合；人的意志與自然打成一片，而只問人的自由如何表現；自己與外界打成一片，而只問如何知道自己；當然與自然打成一片，而只問自然的性中如何表現當然的善惡；分殊的品德與一本的品德打成一片，而只問諸品德間如何周流互貫；客觀的不朽與主觀的不朽打成一片，而只問如何盡孝致祭使死者感格生者。所以，中西主要的哲學問題之不同，並不是偶然的事，而是由中國人與西方人對宇宙看法之根本不同必然產生的。

本文的目的只在事實的敘述，不在事實的批評。關於中西各所著重之哲學問題之重要性之大小，不是我所要討論的問題。而且這問題是非常複雜的問題。不過，我可以暗示一點意思，就是：中西哲學根本是在兩種不同的進向上交叉如十字架，從任一進向去看其他的進向，都覺其在下。所以，我們從中國哲學的立場看西洋哲學，便覺西洋哲學家把好好的宇宙人生破碎割裂，然後慢慢在那兒連絡補綴，眞是可憐；縱然補綴成功，也是鶉衣百結，未免可笑。從西洋哲學的立場來看中國哲學，便覺中國哲學家雖自以爲一貫天人，其實對於各種眞正之哲學問題之困難並未感覺，其中之辛酸苦辣，從未嘗過，因此無妨本其粗淺的直覺發些圓融貫通的觀察。所以從一方面看，中國哲學是西洋哲學的進一步；從另一方面看，西洋哲學是中國哲學的進一步。但無論限於那種看法，我們都作了這十字架上的犧牲者，（我前面許多地方都從中國哲學之問題是西洋哲學之進一步問題上看，這乃是一種對學西洋哲學的人說的話，我並不曾說這是唯一的看法。）都忽略了哲學上可有並列的兩組不同的問題，都忽略了人對宇宙可採兩種不同的看法。其實「先裂分於全離人於天」的看法，與自始卽用「分全合一天人不二」的看法，同是人必需採的對宇宙的看法。至於如何融合此兩種矛盾的看法去看宇宙，去綜合的認識不同組的哲學問題，進而綜合的加以解決，這就全看各人哲學的智慧了。　廿四年七月

（一九三六年六月「新民月刊」第二卷第四期）

中國哲學中自然宇宙觀之特質

我此題之所以不用中國哲學中宇宙觀之特質而加以自然二字者，乃因哲學上所謂宇宙觀卽是宇宙論，宇宙論之廣義且可包括純粹本體論。同時，西洋哲學，除自然宇宙外，尙有所謂神的宇宙價値宇宙。我現在這文中對中國哲學裏面純粹本體論之主張概不涉及；而中國哲學所論及之宇宙卽指自然宇宙，自然宇宙外無所謂獨立自存之神的宇宙價値宇宙。爲避免誤解故用此題。

要總論中國哲學上自然宇宙觀之特質，是一件極困難的事，因中國各哲學家之自然宇宙觀並不一樣。在未有別論之前，似不宜先作粗枝大葉之總論。不過，我一向覺得近人研究中國哲學都好以西洋哲學眼光來研究，以西洋哲學上之思想格套來硬套。現在眞要了解中國哲學思想，必須先把中國哲學思想從西洋哲學思想的格套中解放出來。所以，反須先作總論一類文章，使中國哲學的特色逐漸明白起來。而且中國各哲學家之自然宇宙觀雖各不相同，然與西洋或印度思想較，則可將其小異拋掉，專就其大同處來看。我覺得這樣去看，不僅可以看中國哲人之自然宇宙觀與西洋印度之不同，而且可以暗示中國哲學路數與西洋印度之差異，以至中國哲人心靈所寄託之特殊境界。

總括一句話說，中國哲學上的自然宇宙觀之特質，就是處處用「圓融通貫」的看法，去看自然宇宙。中國哲人對於自然哲學上的問題，都不作一偏之見，而以執兩用中的辦法去解決他。他們解決此類問題的方法步驟雖常不免粗疏籠統，不及西洋印度哲人之精密謹嚴，但其結論實甚高明，足增吾人對於固有文化之自信。我們分開來看，有十二點可以特別提出：（一）宇宙以虛含實觀；（二）宇宙無二無際觀；（三）萬象以時間為本質觀；（四）時間螺旋進展觀；（五）時間空間不二觀；（六）時間空間物質不離觀；（七）物質能力同性觀；（八）生命物質無間觀；（九）心靈生命共質觀；（十）心靈周遍萬物觀；（十一）自然即含價值觀；（十二）人與宇宙合一觀。

以下即當依序略釋。又為使中國哲人之自然宇宙觀之特質顯出，故恆先論西方或印度之說。個人於印度思想研究極淺，唯今所論皆普通常識，或不致於大誤。且此文論西方及印度之說皆不過作為陪襯，本來不甚重要，如有巨誤亦盼讀者諒之。

（一）宇宙以虛含實觀

在西洋人的心靈中大都以當前的自然宇宙為眞實無妄。科學家相信原子電子以太之實有。宗教家相信這世界確實是上帝所造。從上帝目光中看來，這世界眞是好的（聖經創世紀記上帝每創造一種東西都要補一句「上帝看這是好的」）。許多哲學家相信自然宇宙，自有其固定不變的「本體」「支持體 substatum」「物之自身」。縱然不相信自然宇宙自有其固定不變的本體支持體物之自身，亦相信這世界的本質是「有」Being，因「有」而後世界始可能。希臘的依里亞學派 Eleatic，首先指出「非有」或「無」，non being本身就是非有是無，是根本上沒有的東西。所以「虛空」在他們一派看來是幻妄的，是不存在的。黑格爾以有之無、無之有爲變，但是「有」在其哲學系統中，卻佔更高的地位。因爲有而後無始可能，有是最原始的概念（參考莊子變化的形而上學與黑格爾變化的形而上學之比較）。柏格孫尤重變化。若變化卽有之無無之有，他應兼重有與無，但他在創化論第四章中反復的辯明無本身之「不實在」。現代新實在論哲學多成立一潛在世界。潛在世界對存在的世界似是無，但就其本身言，卽充滿了中立粒子，潛在事物，爲存在世界的根據。於是，存在世界的實在性更堅固了。在西洋哲學上儘管有懷疑論的哲學，但是懷疑論的哲學所懷疑的只是我們的知識，如毗羅 Pyrrho 之自覺地相信懷疑論，休謨之不自覺地陷於懷疑論，都是由懷疑我們知識的「能力」而產生。西洋哲學中最徹底的懷疑主義者高吉亞 Gorgias 論世間無物，似乎他眞相信世界是虛妄了，但是他馬上說縱有也不能知，知亦不能告人。他之所以要加這兩個命題，正因爲他還是不敢斷言世界不實。他所懷疑的仍是重在我們的知識能力。西洋哲學上儘管有虛無主義者，尼采罵這個是虛無主義，那個也是虛無主義，但是沒有一個哲學家自願陷於虛無主義。然而在印度則大不相同。印度哲人硬敢斷定我們所認爲眞實的自然宇宙是虛妄不實的。婆羅門的哲學以爲世界是由梵天墮落下來的，或竟以爲世界是梵天游戲造的。世界根本是梵天的幻化，梵天似乎暫時忘掉它自己，於是世界產生了。所以世界的本質是虛妄，是不實。世界的本質不是「有」而是「非有」。勝論外道相信極微構成世界，而許多勝論師都相信極微是無方分，卽無廣袤性的。無廣袤的極微等於西洋幾何學上的點，完全是虛而不實的。在西洋哲學上從不曾有人主張幾何學上的點是實在的；然而勝論師竟然深信世界就是這種完全虛而不實的幾何學上的點似的極微所構成。數論師以爲世界是以神我與自性本二十三諦而構成。數論之「神我」與笛卡兒之所謂「心」相像，「自性」與笛卡兒所謂「物」相像。然而笛卡兒深恐心的世界物的世界之不實，急切於求上帝來保障世界之眞實性。而數論師所認爲由神我與自性構成的世界則可因神我與自性之分離而歸於消滅，而神我得解脫——這正是數論所企盼的。可見勝論數論同不以我們所處的世界爲眞實不虛。小乘佛法中之惡取空者之以世界根本爲空無所有，可不必說。大乘空宗儘管在世諦上承認諸法有，但在勝義諦上第一義諦上卻處處歸於一切法畢竟空。般若經上喻謂了解諸法「如幻，如焰，如水中月，如虛空，如響，如健闥婆城，如夢，如影，如鏡中像，如化」。小乘有宗雖承認五蘊實有，六識、十二處、十八界之實有，大乘有宗雖承認依他起有圓成實有，然而我們所認爲實有的我法都是偏計所執的我法。而我們所認爲眞實的宇宙在有宗「看」起來，卻正是由偏計所執而認爲有實我法的宇宙。是佛法有宗仍認爲我們的世界根本是以「非有」爲其本質，而非以「有」爲其本質。

然而在中國哲學上則至少從說話方便上看，既不似印度哲人那樣視當前宇宙爲虛妄，亦不似西洋哲人那樣視當前宇宙爲眞實。從中國哲學家看來，我們之宇宙乃虛而不妄、實而不固（卽實非實質而含虛、虛非虛幻而含實）者。宇宙之本質非「有」亦非「非有」；而是「非有」含「有」，「有」含「非有」，亦卽「無」含「有」、「有」含「無」。不信，我們試舉一些話爲證：

老子：「無名天地之始，有名萬物之母。」

莊子天下篇述老子曰：「以空虛不毀萬物爲實。」

莊子至樂篇：「察其始非徒無形而本無氣，雜乎芒芴之間。」

莊子天運篇：「天道運而無所積，故萬物成。」

管子心術：「天之道虛其無形，虛則不屈，無形則無所位迕，無所位迕，故徧流萬物而不變。」

管子心術：「虛之於人也無間。」（注云虛能貫穿人形故曰無間）

列子：「無動不生無而生有。」

劉瓛周易義：「自無出有曰生。」

論語子曰：「天何言哉，四時行焉，百物生焉。」

孫綽游天臺賦曰：「太虛遼廓而無閡，運自然之妙有。」

程伊川曰：「沖漠無朕而萬物森然以備。」

張橫渠正蒙曰：「太虛無形，氣之本體。」又曰：「知虛空卽氣，則有無……通一無二。」又曰：「有無混一之常。」

我們上面所舉的話，都是說明宇宙之虛而含實，實而含虛，有中含無，無中含有，現在我們也不必一一加以解釋了。

唯以有無相含，所以從宇宙現象發生上說，可說「有」皆自「無」來，「無」能化作「有」。以「無」中本含有「有」，無化爲有之「有」中，仍含原先之「無」故。所以中國許多哲人多論天地萬物原於無。如老子說：「天下萬物生於有，有生於無。」莊子庚桑楚：「萬物出乎無有。」管子心術：「虛者萬物之始也。」易緯乾鑿度：「太易者未見氣也，太初者氣之始也，太始者形之始也，太素者質之始也。」（列子天問篇同）淮南子：「道始生虛霩，虛霩生宇宙，宇宙生氣。」

唯以中國哲人之視宇宙虛而實，無而有，所以中國哲學上用以描述宇宙的本質的名詞如理氣易陰陽之類，均一方不含實質意，故理則曰「浩浩不窮」，氣則曰「流行不息」，「易者變化無方」，「陰陽者升降不常」；一方又不含空幻意，故理則曰「萬古不息」，氣則曰「充塞宇宙」，易則曰「彌綸天地」，「陰陽無始無終」。

（二）宇宙無二無際觀

從西方人的目光看來世界只有一個。在希臘人心目中的 Cosmos（宇宙）固是唯一無二的，近代西洋科學上的無窮宇宙雖大至無限，然而近代西洋科學家認爲太空中無數的星雲世界仍都屬於一空間，隸於同一之天文學物理學的法則，仍只是一個世界。所以西洋人總是說這個世界 The World，這個者唯一也。因而在哲學上也相信世界只有一個。柏拉圖在其「提姆士 Timeaus」中以神話表達其哲學思想，謂造物主 Demiurge 直接造出這個世界，未有世界之先只有「至善 Chief Good」，沒有世界。可見造出的這世界是唯一的。基督教聖經中謂上帝自無中創出世界，是沒有世界以前只有上帝，也可見這造出的世界是唯一的。在一般希臘哲學家執著宇宙形體的圓滿更不用說是主張只有一個世界的。近代的萊布尼茲認爲上帝不是自無中創出世界，乃是周巡一切可能的世界之後，選擇其最好的賦與存在性的；可是，既然只最好的才存在，足見其餘的世界都不曾存在，這世界便仍是唯一的了。黑格爾的哲學以我們的自然世界乃係「絕對精神」外在其自身所產生的。絕對精神只有一個，自然世界也只有一個。所以這世界仍是唯一無二的。在印度則一向流行著此世界爲無窮世界之一的思想。此世界以外尚有無數同樣的世界，我們的世界是「一世界」A World 而非「這個世界」The World。佛家所謂三千大千世界（一千世界爲一小千世界，一千小千世界爲一中千世界；一千中千世界爲一大千世界）在我們看，雖覺數字之大已足驚人；但在他們，似乎還覺未能形容盡致，所以動輒言世界無量。無量的眾生，無量的有情，就在這無量的世界中輪迴流轉。這同西洋之以我們的世界爲唯一無二正是一對照。然而，在中國，則又不視世界爲無量無數。中國哲人言世界，只想著我們所處的世界。我們所處的世界以外有無其他的世界，「天之蒼蒼其正色耶，其遠而無所至極耶？」（莊子逍遙游語），「天以外是什麼？」（朱子幼年所發之問），中國哲人雖也曾致疑，但對此問題從不曾看得嚴重。所以莊子齊物論中便補出六合之外聖人存而不論，朱子成年後便要作「混淪大無外」的感興詩了。易經泰卦說：「無往不復，天地際也。」詩經文王篇云：「上天之載無聲無臭」。天地之際卽在無往不復之中，上天之載只是無聲無臭。管子宙合有言：「天覆而無外。」天地以外尚別有天地確實存在，這是中國哲人認爲不必假設的。中國哲人不以此世界爲無窮世界中之「一世界」，同時又不以我們的世界是「這個世界」，是唯一的世界。中國哲人心中認爲世界就是世界，無所謂這個，無所謂唯一。「這個」與「唯一」的意識，中國哲人是沒有的。「這個」與「唯一」的意識是把世界視作一「自己包含」「自己具足」的意識。在我們把一個東西視作自己包含自己具足時，我們於是把那東西置定下來（Posited）了，限制住了，同時多多少少把它固定化了。中國哲人心目中的世界卻根本上就是不能加以任何限制或固定化的——因爲一切實中均含虛故。所以中國哲人說到世界說到天地，總是拿陰陽二氣來說明，而陰陽二氣都是流行不息的。茲舉證如下：

易傳：「乾，天也，陽物也；坤，地也，陰物也。」（這是以陰陽行狀天地）「陰陽不測之謂神。」（這是說陰陽之流行不息）

莊子：「至陰肅肅，至陽赫赫，肅肅出乎天，赫赫發乎地。」（肅肅赫赫，均發動流行之貌，這也是說天地所本之陰陽之氣為流行不息。）

禮記樂記曰：「地氣上齊，天氣下降，陰陽相摩，天地相蕩。」這是直說陰陽天地之氣之流行不息。

此外例證極多，不一一舉。

唯因天地不出陰陽二氣，氣是流行不息，流行不息則可變化無窮，變化無窮則雖有限而仍無限。所以莊子田子方篇說：「始終相反乎無端，而不知其所窮。」齊物論說：「振於無竟，故寓諸無竟。」易六十四卦表陰陽之交易變化。終卦為未濟，序卦言其旨為「示物不可窮」之意。中庸論天之道為白成之誠，不息之誠，於是「其生物不測。」——不測含無窮之意。周濂溪太極圖說：「萬物生生而變化無窮。」朱晦庵感興詩：「混淪大無外，磅礴下深廣，陰陽無停機，寒暑互來往……。」而莊子知北游篇一段話尤其可借來說明：「不際之際，際之不際者也。」

唯此世界是「不際之際」，這種際便成際之不際者。這是說我們的世界儘管只是一世界，然因其含無窮無際的變化，於是便成無窮無際的世界了。中國哲人說我們的世界不說我們的世界是一世界 A World 亦不說是這世界 The World 而只是說世界，天地，World as such 前面不加冠詞，實是有非常重大的意義的。（方東美先生於中央大學文藝叢刊所發表之「生命情調與美感」謂中國人之宇宙觀為體質所限、功用無窮之宇宙觀，乃極獨創之見解，讀者宜參看。）

(三) 萬象以時間為本質觀

從印度哲人看起來，時間根本是虛妄不實的，所以印度民族是世界上唯一不重歷史的民族。印度人看見自然界的東西，鬱鬱蓊蓊，蕃衍無窮，忽生忽死，時間的意識完全沉到豐富的自然下面去了（取凱塞琳 Keyserling 哲學家旅行日記意）。在印度哲學中除「時間外道」稍重時間的眞實性，其餘各派思想均輕視時間之本體上的地位。一切事物因時間而無常，因無常而虛妄，所以時間乃幻妄之本。三論宗的八不（不生不滅不常不斷不一不異不來不去），其根本義唯在不生不滅（中論吉藏疏卷一卽言爲成不生不滅義而說餘六事）。一切佛法派別無不重視諸法不生不滅之義，常言生滅是時間的作用，他們明諸法之不生不滅，是要拆穿時間的虛幻。然在西洋則一向以時間爲眞實不虛。時間存在而後世界可能。上帝七日而創出世界，每日有他特定的任務，這是一最好的象徵，儘管宗教家及許多詩人、哲學家要求「永恆 Eternity」，但是宗教家、詩人要求「永恆」，是要跳到時間上面去，把時間踏在腳下，佔據永遠的時間，並非眞正的否認時間；哲學家要求「永恆」是要求縱貫時間之流而走到時間的源頭，以曠觀時間之流上浮沉的萬象，入於智慧之門，亦非眞正的否認時間。古代柏拉圖現代羅素的學說均可作爲例證。換一句話說，西洋哲學上的「永恆」的觀念是把前後時間壓縮而凝結成一平面的時間觀念。這是與印度哲學上之以時間爲虛妄是根本不同的。而且在西洋哲學家中，重視

Eternity 的還佔少數，大多數西洋哲學家總是重視「時間」的。西洋哲學家之視時間，大體說起來，都是視時間爲一條線——由無窮遠的過去伸展到無窮遠的未來的一條線，歷史的事件宇宙的萬象如貫珠式的纏在上面。牛頓的自然哲學中論及時間的主張，進化論的哲學家、唯物主義的哲學家、經驗主義的哲學家以至現代的許多新實在論者對於時間的主張，都是如此。至於康德則視時間爲感性的規範，黑爾耳亦視時間爲「絕對」次第顯現其自身於其自身的客觀的形式。但是他們都有一共同之點，就是視時間的形式與其內容無必然關係。如牛頓、進化論哲學家、唯物主義者及許多新實在論者均可承認卽使世界無一物，時間仍是存在的。因他們從來不曾眞從他們所謂物質自然、感覺觀念等心理的原子，各級的潛在存在的概念中，分析出時間的概念來：並未曾指他們時間必然的聯絡在何處。康德曾說假如我們的感性的規範、悟性的範疇不是如此，則物之自身作用於我們的心後所生的世界認識可根本改觀；並暗示有的生物可根據別的規範範疇來認識外界的可能。可見他的時間實脫不了主觀知覺的形式。至於黑格爾哲學中的時間，誠然是與其內容不可分的，因「絕對」必需顯在宛若眞實的時間，始能表出其內容。但是絕對本身既然是不變的，何以必需現出宛若眞實的時間，使其內容的表出有先後之次序，有變化之過程，則黑格爾的答復，始終不能令人滿意。所以最老實的黑格爾主義者，麥太噶 Mctaggart 便明白宣稱這是我們現在的知識尚不能解答的問題。若此時尚不能答復此問題，則黑格爾的時間便仍是形式與其內容無必然關係。在西洋哲學上能指出時間與時間中表現的事物的必然關係，在我看來恐怕只有柏格孫同懷特海。然而在中國哲學上則一向以時間與在其中表現的天地萬物爲根本上不離的。時間卽事物的本質。時間直接穿透在天地萬物之內——這可以說與前面一項相關。我們之所以感覺時間與天地萬物相離，乃因我們將天地萬物視作一有限制的固定的形體之故。若我們自其無窮的變化上看，則只見其新新不已；而新新不已正是時間的本質。所以從中國哲人的時間觀上著眼，我們簡直可以說時間之流所動蕩成的波濤，卽是天地萬物；或天地萬物之變化流行下面的一股貫注之力就是時間。我們現在舉些中國哲人視時間爲宇宙的本質的話來看：

易經豐彖曰：「天地盈虛，與時消息，而況於人乎，況於鬼神乎。」

易經乾卦文言曰：「終日乾乾與『時』偕行。亢龍有『悔』與『時』，偕極。」乾彖曰：「大明終始，六位『時』成。」

易繫傳曰：「變通者趣『時』者也。變通莫大乎四時。」

易賁彖曰：「觀乎天文，以察『時』變。」

易革彖曰：「天地革而四『時』成，……革之時義大矣哉。」（此外姤彖隨彖頤彖遯彖亦言時義。）

解彖曰：「天地解而雷雨作，雷雨作而百果草木皆甲坼。解之『時』大矣哉。」

睽彖言睽之時用，坎卦言坎之時用。

恆彖曰：「四『時』變化，而能久成。」
孔子曰：「逝者如斯夫，不舍晝夜。」
中庸曰：「溥博淵泉，而『時』出之。」
禮記禮運曰：「以四『時』爲柄，故『事』可勸也。」
莊子秋水：「物之生也，若驟若馳，無動而不變，無『時』而不移。何爲乎何不爲乎，夫固將自化。……年不可舉，『時』不可止，消息盈虛，終則有始。」
莊子天道：「春夏先，秋冬後，四『時』之序也。萬物化作，萌區有狀，盛衰之殺，變化之流也。」
管子山權數：「天以『時』爲權。」
鶡冠子：「陰陽，氣也。」（夜行）「領氣『時』也。」（天則）「『時』立而物生。」（環流）列子天瑞：「常生常化者，無時不生無時不化。」

所謂與時偕行，與時消息，時義時用，都是表示天地萬物與時同生同滅同升同降，順貫而行；表示時間並不是獨立的形式，時間之爲形式由天地萬物與之相順貫而爲形式。所以時間之形式的意義根本是由其內容而取得的。然而這又不含時間是引申出的 Derivaive 附屬的意義。因天地萬物根本以流行變化爲性，沒有時間順貫其中則不成天地萬物。所以又可謂天地萬物之爲天地萬物，其意義是由時間而取得的。在究極的意義上時間與天地萬物根本是不可分的。

（四）時間螺旋進展觀

在印度哲學上因為一向把時間視作虛妄之本，所以對於時間決不拖長來看，拖長看了之後還是拖回來。這就是印度哲人所信仰的時間上的絕對循環論。印度哲人信世界由四大和合而成，壞劫風來，世界遂壞復歸於四大，是為一劫，在一劫中人最初由十歲之壽逐漸增加至八萬四千之壽，由八萬四千之壽逐漸下降復歸於十歲，世界卽於此時壞。宇宙的歷史卽是如此一劫一劫繼續下去，過去已經無量劫，未來還有無量劫。娑婆世界老是娑婆世界，誠然你個人可以心淨土淨，但是此土是其餘衆生共同造業受報的土，衆生造如是業者無盡，此土亦成壞相續無盡。但是在西洋哲學上則一向把時間抽出天地萬物來看作一形式。因時間是向前的。單抽出其向前性來看於是總把時間看成一直進展。所以在西洋哲學上說時間的進行總是把他當作一往不返。這在上段所談的進化論的哲學家等固然如此，卽唯心論者如黑格爾在其哲學中所表現的時間觀，也是以現象界的時間為直去不回的。所以他在歷史哲學中認為絕對精神之表現於文化，從中國到印度，到巴比倫，到波斯，到埃及，到希臘，到羅馬，到日耳曼世界，絕對精神都是到了一處卽拋棄一處，絕對精神絕不肯回頭踏他已踏過的足印。所以古老的文化，一一的死去，永遠的死去，現在世界是日爾曼世界，歷史是日爾曼時期，日爾曼的文化以普魯士爲其極峯，非德烈大帝的政治，黑格爾自己的哲學，是絕對精神現在降臨之所。過去的哲學都成了化石，只在黑格爾哲學體系中取得其生命，過去的帝王都消滅了，其曾經統治過的地面應讓非德烈大帝來統治。可見他仍相信時間是直去不回的。不過他認爲時間的進行如走八字步，左一斜右一伸，如三角形一般的向前進而已。至於他之不曾想到絕對精神也可離開非德烈大帝，離開他自己的哲學，則是由於三角形的兩邊限制住他的視線，使他只注意三角形的頂點之故。此外如現代哲學家中的摩根 L. Morgan、亞力山大 S. Alexander 亦都視時間爲宇宙的「衝動」Nisus。時間的創進，宇宙各級存在次第產生，他們論各級存在上屬下隸的關係，亦累疊成三角形。他們的時間也當視作三角形的運動。然而時間的精蘊卻仍在由三角形的底邊劃出頂點之垂線上，他們的時間仍是直進的。柏格孫與懷特海在以時間爲貫注於一切事物中一點，誠然與中國哲人之主張近。但是柏格孫的雪球只能向前滾，懷特海所謂創進 creative advance 仍是永不回顧的。路易士 Lewis 的「時間與近代」雖不是好書，但是此書中他把柏格孫懷特海亞力山大摩根等注重時間的直進性的話，聚集了許多，卻可幫助我們認淸此點。

然而在中國哲人對於時間的觀念卻與西洋又不同。中國哲人雖視時間爲眞實，但並不把時間看作直進的。中國哲人的時間觀是把時間看作螺旋進展的。所以一方面承認時間的直進，一方面承認時間的循環，這原因正是由中國哲人把時間視作貫注於天地萬物中之故，因爲天地萬物總是有重復的，時間既是貫注於天地萬物中的，時間便不能祇有抽象的直進性，而必須環繞以表現天地萬物之重復，而成螺旋的了。現在我們可舉些中國哲人論時間螺旋進展的話爲證。

易傳：「日往則月來，月往則日來，日月相推而明生焉。寒往則暑來，暑往則寒來，寒暑相推而歲成焉。往者屈也，來者信也，屈信相感而利生焉。」

易復卦：「七日來復，天行也。」又曰：「復其見天地之心乎。」

易泰卦：「無平不陂（指空間），無往不復（指時間）。」

老子：「萬物並作，吾以觀其復。」

莊子田子方：「消息滿虛，一晦一明，……生乎有所萌，死乎有所歸，始終相反乎無端，而莫知其所窮。」

莊子德充符：「死生存亡，窮達貧富，賢與不肖，是事之變命之行也。日夜相代乎前，而不能規乎其始者也。」

莊子秋水：「年不可舉，時不可止，消息盈虛，終則有始。」

荀子天論：「列星隨旋，日月遞炤，四時代御。」

鶡冠子：「物極必反，命曰環流。」

同類之話，不一一引。此外如孟子所謂五百年必有王者興，鄒衍五德終始之說，漢儒三統遞換之說，邵康節皇極經世中元會運世與歲月日時之配合、十二與三十之互用，均含時間一方向前進展，一方表現循環之義。正是螺旋形之時間遞展觀。

（五）時間空間不二觀

印度哲人雖多以時間爲不眞實，同時亦以空間爲不眞實。以空間卽虛空，卽空無所有。但是論及時間空間時，總是將時空分開來說，所謂時與方，總是並立的。不過印度哲人因本不以時空爲眞實之故，所以其所謂時方只是並立，而未對立。在西洋哲人之視時間與空間則常以時間空間爲對立的。時間是向前動變的，空間則是靜止不動的。時間的性質是綿延 Duration，空間的性質是擴張 Extention。時間只一度，空間有三度。這在受牛頓式的物理學影響的近代西洋哲學家，都作如是觀。柏格孫雖打破了牛頓式的時空觀，認爲生命有向上向下之趨向（向上表示時間性，向下表示空間性），宇宙本體存於眞時；但是他沒有方法說明生命何以會向下，便終於無法歸併空間性到時間性。所以他仍是時空對立論者。只在受了閔可斯基（Menkosky）愛因斯坦物理學的影響後的現代哲學家如亞力山大、懷特海，才把時空眞看作合一而不離。在中國哲學上則一向不曾有時空對立的說法。這我們首先可從中國哲學上的名辭看。中國自古就沒有單獨的時間與空間二字，時方的名詞並用，是從佛經輸運來的。中國人一說「時」，並及「空」，所以說「世」「界」，說「宇」「宙」。「宇宙」說文：「舟與所極覆也，下覆爲宇，上奠爲宙。」宇宙不離，卽以象徵時間空間之不離，時間一度空間三度之差別，中國人並不特別加以注意。往古來今曰宙，上下四方曰宇，中國人自然知道。但是說往古來今，說上下四方，都是以我們自己爲中心，而由今溯古說古今，左右前後說四方，頂上踵下說上下，與西洋人之自外面說時間一度空間三度逈然不同。莊子庚桑楚篇曰：「有實而無乎處者宇也，有長而無本剽者宙也。」這也是把時間看作一縱，空間看作一橫，無一爲一度一爲三度之意。中國哲人論時間空間之不離尙有一更好的辦法，就是拿時間的觀念來說明空間，空間的觀念來說明時間。因爲中國哲人既認爲時間貫注事物，同時把時間認作螺旋進行的，則時間向前進行而繞一循環時，事物亦繞一循環。如一年春夏秋冬遞換一次，日月星辰也繞周天三百六十度，回到原處，同時卽重新置定該處的空間。所以時間的觀念卽可表示空間，空間的觀念亦可表示時間。中國之陰陽家，漢代儒家素有四時配四方之說，以東方爲春，南方爲夏，西方爲秋，北方爲冬。在我們通常總覺可怪。但我們如能了解此點，則並不爲怪。此外如易經泰卦說：「無往不復，天地際也。」易繫傳說：「往來不窮之謂通。變則通，通則久。」「往復」、「往來」、「變」、「久」，都是時間的狀態。「天地際」、「通」，則是空間的狀態。說「無往不復天地際也。」「往來不窮之謂通。」「變則通，通則久。」正是時間與空間的相互說明。所以易經之爻，時變位亦變，位變卽時變。此外如中庸之說：「不息則久，久則徵，徵則悠遠。」「不息」與「久」，是指時間上說，「徵」與「悠遠」是指空間上說，這也是將時間與空間聯繫看的意思，雖然中庸這話並不是在論時空問題。

(六) 時間空間物質不離觀

時間空間與物質在西洋的近代物理學及自然哲學裏一向都是認爲各自獨立不相因待的。直到愛因斯坦的物理學始認三者不能相離，宇宙無物質則空間也縮爲一點，這個思想在常人頗不能想像。常人總覺時間空間爲一套子式箱子裝物質於其中，故縱無物，時間空間仍存在。但是，從哲學中講，所謂無物質的時空之存在，實有無窮的困難。最簡單的疑問是這種東西旣空無所有，所謂存在還有什麼意義。在中國哲學上則極早便知時空物質不相離的道理——只是中國哲人對於這一個道理的表現方法實不大高明。這就是八卦配五方配四時，五行配五方配四時……等等辦法。八卦五行最初想來都是表示各種物質的，如五行爲金木水火土，八卦表天地水火風雷山澤。因中國人以時間爲事物之本質之故，於是對金木水火土天地水火風雷山澤都看作一種意味，一種變化流行的過程。於是於金曰從革，於木曰曲直，於水曰潤下，於火曰炎上，於土曰宜稼穡（書經洪範）；謂乾爲健，坤爲順，坎爲陷，離爲麗，巽爲入，震爲動，艮爲止，兌爲說（同悅）（易說卦傳）。八卦五行原表示物質。物質化爲一意味則有延展性——卽含空間性；物質化爲一流行變化之過程，流行變化卽含時間性。於是八卦五行復可表示時間空間。於是產生了八卦五行配五時四方之說。擴而大之於是產生了以八卦配十二候之卦氣說，以六十四卦納六十甲子之納甲說……等。（可參考京焦虞諸氏易傳及蕭吉五行大義）此外如邵康節之以日月星辰土石水火配四時四方……也根據同樣的物質性中含時間性空間性之信念。在這許多說法中誠然皆不免牽強穿鑿之處。然而他們之所以寧肯穿鑿牽強熬費精神，卻有一種苦心，就是想把時間空間物質打成一片，以證實時間空間物質是不相離的一個眞理。

這條可謂由前二條時間爲事物之本質，時間空間不離合並而來。

（七）物質能力同性觀

在西洋思想上，一向有把物質能力分開的趨向。希臘哲學中恩比多克於四元質外，成立愛恨二力，安拉沙哥拉斯 Anaxagoras 於原子外成立活力 Nous，在近代科學上一直以「物質」、「能力」爲二元各自不滅。在哲學上則許多哲學家均以爲物質不能自動，若無自然力使之動，則須精神力使之動。科學上物質能力的二元論，在現代的物理學中才打破，哲學上物質與運用物質之能力的二元論，自萊布尼茲以後才逐漸打破。然在中國哲學上則物質能力之不二，卻素爲哲人共同的信仰。因中國哲人看物質既把他視作一意味，一變化流動的過程，卽不復視其本身爲不能自動者，而含卽物質卽能力之意（這條直接出於第二條，因事物旣以時間爲本質，時間使一切事物消息盈虛，變化無常，卽使一切物質失其窒礙性而只同於能力）。關於這一條的例證上面所引許多論事物以時間爲本質的都可重用。但是我們現在要從另一方面來說明中國哲人的物質能力不二論。這就是看中國哲人「對於天地關係」的主張。

關於中國哲學上單提天字，或以天地指形而上的東西時，我們姑置諸不論。我們問中國哲人以天地指有形的東西而將天與地對時，天字是何意義？地字是何意義？我們平常也許未想過，但我們要稍加一想，我們便知天卽含能力義，相當於西洋自然哲學中所謂能力；地卽含物質義，相當於西洋自然哲學中所謂物質。不信，我們舉一些中國哲學書上關於天地的話來看再加以說明：

乾象：「天行健……自強不息。」坤辭：「地勢坤……厚德載物。」

樂記：「著不息者天也，著不動者地也。」又曰：「天高地下萬物散殊而禮制行矣；流而不息，合而同化，而樂生焉。」「樂者敦和而從天，禮者別宜而從地。」

莊子：「其動也天，其靜也地。」

易繫傳：「立天之道曰陰與陽，立地之道曰柔與剛。」

呂氏春秋序意篇：「天曰順，順惟生。地曰固，固惟寧。」

我們從這些話裏專引申其自然哲學的涵義來看，便可以看出中國哲人所謂地卽指靜的，不動的，散殊的，載他物的，相當於西方所謂物質。所謂天卽指動的，不息的，合同而化的，自強的，順生的，相當於西方所謂能力。所以中國哲人論天地，並非專指蒼然在上者爲天，塊然在下者爲地。這可從中國哲人最早論天地的話來證明：

曾子家語天圓篇：「單居離問於曾子曰：『天圓而地方。誠有之乎？』曾子曰：『如誠天圓而地方，則四角之不揜也。參嘗聞之夫子曰：天道曰圓，地道曰方』。方曰幽，圓曰明，幽者含氣者也，明者吐氣者也。」

呂氏春秋圜道篇：「天道圜，地道方。……精氣一上一下，圜周複雜，無所稽留，故曰天道圜。萬物殊類殊形，皆有分職，不能相爲，故曰地道方。」

從這兩段中可見中國自來哲學上所謂天地，並非只指蒼然塊然者說。說天即說天道，指能力之運；說地即指地道，指物質之形。

然而因爲中國哲人以物質能力不離之故，所以中國書上論天地，總是說天地不離，天在地中，地在天中。天爲能力而含物質，故能吐「氣」，「精氣一上一下」；地爲物質而含能力，故能含「氣」，「萬物……皆有分職」（職者能也）。所以，樂記在說了「著不息者天也，著不動者地也」後，馬上便說：「一動一靜者天地之間也。」又說：「地氣上齊，天氣下降，陰陽相摩，天地相盪。」

易乾彖辭曰：「大哉乾元，萬物資始，乃統天，雲行雨施，品物流形。」易坤彖曰：「坤厚載物，……含弘光大，品物咸亨。」我們亦可謂「萬物資始」是從能力上說，「品物流形」是自物質上說，「厚載物」是自物質上說。「含弘光大，品物咸亨」則是自能力上說。

此外易傳及後儒論及天地相交的地方很多，如謙卦彖辭：「天道下濟而光明，地道卑而上行。」咸卦彖辭：「天地感。」姤卦彖辭：「天地相遇。」泰卦：「天地交。」繫傳：「天地絪緼。」樂記：「天地訢合。」老子：「天地相合。」

對於這些話我們若專就其自然哲學的涵義上說，無不表現物質能力交滲互貫的道理。不過我們受了近代科學訓練的人，說物質時總有非能力之意，說能力總有非物質之意。所以對於中國哲人之以天表示能力，地表示物質，天地相合表示物質能力之同性，總覺有些隔膜。然而，我們若善體古人言天地之意，便知我言並非附會了；而且可以進而了解中國哲人之以天統地，實以能力統物質，即符於現代物理學中重能力過於物質之思想。從中國哲人之重視物質在時間中的流行變化的思想，必然要把能力看來比物質重要的，雖然在本質上二者是同一。（此段中之天含能力義，地含物質義，嚴幾道先生天演論序，亦有同樣之意，但我似覺其比附得太機械，證據亦不足。）

（八）生命物質無間觀

在西洋宗教上一向相信神造物質又造生命的說法。生命與物質自始即相對立。在一般的自然科學家在哲學上的唯物論者及一部份其他自然主義者，咸相信物質世界中只有物理化學的變化而無生命的存在。所謂生物歸根到底不外一種複雜的化合物，於是有物質無生命。在生機主義者則以為生命另有物質以外的源泉，則仍是生命物質之二元論。至於唯心論者雖不以生命物質為二元，但說明生命物質之合一又不是他們哲學的主要任務。此由於西洋的唯心論哲學家是不大注重純粹之自然哲學的問題之故。受了進化論影響的一批哲學家，尤其是所謂層創進化論者，誠多努力於指出物質與生命間之創進的連續性，但是他們也不注重在指出物質與生命之本質的合一。唯柏格孫注重在以生命之下墜說明物質，可謂知生命物質本質之合一。但是柏格孫注重在以生命之下墜說明物質一面，卻並不很注重已成之物質轉化升為生命一面，在柏格孫的意思，生命物質化的趨向根本是反乎生命一直下墜的。這種趨向要再逆轉回來而仍順乎生命，只能賴未凝固為物質的生命本身之努力。所以柏格孫不注重自他所謂物質中觀照生命之流行，而要人回到生命自身以默識生命之流行。然而中國哲人則十分注意自所謂物質本身觀生命之流行。這蓋由於中國哲人已先能回到生命自身以默識生命之流行，所以再放出眼去看自然界，則再也看不見物質而只見物質中所表現之生命流行。這一點可謂中國哲人少了一種對物質的看法，即將物質看為下墜逐漸固定化的看法。然而這卻同時構成中國哲人的一種特殊自然觀，即只見生命不見物質，物質即是生命流行表現之境，無任何意義（包括柏格孫所謂物質之意義）的純粹物質。這可從中國哲人根本無相當於西洋哲學上 Matter 之名詞可見一端。中國哲人所謂物之意義極廣，一切都是物，與西洋所謂純有 Being 有同樣之廣。中國哲學上之名詞比較與西洋物質一字義相近者，只有所謂在自然界流行之「氣」。但「氣」之一名兼物質能力二義。以中國哲人視物質能力不二，又以能力統物質（見上所論），所以卽流行於自然物之氣，均與其說是物質，不如說是能力；而生命正可謂一種能力。中國哲人咸認氣中含有生命。管子樞言謂：「有氣則生，無氣則死，生者以其氣。」莊子至樂謂：「氣變而有形，形變而有生。」這明顯的謂氣含生機。此外如老子所謂沖氣，莊子所謂虛而待物之氣，樂記所謂神氣，曾子家語所謂精氣，亦無不隱含生機之意。所以漢儒好言生氣，宋明儒好言生生不息之氣，戴東原更簡截的說：「氣化之於品物，可一言而盡也，生生之謂歟！」此外又如天地，從一般思想上看來，不外物質與能力。但中國哲人看之則絕無純物質的天地，無不以天地爲生生之源。如易傳以乾爲天而乾含大生之德，坤爲地而坤含廣生之德，謂：「天地之大德曰生。」中庸謂：「天……生物不測。」孔子謂：「天何言哉……百物生焉。」禮記中同類語尤多。卽荀子之不重天而重人，其天論亦謂：「萬物各得其和以生；各得其養以成。」本於天之功。所以後來董仲舒要人觀「天地施化」之德，宋儒程明道要人觀「天地生物氣象」，朱晦庵要人觀「天地以生物爲心」，薛敬軒要人觀「滿天地是生物之心」，王陽明要人觀「造化生生之理」，王船山要人觀「天地化機」，戴東原要人觀「天地之化，生生而條理者」。這些話是把所謂客觀的天地自然本身視作生機流行之境界，亦卽完全不看見所謂純粹物質之存在，而把物質生命化，將物質與生命視爲一體。在中國的物質之物乃從牛如大物（據說文）引申而來；生命之生從草從土，草者生命，生卽表示生命從土之物質出。這也可以作爲一很好的象徵。

（九）心靈生命共貫觀

在西洋哲學上，自柏拉圖以來再早可溯自安拉沙哥拉斯 *Anaxagoras* 以來，便流行著種種心身二元觀。所以對於心身關係的問題，直爲西洋哲學上最重要的問題。自近代起，此問題尤爲嚴重。從笛卡兒，至葛林克 Guelincx、馬爾布朗 Maleranche 、萊布尼茲、斯賓諾薩等，除康德及黑格爾派的唯心論者不大注重此問題外，無一派哲學家不極看重此問題。因而產生了心身平行論心身交結論心爲身之副現象論各種學說。然而這問題在中國哲學上卻未正式成立。其所以未成立之故，卽由於中國哲學家素不曾有心身二元觀。中國哲人一向主張心卽身之心，身卽心之身的學說。這原因又是由於中國哲人將物質生命打成一片，同時將生命與心靈貫穿之故。蓋由此則身體不復只是所謂物質的身體，同時含生命含心靈。心靈不復只是心靈而貫穿於生命，貫穿於所謂物質的身體。這樣一來自然會產生心身不二之說。

關於中國哲人主張物質生命不二之例證上面已舉了，現在我們再舉一些例證來指出中國哲學上生命與心靈相貫穿的主張。

中國哲人把心靈與生命貫穿爲一，我們首先可以從性字從心從生上看。中國之性字原訓生，（詩書中性均訓生）。告子說：「生之謂性。」，孟子雖然反對，但這由於告子把生限於個人外表的食色之故。我們看孟子書上有一段說：「仁之實事親是也，義之實從兄是也，智之實知斯二者弗去是也，禮之實節文斯二者，樂之實樂斯二者。樂則生，生則烏可已，烏可已則不知手之舞之足之蹈之。」這段中，孟子以樂與仁義禮智之性相貫，而樂之意義貫於生。可見孟子論性亦從生上看。只是孟子所謂性不是指生的外表，而是指生機；但又不是一部份的生機有限制的生機，而是指生生不已的生機。唯其這種生機是生生不已，所以不局限於個人而能通於人，與他人之生機流貫。由於能同情他人，於是有仁；尊敬他人於是有禮；使人我之分得其當，於是有義；知對人對己之正道，於是有知（此不過仁義禮智最簡之解釋，精義不能詳）。這就是孟子所謂性。所以孟子說：「形色天性也，惟聖人然後可以踐形。」聖人可以踐形者，言唯聖人能踐此形色中之「生生不已之機」，不然則此語終不可通也。其次，我們以生生不已之機解性，不僅可通於孟子，且可通於中庸、易傳。孔子中庸說天命之謂性。何謂天命？中庸曰：「天地之道生物不測。」又說：「維天之命於穆不已。」這也是以性寫宇宙間生生不已之機。易傳說：「一陰一陽之謂道……成之者性。」乾陽物也，乾爲大生，坤陰物也，坤爲廣生，乾坤大生廣生之德凝成爲性；正是生生不已之機爲性的意思。孔子說：「人者，天地之心也。」（禮運）而孔子視天地則不外生生之機流行之境，如「天何言哉，四時行焉，百物生焉。」「地載神氣，神氣風霆，風霆流形，庶物露生。」之言，並可為證。孔子說性相近，正因為人所稟之生生不已之機是共同的。（關於孔子論性為生生不已之機，我在另一文中西道德基礎論之發展中已詳論，今不贅。）孔孟中庸易傳以後的儒者論性之言雖不必與孔孟中庸易傳同，但總是從生上論性論心，把心性與生打成一片。白虎通情性：「性者生也。」董仲舒春秋繁露：「性，生而然者也。」宋明儒則好以「生理」「生生不息之理」言性。清儒則好以「生生之氣化」言性。此類例多不勝舉。在中國哲學上，論人之心與性，根本是分不開的。先秦哲人大都以為心即同於性。宋明儒者程朱一派雖謂心性之意義不同，以虛靈知覺為心，而以主乎此虛靈知覺者為性；但並未將心與性分開。所以謂性為生生不已之機，同時即以心為生生不已之機。如程子說：「心生道也。」朱子謂：「生生而不可已是乃所謂人之心。」即其證。（至於心性之諸作用如情意知等則既皆本於心性，心性既與生生不已之機不二，所以中國哲人即認為情意知等無不出於生機。關於這點例證亦甚多，各書具在，不必一一舉了。又中國哲人所謂生生不已之機本為形而上之意，非限於自然宇宙中所謂生命之生機，然亦貫於自然宇宙中生命之生機，故今引其言以證此。）

（十）心靈周遍萬物觀

在西洋近代哲學上通常以心物為對待，所以常將心的領域與其他萬物的領域劃開。心自有其活動之範圍，自成一獨立之系統。心之認識外界，不能直接認識，只能間接認識。這只要我們看現代新實在論對於近代認識論的批評，便可知道，我們不多加以解釋。只有唯心論者新實在論者，認爲心遍在萬物——然而唯心論者是將外界包之於心；而新實在論者大體說起來，仍是只注重心對一定對象的冷靜的認識關係之分析，而不注重心之周遍流行於萬物之間所表現的意味。新實在論者霍爾特 Holt 在其意識之概念書中比喻心如探海燈的燈光，截取海面爲其對象。他以心喻光，頗與中國哲人之意近；然而中國人之論心之光，卻非截取外界以爲對象，而係周流於外界之中。且中國哲人所謂心，不能以探海燈之光比喻，只能以海上的燈塔之光比較。而這燈塔又非站在一特定地位，乃係可任意轉動於海上的。而且這燈塔本身內部，也是爲此光全部滲透的。其所發的光是周流不息的，不是限於從任何地發出的。這便成爲中國哲人所謂心靈周流萬物之說。這種說法所由產生，乃是因爲中國哲人素不將心視作一獨立的封閉系統 Closed System 更從無將心視作腦之副產物之說，而認爲心之本體即生機，此生機在另一面表現爲身體。生機生生不窮，身體運轉無方，故心亦無固定之位置，無頑梗不化之實質，隨感而應，不主故常，與物變化，周流無窮了（此所謂心之周流乃自作用上說）。這點乃儒道二家所同主張，例證極多，今略舉數則：

大戴記哀公問：「孔子曰：『所謂聖人，知通乎天道，應變而不窮，能測萬物之情性者也。』」

孟子：「君子所過者化，所存者神，上下與天地同流。」

荀子：「心……虛壹而靜，謂之大淸明，萬物莫形而不見。」
莊子：「聖人之心靜乎，天地之鑑也，萬物之鏡也。」（天道）「心有天遊。」（外物）「與天地精神相往來。」（天下）揚雄法言內神：「天神天明照知四方，人心其神矣乎。」
朱子心說：「用雖發乎天地間，而其所以爲用實與天地相流通，萬事萬理無所不貫。」又性理吟心曰：「此身有物宰其中，虛徹靈臺萬境融。」
王陽明：「天地萬物俱在我的發用流行中，何嘗有一物超於良知之外，能作得障礙。」「心無體以天地萬物之感應爲體。」

（十一）自然即含價值觀

西洋中世紀思想，以現實世界爲罪惡之淵藪。自然雖爲上帝所造，然而自然本身是被認爲不含價值的。近代思想中，科學家將自然化爲無血無肉之時空運動的抽象結構。自然亦是不含價值的。自十七八九世紀的一般科學家及受科學影響的哲學家，或論科學原理的哲學家，大率以價值爲個人主觀心中的東西。只有唯心論者及二十世紀以來的科學哲學家如懷特海等，才承認價值存於所謂客觀自然的說法（參閱二十世紀西洋哲學之一般特質一文）。然在中國哲人則因一方將心身合一，一方謂心靈周遍萬物，於是心與身身與物均融爲一體，而所謂外界之物又處處表現與自己相同之生命；於是立卽悟到心中所覺之價值，並非限於主觀之心內。價值存在於內界，即存在於外界，而覺宇宙處處充滿價值表現美，宇宙是值得讚嘆的宇宙。所以孔子答魯哀公問，論天道之可貴（禮記哀公問）。易乾文言謂：「乾以美利利天下。」又繫傳謂：「乾坤……易簡之善配至德。」禮記鄉飲酒義謂：「天地嚴凝之氣，始於西南而盛於西北。此天地之尊嚴氣也。此天地之義氣也。天地溫厚之氣，始於東北而盛於東南。此天地之盛德氣也。此天地之仁氣也。」中庸以誠爲天之道。樂記論天道曰：「春作夏長，仁也。秋歛多藏，義也。」莊子知北游謂：「天地有大美而不言。」易坤文言傳謂：「陰有美。」此外在漢代如鄭氏毛詩箋謂：「天道尚誠實。」趙歧孟子章句滕文公篇謂：「天道蕩蕩乎大無私。」賈逵左傳解詁謂：「利用地德，厚生天德。」董仲舒春秋繁露尤屢言天地仁愛之德。宋明清儒言天地之德者更多。如周濂溪書所謂：「天以陽生萬物，以陰成萬物。生，仁也；成，義也。」張橫渠正蒙天道篇所謂：「四時行，百物生，無非至教……天體物而不遺，猶仁體事而無不在也。」王船山讀四書大全說所謂：「氣充滿於天地間，即仁義充滿於天地間。」都是說我們所謂客觀自然本身即含價值。同類之話不勝悉舉（參閱中國哲學上天人關係論之演變一文論天道之善一節）。

（十二）人與宇宙合一觀

此條實即以前十一條之結論。我們可以說前之十一條皆所以構成中國哲人與宇宙合一觀者。關於這點，我暫不自深處加以解釋。但我至少可以從常識上說，人之所以覺得人與宇宙爲二而不能合一，總不外由於感覺自己之生命與物質對待，心與身對待，自己心靈限於內部不能與萬物相流通，人心含價值而自然無價值，或覺人之身小而身外之時空大，人之生命短而時間長，人身之物少而其餘之物多。中國哲人既然以生命與物質不二，則生命與物質之對待無，心與身不二，則心與身之對待無。心靈周流萬物，則心之不限於其內部。自然含價值，故人心含價值與自然無價值之對待無。以時空不離物，身爲物，則時空不能離身自存，而身外有大時空之感不立。以時間爲螺旋進展，則使人不復覺時間之往而不返；復加以時間貫注於事物與事物不離，遂使人不復瞑想一直進無窮之時間而將人生命所經之時間與之相較，致生人生空虛之感。又以時空之不離，則人延展其生命，開拓其生命歷史，即是擴大其空間領域，所謂「久則徵，徵則悠遠，悠遠則博厚」，而忘人身所佔空間之小。物質能力之不二，天地萬物亦虛亦實，則使人不以己身物質之小與天地萬物之大相較，而自物之虛能妙用觀一切物，於是己身之物質之小與天地萬物之大，遂相融無障。而人與宇宙可合一矣。

此條既爲前十一條之結論，故此條不加說明，但舉一些話作結論。這些話中有些雖然是指理想的人格，然而亦即是說事實上人人的人格都能如此。

易傳：「大人者與天地合其德，與日月合其明，與四時合其序，與鬼神合其吉凶。」

孟子：「君子所過者化，所存者神。上下與天地同流。」「萬物皆備於我矣。」

莊子：「天地與我並生，萬物與我爲一。」「旁日月，挾宇宙，……聖人……參萬歲而一成純，萬物盡然而以是相蘊。」

荀子：「心……經緯天地而材官萬物，制割大理而宇宙裏矣。恢恢廣廣，孰知其極？睪睪廣廣，孰知其德？涫涫紛紛，孰知其形？明參日月，大滿八極。夫是之謂大人。」　廿六年四月

（一九三七年四月「學燈」）

如何了解中國哲學上天人合一之根本觀念

天人合一是中國哲學上的中心觀念——這一觀念直接支配中國哲學之發展，間接支配中國之一切社會政治文化的理想——所以在中國哲學上一直流行著，天人合德，天人不二，天人無間，天人相與，天人一貫，天人合策，天人之際，天人不相勝，天人一氣的話。然而，天人合一的觀念，從常識上、現代的科學上講，是一個很難理解的觀念。天指宇宙，人指人，人不過是地球上之一種生物，而地球不過空中無數太陽系中之一太陽系中之小行星。人如此之小，宇宙如彼之大，如何能合一？從西洋唯物論自然主義上講，則整個宇宙是客觀存在的世界之全體，人是這全體中之部份。這世界之全體是「自然」或「時空物質之系統」。人是整個宇宙之一部，部份決不能等於全體，所以宇宙與人亦決不能說合一。從西洋一些唯心論上講，人與宇宙雖有一意義的合一；然而唯心論者要證明人之心，即通於上帝之心，要用極吃力的論證來逼人相信，而且個人之心，無論如何仍只算上帝心之一部份。然而在中國哲學家則一來便說天人合一，對於一般人這簡直是奇怪思想。但中國先哲們之所以說天人合一並非全無根據。對於他們所根據的理論，我們儘管可以批判懷疑，然而我們最低限度應當了解：中國哲人不是把天人合一這一觀念當作論題而以一定的嚴整的推理步驟加以證明，而只是用許多話去指點暗示這天人合一的道理，或用其他許多的道理來涵攝天人合一之意。所以中國哲學上用以說明天人合一的話非常之多。中國哲人主張天人合一的根據，可從很多方面來說。我最近作一篇中國自然宇宙觀之特質曾指出中國哲人自然宇宙觀之十特質都所以成立天人合一論。此外從中國哲人論本體範疇論上也可找出十點足以成立天人合一之觀念的，這我將於另一文中討論。在這篇文中，我只願舉出幾點最淺顯而易明白的中國哲人用以成立天人合一論的根據。這是就中國哲人的人心論爲中心而討論的。所以與前兩文及我過去所發表之其他同類文字雖相交涉而範圍都不同，這幾點就是：

一、心體本虛觀

二、能知所知不離觀

三、意味化之情意觀

四、功用化之身體觀

現在我們一一加以簡單的解釋。

一、心體本虛觀　一般人之所以覺人與宇宙不能合一，首先的一種障礙，就是覺我心有種種的欲望意志感情本能衝動，這些都是外界的自然所無。我的欲望意志感情，對外界的對象有所選擇，有所要求，有所好惡；而外界的事物之如何，可以使我們覺到我們的選擇錯誤，要求失望，好惡不當。所以，總覺內界的心與外界的自然是相對待的而不能合一。但是，中國哲人首先對人心就有一種深一層看法，即是：認為欲望意志感情等等只是人的心理現象，非人心之本體；心之本體卻是虛的，心只是一虛靈的明覺。所以，在開始點就不把心當作一主觀的實體而視為包含種種欲望意志情感可以與外界的自然相對待的東西。他們認為心之虛靈的明覺，廣大無際可以含攝萬物。於是人心與宇宙無間隔障礙，天人合一人與宇宙合一成為必然的結論了。

中國哲人就心體本虛以引出天人合一的理論，其例證很多。我們現在舉數者於下以免無徵不信。

（一）莊子齊物論上有一段話：

「喜怒哀樂慮嘆變慹姚佚啟態……日夜相代乎前，而不知其所萌，已乎已乎，旦暮得此，其所由以生乎？……而不知其所為使。若有眞宰而特不得其眹，……如是皆有為臣妾乎？其臣妾不足以相治乎？其遞相為君臣乎？其有眞君存焉，如求得其情與不得，無益損乎其眞。」

喜怒哀樂慮嘆慹姚佚啟態，正是現代心理學上所謂情緒意志欲望本能，然而莊子認為這許多情意欲望之發出，必有所自發之根原，如相並立則不能相統率，故認為必有眞宰眞君。他於此眞宰眞君又認為不得其眹，其情不可得。他只從消極方面說，全不從積極方面說，正是着重此眞宰眞君之虛而非實的性質。他在人間世篇便暗示心之本為氣，氣為虛而待物者。所以以虛為心齋。德充符篇謂：「以其知得其心，以其心得其常心。」他於「常心」，以止水之鑒物爲喻。可知莊子之「常心」以虛爲府，所以應帝王篇又說：「至人之用心若鏡，不將不迎，應而不藏。」又如庚桑楚篇：「不可納於靈臺。」司馬彪註云：「心爲神靈之臺也。」這些地方都可見莊子以心之本體爲虛的。而莊子在一方面說人心本體以虛爲性，一方卽說天人合一，如：齊物論後來便說到「天地與我並生，萬物與我爲一」；德充符講了心如止水之靜後，卽講「心能官天地府萬物」；下面大宗師篇論「庸詎知吾所謂天之非人乎，所謂人之非天乎，天人不相勝」；應帝王篇「用心若鏡」前一句爲「盡其所受於天亦虛而已」；庚桑楚篇後卽論「全人工乎天」。

(二) 除莊子以外，張橫渠亦最好論天人合一者，他同時亦正是力主心之本體爲虛者。正蒙謂：「由象識心，徇象喪心，亦象而已，謂之心可乎？」這是說存象之心非心，心中之印象，心之所記憶，非心之本身，眞正之心是虛的。所以他謂心爲知覺與性之合，而性爲虛與氣之合，而氣之本體他又認爲卽太虛。所以心之本體在他看來當然是虛。但他在這一段說心之本體以虛爲性，在前一段卽說：「大其心則能體天下之物，聖人不以聞見梏其心，其視天下無物非我。」在西銘中卽明謂乾坤爲父母。

(三) 此外如孟子一方說：「萬物皆備於我矣。」「君子所過者化，所存者神，上下與天地同流。」一方卽引孔子曰：「操則存，舍則亡，出入無時，莫知其鄉，唯心之謂歟。」正是說心惟出入無時，其體本虛，所以善操存則備萬物於我，過化存神與天地同流。

易乾文言一方說：「大人者與天地合其德。」一方卽說：「聖人以此洗心，退藏於密。」意謂卷之退藏於密者，放之始能彌綸六合，而後能與天地合德；而洗心退藏於密，正復其本虛之心。

荀子雖不注重以人合天，然而亦有人德齊天之思想。如解蔽篇謂：「論萬物莫形而不見，莫見而不論。莫論而失位。坐於室而見四海，處於今而論久遠，疏觀萬物而知其情……經緯天地而材官萬物，制割大理而宇宙裏矣。」但其根據何在，則荀子明說：「人何以知道？曰心。心何以知道？曰虛壹而靜。虛壹而靜，謂之大淸明。」

樂記一方面說本於人性而制之禮樂能「極於天而蟠於地。」一方面卽說：「人生而靜，天之性也，感於物而動，性之欲也。」（淮南原道訓同，但易動字爲害字。）

程明道一方說「天人本不二」（二程語錄），定性書謂聖人如天地，而定性書下面卽求出其故於「心無事則定，定則明……廓然而大公」。朱子論心下半句說「心能具衆理而應萬事」，上半句卽爲「虛靈不昧」。陸象山謂「宇宙卽吾心，吾心卽宇宙」，一方又說「心不可汩一事」。陳白沙一方說：「人心容留一物不得，才著一物則有礙，……聖賢之心廓然若無，感而後應，不感則不應。又不特聖賢如此，人心之本體皆一般。」（與謝元吉）一方卽論：「纔覺則便我大而物小，物有盡而我無窮，微塵六合，瞬息千古。天地自我立，萬物自我出。」王陽明一方說：「心卽天，言心則天地萬物皆舉

之矣。」一方卽說：「人心爲天，淵靜也者，言其體也，照心非動也。」（答倫彥式）

以上所舉哲人，都是一方論天人合一，一方說明虛爲心之本體，可見我們所說的中國哲人就心體本虛以明天人合一之說是不錯的了。

二、能知所知不離觀　常人或一些西洋哲學家之覺人與宇宙不能合一的第二種障礙，是覺我們的心對於外界不能直接認識。或則以爲外界一定要經過我們的感官然後爲我們所感覺知覺，所以我們所直接接觸的只是外界刺激我們的感官神經後所生的感覺知覺的印象，外物本身我們其實並不曾感覺知覺。這就是笛卡兒洛克的心物二元論。或則認爲我們認識外界須憑藉時間空間及其他悟性上的範疇，而這些範疇都只在我們心中，所以我們所認識的外界乃是經過我們心中的範疇加以構造過的。我們對於物之自身永無所認識。這就是康德的主客二元論。或則以爲我們認識外物只能認識外物之蘊相，我們憑藉蘊相而認識外物，外物本身只是我們內心之所指，肯定其存在由於我們之信仰，而非由於我們之認識。這就是批判實在論者之能所二元論。此外西洋哲學中的一切內界外界分別的二元論，我們追根究底，都可以歸到認識論上之否認直接認識所謂外界之直接知覺說而主張一種間接認識外界的間接知覺論。這只要曾注意西洋哲學上認識論問題的人，都必會承認我的話。我們一承認了內界外界之分別的二元論，則人與宇宙無論如何不能眞合一。所以西洋哲學上的間接認識論是最足以阻礙天人合一之思想的產生的。西洋近代認識論發展到客觀唯心論與新實在論，才漸漸成立了一種直接認識論。在中國哲學上，則開始點便是信仰直接認識外界說，從來不曾有人主張我們對於外界的認識是間接的。祇因無不同的學說對較之故，所以中國哲人之主張直接認識外界之信仰並未自覺的提出而加以發揮。但是他們雖不曾自覺的提出，我們卻可以從中國哲人的話裏找出許多證據，以看出中國哲人在認識論上是主張人心直接認識所謂外界的。這就是從中國哲人之主張能知直達所知的話中暗示出來的——由此我們便可看出中國哲人主張天人合一之第二根據。

關於中國哲人之主張能知直達所知，本來可以說是自前條心體本虛之說直接引申出來的。因爲中國哲人既然認爲心體本虛，虛則無所蔽塞，當然可通於外界，間接認識論當然遂無自而發生。不過爲方便起見我們才分作二條而已。我們現在亦舉些中國哲人之主張能知通達所知的話來看：

管子心術：「心之中又有心，意然後形。」（戴望註形爲呈形；猶今所謂心中之表象也。）「形然後思，思然後知……內聚以爲源泉之不竭，表裏遂通，泉之不涸，……上察於天，下察於地。」

管子心術：「君子之處也若無知，言至虛也。其應物也，若偶之。言時適也，若影之象形。響之應聲也。故物至則應，過則舍矣。」

由心而意而思而知以察於天地，其應物也，若影之象形，響之應聲，不是說能知直達所知麼？

莊子天道：「水靜則明燭須眉，平中準，大匠取法焉。水靜猶明，何況精神？聖人之心靜乎，天地之鑑也，萬物之鏡也。」

水靜猶明，何況精神，這不是說虛靜的心即能直知外界嗎？

法言問神篇曰：「或問神。曰：心。請問心。曰：潛天而天，潛地而地。天地神妙不測者也。心之潛也，況將測乎？」

心潛於天地，不是說心直接遍於萬物中嗎？

程明道曰：「聖人之心未嘗有在，亦無不在。蓋其道合內外、體萬物。心，一也；有指體而言者，寂然不動者是也；有指用而言者，感而遂通是也。」

朱子性理吟論心：「精神收斂歸方寸，功用彌綸極兩儀。」「此身有物宰其中，虛澈靈臺萬境融，斂自至微充至大，寂然不動感而通。」

王陽明傳習錄：「心無體，以天地萬物之感應爲體。」

心之感而遂通，宋明儒者無不言之，同類之話，不勝悉舉。感即通不是能知直達所知最好的說明嗎？關於此條之證例今不多舉，前條與此條之證例多可兼用，不過前條自心體虛則內無障礙，故可與宇宙合一來說；此條自心用虛則內可通外，故可與宇宙合一來說。

二、活動化之情意觀　在我們通常人，縱然承認了心之本體爲虛的，能知能直達所知，我們還是不易接受天人合一之論。誠然心之本體是虛的；但是：心之作用如情感意志等總是實實在在的，這些明明是客觀的自然界所無，如何能說天人合一？要知中國哲人對於我們所認爲具於內心的情感意志等又有一種看法。他們把情感意志等都化作一種活動來看，而不把牠們當作實在的官能看（如舊官能派心理學家所謂）或心理原素（如構造派心理學家所謂），以致連可確指的「機能」都不是（如機能派心理學家所謂）。所謂情感意志等，照中國哲人看來，都不外一種人心活動之姿態，生機流動之方式，生命開展之意味。唯其不外一種活動之姿態，流動之方式，開展之意味，所以牠們在人心中無一定之部位，或可安排確定之方向。牠們根本是變動不居，牠們自心中發出時，同時是與所謂引起他們發生的事物或環境；滲透融合。所以所謂內界的感情意志與所謂客觀宇宙，根本上是合一的。關於這點很不好說，我們試舉些先哲論情論志的話來看：

中庸：「喜怒哀樂之未發謂之中，發而皆中節謂之和。中也者天下之大本也，和也者天下之達道也。致中和，天地位焉。萬物育焉。」

喜怒哀樂之未發謂之中。中是什麼？是不睹不聞，是隱，是無聲無臭。這是說喜怒哀樂之情緒不是具於心的實物。發而皆中節，是說這種喜怒哀樂一發出，卽湊泊於事物上，故有所謂中節不中節。「致中和，天地位焉，萬物育焉。」是說自中發出之喜怒哀樂之情緒湊泊到所謂事物上得其當，一方面是主觀上的心安，同時卽是客觀上大地萬物之得其所，所以所謂內界之情緒其意義價值，直接流貫到所謂外界的事物。因此中庸之論情可謂既不在我，亦不在事物，而在我與事物交互貫通處。情既不在內亦不在外，而在內外之間。情成了內界與外界、或人與天之交通之路了。

中庸這種以內外之貫通訓情，乃中國哲學上情之最普遍的意義。鄭康成禮記問喪注曰：「人情之中外相應。」樂記曰：「情深而文明，和順積中而英華外發。」這明是情通內外之意。樂記又說：「樂者情之不可變者也。」其論樂則曰：「極乎天而蟠乎地。」是亦情通內外之意。而易傳以通訓情之意尤顯。易乾文言：「旁通情也。」「利貞者性情也。」何謂利？易傳曰：「變而通之以盡利。」何謂貞？貞乎謂一之貞，貞乎一者通乎一也（參考繫傳可知）。可見利貞者性情也，即以感通訓性情之意。所以易傳中凡言及陰陽剛柔乾坤相應處，卦爻交變中之感通之理，常以情字表之。繫辭傳所謂「爻象以情言」「設卦以盡情僞」，「始作八卦以通神明之德以類萬物之情」，此外如乾鑿度所謂「通情無門」，鄭康應禮運注曰：「情以陰陽通也。」以至後來宋儒之以情喻水之流（朱子全書四十五）及王船山顏元戴東原焦循之論情，無不含以通訓情之意。

中國哲學上與西洋心理學上「意志」相近者爲「志」（中國哲人所謂「意」其含義極複雜與「意志」涵義頗遠）。「志」從「心」從「之」，原爲心之所之也；是表示一種通內達外的活動。所以莊子人間世說：「一若志，無聽之以耳，而聽之以心。無聽之以心，而聽之以氣……氣也者，虛而待物者也。」一若志歸於能待物，是志明爲通內達外之活動。此外禮記「志氣塞乎天地」，「清明在躬，志氣如神」，都不把志氣當作單純的心理現象，而就志氣之能通內達外，故能充內形外上說。大概中國哲學上所謂志都是此意，其與情之不同在情是就內外感通之本身言，志則是就內外感通中心之方向言，心力之貫注言。所以陳北溪性理字義說：「志是心之所之。」謂：「心之正面全向那裏。」程若庸性理字訓說：「志是心之所注，如水於壑，如射於的。」

中國哲人之論情志，旣都是把他們視作一種貫通內外之活動，所以他們之論性論才論欲論氣質及一切心理現象亦都把牠們化作一不含任何實質性的活動。於是，不僅心之本體是虛的，連所謂心理現象，亦不是定著於心與外界相對待的東西了。

四、功用化之身體觀　在通常人覺得我們縱然接受了心體本虛觀，能知直達所知觀，活動化之人心情意觀，於接受天人合一論的，還有一種障礙。我們通常人總覺得我們自己的身體是一有限的物質。我們的一切情意等雖然都不外一種通貫內外不含任何實質性的活動，但是我們的情意之發出總是與我們身體上的變動相連，我們情意之發出總是要以我們身體上的變動爲媒介。而我們的身體，長不過七尺，總是一種有限的東西，而外界的天地萬物，卻是如此之廣大。人與宇宙仍然不能合一，內界外界仍然不能打通。對於這一點，中國哲人又有一種人身觀，使不致覺人身小而天地大，致以天人爲二。這就是叫人不要從體質上看人身，而叫人從功用上看人身。也就是叫人不要從耳目五官及身體之外表上看，而要從耳目五官與外物相感應，身體之氣與天地之氣相流通處看。於是，耳目五官身體，便不復爲一有限之物與天地萬物相對之有限之物，而反爲通人與宇宙之媒介了。

王陽明說：「目無體，以天地萬物之色爲體；耳無體，以天地萬物之聲爲體。」

羅念庵說：「充吾之目而天地不滿於吾視，充吾之耳而天地不滿於吾聽。」這是說自耳目與所謂外界之相感應處看，則天地萬物並不大於吾人之耳目。

王陽明又說：「人與天地萬物原是一體。風雨露雷日月星辰禽獸草木山川土石，與人原是一體。故五穀禽獸可以養人，藥石可以療疾，同此一氣能相通故耳。」（傳習錄）

唐一菴說：「人氣質之凝似有住際。然神通在心，故其氣也無涯。其有涯，惟有生耳。舍其有生，而能自主，其所爲氣，總是浩浩一物，乘不間之體，尸本來之化。」（禮元剩語）。

張橫渠說：「四體……觸之無不覺，不得待心使至此而後覺也。此所謂感而遂通，不疾而速，不行而至也。」（正蒙）這是說自身體氣之與天地之氣相流通處看，則天地萬物皆與吾人之身相通中無間隔。

關於這一類的話我們不必多舉，我們只要了解中國哲人大都視身體爲氣之所凝成。而中國哲人所謂氣，本是互相滲透變化的所謂宇宙一氣，我們也就了解中國哲人之不以身體爲與外界宇宙對待之一有限的體質，而以身體之功用是貫通於全宇宙之說法了。

中國哲人既以心體爲虛，能知能直達所知，而心所發出之情志又與所對之外境交融爲一，心所依之身，其功用又超乎七尺之形骸而與萬物相感應，在一氣中互相流通，「天人合一」當然成爲必然的結論了。　廿六年四月

（一九四〇年「中蘇文化」）

論中西哲學中本體觀念之一種變遷

個人對於中西哲學一向有一種看法，就是：中國哲學與西洋哲學就其哲學形態來看，是截然不同的兩種哲學形態，但就兩方哲學思想史的發展來看，則處處表現著逐漸互相交合的趨向。關於個人這種意見詳細的陳述，須留待以後。在此文內我只打算從兩方哲學關於本體觀念之一種變遷來指出兩方哲學史的發展逐漸交合的傾向。

關於本體的哲學問題之一是本體與現象之關係問題。在本體與現象關係問題中，第一要決定的就是本體與現象「離」或「卽」的問題。換言之，就是要問本體是離於現象以外，還是卽在現象以內？這問題在西洋哲學中很早卽具體提出，對於這問題的討論非常多。在中國哲學中雖未嘗有人將此問題如西洋之具體提出，但歷代哲學家對此問題暗示的主張也不少。假如我們將兩方哲學對此問題之主張縱列起來看，我們便可以看出：

西洋哲學最初是離現象求本體逐漸有卽現象求本體之趨向。

中國哲學最初是卽現象見本體逐漸卻微有離現象求本體之趨向。

兩方哲學發展趨向，確可謂互相交合。下文卽當略述我的意見。大約在第一項，同情的人可較多，第二項則純是我個人的看法，所以本文的重心將放在第二項。但第一項許多人也未必同意，卽同意者看法亦不必與我相同；所以也不能不同樣加以陳述。

在希臘哲學中除懷疑主義派與感覺主義派外，其餘哲學家莫不承認現象外之本體。柏拉圖亞里士多德二大哲雖然是最努力於說明本體在現象中的意義，但柏拉圖之理念世界始終與現實世界無必然的聯絡而可獨立自存的。所以他顯然是主張本體與現象離的。亞里士多德誠然反對柏拉圖之劃分理念世界與現實世界，用形式與質料的遞展來說明兩世界的連續。但他所謂絕無形式的物質，與純形式的上帝兩概念的本身仍根本是懸絕的，無論中間有多少存在的層次仍連不起來。中世紀的哲學根本建立在人間與天堂之對立上，其哲學精神爲將現象界與本體界分離的哲學，今可不論。到近代哲學之初，離現象求本體的辦法逐漸修正，布儒諾（Bruno）的泛神論是近代哲學中第一種反對離現象求本體的學說。笛卡兒最初懷疑一切本體，以承認意識中「不知其是否眞實」的意像，這也是表示對於離現象的本體之難信任。他最後雖建立了三種本體：上帝、物與我，但這三種本體的存在都是依據我們直接經驗的明白清楚的觀念，這也是出於現象與本體不當離的信仰。斯賓諾薩還以爲不足，他覺得笛卡兒所謂上帝在心物以外還是超越的意味多，於是把上帝化作無限的自然，心物均爲其屬性。這當然是融本體於現象之進一步的努力。不過斯賓諾薩之所謂上帝，有無限的屬性，只心物兩屬性才爲我們所經驗，究竟他其餘無限的屬性是什麼，對於我們仍是不可測的神秘。上帝爲什麼不儘量表現他的屬性，可見這中間依然存在著本體與現象的隔絕。然而萊布尼茲的上帝便不同了。在萊布尼茲看起來，上帝的偉大就在他要從各方面表現他自己，從各種的觀相 Perspective 來反映他自己。所以他成立無窮盡的單子，每種單子均能反映上帝及其他單子。而且最高的單子——人——可以與上帝同構成一精神的王國。顯然他的上帝更與人間接近，超越的意味更少。此外，我們看英國的哲學，從洛克之承認本體而以爲不可知，到巴克萊之只承認精神的本體，到休謨之只承認經驗的連續，亦顯然表現同樣的將超越本體化到現象世界來之努力。哲學到了康德，誠然似乎又要把休謨所否認的本體世界恢復轉來；但是在純粹理性的批判所承認的本體只是一空洞的物之本身之概念，其意義只以限制經驗爲止。在實踐理性批判中的上帝靈魂，只有建立在我們不容已的信仰上。我們研究康德的哲學，很顯然可以看出康德哲學整個的精神就是要從經驗自身的批判，來找出一切本體觀念的根據。他在純粹理性批判中反對一切超越的本體，只承認構成我們經驗自身的含超越性的純粹理性。而我們之所以要運用我們自己的純粹理性去建立超越本體，以致產生種種錯誤，又由於我們之實踐理性要求潛伏於下（參考純粹理性批判第二部超越主義的方法論第二章、實踐理性批判第一章），可見康德的立場正是徹底的經驗主義的立場。不過康德所謂經驗不是外部的經驗；而是內部的經驗；不是單純的經驗，而是融攝理性的經驗。因此之故，所以康德以後的形而上學家追求本體的方法，便完全轉變了方向，專從內界去找本體的根據。康德在西洋哲學上之所以成劃時代的哲學家者以此。康德以後所謂後康德派的哲學家，我們都知道，他們努力的目標就是要貫徹康德的精神，只承認我們經驗或知識所能及的境界，廢棄康德未經批判的剩餘的「物自體」之概念。這正是反對超越的本體之更進一步的努力。這在非希特席林叔本華的哲學中，便已充分表現著此種努力之相對的成功。而在黑格爾的偉大的哲學系統中，便可看出物自體概念之絕對用不著。黑格爾把康德在形而上學中關了的門完全打開，他指出由理性本身自抽象至具體之辯證的發展，就可將最低級的現象與上帝連接起來。絕對精神表現於宇宙之任何部份，所以任何現象均與本體離不開；本體與現象離開則雙方均失其意義。所以西洋哲學到了黑格爾，從前哲學家認爲隔絕的本體世界與現象世界便完全連接起來。照理，似乎關於融攝現象與本體之努力已到了最後的段落不能再有發展。然而不然，因爲哲學的發展都是「山窮水盡疑無路，柳暗花明又一村」的。黑格爾雖然用他的方法將本體與現象連接起來，但是不能說只有他的方法才能將本體與現象連接起來；而且不能說黑格爾已將本體與現象連接到最密切的程度。我們從更密切的連接現象與本體的哲學看起來，則黑格爾的現象本體關係論，還不免有打成兩截的地方。所以在黑格爾以後的西洋哲學，對於這問題又有更深一層的發展。不過這深一層的發展不表現在德國黑格爾學派，而表現在英美的新黑格爾派意大利的新黑格爾派及其他哲學派中。美英的新黑格爾派在哲學上的貢獻有兩種：一種是註釋黑格爾哲學，一種是融化黑格爾哲學而另創新哲學系統。在註釋黑格爾的哲學著作中，如斯太爾林 Stling

瓦特斯 Wallace 麥克太噶 Mctaggart 等之著作，最使人注意的，就是他們最愛替黑格爾辯護，說黑格爾最注重具體的經驗，黑格爾所謂絕對是與我們最接近的。麥克太噶簡直把黑格耳所謂絕對完全解釋為各人格之統一性 unity of persons，絕對不過各人格之連接點，眞正的實在是各人格的本身，因為只有人格才是最具體的。誠然，我們很可說英國的這批黑格爾註釋者所得的正是黑格爾的眞義。說黑格爾注重具體的經驗我也承認，麥克太噶的解釋也有他的根據。但為什麼他們特別注重這些地方？為什麼黑格爾自己的話還可使人誤會到相反的意思上去？這便不能不說他們是更想把黑格爾所謂絕對的本體同最具體的經驗、最直接的人格打成一片。不信，我們試反過來看英美新黑格爾派中有創造的哲學家的主張便更可明白。在英美新黑格爾派中有創造的哲學家，我們第一當數格林 Green。格林最反對黑格爾的就是說黑格爾不重客觀世界的分析。這話自然不免誤解。但是我們看黑格爾在自然哲學中，因自然不合理性而斥責自然為 Impetent nature，則可見黑格爾到底是不大重客觀世界的分析的。所以格林論 Divine Consciousness 的存在，步步全是自經驗上之可能，道德現象之可能上看。他所謂 Devine Consciousness 顯然比黑格爾絕對更切近我們的世界。其次當數勃拉特萊 Bradley。勃拉特萊的絕對所含之不可知性過大，他不會指出如何自有限的存在達到絕對的階段；黑格爾認為可以反映絕對本身的哲學，在他看來還是與絕對隔一層的現象，永不能與絕對合一；假如合一，便不是哲學了。自這些地方看，他所謂本體似比黑格爾之本體含更多之超絕性。但我們看他在現象與實在中

第二部 Recapitulation 中，對於無論如何頑固的有限存在，均一一指出其在絕對中的地位。同時以感性經驗 Sentient Experience 說明絕對，卻使我們覺得絕對與我們關係親切不少。黑格爾所謂絕對終是以理性爲主，無論如何具體的理性總不及 Sentient Experience 具體。黑格爾所謂絕對雖然亦包攝有一切有限的存在，但是讀他的書總使人覺得一切有限的存在非先毀滅自身不能入絕對。這只要看 Phenomlnodogy of mind 中 Revealed Religion 一節及 philosophy of mind 中 univessal history 一節卽可明白。而在勃拉特萊，則雖亦謂在絕對中一切有限的存在均當融化，但是他不說一切有限的存在非先毀滅其自身然後才能入絕對。他能指出有限的存在，自已執持最繁的有限性，均與絕對不相礙。再其次當數鮑桑奎 Bosanquet，鮑桑奎的哲學將現象與本體連接得更密切。鮑桑奎不大談絕對而愛談全體，他所謂全體卽全體經驗在後，全體經驗的概念顯然比絕對的概念更與現象世界切近。鮑桑奎每談一個問題，總是要指出全體經驗在後。在鮑桑奎的邏輯中，開始從最低的指謂 Naming 到分別 Distinction 到比較 Comparison 到更高的邏輯範疇，處處他都指出全體經驗在我們思想後面支配著；而黑格爾所謂絕對則在他邏輯中雖時時提到，但絕對本身一定要我們爬了無窮的山峯才能望見。我們讀黑格爾書總覺絕對引我們向前望，讀鮑桑奎書則覺全體經驗卽在我們後面或左右。這不能說只是作文之方法之不同。縱然只是作文方法之不同，其中亦大有理由在。此外在價值哲學中，鮑桑奎極力反對把痛苦罪惡看作幻象，認爲痛苦罪惡根本是構成個體 Individual（卽絕對）的完滿 Satisfaction 所必需的，這在 Principle of Individuality and Value 一書後半部說得很明白。在我看來他的意思與黑格爾不同。在黑格爾誠然亦說痛苦罪惡是精神自己否定後必然產生的；但是精神在自己否定後，還有自己否定之否定。精神在自己否定之否定後，痛苦罪惡必當失去而精神又回到自身。所以他認爲絕對中是無所謂痛苦與罪惡的。在鮑桑奎意思則簡直承認痛苦罪惡本身爲不可避免的必需，他不曾說他的 Individual 必否定了痛苦與罪惡，然後才能完成自身。可見他的 Individual 比黑格爾的絕對精神更少超世界的意義。他雖然說他的意思與黑格爾無別，但是我不能說他眞了解他自己同黑格耳的關係①。英國新黑格爾派中之殿軍要數麥克太噶。麥克太噶的存在之性質一書我不曾全看過。他也愛用 Whole 一字，但是他時時總注意 Whole 與部份之不離。他在他處雖自認爲 Hegelian，但他在存在之性質第五十頁，聲明他不肯承認是新黑格爾派，他說他之信仰黑格爾，亦如他之信仰巴克萊、萊布尼茲等一樣。他的確採了不少萊布尼茲與巴克萊的精神。他採巴克萊、萊布尼茲精神的結果，使他更注重各個精神的實在性，並建立他各個精神本身的不朽論。這實把黑格爾傳下的絕對的觀念之超絕性冲淡不少。此外，美國的新黑格爾派的大師羅哀斯 Royce，他是最努力將黑格爾的絕對化爲人格的哲學家。無論在他世界與個體中或近代哲學精神之後半部中，他不特總是努力指出絕對之無所不在；並特別提出社會生活，視作絕對精神最親切的表現其自身之所在。在黑格爾看起來，絕對精神最親切的表現，當爲藝術宗敎哲學。羅哀斯所謂社會生活，只是黑格爾所謂客觀精神之表現。這點明與黑格爾不同。我們問：究竟社會生活是與我們最切近的經驗，還是藝術宗教哲學？答案當然是社會生活。這在黑格爾也當承認。羅哀斯把黑格爾的絕對精神化作表現其自身於人們社會生活的「人格」，豈不又是把黑格爾的絕對超絕性減少的企圖？（關於羅哀斯之欲減少黑格爾的絕對之超絕性，由其努力使絕對成爲某一意義之 scien tifically Intellegible 更可見，但今不能多論。除英美之新黑格爾派外，意大利之新唯心論亦是受黑格爾影響極深的，亦可名之新黑格爾派 。） 意大利的新黑格爾派之二柱石，一是克羅采 Croce，一是會提勒 Gentile，克羅采在他 What is Dead and What is Living in Hegel's Philosolphy 有一句話說：「讀黑格爾的書 ，應該如讀詩人的著作一般。」 (Read Hegel as poet) 這一句話，表面看來，雖只是爲讀黑格爾的人開一個方便之門，但同時實象徵他轉化黑格爾哲學的辦法 。 他承認黑格爾之具體的共相 ，但是他不承認最具體的共相是黑格爾所謂絕對觀念。他以爲最具體的共相，應該是當前意識所直接接觸之純粹概念 pure concepts。 他主張歷史與哲學打成一片，但他不贊成黑格爾之把歷史當作一切具足的絕對理性實現其自身的過程。他主張歷史的生命在於常新的解釋。沒有常新的解釋的歷史是死的歷史 ； 供給常新的解釋與歷史的就是哲學 。 歷史在創造中，所以哲學亦在創造中。哲學在創造中，理性亦在創造中②。 他在前述那本書中，全書反對黑格爾的只有一點。這點就是說：黑格爾把分別的概念 distinct concepts 與反對的概念 contrary concepts 混淆。反對的概念必要相否定而入於更高的概念，分別的概念則可並存。將一切分別的概念化爲反對的概念，一切概念層層彼此否定的結果，必然只能容許一絕對觀念的存在而將一切現象沉沒其中。現在克羅采努力要把分別的概念從反對的概念中劃出來，顯然又是一種想救出現象 save phenomena 的企圖。曾提勒在哲學上主要是承繼克羅采的精神，不過比克羅采更深到。他在 Mind of Pure Act 一書對於具體的共相如何與殊相不分的道理，講得更透闢；同時對於當前的精神活動更特別注重。他自名其唯心論爲 Actual Idealism 所謂 Actual Idealism 的意義，就是不承認任何離開當前的精神活動的眞實。這並不是否認自然否認過去的歷史，而是主張自然與過去的歷史都當轉化入當前的精神活動中。所以他對於黑格爾之把精神看作有自身外自身，回到自身三方面之說根本不滿。因爲精神的本質就在當前之活動，不能有所謂外自身。「精神的不存在」（錯誤罪惡）是有的，但這都是精神一面置定之（posit）一面卽轉化之的。所以他認爲黑格爾的哲學仍有兩截隔絕的嫌疑③。可見意大利的新黑耳格派對於現象本體之融攝實有更進一步的努力。在現代哲學中除新黑格爾派外，最主要的學派，尚有實用主義派新實在論派現象主義派。無論那一派，都同樣想把本體世界拖到世界來。實用主義者無論詹姆士杜威席勒都一致反對黑格爾的絕對。其唯一的理由，就是說絕對不在我們經驗中。詹姆士的徹底經驗論，席勒的人文主義，杜威的工具主義，都同是主張離我們的直接經驗無所謂本體的。杜威而且曾明白的說：「待一切離經驗求本體的努力停止時，他的哲學任務已完結。」（見 Experience and Nature 中但頁數已忘）柏格孫亦可算實用主義派。柏格孫亦明顯的主張本體在變化中。用直覺來體認變化，他認爲是形而上學唯一可通之路。新實在論派更是明顯的反對從前的本體的觀念。在初起的新實在論者，如霍爾特斯泡丁培列孟泰苟攻擊絕對唯心論時，總是說絕對唯心論的本體是現象後的支柱者，不能與現象合一。他們雖承認一潛在世界，但潛在世界中的潛在與存在世界中的存在並無性質之不同。後來附和新實在論的，如羅素亞力山大懷特海，他們之攻擊絕對唯心論，亦以絕對唯心論的本體總是吞沒現象或超越現象不能與現象打成一片爲主要的論據。其中羅素幾乎完全不信本體的存在。亞力山大將時空當作本體，謂一切存在一切現象均自時空中湧現。然而他卻再三聲明一切存在或現象並不吞沒於時空中。懷特海的哲學，在科學與近世中尙微有潛在世界與存在世界對立的嫌疑；但在過程與實在中則根據 ontological principle 而完全否認不爲 actual entities 與 god 所攝之潛在。而他所謂 god，又非超絕之實體，而爲與 actual entities 共構成宇宙之 creative creativity 者。現象學派的虎塞爾 Husserl，我只曾看過他純粹現象學一書。此書只是現象學的方法論，但是從其中亦可看出他在本體論上主張現象與本體不能離的。他在此書中對於我們通常經驗的對象，雖用他所謂現象學的括弧括住，但是他並不視之爲他所謂本素 Essence 領域以外的存在。他所謂本素，其實正不外經驗的對象之一種昇化的看法。他所謂超越的自我，雖與康德之超越的自我相似；但康德所謂超越自我，只統屬有定數目的範疇，這些範疇本身並非知識的對象，所以知識的對象與超越的自我的關係猶是間接的。然而虎塞爾所謂超越的自我，則根本上卽爲本素領域中各種 noesis

略相當於能知與noema（略相當於所知）的關係的中心，所以其與知識的對象的關係全是直接的。虎塞爾的哲學，從這一方面說實較康德更能融攝體象的關係。此外關於現象學派的著作，我只曾看過Hartmann、Geiger 等之一部份著作，我不能說什麼。但是我對於現象學派的整個哲學運動，總有一印象，就是：覺得現象學派主張視一切現象都如其所如，其究極的理想，實是把一切現象的認識都化作本素的認識。這實無異想根本化除本體與現象的差別。在現代哲學中唯一尙持本體與現象隔絕的看法的，只有美國的批判實在論派中的幾位哲學家。其中如桑他雅那在哲學方法上與虎塞爾很有相近的地方。我不知他爲甚麼另外還要保留一種物質的本體位於他所謂本素領域之後，以致上下隔絕。但是我們就現代哲學整個的趨勢來看，我們仍不能不說，現代哲學大體上是向本體與現象融攝的方向努力起去的。（近來興起的邏輯實證主義派哲學，是根本反玄學的，此問題對他們是不成問題的。離現象的本體一觀念在他們看來，根本是沒有眞理價值的。不過，亦不能說他們是即現象求本體，因爲即現象的本體對他們仍沒有意義。所以我在此處也簡直不提到他們。）

以上，已將西洋哲學中逐漸離現象求本體到即現象求本體的趨向指出。關於這種趨向是否已到最後的一步，這非本文之所及。不過，我總覺新黑格爾派以降的哲學派別，專就本體與現象關係問題論，雖比康德、黑格爾更能努力求本體現象之融攝，然而這卻是犧牲了好多其他的哲學問題的解決得來的；然而他們解決此問題的好多辦法，從一方面說似乎都是走了歧路，因而其困難在另一方面反比康德、黑格爾更多，不過關於這點非本文範圍之所及，今不一一論了。

以上論了關於西洋哲學的一面，現在應回頭來論關於中國哲學的一面。在未論關於中國哲學的一面之前，我應當說明一件事，就是：講哲學而講到哲學的比較，哲學的趣向是最困難的事。一切哲學都是哲學家的哲學；每一個哲學家的哲學，都是唯一的，獨立的。將不同的哲學來比較，看哲學的趣向，只能抽出幾點來講。所以我們非把我們所要講到的哲學家的哲學系統本身打碎不可。我們把它們打碎之後所抽出的幾點，又須眞是屬於這些哲學系統對某些哲學問題最根本的主張。這就成了最困難的問題。只要稍爲偉大的哲學家，他對於哲學問題總不執一偏之見，總可以作幾種解釋。因此，我們要找他們的同處，則處處都可見同處；要找他們的異處，亦處處都可見異處；究竟根本同處是什麼，根本異處是什麼，這非常難決定。尤其難決定的，是：有許多哲學常常看不出性質的差別，而只看得出程度的差別。我們讀哲學書愈多，便愈會覺得這一派哲學與其他一派哲學之不同，常只是偏重的不同。這種偏重之不同，最易爲我們所忽略。其實這種偏重之不同，一方面看只是程度之不同，一方面看正是性質之不同。這最需要特別注意的。西洋哲學對於一問題的分析，比較嚴整細密，同異之間，尙易認識。然而，在中國哲學便不同了：中國哲學家本無意於嚴整之哲學著作，於邏輯分析又不講求，而且中國哲學家比西洋哲學家更不肯執一偏之見。所以，我們拿中國各時代哲學家之著作來一看，總不易看出他們之不同。從前讀中國哲學書的人，總愛說：「先聖後聖，其揆一也。」這類話確有道理。中國各時代哲學家的差異確很少，在宇宙人生根本問題上意思確很接近，而且爲個人的受用計修養計，亦不必細辨他們的同異。但是，我們假如要了解中國民族哲學精神的變遷，則這種態度根本不對。我們正當自他們細微的同異處去看。縱然只是很少程度的不同，我們也要注意。只有這樣，然後有比較可講，有趨向可講。所以，權衡審度的困難實無法避免；我們只有認清這種困難而去努力克服他。克服他的辦法，在我看來沒有別的，就是：把一家的哲學都當作一種哲學心靈之表現，用直覺去體玩他們的意味，則他們的旨趣之不同自然會漸漸啟示於我們的心中；同時，我們也就可以找出些可講的來講。不過這些可講的根本還是一種象徵，從外面看來全是零碎的；在一些專找異處或同處的人看起來，與迷信一家一派哲學的人看起來，都是可駁的。然而，除此以外，我們也不能再說甚麼，我們所能說的，只有：各人本各人的直覺去體會，各人先求自信，然後求共信。我本文前面所論西洋哲學的一面，雖很簡單，但都是本我的體會而自信可以貫通各家之主要著作的結論。以下關於中國哲學的一面，亦有同樣的自信。但是能否得讀者的共信，那便只有訴諸讀者自己的體會了。

前面曾說過中國哲學是即現象見本體而逐漸微有離現象求本體的趨向。這恰巧與西洋哲學之趨向相對照。在此地，很容易生一問題，就是：爲什麼中國哲學不與西洋哲學一樣，先分離本體與現象然後再求合？關於這問題，我不能在此文內作詳細的討論。約略說起來，這與中國古代民族的地理環境生活形態所形成之心靈狀態有關係（謂函數關係非因果關係）。中國古代民族都住在黃河流域一帶；黃河流域一帶是土地最平曠的地方。「大漠孤烟直，長河落日圓」，「天與水兮相卽，山與雲兮共色」，處處都象徵一種天地連的沖虛綿邈之境，人在其中但覺「天覆吾地載吾」與天地渾淪不可分。這與希臘海岸曲折島嶼羅列分別顯然者根本不同。又中國古代黃河流域一帶都是肥沃之區，適於耕種，故中國民族一向業農。農人與自然接觸，「草榮識節和，木衰知風厲」，日看行雲流水暮靄朝嵐，深感唯有四時之變化，而後有「五穀播熟穰穰滿家」；故對自然的變化最有認識。這與希臘民族尙離游牧民族不遠，又最初希臘文化創造者多爲原業商之民，亦根本不同。在游牧民族與商業民族，其行止均不固定，轉徙無常。他們不能常得暇定下心來靜觀自然之變化，他們須常常留心於他們之牛羊貨物（因唯此爲其轉徙生活中之固定物，非執着之不可者。），所以無論其地理環境或生活形態均可養成希臘人之一種在變化中分出不變之心靈。因此，其表現於哲學者亦遂有現象外求本體之傾向。中國民族之地理環境與生活形態，則均適足以養成其直觀變化不加分別之心靈。其表現於哲學者，當然也就不同，而爲卽現象見本體之傾向。關於此點我意猶未盡，現在只略提幾句以說明中國哲學發展與西洋不同並非偶然而已。（關於此點可參考劉咸炘先生外書動與植一文）

關於中國古代哲學中卽現象見本體之趨向，從中國古代哲人對於一切自然物都自其功用上看，意味上看，不自其實質上看，最可表現。五行的觀念大約起源得很早。五行中的金木水火土與希臘之地水火氣相近；然有根本不同者，卽希臘之地水火氣都含有實質義爲萬象之造作者義，卽在Pythaodras

的學說及 Plato 之 Timaeus 中雖將地水火風都用形體來說明，仍未脫固定之體之觀念。中國之五行，則根本不含實質義。希臘有地水火氣四元的哲學家 Empedocles，中國並無五元的哲學家。在 Empedocles 雖主張地水火氣四元，但又覺地水火氣不能自動，又另加愛恨二力，明見其四元爲固定之實質。中國書經洪範上論五行，則只說：「金曰從革，木曰曲直，水曰潤下，火曰炎上，土爰稼穡」。都只講其作用。所以五行用「行」字來表示。此外拿八卦來表示各種的觀念亦很早。這與希臘 Pythagoras 之以數表示各種觀念，亦有相近的地方；但 Pythagoras 之數只能表示一定之觀念，而且 Pythagoras 之數間，不能循環往復的推移，其意義仍較固定。中國之八卦則一卦主要是表示一種意味，引申起來便可表示許多含此意味之觀念。同時，卦之搆成只陰陽二爻，最便於推移遞換，顯然更富於變化的意義。在專解釋八卦的書易經上下經中，純粹的哲學思想雖然很少，但其注重拿八卦的變化的狀態來象徵宇宙人生變化的狀態卻是顯然的。繫辭傳解釋爻辭之爻曰：「爻也者，效此者也。」象辭之象曰：「象也者，像此者也。」象辭之象曰：「象者，言乎象者也。」然而，易經上下經作者雖以八卦的變化來象徵宇宙人生之變化，但是尚未論及這宇宙人生之變化所以爲變化的普通原理。到了老子孔子便不同了。老子的思想最可使我們注意的，就是老子他一方面極注重宇宙的變化的狀態，而同時在這種變化的狀態中指出一個有無相攝正反相生的原理。他所謂道，正不外這種有無相攝正反相生的原理。他以常有常無狀道，又說：「有生于無。」「反者道之動。」這種原理，在他看來，是滲透於變化之萬象中而與萬象不可分。所以以道爲「大象」。他所謂道雖含變中不變之本體義，但與Heraclitus之Logos又不同。因Heraclitus之Logos爲變化中之矛盾之仲裁者，所以實多少含在變化之外之義。此點今不及詳論。老子之道則周流於變化之萬象中，所以說道周行而不殆。老子比起發明五行的思想家與易經上下經的作者已進一步，已不似他們之只知變化之象，而知在變化之象中識變化之原理。但是，據我剛才所說，老子之道與變化之萬象還是太混淪不分。而在孔子便不同。孔子究竟有無他的形而上學，還是一個爭論的問題。許多人都將孔子與蘇格拉底比，以爲應該都只是一人生哲學家，其思想尙未發展至形而上學的問題。其實，這種話根本錯誤。因爲蘇格拉底本人便非只有人生哲學的趣味的。在柏拉圖對話集中許多次形而上學的討論，均以蘇格拉底爲中心。這決不能說純是柏拉圖的假託。一個卓絕的思想家絕對不會不感到形而上學問題而只感到人生哲學問題的。孔子在論語中雖不大論形而上學，但子貢論孔子說：「夫子之言性與天道不可得而聞也。」又說：「子罕言利與命與仁。」(命卽天道性卽仁)可見孔子並非無形而上學，不過不大談形而上學。孔子曾有「逝者如斯夫，不舍晝夜」及「天何言哉，四時行焉，百物生焉，天何言哉」的話，可見他實有一變化的形而上學在他的人生哲學之後。不過，他不大講而已。但是，他的變化的形而上學，就在這兩句話中，已可看出比老子的進一步。孔子講「逝者如斯夫」正是老子講的有無相攝正反相生變化無常的意思；但是孔子所注重的卻是從「逝者如斯夫」中所表現的「不舍晝夜」一面。「不舍晝夜」，正是水流之變化中恆常的一面，永久不息的一面。孔子之「四時行焉，百物生焉」，其論變化，亦表面與老子相似。然亦有不同，就是：孔子說這二句話明顯的含有讚嘆「運轉發育」的意思，讚嘆「宇宙動而不已」的意思。再加以前後兩句「天何言哉」，假設用我們直覺細去體會此四句話的情調，我們便可了解孔子此時所欲表現的實是一種莊嚴靜穆的宇宙中的健行不息的氣象。所以將孔子與老子比，我們便不能不說老子尚不能算眞認識變中化不變的一面。不過，在論語中，孔子的思想還沒有如何發揮。中庸固非孔子作，易經繫辭傳亦大約非孔子作；然而二書中必含不少由孔子傳下的思想，並經其門弟子加以發揮者則無容疑。所以我們可以把中庸繫辭傳作爲孔子形而上學之具體化的著作。在中庸中所重的是誠字。中庸所謂誠，一方是修養方法，一方亦卽是宇宙的原理。所以說：「誠者，天之道也。」又說：「誠者物之終始。」「不誠無物。」可見誠正是一種形而上學的原理。中庸又拿「其爲物不二則其生物不測。」說明「天之道」——卽說明誠。可見中庸之誠，正是一種兼攝變化與不變的。在繫辭傳中，更明顯的一方面說明變易，一方面說明不易，將二者說得尤圓融。繫辭傳說：「生生之謂易。」生生不只含變化義，同時還含在變化中的一種一貫的向上發育的趨向義。繫辭傳作者說：「神無方而易無體。」可見他不承認希臘那種在現象後的本體。但是下面繼續說：「一陰一陽之謂道，繼之者善也，成之者性也。」這又可表示他並非只承認變化而忽略不變，而卽於變化中見不變。中庸與繫辭傳都發揮了孔子在變化之外復重不變的意思。關於中國的正統哲學，我們可以說中庸與繫辭傳便已把基礎奠定；變化的象與不變的體在中庸與繫辭中便完全打成一片。不過中國哲學本有兩路：一路是儒家，一路是道家。儒家對於此變化之象與不變之體的關係，極早就有一綜合的看法。道家，在老子，卻尚偏於論變化之象一面。所以，以後道家總是要想救老子之失，想在變化中去找深一層的不變。莊子的哲學便可表現這種進一步的努力。在莊子的哲學一方面論變化比老子更圓融；所謂：「芴漠無形，變化無常，死與生與？天地並與？神明往與？芒乎何之，忽乎何適，萬物畢羅莫足與歸。」同時莊子之論變化更不黏滯於變化之物更能把變化本身作爲一種對象來論列；於是，更能認識變化之所以爲變化的原理，而將此原理看得更重更高。莊子所謂道亦較老子所謂道含更多之超越性。老子論道，雖偶然有「有物混成，先天地生，寂兮寥兮，獨立而不改，周行而不殆，可以爲天下母。」一類的話；但着語極輕，而且同類語極少。而在莊子論道的話中，如：「道……自本自根，未有天地，自古以固存。神鬼神帝，生天生地。在太極之先而不爲高，在六極之下而不爲深，先天地生而不爲久，長於太古而不爲老。稀韋得之以挈天，伏戲得之以襲地母，維斗得之終古不忒，日月得之終古不息……」則着語極重，同類語亦較多。可見莊子所謂道實含更多的「超越體」義（關於老莊易傳中庸四家形而上學之異同問題極複雜，今不及論，當另文論之）。但是我們假如進而看淮南的原道訓、抱朴子的暢玄篇、列子的天瑞篇，拿來同莊子比，則淮南子抱朴子列子顯然把道的地位更提高，所含超越的意義更多了。可見道家思想的發展亦表現一種逐漸向現象深處求本體的趨向。不過，道家之論道之超越性，還多係譬喻之辭，我們現在也不過就各道家思想家此類譬喻辭之多少輕重，來看出其有此趨向。嚴格講起來，道家還是偏於變化之象的一面，還是不及中庸繫辭傳之能融合變與不變即象即體。但是，中庸繫辭傳雖成立一變與不變、體與象合一的形而上學，這種形而上學與人生哲學還分不開。其實，照中國哲學的理想，形而上學與人生哲學不分，正是中國哲學的特質。不過分與不分是程度的問題。拿中國哲學與西洋哲學比，雖可謂人生哲學與形而上學合，是中國哲學的特色；然而拿中國哲學與中國哲學比，則中庸繫辭傳中的形而上學正較與人生哲學不能分開，而後來的儒家哲學，則形上學與人生哲學顯較分開。這種分與不分，正象徵一種哲學的進展。這種進展雖不是本於一種根本觀念的改變，或者只可看作一種方便說法的改變，但這也要算一種進展。這種形而上學與人生哲學的分開，首先表現在漢代儒家中。漢代儒家與以前儒家大不相同的一點，就是專有一項天德論。這實表示有一種比較純粹的形而上學。這比較純粹的形而上學的成立，同時象徵天的地位逐漸提高。在中庸繫辭傳以至孟子中，自然亦拿人的道德觀念來形容天德，但尚不曾認爲天本身具有這種種品德。而在漢代儒者如董仲舒等看來，則天本身儼然具有此種種品德。於是天正式在人之上，人須上合天心，方能免於罪戾。誠然天與人仍是交感的，天與人並未嘗對立如西洋哲學中一般。但比較中庸繫辭傳中之天，則漢代儒者之天，明顯是推高了一層。這種使天具有種種人的道德的品德，把天推高一層，一方面雖似乎使人在宇宙間的地位降低一層，但同時亦給與人的種種道德的品德以一種宇宙更高的地位，使人的道德品德在宇宙中生了更深的根，同時使人覺人生有深一層的意義。但無論說天推高一層，或人生的意義深一層，同樣表示人對於本體之探索有進一步的努力，雖然這種本體還是不與現象相離的。不過漢代儒者所謂天，雖具有種種道德品德，底子裏還是自然之天物質之天。漢代儒者將天與人比時，還愛拿天的形狀來講，如人圓頂似天，方踵似地；又愛講陰陽災變，都是自然之天物質之天的功能。這種天還太現實。到了儒家思想第二復興期的宋明，遂把這種自然之天，物質之天的觀念全改造。宋明哲學中所謂天，大體說來完全以道德律爲其本質。這種道德律並沒有降祥瑞災變的能力。因爲這種道德律就是我們自己的理性。我們假若要勉強附會，可以說宋明哲學在中國哲學中的地位，正像康德及後康德派在西洋哲學中的地位。康德及後康德派把以前獨斷的玄學家的本體化作我們理性本身所含攝的本體；宋明理學家把漢代儒者自然的天也變成純粹理性的天。不過，這只是極粗略的說法。其實，宋明理學中各家的說法都不全同。簡單說起來，可分爲三派。今依次講他們關於本體的思想的發展。第一派是由周濂溪、程明道、程伊川、張橫渠至朱晦庵。這一派可稱爲性卽理派。這一派一方承認在心的性，一方承認在天的理；但是同時說在心的性卽在天的理，所以內界與外界非二。不過，在天的理與在心的性亦有不同。這種不同是周秦以前的儒家不曾說得如此顯明的。漢儒雖把在天者與在人者分別說，但其所謂天本質上又是自然之天，這剛才已說過。所以，一方把天化爲道德律統治（此數字有語病但只好暫用）的天，一方把天理人性分開，這是從周濂溪到朱晦庵在儒家哲學中開的新看法。周濂溪的太極圖說先論太極，後論人極，雖太極不在人極之外，而太極同時爲人極之本。這實與繫辭傳不同。繫辭傳中雖有「易有太極是生兩儀」的話，但說：「易有太極。」可見太極統於易，易乾坤並建，絕無將太極放於兩儀之上之意。而在周濂溪則說太極「動而生陽靜而生陰」，可見其太極實推高了一層，而且他在太極之前尙加無極，說：「無極而太極。」更可見他想深一層求本體的趨向。自然他所謂無極太極均非離象之體，如在我另一文中西哲學問題之不同中所論；但是到底推高了一層。程明道的思想與周濂溪多不同，但對於本體同有深一層的看法，易繫辭傳：「一陰一陽之謂道。」實當如戴東原之講法，謂卽陰陽之變化而見道，陰陽卽形而上者較是。但程明道卻說陰陽亦形而下者，所以他特別提出天理。不過明道對於天人不二的道理，最見得深，所以其態度比濂溪更要中正。伊川便不同；明道只說陰陽是形而下者，還是半截話；伊川則逕說：「所以陰陽者道也。氣是形而下者，道是形而上者。」形而上與形而下，到伊川才正式分開，這不能不說伊川更想進一層求本體。同時的張橫渠主張：「由太虛，有天之名；由氣化，有道之名。合虛與氣，有性之名；合性與知覺，有心之名。」其所謂合太虛與氣，雖卽是性，但就其說法上看，則顯然亦表示一種向高處求心性根原的傾向。宋代理學之一方面可謂集大成於朱晦庵，關於純粹形而上學之討論，亦以朱晦庵爲最多；明道伊川的理在宇宙中的地位亦愈高；「理生氣」的說法也正式成立。不過，因爲中國哲學根本是主張體象不離的，所謂理無不在的意思在晦庵哲學中也發揮得最透徹。「統體一太極，一物一太極。」朱子同樣注意到。他在中國哲學史的地位正同黑格爾在西洋哲學史上的地位相似。說到此，也恰巧應了黑格爾的話：「當一派思想盛至極時，反對派的思想也就起來。」在朱子把以前的理學集大成時，反對派的陸象山學派亦正式成立。陸象山的學說，雖遠承程明道之緒，但其根本思想，實與明道不同。從陸象山到王陽明，我們可名之爲心卽理派。究竟這心卽理派與前述之性卽理派相比，那一派在理學上的貢獻最大，是另外的一個問題。但是我至少可說，在我們今所討論的問題上，心卽理派比性卽理有更進一層的發展。誠然，我們從陸象山之不信太極圖說而只發明本心，王陽明之只要人致現成之良知看起來，似乎陸王學派不知求宇宙根原的理，是表示陸王學派所重，更偏重於現象一邊而忽略本體一邊。但是，我們若下細一想，便知此說之不對。因爲陸象山之本心，王陽明之良知，其意義均不限於經驗之心；他們所謂本心與良知都同時含有極高的玄學意義。他們反對程朱之求理於外，向內收斂，似少了一層理；但事實上，他們是把心更擴大，把程朱原在外面的理都包在裏面了。程朱學派認爲：「蓋人心之靈，莫不有知，而天下之物莫不有理。……莫不因其已知之理而益窮之，以求至乎其極。至於用力之久，而一旦豁然貫通焉，則眾物之表裏精粗無不到，吾心之全體大用無不明矣。」可見程朱學派雖認爲人爲學之始，心與理分，但最後的理想正在心與理合。但是這最後的理想，從修養上講，雖最後始達到；但假如最後的理想不自來就是宇宙的根本原則，則修養終達不到。所以，就在程朱也當承認，這修養上的最後可以是本體上的最先。陸王學派正是從程朱所認爲最後的，而同時看出其

「最先性」的。因為陸王認明白修養最後的境界應全備於我們開始修養時，所以陸王不主張「今日格一物明日格一物」而主張自識其本心，自致其良知。照陸王看起來，我們只要從本心中良知中，就可認識這貫人心之知與物之理的根本原則。這是因為陸王對於人心比起程朱來，有一種新的認識之故。程朱一派講心偏重知覺（此知覺自與現代心理學上知覺意義不同）；但是陸王論心，則不偏重心的知覺，而重心的感應。我們假如用兩個意義含混的字來形容兩派論心之不同，則我們可謂程朱的心尙微偏於靜的觀照一面，而陸王之心則更偏於活動的一面。以心為知覺則必然須另立一與心相對的理，而以修養之工夫作為連接此二者的過渡。但若根本把心視為感應不息的活動，則當下卽可見心與理合。我們假若明白此意，便可以了解羅整庵陳清瀾張武承等之批評陸王學派知心而不知性，雖有所見，但也不免幾分誤會。因陸王所謂心實不只是程朱學派所謂知覺。陸象山說：「萬物森然於方寸之間，滿心而發，充實宇宙，無非此理。」他所謂心卽理，實是說心是理的輻輳之點，離了此輻輳之點，就沒有理。因此他一方面說：「宇宙卽吾心。」「宇宙內事卽己分內事。」似將宇宙斂於心；同時說：「吾心卽宇宙。」「己分內事卽宇宙內事。」還將心散於宇宙。其實斂散二字均有語病，陸象山的意思，不過要從心中看宇宙之本體，從宇宙中看心之本體。這種意思在楊慈湖更發揮得透徹。在已易中他說：「吾性澄然清明而非物，吾性洞然無際而非量。天者，吾性中之象；地者，吾性中之形。在天成象，在地成形，皆我之所為也。混融無內外，貫通無異殊。」在絕四記中說：「此心無體，清明無際，本與天地同。範圍無內外，發育無疆界。」這正是把心視作流通萬象的中心，把心與宇宙打成一片的看法，其不限於虛靈之知覺可知。不過，象山慈湖立言到底還不免啟人誤會的地方，到了王陽明，則象山慈湖粗的地方，他全避免了。王陽明之「心無體，以天地萬物之感應為體。」實在說心說得好。所以他所謂良知，一方是能照的明覺，一方卽好惡的中心。因此，他一方面說：「遺吾心而求物理，無物理矣。」一方面又說：「外物理而求吾心，吾心又何物耶。」可見他所謂心，只是能感應宇宙中的一切，同時亦卽攝聚宇宙中一切的活動。所以我們決不能說陸王學派的心比程朱學派的理，少些形而上學的意義，或竟比陸王學派為巴克萊一類的主觀唯心論。這是非常錯誤的。中國哲學同西洋哲學的路子根本不同，比附是最易牽強的。假如我們要拿西方哲學來比，則近來意大利克羅采 Croce 曾提勒 Gentile 的唯心論到很多與陸王學派相近的地方。我久想作文討論此事，不過覺得要從各方面論兩家異同，也不是簡單的事，所以終未動筆。關於宋明理學，通常總是論到王陽明學派就算完結，此文本亦可在此停止。不過，近來發覺明代理學從聶雙江、羅念庵到高攀龍、劉蕺山，實又開了一條新路子。這路子與程朱、陸王二派均不同，同時可補二派之失。關於這派在理學上之貢獻，我想緩日能作一晚明理學之發展，詳述我的意見。此地，不過以我們現在討論的問題為中心來討論他們。這一派的發生主要是對王陽明的不滿。因王陽明講心，雖一方注重其明覺一面，一方注重其好惡一面，但好惡與明覺如何聯繫，陽明卻未說，所以很容易使人誤會陽明之所謂心全以明覺為本。因此，陽明以後如龍溪學派泰州學派，均不免以明覺爲良知。羅整庵之所以終身反對王陽明知心而不知性，亦正因王陽明有此啟人誤會之處。不過羅整庵用心雖苦而學未成熟，所以不知如何補救陽明之失。但在聶雙江、羅念庵則看明了要將陽明所謂明覺與好惡連起來，非要更進一層不可，即非在明覺中找出一個好惡之主宰來不可。所以雙江特別提出「寂體」，他說：「本原之地要不外乎不睹不聞之寂體也。不睹不聞之寂體，若因感應變化而後有，……實則所以主宰乎感應變化，而感應變化乃吾寂體之標末耳。」他主張「歸寂以通天下之感」。念庵則特別提出「原頭」，說：「本體與工夫，固當合一；原頭與見在，終難盡同。」又說：「感有時而變局，而寂然者未始變易；感有時而萬殊，而寂然者唯一。」而且羅念庵講他心極靜時所證的境界，說：「當極靜時，恍然覺吾心中虛無物，旁通無窮，有如長空雲氣流行，無有止極；有如大海，魚龍變化，無有間隔；無內外可指，無動靜可分，上下四方往古來今，渾成一片。所謂無在而無不在，吾之身乃其發竅，因非形質所能限也。」可見他們在陽明生前之所以反對陽明，在陽明死後雖因錢緒山之證而稱陽明弟子，然對陽明終多微辭，實非無故。因他們實是要從陽明之良知中找出一種貫乎良知的根原主宰來。所以，他們也力闢龍溪之無善無惡之說。因爲惟有專自良知之妙用上看，只見良知之應變不窮，方有無善無惡之說；若從良知之主宰下看，根源上看，則非承認一純粹至善之眞宰，不能成立良知。不過，羅念庵、聶雙江雖微與陽明不同，尚未出陽明橥範；到了明末之高攀龍、劉蕺山，便不同了。羅念庵、聶雙江口雖論善與良知的關係，猶是善與良知合一的說法。他們雖以善爲良知之眞宰，尙無善在性先之說；然在高攀龍，則逕謂：「有善而後有性。」此所謂「有善而後有性」，雖非時間上之善在性先，亦非謂善與性離，但至少表示他更努力向性的根原上去求。所以他說：「一點至善是眞宰處。此體愈窮愈微，有層級可言，徹此方爲知性。」不過從羅念庵、聶雙江到高攀龍；雖均努力自人性之深一層的根原上主宰上去求，但是這深一層的根原主宰是什麼，到底還未點出。到了劉蕺山，便正式提出意作爲心之主宰，反對從前意爲心之所發之說，而主張意爲心之所存。這實是從陽明所認爲本體的心中再找出一心之本體。宋明理學中的純粹玄學到了劉蕺山，在我看來，實要算達到從陽明最細密的程度。同時宋明理學中，在深一層探索本體的努力中，可謂到了最高的極峯。有清一代的理學，不過宋明理學的餘波，所以我們可以說過去的中國哲學家，可以劉蕺山爲最後的大師。不過，劉蕺山是最努力於認識深一層的本體的，卻並不曾說他的「意」是一種超越的本體。因此，我們仍不能說他是離現象求本體，如西洋一些哲學家一般。所以，我們還可說關於現象本體關係問題，在中國未眞正成問題，因此我們在此文開始的時候，只說中國哲學「由現象見本體以後逐漸有離現象求本體的趨向」。這種逐漸離現象求本體的趨向，確是有的。這在上文，總算約略指出來了。

以上已將兩方哲學對於本體現象問題的主張的發展互相交合的趨向，分別說明。在分述兩方哲學的時候，我只是說兩方哲學的演進，大體是如我所說之傾向發展起去；我並沒有把哲學思想史當作直線演進的意思，這只要曾經細看上文的人便知我無此意。又述各家時所用的文字詳略，並無絕對的標準。大約我有新看法或與人看法不同時，則所述較詳；又愈述到近代的哲學家，因愈需要指出他們與以前各家之不同，所以也述得較詳。不過眞正要把各家對於這問題的意見說清楚，這須牽涉到許多其他的問題，就是本文中敍述最詳的也嫌太略。好在本文的目的，並不在十分嚴肅的討論，而只在指出中西哲學對於一問題的發展逐漸交合的傾向；同時也相當暗示其他問題的主張的發展也有可逐漸交合的傾向。這種不同路向來的兩方哲學之發展之相互交合，在我看來並非偶然，都有其文化發展的背景；並且可以看出不同的哲學路向實有其更高的共同的根原。至於這文化背景同更高的根原是什麼，那就只好見仁見智存於其人了。　廿四年八月

（一九三六年九月「文哲月刊」第一卷第八期）

① 關於黑格爾與鮑桑奎之不同，從他們之論自然與精神的關係上看及對 negativity 之解釋上看，當更可證明我之說，但這樣分析下去將太長了。

② 參考 Croce Logic 第二部 Identity Philoophy and History 章及其 On History 中 Philophy and History 章。

③ Mind as Pure Act Epilogue and Corollaries 章 254-255 頁。

中西哲學中關於道德基礎論之一種變遷

我去年作一文論中西哲學中關於本體觀念之一種變遷，主旨在說明：「西洋哲學最初是離現象求本體逐漸到即現象求本體之趨向；中國哲學最初是即現象求本體逐漸卻微有離現象求本體之趨向。」這一種中西哲學向不同方向發展而若相交合的趨向，我認爲不僅在形而上學中看得出來，在人生哲學中亦看得出來。不過人生哲學的範圍，亦如形而上學，都是太廣。所以現在只就中西哲學中關於道德基礎論之一種變遷來略述我的意見。關於道德基礎論本身的問題雖極複雜，但我們看各家哲學如何建立其道德基礎論，可先從他們在何處尋求其所要建立的道德基礎上著眼，看他們向何方向尋求其道德觀念的根據上著眼。我們爲方便起見，可以說道德哲學家尋求其道德觀念的根據時有兩方向：一是即在我們自己生命本身求道德觀念的根據，道德的源泉即內在於我們生命的本身；一是在我們自己生命外求道德觀念的根據，以道德觀念另有其客觀的宇宙的泉源，並不在我們生命本身中。我們假設承認這兩方向的差別，再去看中西哲學史上各哲學家建立道德基礎的辦法的變遷，我們便可看出：

西洋道德哲學最初是自生命本身外客觀的宇宙中求道德的基礎，逐漸認識生命本身外的道德基礎即在我們生命自身，遂卽在生命本身內求道德的基礎。

中國道德哲學最初是在生命本身求道德的基礎，逐漸認識從我們生命本身發出的道德，如何流出，洋溢於客觀的宇宙，同時卽認識道德根原於我們生命自身，亦卽根原於客觀的宇宙。

在這兩項中後一項似乎最可疑，所以本文的重心當放在後一項的討論。不過前一項許多人也未必能同意，尤其是希臘轉到中世紀的一段，所以也須用我自己的話加以陳述。

說西洋人生哲學最初是在生命以外求道德的基礎，表面看來，很不近理。因爲我們都知道希臘人是最重視現世生活，最重自家生命之活潑流暢的。他們的人生理想在求人內心的和諧，人與人間的和諧，人與自然間的和諧。這顯然是近乎在生命本身求道德生活的根據。不過，希臘人重視現世生活，重視生活的和諧是一件事；而希臘人如何尋求其道德生活的根據是另一件事。希臘人的人生，自經尼采諸人硏究以來，已被證明其中實包含極大的矛盾。希臘人之重視和諧的人生，正是因爲曾感著人生極大的矛盾。希臘人恐懼運命，恐懼不可知的神意，恐懼不可測的自然之災難，對於死亡後的彼界常抱著無盡的惶惑和疑慮。這在希臘悲劇及荷馬詩歌中都可看得出來。希臘人這種的恐懼，一方面誠然孕育了一種有英雄性的悲劇意識，產生一種承擔宇宙的命運，想滲透入宇宙的靈魂的「狄阿尼索斯的精神」；但是在另一方面則要求逃避這人生之種種壓迫，化除這一切的矛盾，想用一種心靈的光輝來照破一切黑暗包裹著的神秘，而產生一種阿波羅的精神，一種清明的智慧。希臘人有了這種清明的智慧，努力忘掉對於世界的另一面的恐懼，處處求和諧，想另外造一美麗的人間世，於是有希臘的科學，希臘的藝術，希臘的政治，希臘的哲學。希臘人是因爲感著宇宙人生的矛盾而求和諧，並非因原覺宇宙人生之和諧而要保持這種和諧。所以希臘人的和諧的人生理想是由逼迫而產生的，並非從希臘人原自和諧的生活中湧出的。因此在希臘的人生哲學中論到道德基礎時，也並不以道德基礎即在生命本身。希臘人相信統治世界的神非常多，希臘的神話是世界最有系統的神話。道德律原是神定下的。神聖律的概念在莎福克 Sophocles 的安特宮 Antigone 中曾論過。在最看重宇宙之變化之流的海列克利泰 Heracilitus 也曾說神聖的律是一切人間律存在之根據。divine law is the law from which all human laws draw their sustenance。辟薩各拉氏 Pythagoras 以相等 Equalness 一數之觀念，界說分配的正義 Distributive Justice，而辟薩各拉氏的數也是一種神聖律 Devine Law。詭辯學派雖然不相信神聖律，而以個人爲萬事萬物之權衡，但他們並未正式確立一種道德基礎論。他們在希臘道德哲學史上的地位，只在開啟蘇格拉底的道德哲學。不過，蘇格拉底雖然不相信希臘神話中的神，他仍然相信唯一的神；仍然相信神聖的律令。蘇格拉底用思辨的方法來追問什麼是善；他主張智慧即是道德。因爲道德是普遍的律則，只有智慧才能了解普遍，所以有智慧即有道德。就從這一點，可知蘇格拉底仍是把善之爲善視作客觀的，與我們的意識相對的。因爲一切智慧都只有明了的功用，智慧與智慧所了解的明明是對待的。因此，蘇格拉底才認爲要知善是什麼，必須繼續用思辨來考察。蘇格拉底明是把善視作我們生命追求的對象，並非即在我們自己的生命流行之中，所以他始終覺著有神在他心中命令他如何行爲。這種神的命令我們本可覺其直接自我們的良知發出，然而蘇格拉底始終相信這是神的命令。可見他始終相信道德律是外在於我們生命自身的。因此，蘇格拉底所最看重的道德律只是正義 Justice。蘇格拉底所謂正義可分爲兩面看：一面看是個人內心的正義，即用理性來增加勇氣，控制情欲，由此以造成個人人格的和諧；一面看是國家的正義，即社會上的正義，由此以造成國家內部的和諧。這兩種正義所造成的和諧，柏拉圖也同樣注重。但是由正義所造成的和諧，本質上仍是從衝突中來的。內心的正義是由理性意志情欲三者之力交相牽掣的狀態中所產生的，國家的正義是由各階級力量均衡的狀態中產生的。所以內心的正義之存在本於理性意志情欲之分立，國家的正義之存在本於各階級之分立。因此內心的正義是外在於理性意志情欲，只能爲靈魂之品德，國家的正義是外在於各階級，只能爲國家之品德。然蘇格拉底與柏拉圖所謂國家所謂靈魂，又均無獨自之存在性。他們既不視國家爲有機體，也不視靈魂爲一實體，於是其結果遂只能以正義爲一客觀的價值，爲一獨自潛在之理想。這就成了柏拉圖的把道德基礎置於理念世界的辦法。柏拉圖認爲道德理想只能在理念世界中存在。最高的道德理想是個人特別發展其理性以求靈魂之飛昇而與理念世界之最高的至善之理想合一。這樣一來，我們道德生活的基礎遂完全放在我們生命之上去了。雖然柏拉圖認爲要使我們心靈飛昇而與理念世界最高之至善之理想合一，一定要先把我們生命中愛美的意識推擴出去，（從Symposium Phadrus 對話中尤可看出柏拉圖之看重生命中所含之狂熱情緒）這是比蘇格拉底進了一步。但是至善本身卻始終是高高在上，只能爲一切偉大的心靈永遠企慕的對象。所以在其理想國中，柏拉圖要驅逐詩人，並定了共產公妻的辦法。這明明與人性太相悖，至多只能作人類未來的理想。然而柏拉圖硬想親身實現此理想於希臘社會。這些都可證明他是把人類道德生活的基礎，放在生命本身以外。在亞里士多德便不同。亞里士多德反對柏拉圖共產公妻的辦法，以爲這與人性太相悖。亞里士多德又提出活動的概念，以道德的生活存於活動之中。他提出中道的學說，以爲善擇中即能合乎道德。他比柏拉圖又重視從人格上互相敬愛產生的友誼，以爲眞正的友誼是最能充實人的道德生活的。他根本反對柏拉圖所謂獨立存在之道德理念，這很明顯的是想進一步在生命本身求道德的根據。不過亞里士多德認爲最高的道德生活是他所謂含具理性道德 Intellectual virtue 的生活；而理性道德則原於神，因爲只有神本身是完滿的理性，所謂理性道德也不過人能分得神性而已。然而，人雖可分得神性，人卻永遠不能成神，所以人的理性道德終不能達絕對完滿之境。這樣看起來，亞里士多德便仍是把最高道德的基礎放在我們生命之外。在亞里士多德以後的伊辟鳩魯派則根本把神視作宇宙間沒有什麼重要地位的東西，以爲道德的生活卽內心安靜的生活。內心的安靜是我們自己可以從我們內心求得的。同時，我們之應當求安靜的生活，又出於我們人人都有的避苦求樂的心理。因爲通常所謂快樂，不過除去未得快樂前營求之苦惱使心靈回復於安靜；所以安靜的快樂應當是我們眞正的快樂，安靜的生活應當是人生的理想。伊辟鳩魯這種把道德生活視作可以在我們內心完成的，把道德上的應該建築在我們自己的心理要求上，豈不明明表示一種比亞里士多德更要在自己生命本身求道德根據的趨向？與伊辟鳩魯派齊名的斯多噶派雖然仍以神爲宇宙之主宰，但是斯多噶派所謂神實質上卽自然之理性。所以斯多噶派不以服從神爲口號，而以合乎自然 Conformity to Nature 爲口號。人爲自然之一部，人的理性卽自然之理件。所以斯多噶派所謂合乎自然，又卽合乎人之理性本身。人只須順從其理性，卽合乎自然。合乎自然並非合乎人以外之自然。故與柏拉圖所謂合乎理念世界之至善，亞里士多德之所謂合乎神之理性者逈別。可見斯多噶派與伊辟鳩魯派實同樣表示要進一步在生命本身內求道德基礎的傾向。不過從另一方面看來，則伊辟鳩魯的宇宙觀根本是唯物的，宇宙根本是機械原子的運動造成的。人的意志由人身發出，也是受機械的物質定律支配的。所以伊辟鳩魯雖以爲意志自由是道德生活必需的假設，然伊辟鳩魯終無法保障意志之自由。因意志之如何發出，全賴身體內之原子如何運動，而原子之如何運動根本是人力所不能控制的。所以伊辟鳩魯派所理想的道德生活之實現，仍無內在之保障；道德生活之能獲得與否，仍係屬於外界，道德的基礎便仍然不能全從內界建立起來。斯多噶雖然不以自然爲機械物質之運動，然亦以自然理性爲齊一，自然律是不變的。所以對於人之意志自由仍無法建立，而與伊辟鳩魯同樣陷於以「人之能實現其道德生活與否繫於外在的定命」的結果。而且在伊辟鳩魯所理想的安靜的心靈中，除極簡單之衣食，其餘的一切願望都排除淨盡。這時雖尙留著一種清明的智慧，與一種由自己享受自己這種清明的智慧的快感。然而這種智慧，這種快感，根本是建築在一切生命的積極活動之停滯上面，這種智慧這種快感根本上仍只有一種消極的價值。斯多噶派雖然認爲只要照自己之理性生活則一切生命的積極活動都可容許，但斯多噶派到底仍以理性爲一切生命的活動之主宰。斯多噶派雖以人的理性卽自然的理性，但以大小全分來講，自然終是大，是全；人終是小，是分。以小分與大全較，大全終有落於小分之外者，所以自然終是永久，是主；人終是暫存，是客。所以斯多噶派的思想到了馬喀斯奧利略 Marcus Aurelius 在其玄思錄（Meditations）中便時時發出「人生事事如雲煙」（Everything human is a smoke）「人生如夢寢又如遠行客」「萬歲更相送，百年如瞬息」（Human life is a dream and a journey in a strange land. Soon etenity will bide us）的嘆聲。可見伊辟鳩魯斯多噶兩派仍然不能算是在生命本身建立道德基礎。因此，稍後的新柏拉圖派的柏魯提諾（Plotinus）遂又有進一步的努力。柏魯提諾把希臘傳統下來直到伊辟鳩魯的唯物論的思想根本摧毀，把整個的自然世界視作自一無上的心靈流出的。這無上的心靈卽神。然而這種神與斯多噶派之神又不同。斯多噶派之神卽自然世界之理性，是平等地表現於自然世界任何份位的。而柏魯提諾之論神之流出爲自然世界則是先流出精神（Nous），次流出靈魂（Soul），最後的流出才凝結成物質。這顯然是把神視作與我們靈魂更爲接近。同時，柏魯提諾拿流出的概念來說明我們靈魂如何自神產生，顯然是把柏拉圖的兩重世界的對待，從本原上加以打破，而把我們的靈魂與神視作同源。所以柏魯提諾認爲，流出的靈魂可以回到其所自出的泉源。如何使我們的靈魂回到我們所自流出之神即我們之道德理想。柏魯提諾明白的說，我們本來有要求回到神與神合一的祈嚮；從眞正的愛神，我們便可達到與神合一的境界。因爲對於神的愛，根本上是能愛與所愛不離；所以他說：「在對上方的眞愛中，萬化銷融，惟有能愛及其所愛；然能愛所愛，不復爲二，乃凝爲一。」（True love is found only above.....There nothing remains but that which loves and that which is loved, and there is no difference betwen the loving and the loved.）又很明顯是比亞里士多德之只認爲人可分得神之理性而不能與神合一的思想又進一步。可見柏魯提諾雖然仍不免把道德生活的基礎放在神上，然而在希臘哲人中卻不能不數他最能把道德理想與我們靈魂本身的要求打成一片。

不過，柏魯提諾雖說明了我們靈魂，本來有與神合一的要求，這種要求是一種過程，一種不斷的活動。這種過程，這種活動，使神與我的靈魂間有一種相貫的流行；但是他仍認爲我們若眞達到與神合一的境界，則此時心靈，完全沉沒於一種忘我的靜定的境界（Ecstasy）中，超越世界的一切。我們只就這種靈魂所達到的忘我的靜定的境界來說，則這種狀態中，沒有與罪惡的奮鬥，沒有與苦痛的掙扎，而我們日常生活則明明充滿了罪惡與苦痛，我們不把我們的道德理想放在我們日常生活中的與罪惡苦痛的奮鬥上面，而放在與神合一的忘我的靜定的境界中，不免把我們道德理想提得來距我們日常生活太遠了。同時，柏魯提諾的神雖一方面亦含有一種引發我們靈魂向上的活動，但是他本身並不含任何的情緒。他對我們降落的靈魂並無眞正的哀憐悲惻之情，也並不眞正參加我們日常生活中之對罪惡苦痛的奮鬥。這種神也不免與我們日常生活中的心靈太遠。所以，在基督敎與起後，另外一種道德理想便代替柏魯提諾的道德理想。原來原始基督敎的特質就在把道德理想建築在我們日常生活中與罪惡苦痛的奮鬥上面，把上帝拖下來參與我們與罪惡苦痛的奮鬥，把上帝視作一無盡的愛，對於我們降落的靈魂時時都想拯救。所以把上帝視作父親，我們視作他的兒子；兒子與父親住在一個家庭，上帝與我們降落的靈魂也朝夕相伴。雖然原始基督敎把人生究極的理想放在天堂，把人間世看作罪惡與苦痛的淵藪，因而要鄙棄人間世的一切，似乎比起希臘哲人來更遠於人生，由希臘哲學轉到基督敎表面似是表示一種由人生的轉到超人生的趨向，由生命本身求道德理想的根據轉到在生命本身外求道德理想的根據的趨向，但是我們要認淸一點，就是：罪惡與苦痛的問題到底是人生最切身的問題，善建基在罪惡的否定上面，幸福建基苦痛的否定上面。罪惡與苦痛的存在，直接動搖善與幸福的基礎。要認識什麼是善是幸福，一定要先認識什麼是罪惡與苦痛。罪惡與苦痛才是人生內心最深的問題。希臘人不能眞認識罪惡與苦痛是人生內心最深的問題，所以在希臘悲劇中把苦痛與罪惡都視作外在的命運決定的。哲學家把罪惡與苦痛視作無知的結果，所以認爲只要我們用智慧之光來指導我們的生活就可免除一切罪惡與苦痛——因在理性本身中是無任何罪惡苦痛的。因此，我們只要能當一智者就可滿足於人生安樂於世界。這正是表示希臘人沒有眞正從人心內心最深的問題著眼，沒有發覺在人生內心最深處，情緒意志理性構成一不可解的結。理性並不能單獨清明；把頭腦（Brain）中的理性認爲可單獨的清明，而自己只求住在這種清明之境，把心（Heart）中情緒上的苦痛意志上的罪惡視作無本身之實在，這正是取消人生中最嚴肅的道德問題。反之，基督教把苦痛與罪惡視作人生內心最深的問題，把苦痛與罪惡視作人心靈中固有的，用原始罪惡及其懲罰的神話，來說明苦痛與罪惡是與人之生俱生的，因而是最眞實的，又用原始罪惡是亞當夏娃本自己之自由意志造成的神話來說明我們之罪惡與苦痛是我們本身自造的。罪惡是我們自己選擇的，我們不能說我們的理性能單獨清明——清明的理性可以被罪惡污染的。苦痛是我們自己應得的，我們不能歸罪命運，也不是用智慧之光可以照滅的。我們自造罪惡與苦痛，我們自己當負責去滌洗，去解救。於是一切罪惡與苦痛的問題，全變成自己心靈內部的問題。要除苦痛，須先除罪惡，所以特別注重懺悔（Confession）貞潔（Chastity）清淨（Purity）之德性。這才是眞正把道德問題放在自己生命本身，這才是從自己心靈內部生命本身建立道德理想。至於基督教之所以要人鄙棄人間世的一切，一心祈禱上帝來恩救，升入天堂，注重信仰（Faith）祈望（Hope）之德性，這只是基督教把罪惡與苦痛的問題看得特別嚴重的結果。因爲覺得人之罪孽深重不能自拔，所以要祈禱上帝求恩救；因爲覺得人世間的一切處處都可引誘我們，使我們增加罪惡，所以要鄙棄人間世的一切。從基督教產生的心理看起來，基督教徒是因爲要免除罪惡而鄙棄人間，祈禱上帝，因而理想一個天堂；並非先對於天堂的完善先有一種歆羨而鄙棄人間。所以基督教徒之要求升入天堂的心理，與柏拉圖、柏魯提諾不同。柏拉圖認爲靈魂要想飛回理念世界是因爲靈魂認識了理念世界之至善至美，生了一種企慕崇仰之心，所以寧願遺棄人間，柏魯提諾也認爲靈魂之所以要與神合一是因羨慕（Ecstasy）在中的無盡的幸福(Blessing)而力求上昇。所以比起基督教徒來，柏拉圖之要求與觀念世界之至善合一，柏魯提諾之要求與神合一，是積極的要求生命以上的理想；其鄙棄人間是眞正的鄙棄人間，而基督教之鄙棄人間反出於爲解除罪惡而生的道德上的必需，並非眞正鄙棄人間。所以基督教教人並不如何說天堂的幸福，而只教人認識自己的罪惡。而且基督教把猶太教中無上威嚴的上帝化作慈祥愷悌與人同憂的上帝，他復遣下他在天堂的兒子耶穌下降來爲人治病，爲人說法，爲人贖罪。這又可見基督教並不把上帝與天堂視作高高在上與我們距得很遠。此外，我們看希臘哲學家大都不知重視人與人間之愛；柏拉圖與亞里士多德都只注重朋友間之愛，伊辟鳩魯則竟以朋友間之愛全建基於互助的立場。這種愛的範圍實極狹。亞里士多德的豪爽（Liberality）品德中雖包含對一般人之愛，但這種愛並非爲被愛者著想，實只以表現施愛者高貴之心靈。（可參考亞氏倫理學）斯多噶派雖承認普遍的人類愛，但是斯多噶派以此種愛的基礎在一切人同爲自然之一部，同具自然之理性，這種愛仍是建築於愛以外的基礎之上。基督教之主張愛人，則本於人同是上帝之子。上帝本身是無盡的愛，我們都爲其無盡的愛包覆下之弟兄；所以我們應體天父之心以愛我們之弟兄。我們之愛人是根據上帝之愛我們，這卻是從愛的基礎上建築愛。所以基督教對於人的愛，比斯多噶派遂更純摯，更深切，更注重對於貧者病者小孩及一切人間之弱者的愛。這種從不重視愛的希臘哲學到重視愛的基督教哲學，也顯然同樣表示一種更注重內心的道德的趨向；因爲基督教所注重的愛顯然比希臘哲學所注重的正義更是從人內心深處發出的。不過，說到此，我們又要說另一面的話了。基督教之重視信仰，求上帝的恩救，鄙案人間的一切，誠然是由於把內心的罪惡苦痛問題看得特別嚴肅之故；但是就鄙棄人間的一切本身來看，到底是反人生的。求上帝的恩救，以爲一定要得上帝的恩救，人才眞能免除其罪惡，自己的貞潔、清淨、懺悔等德性，都只能作得恩救的條件，不得上帝之恩救，則一切都無用。這仍是否認人的意志自由，仍是把道德理想之能實現與否繫於外。然而我們從整個中世紀基督教哲學之發展去看，卻可發見兩件事實：

一、希臘之德性品目之逐漸增入原始基督教之德性品目中　在原始基督教所重之德性品目爲上面所提到的貞潔、清淨、信仰、祈望、與愛。這數種德性之完成，都是無待於外的。只重這數種德性之修養，勢必不僅要看輕個人之名位權利等而且對於國家對於社會以至對於自己之人格另外之方面之德性亦不注重，只能以寺院的 Monastic 生活爲唯一可能之生活，而陷於偏枯之道德生活。所以基督教發展到安博羅(Ambrose)、奧古斯丁；便把希臘之四元德（智慧、勇敢、節制、正義）加入基督教之道德品目中。雖然他們仍以此四元德隸屬於愛之下，但已可看見他們逐漸注重表現於外之德性。到托馬斯亞規那（Thomas Aquinas）則正式學亞里士多德分品德（卽德性品目）爲理性品德（Intellectual Virtue）與純粹道德品德（Moral Virtue），承認理性品德之獨立地位。在理性品德中又分思辨品德（Speculative Virtue）與實用品德（Practical Virtue）。思辨品德與亞氏之理性品德同，實用品德卽實用智慧或謹愼。（此在一意義示爲純粹道德之品德。）在道德品德中又將正義之德提出認爲此由意志出發（希臘哲學家未論正義本於意志亞規那始正式與以此心理基礎），而與其餘對自己情慾之品性分開。在對己之品德中他把亞氏之十品德包入，又以此十品德隸屬於謹愼節制勇敢三品德之下。至於由保羅傳下的信仰愛祈望三品德，則認爲直接對神者。所以他論律時，又特別論到支配人的外部行爲求社會之安寧之人間律（Human Law）。可見托馬斯亞規那所論品德之範圍，又大許多，使道德生活更充實圓滿，亦更切近於實際人生。

二、意志自由之逐漸被承認　原始基督教思想發展至奧古斯丁的哲學，便已承認自由意志問題的重要。他深切覺到沒有自由意志，則不能成立人之責任及神之正義的裁判的概念。但奧古斯丁又認爲自亞當本其自由意志選了罪惡之後，我們——亞當的子孫，便永遠帶了罪惡；除了蒙恩救的人便永遠失去了在原始的善與惡間選擇的能力，而只有在不同程度的罪惡間選擇較小的罪惡的能力。所以他的結論仍是一切不屬於信仰的，都屬於罪惡。（All that is not of faith is of sin）。

在阿伯拉（Aberlad）就不同。阿伯拉首先便不承認我們降落的人由祖先遺傳來的性向（Propensity）爲罪惡，亦不認只有外表之惡影響的行爲爲罪惡，而只承認明知其惡而爲之之行爲爲罪惡，所以他承認有良心。他說人惟悖其良心而行時，始有罪。（Man sins only when he acts contrary to his own conscience）良心的觀念阿伯拉才正式提出，阿伯拉一方否認了遺傳下之罪惡，一方提出良心的觀念。良心能知善惡，這實無異恢復了奧古斯丁認爲自亞當以後人所喪失的自由擇別善惡的能力。不過阿伯拉對於良心仍認爲其可錯誤，一定要再加開明，使合乎上帝之律才對。在阿伯拉後的阿伯塔斯 Albertus、馬格奈斯 Magnus、托馬斯亞規那，則各又進一步。阿伯塔斯馬格奈斯認爲良心對於道德生活的普遍原則的認識，決不會錯，只在認識特殊義務時才會錯。而托馬斯亞規那則承認 Synderesis 爲良心之原理或本質，其中含具實踐道德之原則。一切有理性者有此 Synderesis 而必求行爲之合乎道德，如行爲不合道德則能提出抗議。此卽其所謂自然律（natural law），所以他明白的表示同時承認自由意志與恩救（Grace）。但是鄧司科塔（Duns Scotus）認爲托馬斯亞規那的說法還不徹底。因爲托馬斯亞規那承認自由意志，仍以自由意志爲一種律（Law）或原則（Principle）所支配，仍受制於理性（Bound to reason）。鄧司科塔認爲眞正的自由便應當在理性與非理性之間，也能自由擇別。就是上帝的意志，他看來也應當能在理性與非理性間自由擇別；他逕直認爲世界之神聖秩序也完全是任定的。於是到了阿坎威廉（William of Ockham）終於把信仰的問題，不放在所信仰的對象上，而放在我們信仰活動的本身。到了路德的新教起來，遂正式主張個人判斷的重要，宗教道德的基礎遂完全移到我們心靈自身了。

從這兩點看來，可見整個中世紀哲學的發展，也是表現一種逐漸在人生本身尋求道德生活的根據的趨向。

不過中世紀思想，就整個而論，終是將道德隸屬於宗教，神學終是道德學的基礎，上帝終是道德律最後的根據。近代的道德思想便不同了；儘管近代的道德思想派別非常多，問題非常複雜，就大體趨勢來說，卻是表現一種使道德從宗教中解放而把道德律的根據從神轉到人的趨向，亦即從生命外求道德的基礎轉到從生命中求道德的基礎的趨向。在近代之初，培根在其學問之進步中，便首先提到過去道德學家的缺點，在只注重 the exemplar or platform of good 而忽略 regiment or content of mind 要補救這種缺點，他認為便須研究善與惡在人性中之根原，笛卡兒並注意到道德行為的生理基礎。他有時竟說身體的健康是一切善的基礎。因為道德的罪惡都原於情慾（Passion）的不正當，而情慾之所以不正當，則由於身體之缺陷，所以他主張用醫術來治療人道德上的罪惡。不過培根仍然認為道德律之在人性者只能制惡（check evil），而不能使我們認識義務；且道德律本身仍為上帝啟示於吾人者。笛卡兒仍然認為我們道德上所求之完善的基礎在上帝本身。但其所謂上帝之 Perfect being as such 雖可化爲我們心中明白淸晰之觀念，而上帝之「本體」本身，卻是我們心身之「本體」之外，因而我們對於道德之認識可有錯誤，因而我們的德性也可以是錯的，並無眞實之保障。所以，最後他認爲只有先發展我們的理性使知各級之完善以便選擇。因此，他曾提議一種規定各級之完善之道德科學。雖然他對於各級之完善，也並無詳細之討論。然而在笛卡兒以後的馬爾伯朗西（Maebranche）便不同。馬爾伯朗西便不復把上帝視作在我們心身以外，而認爲我們的心卽直接貫穿過上帝；認爲理性卽神聖的聲音，由理性可直接認識神之不變的秩序（Immutable order）。我們可以對此不變之秩序有習若自然專心致志之愛（Habitual free and dominating love）這就是德性。於是笛卡兒認爲沒有絕對保障其不錯的德性，在馬爾伯朗西卻有絕對的保障了。到馬爾伯朗西以後的斯賓諾薩，他把上帝化作無限的自然，處處表現必然律的自然。把從前認爲對人同情的上帝的觀念取消，把從前人相信的意志自由取消。這似乎完全否認了道德生活的可能。然而，在另一方面看，他卻正是最能表現把由生命外求道德基礎轉到由生命本身求道德基礎的思想家。因爲他把上帝化作表現必然律的自然，把人的意志自由取消的結果，正是使人認識此處處表現必然律的自然。而使內心更爲淸明，使人不復幻想一對人同情之上帝，不復相信意志自由，而把一切人欲抑下；遂使人逐漸能對整個的世界有寧靜的觀照，眞正的自由，無待於外的自由，眞正內在滿足的道德生活。不過，從斯賓諾薩看來，這一種眞正內在的滿足的道德生活，只有自由人才能有。他把自然化作處處表現必然律的結果，卻沒有人能保障其必能爲自由人。因認識「自然」的必然性本身的自由，是先要得必然的「自然」的容許的。然而，在萊布尼茲便不同。萊布尼茲便不復把理智的觀照與人心他部之活動對待，他逕直認理智本身卽一力量，根本上卽是貫穿於人心之全部的。所以他認本能也有道德價值，因爲本能卽可連於理性。同時，他把自然的天國與道德的天國連接的結果，於是使自然本身卽合道德性，有報善報惡之能力。人類道德生活卽是一種由自然的逐漸升到道德的生活之過程，這過程表現逐漸上升之不同程度之完滿。至於在英國方面，培根以後的霍布士，則竟然主張一切道德的根源都由於自愛，由人各自愛而互相爭，由互相爭而互相恐懼求和平，由求和平而定契約，由定契約而有所謂道德。這雖然是一種極錯誤的學說，但是他這種企圖卻正是一種想在人性最顯而易見的一面，求道德的根據的企圖。霍布士以後的英國道德哲學大約分兩派：一派是直覺主義，一派統名之曰功利主義。直覺主義是對於霍布士的反動，功利主義是對於霍布士的修正。但是他們卻同樣是努力要在人性本身求道德。霍布士以後，首先反對霍布士的直覺主義者，我們當推所謂理性的直覺主義者（Rational Intuitionist）卡德無（Cudworth）摩耳（More）克拉克（Clarke）。卡德無首先他說明我們對於道德上的善惡有絕對的分別的能力，道德上之眞理與數學上之眞理同樣眞實。摩耳更指出二十三個直接明白道德原理，也指出其具數學原理同樣之眞實性。克拉克亦認爲他所立之四個正當之原則（Rules of Righteousness）之眞實，與數學原理同樣眞實，同樣明白。通常稱他們爲劍橋柏拉圖主義者（Combridge Platonists）。

他們指出道德原理爲客觀的絕對的永久的，與柏拉圖正相似。但有一點之不同：這一點之不同卻正是表示近代哲學之更把道德的根據隸屬於我們自身的趨向。柏拉圖之視道德原理誠然與數學眞理表示同樣的客觀性絕對性永久性，但是柏拉圖在其提姆士 Timaeus 中，卻始終把道德秩序放在數理秩序之上。他在其他對話中論道德原理時，總是用剝蕉抽繭的方法，以求得道德原理之所在，從未如卡德無、摩耳、克拉克那樣把道德原理視作本身自明的。這正可見卡德無、摩耳、克拉克心目中的道德原理，實較柏拉圖的「善」更內在於我們的自身。英國的直覺主義者除理性的直覺主義者外，尚有莎夫持貝列（Shaftsbuly）黑齊生（Hytcheson）亞當斯密（Adamsmith）布特勒（Butler）等。他們的思想雖然各自不同，但是他們有一共同點，就是：反對理性的直覺主義者把道德的根據放在純粹理性，而想從情意上來找道德原理的根據。所以莎夫持貝列黑齊生便成立道德官能（moral Sense）的學說，亞當斯密便成立同情的學說，由其所謂同情亦即產生良心，布特勒便成立良心的學說。他們所謂道德官能良心同情，都是直接表現於我們之道德判斷中而且都不會錯的。在中世紀的托馬斯亞規那誠然也承認良心能發出正確之判斷，但托馬斯亞規那始終認爲良心中所含之律爲自然律。此外尙有永存律（Eteral Law）神聖律（Devine Law）人間律（Human Law）；自然律並非即托馬斯亞規那所最著重的。然而在莎夫持貝列、黑齊生、亞當斯密、布特勒，卻並未曾明白的成立四種律，使良心之律只爲四中之一。卻因把良心或道德官能視作人心中直接覺到的根本賜律者（Law giver）之故；遂把道德哲學討論的重心全放在良心上面。這卻顯與托馬斯亞規那不同；至於英國的功利主義者我們可以遠溯至洛克，近溯自休謨。雖然洛克認爲道德上的原理可以自自明的命題中引出，休謨亦認爲對於善行本身之同情的讚賞爲道德之起源；但是他們根本上仍認爲善與惡之分別繫於苦與樂。以後之哈特列（Hartley）邊沁（Bentham）彌爾（J.S. Mill）之快樂主義，顯然導源於他們。表面看來，他們之以樂爲善之原苦爲惡之原，似乎也不過希臘的伊辟鳩魯派之復活。然而有一點卻根本不同，就是：在希臘的伊辟鳩魯派都視快樂只爲一消極之去苦而無積極之性質；而近代的功利主義者都視快樂爲積極之性質。因爲伊辟鳩魯派視快樂只是消極之去苦，所以眞正的快樂只是安靜；要求得安靜便須得排除一切營謀，最後遂留下一種空虛的生活。而近代的功利主義者因爲視快樂有積極之性質，所以認爲快樂本身可以爲人要求之對象。同時，一種東西能使我們快樂，我們便可由愛這東西，而愛產生這東西的東西，於是對於產生這東西的東西也發生快感，因而我們遂可由把許多手段當作目的來追求，使我們生活的內容逐漸擴大，我們的快樂逐漸增加。所以，邊沁彌爾都注重我們的快樂如何的推廣。同時，他們因爲把快樂視爲一要求的對象之故，於是認爲他人的快樂與我自己的快樂在性質上是同等的，因而逐漸進到把最大多數最大幸福本身視作應求之一目的。這與伊辟鳩魯之主張人只應各以自己之樂爲重，只爲互助而交友者，也根本不同。而這些不同卻又是一遠於人生近於人生的分別。

從上面，可見近代道德哲學無論由笛卡兒下來的馬爾布朗西、萊布尼茲、斯賓諾薩及由培根下來之功利主義派和與之反對之直覺派，無不同樣表示一種想進一步在我們自身求道德基礎的趨向。不過，嚴格講起來，他們仍不能眞算在我們自身經驗中求道德的基礎。因笛卡兒、馬爾布朗西、萊布尼茲、斯賓諾薩雖不似中世紀之把道德學隸屬於神學，然而他們的道德律在本質上還是離不開神律。至於英國之直覺主義者所謂自明的道德律、良心及道德官能雖均本於我們之直接經驗建立，但他們對於良心道德律最後的根據的解釋，不是把它們視作與人之自愛心(Self Love)對待，在自愛心外之一種官能如卡德無、摩耳；便是在本質上把它們視作與人之合理的自愛(Rational Self Love)合一的，如布特勒；再不然便是主張人之願奉行道德，由於道德行爲本身含有快樂，如克拉克、亞當斯密、莎夫持貝列。無論三派中那一派，都不曾嚴肅的討論在我們的道德經驗中我們最親切覺到的「應該意識」。在我們的應該意識中，我們明明一方面覺到良心所下之律令，並覺到與之相反的自愛心，二者決不能合一；一方面同時覺到我們良心所下之律令要求征服我們之自愛心，要求律令之貫徹，而不覺良心爲自愛心外之另一官能。換言之，我們明明覺到我們的良心是立法者執法者，並非只保存法律以賜給吾人者或只是提出彈劾案的監察者。然而直覺主義者卻始終不曾眞認識這一點。所以，不是把良心道德官能視作合理之自愛或與求快樂之心理合一，便是把良心道德感情視作自愛外之另一官能；於是，仍陷入在我們自身的道德經驗外求道德根據的錯誤。由洛克休謨下來的功利主義者，也因爲不認識這一點，所以雖知在經驗中求道德的根據，仍終於只知以外在於道德行爲，道德行爲的結果所產生的客觀的快樂，爲道德行爲之目的。然而，康德便把這種錯誤糾正了。康德的整個的道德哲學系統與從前一切道德哲學的不同，就在專從應該的意識建立道德的基礎。康德嚴格的分別條件命令（Hypothetical Imperative）與無上命令（Categorical Imperative），認爲只有從無上命令所規定的律則才是道德律。無上命令所規定的律則，是純由我們自己理性規定的，所以無待於外面之任何條件。因此，道德律的根據純在我們自身，我們之應該服從道德律是我們自己的理性本身發出的呼聲。我們之所以應當「對於施諸己而不願者亦勿施於人」,「應當視人格本身爲目的，不可視爲手段」，最後歸於我們應當「使自己成爲普遍的立法者」，這都是出於我們理性本身的要求。因此唯一之善只是遵照理性而發的善意志，此外的一切善都是條件的。所以，此外我們認爲善者若不能隸屬於善意志而與善意志衝突，則善意志必求克服之。善意志是直接貫穿滲注於我們的全部生活的。同時，因爲道德律乃我們理性所定下；我們自己能够定下此道德律，我們能對我自己下命令使我們覺到我們應當服從此道德律；此即表示我們自己有服從此道德律的自由。康德的話是「你應當所以你能够」(you ought therefore you can）。所以我們不必待神的救恩或任何外在條件的幫助,然後才能有道德的自由；自由即完備於我們的自身。至於不朽與至福上帝三觀念之建立，康德雖認爲必需，然而康德亦只視之爲我們道德生活要求完成我們所必需信仰的假設。他是想把這三假設建立於我們道德生活之要求完成上，而非以此三假設來說明道德生活本身何以可能。所以康德的道德哲學，可謂完全自我們自己的道德經驗成立的道德哲學，道德經驗之所以爲道德經驗，我們可謂康德才眞正認識。所以我們前所論的西洋道德哲學之發展，雖處處表現一種逐漸要求在生命自身求道德基礎的趨向，然而始終不能算在我們生命自身求得道德的基礎。因爲眞要在我們生命自身求得道德的基礎，便必須要把道德基礎放在我們生命自身中的道德經驗上。然而道德經驗的核心之應該的意識，義務的意識，以前的道德哲學家，卻始終沒有嚴肅的把握之。在康德以前始終不曾有在我們生命自身的道德經驗上建立道德基礎的道德哲學，我們不能不把康德視作西洋道德哲學史上劃時代的道德哲學家。

不過，康德雖然認識道德經驗的核心之應該之意識，但是應該之意識還只是道德經驗之核心，應該做甚麼（ought to do what）才是更重要的問題。對於此問題康德只認識許多形式的道德律。形式的道德律本身始終只是些抽象律（Abstractions），始終是空洞的。而且，康德雖然由「道德律之爲我們理性自定」「應該的意識出自我們理性本身要求服從此道德律」說明道德上的目的自由；但是，理性何以能自定道德律，自令我們服從道德律而使我們生一種應該的意識？理性之此種能力純爲其本身所自具抑在我們整個生命中尚有其源泉？若純爲我們理性本身所自具，則苟非在我們整個生命中尚有其源泉，何以能支配我們之全部生活？對於這問題，他卻未答覆。又康德雖然認爲道德生活本身之可能不待於外面之任何條件，但於道德生活之完成，則一定要假設不朽、至福、上帝三觀念，而這三觀念之建立雖本於我們之道德生活，然此三觀念建立後，卻是懸在空中的。所以，康德以後的道德哲學家便都想使康德所謂道德生活，由只有規範而無內容的化爲有具體內容的道德生活。菲希特視國家的文化爲精神之個體（Spiritual Individuality），以努力於國家的文化，作爲康德所謂應該的內容。黑格爾則以客觀精神之實現，作爲康德所謂應該之內容。居友（Guyau）尼采則以生命之更高的發展更大的擴張，作爲康德所謂應該之內容。（居友以我能故我應 I can therefore ought 與康德之汝應故汝能 you ought therefore you can 相對，此實以能 can 充實康德之應 ought。尼采雖斥康德爲虛無主義的 Nihilistic，彼亦不論人應當如何，然其作文口氣無非教人應該如何。）英國的斯賓塞則以人類社會將來之發展，作爲康德所謂應該之內容。席其維克則以普遍的幸福，作爲康德所謂應該的內容。格林（Green）勃拉特萊 Bradley 鮑桑奎（Bosanquet）則以自我之實現自我之更大的完全（Perfection）作爲康德所謂應該之內容。羅哀斯則以社會生活（Social Life）之發展，爲康德所謂應該之內容。倭鏗則以精神生活之發展，爲康德所謂應該之內容。他們中儘管有許多人在立學上認爲必先建立一絕對、絕對自我或精神世界，然後道德理想、道德價值才有根據；然而他們卻無不把道德生活同宗教生活分開，而且無不看重道德生活過於宗教生活。他們對康德所假設之至福之觀念，則或以爲在客觀精神之實現中可以達到，如黑格爾；或以爲在將來社會中可以達到，如斯賓塞；或以爲在眞正之自我實現中可以達到，如格林等；或根本不重視此問題，如倭鏗。他們對康德所假設之不朽之觀念，則亦或根本不重視此問題，如黑格爾；或以爲認識眞正的自我當不復求個人之不朽，如鮑桑奎等；或以爲個人之不朽不僅是一假設而是確實可證的，如席其維克。至於他們對康德所謂上帝之觀念，則如黑格爾、非希特、格林、鮑桑奎、羅哀斯……等均比康德更爲看重，他們反對康德之把上帝的存在只建立在我們道德生活完成的要求上，認爲康德之上帝太近乎主觀的存在，努力化之爲更客觀的存在。這似乎把康德所謂上帝推得距我們生命太遠；然而自另一面看，他們之論上帝爲客觀的存在，都是從我們生命之直接經驗立論，他們從未視上帝超越我們經驗之上。他們都主張上帝即內在我們之經驗。他們所謂上帝即大我大經驗，亦即小我之可能的經驗。這在倭鏗、鮑桑奎、勃拉得萊、羅哀斯尤說得明白。所以，他們之論上帝爲客觀之存在，仍未離我們生命之直接經驗之立場；而他們以大我大經驗，解釋上帝，到反比康德懸在空中的上帝更切近我們自身。而且，他們因把上帝視作大我大經驗之故，遂對於康德不曾完滿答復的道德上應該的意識及自由的意識何以可能的問題，也有一種答覆。因爲我們之大我大經驗系統要實現其自身於我們之小我小經驗系統，於是我們覺我們之小我應實現大我，小經驗應擴大爲大經驗，而感到一種應該的意識。又因爲大我大經驗是我們的眞我眞經驗，所以我們能自由。又因爲大我大經驗包括我們一切經驗一切生理的經驗及心理中的知情意各種的經驗，所以應該的意識自由的意識之來源，也並非純來自理性——理性本身並不能立律使我們服從之而支配我們之整個生命。理性之所以似有此力量，乃由有包括我們一切生理心理經驗之大我大經驗在上吸引我們，要我們擴大我們的自我經驗。所以我們整個的自我經驗同時感到一種提昇的力量，我們整個的自我經驗是統一地向上努力。道德的活動是我們整個的自我經驗要求充實要求豐富的活動。理性只是由小我到大我、由小經驗到大經驗間彼此流通滲貫的中心。以小我與大我、小經驗與大經驗間之流通滲貫成爲可能而已。

不過，上述這一些康德以後的哲學家，雖然把上帝化作大我大經驗小我之可能的經驗，大我大經驗與小我小經驗相流通滲貫，而有應該之意識自由之意識；但是他們儘管一方面視大經驗與小經驗間互相流通滲貫，一方卻又認爲大經驗本身是不變的，本身完成的。這卻使他們所曾努力解決的自由意識應該意識如何可能的問題成了問題。因爲，假如大經驗是不變的，本身完成的，則我們讓大經驗貫注到我們小經驗擴大我們小經驗的結果，也不過使大經驗之一部多重複一次。大經驗不能增加甚麼，我們也不曾創新甚麼。然而，當我們有一種應該意識時，我們有一種責任感，同時我們又覺有能力負擔此責任的道德上的自由時，我們明明覺到我們現在是在作一件宇宙間從來不曾有過的事，我們明明覺到我們現在是要創造一種新的東西，假如不作，則宇宙間將少這一件事。我們自覺我們作與不作有極大的重要性。我們決不相信我們所作的事只是一個複演。假如我們認爲我們之作此事不過重複一已有之事，我們之作此事，不過原已有之事要求我們再作一次，則我們之作與不作的重要性便立刻被取消；同時我們所覺到的責任感與道德上的自由之感，也立刻會喪失。這樣一來他們所主張的大經驗本身不變的說法，仍是與我們直接覺到的應該意識自由意識相悖的。所以，在絕對唯心論以外的近來許多道德哲學家都自這一點攻擊絕對唯心論，想另外建立一種更能說明我們的應該意識自由意識的道德哲學。如：人格唯心論的道德哲學、實驗主義的道德哲學，及其他好多現代的道德哲學便都在向這方面努力。惜乎成績都太少。然而，最近出版道德哲學書的兩大哲學家哈特曼（Hertmann）、柏格森，對於這問題卻有極大的貢獻。柏格森從他創造進化的宇宙觀，根本否認一切不變的絕對經驗，同時成立了生命本身之自由創造之可能。另外，又以本能的道德之要求保存其自身來說明我們通常的限制道德（Closed Morality）中之義務感（Obligation）及通常的道德上之自由之來源，以生命本身含具的無限發展之要求來說明其所謂開展道德（Open Morality）中所感到的自由之可能。哈特曼雖以道德價值本身爲客觀獨立於經驗之外的，而他建立此客觀獨立之道德價值則全是自我們直接可體驗到的道德經驗現象學的分析（卽如其所如的分析）下手。他把道德經驗與宗教經驗分開，道德價值與宗教價值亦分開，因而用不著先成立上帝或絕對的經驗的觀念以使道德價值成爲可能。同時，他認爲道德價值本身含有應存在（Ought to be）之性，又在人能實現之範圍內含應行（Ought to do）之性；而應存在之道德價值之豐富超過應行者，於是應行者更決不至無內容。他又認爲自由爲一人格原素（Personal Element），此乃在客觀之道德價值與宇宙之現實勢力之外，而能使客觀道德價值實現於吾人之人格者。於是，自由之意識亦成爲可能。所以，絕對唯心論的缺點他們都全避免。同時，他們都特別重視人格的價值。哈特曼在其道德價值領域中把人格之價值及「對人格之愛」放在最高的地位；柏格森也特別指出在開展道德中偉大的人格之開創性。又，他們之注重人與人間之愛亦非以前的道德哲學家之所及。因此，他們兩人遂成爲西洋道德哲學史上最能自生命本身的經驗求道德基礎的哲學家。（關於柏格孫、哈特曼二家之道德學不及細述。）

據以上所論，可見西洋道德哲學中道德基礎論之發展是愈到後來愈認識道德的基礎當於生命本身中尋求。然而，我們來看中國道德哲學的發展傾向，則道德基礎當於生命本身中尋求，極早即被中國先哲認識。中國道德哲學的發展不是先由生命外求道德基礎逐漸走到從生命本身求道德基礎；而是最初即知在生命本身求道德的基礎，後來只是逐漸認識從我們生命本身發出的道德如何流出，洋溢於客觀的宇宙，並同時根原於客觀的宇宙。

不過在此地就有一個問題；就是爲什麼在西洋一定要到後來才知道在生命本身求道德基礎，而在中國則極早已知在生命本身求道德基礎。關於這個問題現在姑指出幾項原因：一、因爲中國古代人的宗教信仰比較不甚強，並不相信神在宇宙間有多大的地位。因爲原始人類的宗教都是自然宗教，自然宗教的興起，大率由於對自然之恐怖與祈求。中國民族成爲農業民族極早，中國古代北方的氣候又極溫和，所以很易覺自然與人之和諧，對自然較少恐怖，亦較不須對於自然多所祈求，因而對於神力想像較少，不易把一切歸之於神力，不易把人類道德律規作神之所定。而希臘民族則因爲距游牧時期不遠又重商業之故，他們的生活較不安定，時須冒險航海，遠適異國，他們時時都會遇著自然之各種困難，所以易對於自然發生恐怖及祈求之情緒；因而易想到神力之大，把一切都歸於神力；易把人類的道德律歸於神之所定。二、農業民族所接觸者爲欣欣向榮之植物。他們見一切枝葉，都從種子本身發出，都是由內而外，必種子本身有生機，然後才能生；因而易覺人類之道德行爲乃自人本身發出，道德基礎在人心內。三、農業民族中父子兄弟夫婦同處一家，家庭之情誼易於增長。人在家庭享受之愛大於其他處所享之愛，因易覺家庭爲愛之源泉，愛爲道德之源泉，而覺家庭爲道德之源泉。且因家庭中人相與之愛不待外求，遂覺愛乃由各人心中所自發，由各人心中自然流出者。四、客觀的道德律的建立原是由要求正義而起，而正義的要求原是人與人間相爭鬪衝突求公平而起。希臘人所謂正義原是報復不平的神之品德；猶太人要求正義而想像出一力持正義之上帝之存在也是感到人與人間種種之不平而要求補償的心理表現。至於平等的觀念補償的觀念本身之認識又與商業上的交易求平等有關。買賣貨物，必須金錢與貨物價值相等。不等，則須補償。這最易孕育出平等的觀念，補償的觀念。（柏格孫 Two Sources of Morality and Religion p. 54 亦論及此）希臘與猶太兩民族都是商業民族，其重視正義實非偶然。中國民族根本是農業民族，自不易孕育出平等的觀念，補償的觀念。古代又地廣人稀，人皆有地可耕，各安生業，可無多爭執。且聚族而居，族中有爲族人所敬愛的族長，對於族人之爭執，他可以情誼執行其判斷。各個人既無可表示其獨立之意志，故亦無多意志之衝突：因而不須要求希臘式猶太式之正義。似此客觀道德律的觀念自不會發達。此外我們尚可找出其他原因足以解釋中國道德哲學爲甚麼極早卽知在生命本身求道德的基礎；不過，我們現在也不必多討論，我們只要知道中國道德哲學之所以極早卽知在生命本身求道德的基礎，並非偶然而已。

關於中國道德哲學之自生命本身求道德的基礎，我們可以首先拿道德的「德」字與人性的「性」字作一象徵。「德」古與「得」通。內得諸己者爲德。「德」古作「悳」，從「直」從「心」，亦表示心所本有之義。此與西洋「道德」一詞之原義，是「外表的風俗習慣」者，正相反。「性」字從「心」從「生」，亦表示性具於我們心中，在我們生命內。這與希臘「靈魂」原義，爲「呼吸時出入之氣」，亦正相反。中國最早對於道德的討論見於載籍者，以臯陶謨之論九德爲最早，次爲洪範之論三德。都是從我們處事時表現的性格與氣度上立論的。在中國古代，從未有人說過這些品德原是神之所具，而後移到人身上的話，如希臘哲學中之「愛」Eros 原爲 Eros 神之德，「正義」原爲宙斯 Zeus 旁邊 Zinoi 神之德一般。周初的詩書中尤愛用德字，其中所謂德亦無不指人心內具之品性。不過，周初詩書中雖愛用德字，以指人心內之品性，但此時尚無眞正的道德哲學之產生。周初詩書中之用德，只是以德指人心內具之品性，尚未自覺一切德應有一中心，應有其所以同爲德之德。這種自覺一定要一哲學家來完成，這哲學家就是孔子。孔子深會一切德都是人心內具的品性之意，於是立刻悟到一切德既同爲德之德，同具人心內，則一切德應有一中心，應有其所以同爲德之德。在此，似乎孔子與蘇格拉底的問題相同；孔子要求統會諸德之德，蘇格拉底也要求一普遍之德。但是，蘇格拉底因爲繼承希臘人原來要求客觀道德律的精神，只知用思辨向前追索，最後只能認識正義爲諸德之統率。而孔子所繼承的則是中國從古相傳的德內具於心的信念，遂知反求於心，立刻認識仁爲諸德之統會。本來孔子所謂仁究竟是甚麼，是極困難的問題。但是我們只要眞正把握住孔子把仁視作具在內心、貫通諸德之德的意思，我們對於孔子所謂仁，卻並不是不能了解。孔子說：「我欲仁斯仁至矣。」「君子無終食之間違仁，造次必於是，顚沛必於是」。看「依於仁」「不違仁」，便知他是如何的從內心深處論仁。樊遲問仁。孔子說：「仁者愛人。」「仁者，己欲立而立人，己欲達而達人。」這可見仁中含愛。仲弓問仁。子曰：「己所不欲，勿施於人。」他在別處又說「己所不欲勿施於人」爲恕。這是仁中含恕。樊遲問仁。子曰：「與人忠。」「微子去之，箕子爲之奴，比干諫而死。」子曰：「殷有三仁焉。」是仁中含忠。又說：「仁者必有勇。」「仁者先難而後獲。」是仁中又含勇。樊遲問仁，他又說：「居處恭執事敬。」顏淵問仁，子曰：「克己復禮爲仁。」是仁中又含禮含敬。子張問仁，他特提出敏字；又說：「知者利仁。」是仁中又含知。他又說：「仁者不憂。」而稱：「顏淵三月不違仁。」「回也不改其樂。」是仁中又含樂。子張問仁，他提出信；又說：「剛毅木訥近仁。」「巧言令色鮮矣仁。」是仁中又含信。我們從此可看出孔子之所謂仁如何貫攝諸德。我們再看孔子在形而上學上的主張，是把宇宙看作生生不已的生機之流行。他說：「天何言哉，四時行焉，百物生焉。」同時又說：「人者天地之心也。」（禮運）我們把這些話細細一讀，並對其關聯用深心去體會，我們便可了解孔子所謂仁，實卽不外自己之生機與宇宙之生機共同之生機。因爲這生機卽宇宙之生機，所以順自己生機之流行，卽思與其他一切人物之生機相通；所以仁中卽含愛與恕。仁之含愛與恕，也正同古文仁從千心作忎從二人之意相合。同時，因爲自己之生機卽通於他人之生機，所以成人亦卽成己，爲人盡忠，卽流暢自己之生機；所以仁中含忠。又當我們生機發揚時，強盛而剛健，只就自己心之所安而行去，於是能勇猛精進；所以仁中卽含勇。又當我們生機凝聚時，則能謹束自己之身心，所以仁中卽含敬、含禮。又當生機流暢如水之空明，則能不爲愚癡所蔽，而能照物，所以仁中卽含智。又當生機流暢時，心無所滯凝，舒適安泰，所以仁中卽含樂。又生機流暢時，自然眞率誠實無僞；所以仁中含信。因此我們可以說在西洋要經過數千年之發展才能有的在生命本身求道德基礎之柏格孫的道德哲學，中國則在孔子便已完成了。在孔子以後之中國，道德哲學遂完全從事於推廣這一種道德哲學而漸向另一方向發展，卽我們前所說逐漸認識我們的道德如何自我們生命本身去流出於外，洋溢於客觀的宇宙，並認識原於我們生命自身的道德卽原於客觀的宇宙，這種發展的第一步，可以從孟子的道德哲學中看出。本來，孟子的道德哲學之主幹完全是繼承孔子的；但是，很顯然，孟子所說的話有許多是孔子所不曾說的。我們雖可說這些話孔子未始不知道，但是「知道」有兩種意義：一是直覺到，一是明白的意識到。孟子所說的關於道德哲學的道理，及後來許多繼承孔子的道德哲學家所講的道理，我們都可以說孔子已直覺到。孔子既已認識人內心深處貫攝諸德的仁，他又能從心所欲不踰矩，達到中心安仁的境地，關於一切德之所以爲德，他當然直覺到。因生活到卽直覺到。從這個意義來解釋「知道」，我們當然可以說以後繼承孔子的道德哲學家，都不能出孔子的範圍。從前人把孔子以後一切道德哲學都作爲孔子的註疏，不爲無見。但是，假如「知道」的意義是「明白的意識」，則「明白的意識」是我們對於我們自已所內具的道德的自覺；同時把這種自覺表示在一知識的形式裏面。若是作這樣解釋，我們便不能說孔子已「知道」一切道德的知識的形式。因爲，要將我們內具的道德表現在一知識形式裏面，不只靠內具道德的心靈；同時要這內具道德的心靈與外事外物相反應，造成知識的模型。誠然，我們可以承認這種反應能力，仍然內具在一有完全的道德的心靈中；我們並不能說，知某道德的形式的心靈較不知某道德的形式的心靈爲高；我們反可說，前者比後者低。不過，我們的問題不是人格價値的評判問題，也不是這種反應的能力在道德中的心靈內或外的問題；我們只是說內具道德的心靈，因不曾與許多類事物相反應以造成知識的模型，在事實上遂沒有許多關於道德的知識的形式。所以，我們儘管在一方面可以承認孔子是至聖，我們同時仍可說孔子對道德的許多知識的形式，並不認識。換言之，卽我們儘管在一方面把孔子視作已認識道德之最高義並直覺一切德之所以爲德者，我們仍不必把孔子視作一無所不備的道德哲學家。在他以後的中國道德哲學，仍有進一步之發展可講。孟子雖然主要是承繼孔子，他自然不敢說他出孔子之外，他只是願學孔子；但是我們就其所說的話與孔子說的略有不同來看，（孔孟之言遺下者極少，如聞孔孟全部之言，則我今認爲不同者或並非不同；然此乃無從取證之事，我今只能就遺下之言來講。）我們便可看出孟子對於道德哲學的認識有好幾點是孔子不曾明白認識的。第一點是：孔子雖說過「天何言哉四時行焉百物生焉」，說過「人者天地之心」，他明明覺到性與天道之合一，自己的生機卽宇宙之生機；但是他卻未如孟子屢次明白的表示性中卽含天道。孟子曾說：「盡其心者知其性也，知其性則知天矣。存其心，養其性，所以事天也。」他又說心之官爲「天之所以與我者」，又說仁義禮智爲天爵。孔子亦未如孟子之明說人養其浩然之氣則可塞於天地之間，明說「萬物皆備於我矣」。第二點是：孔子雖叫人求仁行忠恕信禮……諸德，但是他只叫人求諸己去認識諸德，卻未說如何認識諸德。「能近取譬可謂仁之方也已」一類的話，也還是自行仁之方上說，非如何認識仁之本身。然而孟子卻指出如何認識諸德之法，就是：教人認識四端。他指出：「惻隱之心，仁之端也；羞惡之心，義之端也；辭讓之心，禮之端也；是非之心，智之端也。」又指出擴充存養此四端之法。第三點是：孔子雖重義，他說：「君子之於天下也，無適也，無莫也，義之與比。」又說：「君子喩於義。」但孔子並未明白的說義統於仁。然而孟子則特將義提出，將仁與義並重。又把仁統義。他說：「仁人心也，義人路也。」因爲孟子將義統於仁，所以力闢義外之說，以主張「由仁義行非行仁義」。第四點是：孟子除將義統於仁外，又說：「仁之實，事親是也；義之實，從兄是也；智之實，知斯二者弗去是也；禮之實，節文斯二者是也。」此段將禮義智統於仁。他又說「仁義禮智根於心」「仁人心也」，可見他以禮智信皆統於仁。他又常將五倫並論；說：「父子有親，君臣有義，夫婦有別，長幼有序，朋友有信。」親爲仁，義爲義，別爲智，序爲禮，信爲信，是將五倫統於仁義禮智信，亦卽使五倫統於仁。此外，孟子又暢論有仁心則有仁政。這些雖不出孔子之意，但孟子卻要有系統得多。第五點是：孔子雖曾自己說明過他學問的過程，他曾說：「吾十有五而志於學，三十而立，四十而不惑，五十而知天命，六十而耳順，七十而從心所欲不踰矩。」這學問發展的過程，卽其人格發展的過程。但是他並未普遍的論人格發展的過程。然孟子卻明白的說：「可欲之謂善，有諸己之謂信，充實之謂美，充實而有光輝之謂大，大而化之之謂聖，聖而不可知之之謂神。」他在他處又說化與神與天地同流；說：「所過者化，所存者神，上下與天地同流。」以上這幾點，皆孟子與孔子不同之處，第一點很明顯的表現孟子比孔子更能認識從我們生命本身所發出的道德，同時根原於宇宙。第二點很明顯的表現孟子比孔子更認識我們的道德如何自我們內心流出，所以指出四端；並謂存養而擴充之，則如泉之始達，火之始燃。第三點，孟子特別提出義。義本來是就事上講，處事得其宜之謂義。然孟子卻特別提出從外面看之處事得其宜之義本於我們內心之仁，所以主張由仁義行；又以禹之行水，行所無事，喻由仁義行。第四點，孟子明白的將仁義禮智信視爲五倫之德，又好言仁政由仁心出，使人知五倫間之德及仁政，卽吾人內心之仁之流露。這都同樣表現孟子之更能認識我們之道德如何由內心流出。第五點，孟子提出人格之發展之階段，由善而至於神：善以可欲界說之，信以有諸己界說之，美以充實界說之，大以充實而有光輝界說之，聖以大而化之界說之；神以聖而不可知界說之；而化與神卽與天地同流，這一段說明在內部完成的道德，同時卽放射其光輝於外，以至化神而與天地同流，尤其充分表示出我們的道德如何自我們內心流出而洋溢於宇宙間。不過，孟子雖比孔子更能認識從我們內心流出的道德之洋溢於客觀的宇宙，更能認識根原於我們生命自身的道德同時根原於客觀的宇宙；然而易傳中庸，卻又比孟子更能認識從我們內心流出的道德之洋溢於客觀的宇宙，更能認識根原於我們自身的生命道德同時根原客觀的宇宙。我們將易傳中庸與孟子比，也很明顯的看出三點的不同。第一點是：孟子雖明白的表示性中卽含天道，說「知其性卽知天矣」一類話；但是孟子仍未將天道與性並列，說二者在一流行中。換言之，卽易傳：「一陰一陽之謂道。」「繼之者善也，成之者性也。仁者見之謂仁，智者見之謂智。」中庸：「天命之謂性。」一類話，孟子上仍未有過。中庸以天命爲誠。意謂盡人心之本體爲誠；人思誠卽合宇宙之誠。這比孟子的「誠者天之道也，思誠者人之道也」一段，發揮得更詳盡了。這卽表示孟子對於性與天道之關係之認識，尙不及易傳中庸認識得深切。因爲易傳中庸對於性與天道之關係比孟子認識得更深切，所以孟子只講到存養擴充，而易傳則言知幾，極深研幾，窮神知化；中庸則言索隱愼獨致中以致和。蓋人之誠卽宇宙之誠，不索之於內心隱微處，不能知人之誠卽宇宙之誠也。第二點是：孟子雖將義禮智信統於仁，五倫統於仁，又論仁政本於仁，但孟子未有一貫之系統之言論諸德、五倫、仁政之純由仁出；而中庸則言三達德五達道及治天下之九經，皆本於誠。第三點是：孟子論我們內心的道德如何流出於外，洋溢於宇宙間之語，如直養「浩然之氣則塞於天地之間」、「所過者化，所存者神，上下與天地同流」一類之語雖不少，然與中庸仲尼祖述堯舜一段相比較，則孟子之言尙不及中庸之言更能表示從我們內心流出的道德之洋溢於宇宙間。中庸這一段話實充分表現出了從人內心流出之道德之偉大、崇高，與莊嚴，全人生無盡的虔敬之感，不容我們不重寫一遍來看：「仲尼祖述堯舜，憲章文武，上律天時，下襲水土；譬如天地之無不持載，無不覆幬；譬如四時之錯行，如日月之代明；萬物並育而不相害，道並行而不相悖；小德川流，大德敦化；此天地之所以爲大也。唯天下至聖爲能聰明睿知，足以有臨也；寬裕溫柔，足以有容也；發強剛毅，足以有執也；齊莊中正，足以有敬也；文理密察，足以有別也。溥博淵泉，而時出之。溥博如天，淵泉如淵。見而民莫不敬，言而民莫不信，行而民莫不悅。是以聲名洋溢乎中國，施及蠻貊。舟車所至，人力所通，天之所覆，地之所載，日月所照，霜露所降，凡有血氣者，莫不尊親，故曰配天。唯天下至誠爲能經綸天下之大經，立天下之大本，知天地之化育，夫焉有所倚。肫肫其仁，淵淵其淵，浩浩其天，苟不固聰明聖知達天德者，其孰能知之。」不過，中庸之論從我們內心流出的道德之洋溢於宇宙間雖已論到極處，但其論我們內心的道德如何一步一步表現出來，擴展出來，卻還論得太略。在大學，便明白指出如何由格物而致知而誠意而正心而修身。這些明善的工夫，都是完成自己內心的道德的階段——所謂內聖之道是也。身修以後，還有齊家還有治國，還有平天下；則是擴展自己內心的道德而使之一步一步的表現出來——所謂由內聖之道到外王之道是也。大學立出八條目，很顯然，是想更明白的指出我們內心的道德如何流出於外。

不過，儒家的哲學，從孔子而來直到大學，都是只注重如何使我們內心固有的道德充實起來擴展出去。換言之，卽都建築在性善的觀念上。因爲，從孔子以來的儒家，都認爲人心的本質卽宇宙生生不已之機。宇宙的生生不已之機爲善，所以人性亦爲善。道德的修養便只是充實擴展吾性固有之善，卽順我們固有的生生不已之機，活潑通暢的流行將出。但是，我們生命有順生機活潑通暢的流行生生不已時，也有逆生機而凝結固定機械化時。所以，要使我們的生機眞正活潑通暢的流行，眞正生生不已，便須首先把我們生機中已凝結固定的部份融解滲化，把我們生命中機械化的部份剷除下去。所以眞正的道德生活，一方面是向前推進我們的生機，一方面是壓制足以阻礙我們的生機之推進者。換言之，卽在眞正的道德生活中，一方面是明善，一面方是制惡。明善以制惡，制惡以明善，二者交相爲用。但要制惡，必須先認識惡——卽必須明白我們的生命之流行有可凝結固定機械化的趨向。這一種趨向是眞實存在的。這種認識，表面看來，似乎是在我們生命本身參加一種非道德的原素；但是，在實際上，卻正是使我們更認識道德生活的過程是根本上一奮鬪的過程，是我們生命中道德的元素與非道德的元素奮鬪的過程。我們生命中的生機與我們生命中機械化的趨向奮鬪的過程，亦卽我們的生機在我們生命本身內戰勝其敵人開拓其自身的過程。從這一點說，從孔子到大學的儒家不曾認識人性中惡的傾向的眞實性，不能不說是一缺點。然而荀子卻把這一點補救了，荀子提出性惡的學說，指出人性中機械化的趨向之存在。雖然他之論性惡未免說得太過度，但是從學術思想的發展上看來，荀子的思想確表示另一方向的進展①。因爲從荀子之論性惡，我們才眞認識禮的重要性，亦卽認識我們道德生活的過程是一內在的奮鬪過程。荀子雖言性惡，同時亦言心善。他說：「心也者，道之工宰也。」又說：「人何以知道？曰心。心何以知道？曰虛壹而靜。」所以他又說：「身勞而心安爲之。」及「養心莫善於誠。」細看來，便知他所謂心，正近乎孟子之所謂性，他所謂禮，就是從心本身發出的加於我們惡性的規範，亦卽我們的心用以尅服我們生命中機械化的傾向的力量。表面看來，禮以約束爲性，禮本身多少帶點機械性。但是禮之機械性乃所以對治我們生命中機械化的傾向而設的。所以，我們不能因爲荀子重禮便說他主張外在的機械的道德律。看荀子論禮謂：「至備情文俱盡，其次情文代勝，其下復情，以歸太一。」又說「禮者養也」「孰知乎禮義文理之所以養情也」一類的話，我們至多只能說荀子因太看重人性之惡的部份與生命中機械化的傾向，不免過份重禮；我們並不能說荀子在我們生命外求機械的道德律來約束我們的生命。荀子在論禮時誠然有時也只就消極的效用上說，尤其是當他論禮在社會國家的功效時，他常只從禮之保持國家社會的安寧上說；但是，我們卻不能說他以爲禮之效用純在消極方面。荀子在許多地方明明表示其看重禮之積極效用，卽開拓我們的善心，完成我們善心的發展的效用。而且，卽就他所重之禮之維持國家社會安寧之效用來說，他也並不曾說禮是社會風俗所造成，或外在於個人的客觀精神所形鑄的道德標準，如西洋哲學家之所持。他雖曾說：「禮莫大於聖王。」以禮爲聖王所定；而聖王之所以能定禮，在他看來是由於「聖人者以己度者也。故以人度人，以情度情。」禮明是從聖王本心發出的。這樣看來，荀子之着重禮之國家社會的效用，正是表示荀子之想把從聖王本心中流出的道德理想，推而廣之實現之於社會國家。所以，照我們看來，荀子的道德哲學也是循我們所說的中國道德哲學的發展趨向去的。

不過，在另一方面看，荀子說性惡到底說得過度一點。對於禮也太重視一點。他對於心善之義還欠發揮，對於樂之看重也遠不及其對於禮之看重。在禮記的樂記篇便不同了。樂記一篇乃自成一套之理論，所以我特把它提出。這一篇的作者首先糾正荀子之偏重性惡。荀子之言性惡，均由感於物而動者出發。荀子謂性爲生之所以然者。其所謂生之所以然，即感於物而動者，故性惡篇之言性，均是就感於物而動者言。他說：「性之和所生，精合感應不事而自然者謂之性。」樂記首先便指出：「人生而靜，天之性也。感於物而動，性之欲也。物至知至，然後好惡形焉。好惡無節於內，知誘於外，不能反躬而天理滅矣。夫物之感人無窮，人之好惡無節，則是物至而人化物也。人化物也者，滅天理而窮人欲也。」樂記把人欲視作感於物動者，於是把人生而靜之天性之善保留下了。這正是荀子論心之本體爲虛壹而靜的意思；不過樂記更看重此人生而靜之天性之善，故把它推得更是原始的本然的而已。其次，樂記又將禮樂並重，論樂處尤多，亦可補荀子偏重禮之失。本來孔孟都是禮樂並重，不過孔孟對於禮樂之意未多加發揮。孔孟都視禮樂爲陶冶我們性情的工具或所謂王化之本，二者有同等之重要性。但是，孔孟並未明白的說禮樂是從我們心中發出，同時卽根原於客觀的宇宙，禮樂之德洋溢於客觀的宇宙。在樂記，則此類話極多。如說：「樂者，情之不可變者也；禮者，理之不可易者也。」「樂統同，禮辨異。禮樂之說，管乎人情矣。」及「德者，性之端也；樂者，德之華也。窮本以變，樂之情也；著誠去僞，禮之經也。」這正是說禮樂由人心本身發出。又說：「大禮與天地同和，大樂與天地同節。」「樂者，天地之和也，禮者，天地之序也。和故萬物皆化，序故羣物皆別。」「樂由天作，禮以地制。天高地下，萬物散殊，而禮制行矣。流而不息，合同而化，而樂興焉。」「春作夏長，仁也。秋斂多藏，義也。仁近於樂，義近於禮。樂者敦和，率神而從天；禮者別宜，居鬼而從地。故聖人作樂以應天，作禮以應地。禮樂明備，天地官矣。……禮者，天地之別也；樂者，天地之和也。……夫禮樂極乎天而蟠乎地，行乎陰陽，通乎鬼神，窮高極遠而測深厚。樂作大始，而禮居成物。著不息者，天也；著不動者，地也。一動一靜者，天地之間也，故曰聖人禮樂云。」「是故大人舉禮樂，則天地將爲昭焉，致樂以治心，則易直子諒之心油然生矣。易直子諒之心生則樂，樂則安，安則久，久則天，天則神。天則不言而信，神則不怒而威。」和「歌者，直己而陳德也。動己而天地應焉，四時和焉，星辰理焉，萬物育焉。」這是說禮樂之德根於人心卽根於宇宙，故人造之禮樂其中表現之德足以彌綸宇宙。可見樂記的作者實也是最能認識我們內心流出的道德之洋溢於宇宙間的。我們雖然不能說樂記作者比中庸作者更能認識我們內心流出的道德之洋溢於宇宙間，但是，中庸所論仍是就其德之人格來說，而樂記則是就其德之人格所定下的禮樂制度中所表現的道德來說。從這一點看，我們不能不承認樂記比中庸對於我們內心的道德之流出，有另一方面的進一步的認識。在樂記以後或同時的先秦哲學如呂氏春秋及禮記中其他篇對於禮樂，亦多與樂記有同類之認識。不過，他們都不能出樂記之上，沒有眞正的進一步之發展可見，所以我們不必再多舉。卽先秦以後的中國道德哲學家論我們內心的道德如何流出洋溢於宇宙間的，亦未能超出中庸樂記之上，而只是在解說從我們內心之能發出道德同時根原於宇宙處有更大的進展。這一種進展我們首先可以從漢儒中看出。漢儒的道德哲學同以前的道德哲學有一點根本不同，就是多一項天德論。孔子孟子中庸樂記的道德哲學雖也把天視作生生不已之機，卽含道德性，但他們忽略一個問題，就是：穿過我們生命自身的流行去體會，我們雖然可以覺到天卽是生生不已之機，卽含道德性，但是從我們日常生活的眼光看去，我們仍覺天地只是蒼然塊然的物質；我們要眞正認識天地是含道德性的，我們便須先置定(Posit)天地是蒼然塊然的物質，同時還貫注之以道德性。孔子孟子中庸樂記等都從未置定天地是蒼然塊然的物質，所以所認識的天的道德性，用黑格耳的話說，這一種認識還是純粹的正，未嘗經過反。然而漢儒之多了一項天德論，置定一蒼然塊然的物質，同時貫注之以道德性，卻是經了反的。本來漢儒之天德論是從陰陽家來；不過陰陽家之重天德重在「天」，而漢儒則重在「德」。這在漢儒諸家書中均可見，而董仲舒的春秋繁露論道之大原在於天尤詳。春秋繁露中「循天之道」、「天地之行」、「天地陰陽」、「天地施第」、「威德所生」、「如天之爲」諸篇，都是論天之德的。此外，許多經生亦均有天德之論。照漢儒看起來，人之德原於人自身亦發原於天，所以大多主張天人合德。可見漢儒的道德哲學很明顯是向着我們所說的趨向更進一步的發展；卽更認識我們生命自身流出的道德同時根原於宇宙。不過漢儒所謂天之「德」，如上所說，根本上仍是貫注於物質之天。以此之故，漢儒便仍不能算眞正建立了我們道德之純粹的客觀的根原。到了宋儒，大體說起來，便完全否認了漢儒所謂物質之天，視漢儒所謂天之「德」是本身存在不雜糅於一切物質中的純粹的天德，而正式建立了我們道德之純粹客觀的根原。宋代理學的始祖我們當數周濂溪。周濂溪的太極圖說首先說明了人的道德之有宇宙的根原，所以人極有本是爲太極。太極圖說論由太極而陰陽而五行，其言曰：「陰陽五行，妙合而凝……化生萬物，萬物生生，變化無窮焉。惟人也得其秀而最靈；形旣生矣，神發知矣，五性感動而善惡分，萬事出矣。聖人定之以中正仁義而主靜，立人極焉。」這很明白的指出人的道德之有宇宙的根原。在通書中，他又說：「誠者，聖人之本。大哉乾元，萬物資始，誠之原也。乾道變化，各正性命，誠斯立焉。純粹至善者也。故曰一陰一陽之謂道，繼之者善也，成之者性也。元亨誠之通，利貞誠之復。大哉易也！性命之原乎。」又說：「天以陽生萬物，以陰成萬物。生，仁也；成，義也。」……這一類的話雖本於易傳，但是易傳卻無周濂溪說得這樣明白。因爲易傳還是總括的仁義陰陽之合一及道善性之合一，沒有周濂溪說得那樣分疏而合一。周濂溪稍後的宋代理學家當數張橫渠。張橫渠之西銘，論民胞物與之愛，來自乾坤覆載之德；這也是指我們的道德之宇宙的根原。與張橫渠同時的程明道特別提出天理二字。他說：「天人本不二，不必言合。」「天地之大德曰生。天地絪縕，萬物化醇。生之謂性，萬物之生意最可觀。此元者善之長也，斯所謂仁也。人與天，一物也。」這是指出人心之德在天心，亦卽在宇宙。伊川也說：「一人之心卽天地之心，天地人只一道也。」「性卽理也，所謂理性是也。」「天下之理原其所自，未有不善。」這也是說明人之道德原於人亦卽原於天。宋代理學的集大成者朱熹，在仁說中說：「仁之爲道，乃天地生物之心。……在天則爲塊然生物之心，在人則爲溫然愛物利人之心。」這也是說原於人之德卽原於天的意思。此外，他說的同類語還很多。誠然，他們的思想都是從先秦的儒家來，他們自己也並不承認他們曾越出先秦儒家的範圍以外，我們也不能說他們所見到的先秦儒家未嘗見到；而且，他們的思想之深厚處多不及先秦儒家。但是，先秦儒家卻未曾如他們這樣看重原於人者必原於天，天理的觀念，性卽理的觀念，先秦儒家便未正式提出。先秦儒家論人之道德，原於人復原於天時決沒有宋代儒者這樣講得詳盡。所以我們不能不說宋代儒者是更想認識原於人的道德之原於天，從我們生命本身發出的道德同時有宇宙的根原。

不過宋代儒者尚有陸象山楊慈湖派。他們這派不信周濂溪之太極圖說，反對程朱之性卽理之說。他們認程朱爲求理於外，只敎人先立乎其大者以發明本心。表面看來，似乎他們只承認道德之內在的根原，只承認我們生命本身爲道德之發源地，只承認道德原於人不承認道德原於天；但是我們細看，便知陸象山楊慈湖不過認爲宇宙與人不相限隔，把天與人視作更合一一點，他們並不是只說道德原於人而不說道德原於天。程朱派後學攻擊他們否認道德之宇宙的根原，實有誤解。陸象山雖然只敎人發明本心，但他所謂心卽宇宙，亦卽程朱所謂理。所以他一方面說：「宇宙卽吾心。」一方面說：「吾心卽宇宙。」又說：「萬物森然於方寸之間，滿心而發，充塞宇宙，無非此理。」可見他所謂心，卽宇宙。所以他一方說「心卽理」，理在一心；一方說「理在宇宙」「此理在宇宙間」及「此理塞宇宙，道徧滿天下，無些小空闕。四端萬善，皆天之所與」。楊慈湖雖然亦只敎人自明己之心，自見己之心；但是他所謂己之心亦卽宇宙全體。所以他特別解釋何爲眞正之己。他說：「不以天地萬物萬化爲己，而惟執耳目鼻口四肢爲己，是剖吾之全體而裂取分寸之膚也，是梏於血氣而自私也、自小也。非吾軀止於六尺七尺而已也。坐井而觀天，不知天之大也；坐血氣而觀己，不知己之廣也。……以吾之照臨爲日月，以吾之變通爲四時，以吾之散殊於清濁之兩間者爲萬物。」（己易）他所謂己實卽宇宙全體，卽含非己。在絕四記中，他又說：「……吾之意念未作時，洞焉寂焉，無尙不立，何者爲我？雖意念旣作至於深切時，亦未嘗不洞焉寂焉，無尙不立，何者爲我？……」所以又說：「一日覺之：此心無體，淸明無際，本與天地同範圍，無內外，發育無疆界。」可見陸象山楊慈湖也說道德原於人亦卽原於天，他們也是要認識從我們生命本身發出的道德同時有宇宙的根原。至於明代的王陽明則因只敎人致良知說：「爾那一點良知是爾自家的準則。」特別反對朱子之故，程朱學派的後學也以爲他是忽略我們的道德之同時原於天。但是，我們假如了解陸象山楊慈湖之只敎人發明本心，並非否認人之道德原於天；則我們也可了解王陽明之只教人致良知，並非否認人之道德原於天。因爲王陽明之論良知，說良知是人心中之良知，也卽說是宇宙的良知。所以，他說：「人的良知就是草木瓦石之良知。萬物與人，原是一體。其發竅最精處，是人心之一點靈明。」又說：「天地鬼神萬物離卻我的靈明，便沒有天地鬼神萬物了。我的靈明離卻天地鬼神萬物，亦沒有我的靈明。」又說：「人者天地萬物之心也。心者，天地萬物之主也。心卽天之心，言心則天地萬物皆舉之矣。」又說：「心之本體，卽天理也。天地之昭明靈覺，卽良知也。」可見陽明所謂良知原於心卽原於天；他也是要指出從我們生命本身發出的道同時卽根原於宇宙。至於陽明以後的中國道德哲學家，也大都同樣想認識我們生命本身發出的道德同時根源於宇宙。王船山戴東原尤可注意。他們的學說雖與程朱陸王都不同；然而他們無不同時想更認識根於人心的道德卽從宇宙生生之源流出。王船山戴東原的話可以爲證者太多，我們可以不必一一引證。其與程朱陸王異同之處，論起來也太複雜，只好都不討論了。②

以上已將本文開始時所提出的「西洋道德哲學最初是自生命本身外客觀的宇宙中求道德的基礎，逐漸認識生命本身外的道德基礎卽在我們生命自身，遂卽在生命本身內求道德的基礎。」③及「中國道德哲學最初是自生命本身求道德的基礎，逐漸認識從生命本身發出的道德如何流出，洋溢於客觀的宇宙，同時卽認識道德根原於我們生命自身亦卽根原於客觀的宇宙。」這兩種向不同方向發展的趨向約略加以討論了。本來論哲學思想的發展是極困難的事，眞正要論中國西洋道德哲學思想發展的趨向，除了作兩部道德哲學史外，沒有別的辦法。本文所論自知不免粗疏籠統之病；而且，在論中國的道德哲學之發展之部，因爲關於中國道德哲學思想的解釋可憑藉的研究成績太少，個人的意見亦非短文所能容納，故於漢代以降諸家道德哲學思想詳細發展之迹，所論尤少。不過，本文的目的並不在供給一定的結論，而在提出一種對於中西道德哲學發展的看法，使人知中西道德哲學思想發展之不同，不要輕易拿來相比附；同時使人知道這兩種道德哲學思想發展的趨向雖不同，然實彼此首尾相含若相交合，由此可暗示人類的道德問題根本上仍是相同的。只要這種看法能得人同意引起人的反省，或引起人另外一種更完善的看中西道德哲學發展趨向之不同看法，則作者也就滿足了。　二十五年十二月

（一九三九年四月「新西北月刊」第一卷第三期）

① 此文前一半在康德以前論及邊沁彌爾，乃因邊沁彌爾直接以前之快樂主義之故，後一半先論中庸次論大學再次論荀子再次論樂記，關於此四者之時代先後本成問題。尤以荀子及樂記可否置於中庸大學之後，更成問題。但我上文論荀子及樂記時，只謂他們於另一方面有較中庸大學更進一步之發展，並非謂承繼中庸大學之所論而有進一步之發展。故中庸大學之作成期，縱與荀子樂記同時或稍後，仍與本文無礙，細按前文自明。

② 此文後半謂中國道德哲學之發展，係逐漸認識從生命本身發出之道德，如何流出洋溢於客觀的宇宙；同時即認識根原於我們自身的道德即根原於客觀的宇宙。此二種認識本相涵攝爲一，前文乃爲方便計而分別論。

③ 此文前半論西洋諸家之道德哲學雖甚簡，然其中除論柏拉圖、亞里士多德、斯賓諾薩、康德、非希特、叔本華、倭鏗、柏格森、格林、鮑桑奎、羅哀斯、哈特曼等諸大家處，係本於我自己之了解外，餘多根據 Eucken: Problem of Life, Sidgwick: History of Ethics, Rogers: Short History of Ethics, Janet: Problem of Philosophy Ethics 之部。

中國藝術之特質

中國藝術之特色，略而言之有七：

一、重純粹之形式美　西洋藝術多重內容，或形式與內容兼重。卽重形式亦不似中國藝術之甚。中國之畫，恒逸筆草草，不求貌似，而極重韻態。一草一木，一邱一壑，均以靈想之所獨闢，非人間所有者爲貴。（大村西崖文人畫之復興、鄭午昌國畫學全史三一六、三六〇、四〇七諸頁，於中國畫之重形式有較詳之論列。）中國戲劇中之佈景動作步法聲音亦均不與實際情形相似，而最能令人生如夢如幻之感者。中國書法尤爲世界最奇特之藝術，以毫無意義之一羣點線，竟能象徵各種各式不同之心靈境界。卽本應全以內容爲重之文學，在中國亦改而以音調之抑揚頓挫章法之反正擒縱爲重。故中國文學中獨有律詩對聯駢文八股等文學體裁。（中國駢文律詩對聯之產生與中國文字之單字單音有關，然單字單音只駢文律詩產生之一條件非全因。）均可見中國藝術重視形式美實遠在西洋藝術之上，而可稱爲中國藝術之特色。形式之構成由於和諧，形式之認取由於不泥於物。和諧可謂顯於一多之相貫動靜之相涵往復之相應；不泥於物可謂由於不執固定之體。此蓋原於吾人前所述指中國文化根本精神一文之宇宙觀之前四特質也。此謂自前述宇宙觀人生態度，舉顯明者言之；究其實則無不相關也。

二、貴含蓄不盡　中國書法最忌劍拔弩張，而必於剛健中見婀娜，方硬中見圓渾，方爲足貴。最忌「像而失之刻，到而失之描。」「有物趣而乏天趣。」而以「不象之象有神，不到之到有意」爲貴。故刻畫工巧金碧輝煌之北派，乃不及落筆自然而意趣無窮之南派。南派畫中，元人荒寒慘淡之境所以尤高，更係得力於含蓄深遠。音樂最忌急管繁弦，大聲鏜鎝，小聲鏗訇，而貴裊裊餘音，似往已廻，如幽匪藏。樂器以洞簫與七弦琴爲最高。此二者均以音斂而韻遠見長。建築從無西式建築之壁立四面內室櫛比之房舍，必求堂高簾遠，座軒疏朗。庭園從無西式公園行徑縱橫，列樹如球，一覽了然之草坪（Spengler 於 Decline of West Vol 287 頁亦言及此）。必處處山屏水帶，曲徑廻環，花木幽深。此外中國戲劇之表演，最忌意盡於言，情竭於動，而必求言若不足，情若有餘。中國文學最忌樂流於淫，哀流於傷，而必求其文約其旨遠。故文貴淳澹淵雅，詩貴溫柔敦厚，賦貴婉約蘊藉，曲貴纏綿悱惻。（中國文學中，文字遊戲極多，如謎語詩鐘壓詩箋讀廻文之類均極有趣，其來源正出於中國文學含蓄意味之多也。）均可見中國藝術之特重含蓄。含蓄生於力量之收斂，力量之節制，力量之收斂節制，正由於時時肯反求諸己，力量得不放縱外馳。是中國藝術之第二特色，乃出於前述之人生態度五也。

三、貴空靈恬淡而忌質塞濃郁　書畫均以氣色微茫，如不食人間煙火者之筆爲貴。故同以逸品爲最高。逸品之高，正由於作者胸襟廓然毫無渣滓，故能空以生靈，化機在手，落筆點墨，逸韻無窮。中國「畫道之中，以水墨爲上。」（王維山水訣第一句）亦正以色相愈空，物態愈靈，墨色彌淡，畫味彌永。故卽設色，亦「取氣而不在取色」（王麓台自題倣大癡山水），而期於淡雅。中國音樂如七弦洞簫，於夜靜月明山高水流之地，其聲淸，其調微，最令人生遠引若至臨之已非之感。此正恬淡空靈之極致。中國文學中以自然山水文學爲多，世界無能相匹。中國自然文學中卽最多空靈恬淡之作。詩中如陶謝王孟之作，文中如柳柳州遊記、酈道元水經註，無不透徹玲瓏，不可湊泊，以絢爛之極，而歸於平淡。可見空靈恬淡，實中國藝術之特質。空靈者恬淡之實，恬淡者空靈之本。空靈生於虛，恬淡生於靜。是乃自前述之虛靜其心之人生態度來者也。

四、藝術作品與自然萬象之流行能融契無礙　西洋之藝術作品，恒顯出爲自然界以外之人造品。如建築之高聳雲霄，橫臥大地。雕像之卓爾而立，凝然不動。圖畫之以人物爲主，且形界分明，類可握持之雕刻，尤充分表現其爲人造品。中國之藝術作品，則迥異乎是。以中國建築而言，則宮殿式房屋之外，恒繪以花紋鳥獸，五色斑爛，使與宮殿外之雲彩山光相應；又常圍以參天古柏，使屋頂掩映於積翠重陰之下。一般房屋，亦無不以木爲柱，覆以瓦或茅，使與自然界之樹幹石片茅草無異。亭子牌坊之類，雖無依傍，然牌樓牌坊，壁立途中，腹背同爲自然城市之風景所投射；亭子使四方八面山水俱來（故杜工部有「乾坤一草亭」之句），皆非可云與自然萬象對峙之物。且一般建築，多有曲線如飛簷飛角之類，亦均象徵一種與大化共流衍之意味。以圖畫而言，中國之畫中最多山水畫，以及以自然爲對象之靜物畫。（西洋畫素重人物畫，山水畫近代始有。且均以人物爲主，自然爲賓。靜物畫近代始有。參考豐子愷譯中國美術在現代美術上之勝利，見繪畫與文學。）山水畫中恒以人物爲山水之點綴；復爲重巒疊嶂，煙雲綿亘，遠水近流，縈廻不盡之景，使創作者欣賞者，均忘其爲位於一定觀點，與畫境對立之人，而隨畫境逶迤，心游萬里。中國畫又不重形界，故一切畫均用點線，（中國之畫用點線，誠與中國書畫同源一事有大關係。然書畫後來仍用點線，則不能不謂點線在畫中有特殊意義也。）間用墨潤，與西洋畫之以點線附屬於形界，從無中國所謂墨潤者，迥不相同。蓋點線墨潤均最能超越形界而表示流行生動之畫境，使之與自然萬象融契無礙者。以雕刻而言，則中國之雕刻如佛像之類，大都倚岩石而雕，卽泥塑之像亦籠以龕。是均所以使之遠於獨立存在與自然對峙之立體，而近乎與自然無礙之平面之畫，適與西洋畫之近乎雕刻者相反。此外如中國音樂之無和聲，推其故亦未始不有由於欲求藝術作品與自然融契之心理者。蓋和聲之複雜，恒超過一切自然聲音以上；而中國人於音樂，則素以愈近自然者爲愈佳，故有絲不如竹竹不如肉之喻。此自足以阻礙超自然聲音以上之和聲發明。又如中國文學中獨有所謂賦，詠一物一事，恒連類不窮，敷陳盡致，與物宛轉。此亦正生於必求藝術作品與自然融契之心理，蓋由於創作藝術者之心靈，原是與自然打成一片之故。正可謂來自物我雙忘之人生態度也。

五、以最少媒介象徵最多意義　中國之字，恒脫略數筆，草書恒一筆數字，而書家整個人格即現於其中。中國畫家之畫，亦恒以寥寥之數種點畫，表現層出不同之意境。如數筆之蘭竹石之畫，不過尤顯著者。故中國畫家，均有惜墨如金之語。中國音樂，均以極微弱之振動，表極深厚之情調。故推而極之，遂有陶淵明「但識琴中意，何勞弦上音」之音樂觀。中國文學作品，長文恒不及短作。中國長小說長論文不必佳，而筆記短札等小品，則多清雋可觀。長詩未嘗有，較長者如「孔雀東南飛」之類，亦不及二千字，且亦非詩中絕佳之作。絕詩則寥寥二三十字，乃恒能入神出化。而詩詞中一韻之巧，所謂險韻，一字之奇，所謂詩眼，有時實足令人讚歎不已。故中國詩話之多實非偶然。中國之雕刻，好者以佛像爲多。佛像爲一極有限之石身，而其所象徵者乃法力無邊之佛。而佛像之圓滿豐碩，亦適足象徵一諸德全具之神。故德人凱賽琳於此曾深致讚歎。(Keyserling: A Travel Diary of a Philospher Vol. I p. 282. Vol. II. p. 868　彼謂西人於中國文化最難解者，即於細巧中見深厚Profundity。）除佛像雕刻外，如小方金銅玉石，象牙犀角上雕精美字畫者，好者亦不少。（可參考波西爾中國美術）而所謂神鐫者，乃能於徑寸之面積內，刻數百字或赤壁泛舟圖。雖純係技巧，亦大足令人驚讚。中國之瓷器，於極小之面積上，畫各種複雜精緻之花紋或人物鳥獸之圖，尤足見中國人以最少媒介表現最多意義之能力。無怪中國藝術最易爲外人所欣賞者，乃爲瓷器。斯賓格勒竟以瓷器與圖畫同爲中國人之代表藝術。此外卽刺繡烹調等，雖不必爲正式之藝術，然刺繡佳者，於極小之面積成極繁複之物象；烹調佳者，則以極少之原料，成極豐厚之美味。於此可見中國人富於以最少媒介表現最多意義之能力也。此種能力，固可謂原自吾人能反求諸己，虛靜其心，物我雙忘，故能棲神奧突，自由融凝萬象，納大於少；然不如逕謂中國人本長於以分見全，故能以小攝大也。

六、自然流露　中國藝術家之創作藝術，恒出於其人格之自然流露，而非如西洋藝術家之欲附托其人格於藝術媒介，或欲以供他人之欣賞。中國藝術家恒視其藝術爲餘事。作文則貴「行乎其所不得不行，止乎其所不得不止」（蘇東坡語），以適志自喻爲最高目的，而賤專志爲文之雕蟲小技。（輕賤爲文學而文學，以文學爲性情之流露。進一步則以文學所以導人性於正，於是文以載道之說，與文爲人性情之流露並不相悖。）如淵明之著文章以自娛是也。作畫則貴有泉石膏肓，煙霞痼癖，胸中邱壑，幽映迴繚，鬱鬱勃勃不可終遏，而流於縑素之間，意誠不在畫者。（王肯堂論畫家語）如倪雲林之自抒其胸中逸氣者是也。奏樂則貴先有本於心，然後樂器從之。是故情深而文明，氣盛而化神，和順積中而英華外發，唯樂不可爲僞。（樂記）如伯牙之無子期以激其趣則不鼓琴是也。故中國藝術恒爲個人受用，至多與二三知己共同享受之藝術，而非以供公眾之欣賞爲目的之藝術。不求聞達之高人逸士之書畫文章，往往失傳，殆卽由於此。然其故爲何？亦曰由中國人所重者，唯在自家心靈之虛靜，自家生機之流暢，不重所著於外之迹而已。

七、各項藝術精神均能相通共契　中國藝術家恒兼擅數技，不似西洋各種藝術家之恒各獻身於其所好之藝術。中國之書通於畫，此乃顯然易見者。唐寅謂工畫如楷書，寫意如草聖。王世貞謂畫石如飛白，木如籀，畫竹幹如篆，枝如草，葉如眞，節如隸。故郭熙之畫樹，文與可之畫竹，溫日觀之畫葡萄，皆自草法中得來。此中國畫上所以恒題以字以爲陪襯也。中國畫又通於詩文，故觀摩詰之詩，詩中有畫，味摩詰之畫，畫中有詩，宋趙孟濚直謂畫爲無聲之詩，鄧椿以畫爲文極。詩文又通於音樂，中國詩乃世界最合音律之詩，文亦以聲韻鏗鏘爲主。姚姬傳所謂詩文當以聲音證入，蓋實得中國詩文之秘。中國音樂亦以曲調爲重，殆無純粹音樂。中國音樂文學又通於戲劇。（西洋歌劇乃 Wagner 以後事，迄今話劇仍以對白爲主。而中國戲劇，則極早卽與音樂文字不分。）中國戲劇殆亦全以音樂戲劇爲主。此外，中國之圖畫，又通於中國之建築。中國建築，無不繪以各種花紋，及其他圖畫。中國音樂又通於中國之建築圖畫，中國建築之重門深院，高下起伏，中國圖畫之遙山近嶺，掩映迴環，均合於韻律，正與音樂相通。而中國建築如庭園樓閣之恒題以含詩意之名。懸以含詩意之聯額，又表見中國建築之精神通於中國文學。故中國各種藝術無往而不輾轉相通。西洋藝術雖亦多有精神相通，如西洋雕刻之通於西洋畫。然全體而言，則遠不似中國各種藝術間精神之能周流互貫也。中國藝術精神之所以周流互貫者，自表面言之，似可歸於中國各種藝術未能獨立發展各盡其致，然其所以不獨立發展者，正以中國藝術家恒只視藝術爲人格之流露，而人格乃整一不可分，故不願其精神爲不同藝術之媒介所限定，遂不得於求其相通之道而已。

（一九三五年十二月「論學月刊」第二期）

中國哲學與中國文學之關係

哲學文學關係之密，古今中外皆同。西人多有哲學爲文學之靈魂，文學以哲學爲內質之論。此殆可概諸一切文學而皆然。蓋一切文學無不洩露作者之宇宙觀人生觀，即無不有一哲學潛存其間。即所謂爲文學而文學爲藝術而藝術之作家，唯美主義寫實主義者亦不能外是；但或不自覺其爲一種哲學耳。就此而言，則此題亦與論西方哲學文學之關係者同類，並無特殊之重要性。然有進者，西方哲學文學關係雖密，然彼土文化之各領域就其自身而言，乃各獨立而不相犯，即文學皆以哲學爲內質，而文學本身終位於哲學之外。所謂唯美主義寫實主義之文學雖亦潛存一種哲學，其用以主張爲藝術而藝術爲文學而文學之理論，本身亦爲一種美學之理論而屬於哲學中，然彼等終不願自標附於一派哲學。此實由於其念及文學之獨立而然。然在中土，則所謂文化之各領域素未截然劃分，此於中國圖書分類之不能按照西方分類法即已得其徵。中國傳統之書籍分類，如七略四部之分，均以書籍體例分，而不以學術之對象屬於何類文化領域分。而此中尤以哲學文學中之分劃爲難。集部之非同爲文學，如子部之非同爲哲學。而經史二部正治哲學文學者所同讀。近人以習於西方純文學之名，欲自中國書籍中覓所謂純文學，於是只得專以三代辭賦唐宋詩歌元明劇曲明清小說爲文學，如時下流行之文學史是。其不足以概中國文學之全，實爲有識者所共知。紀事之史繫年之書，四史以下皆盡兼爲文學鉅製。然凡以「立意爲宗」同於哲學者，則十之七八皆兼可謂之文學。昭明太子所謂「姬公之籍，孔父之書，老莊之作，管孟之流」，何不皆爲文家所宗？此文學哲學二類之書不易截然分畫，乃中國文學哲學關係特密之徵一。

中國文學哲學關係之密，復可自中國文學之名與學術之名未正式對待見之（蓋中國學術即以哲學爲主）。文之爲義，在先秦本該學術文化。兩漢言文學，亦指學術。魏晉以降，有文筆之分，而乃漸似有別於他學之文學。然覈實而談，當時論文家所謂文如昭明太子所謂「義出乎沉思，事歸乎翰藻」；梁元帝所謂「綺縠紛披，宮徵靡曼」；簡文帝所謂「爲文且須放蕩」；皆旨在表示其對文學所宗主，而非眞在界定文學之內容。而旨在界定文學之內容如劉勰之文心雕龍，則固未嘗截然別學術於文學之外也。曠觀中國文學史上如有將文或文學與學術對待時，其意皆以文或文學爲文章作法。西方所謂文學爲一特殊之精神表現方式之說，中國所未嘗有也。此文學之名與學術之名未嘗對待，乃中國文學哲學關係特密之徵二。

中國文學哲學關係之密，尚不僅自文學之名不與學術之名對待見也。此猶可自中國文學家各不願自居於文學家，而求儕於哲人，於學術文化本身有所貢獻見之。揚雄悔其少作而曰「雕蟲小技壯夫不爲」，作法言太玄以擬論語易經。韓愈終身不過一文家，而自許上承孟子。柳宗元之思想較韓稍深，然亦無多見地，而答韋中立書仍以明道爲言。以至如文徵明之流，亦欲「定仁義之衷，成一家之言」，文人之不願自居於文人也如此。而第一流文學家者，如屈原、司馬遷、陶淵明、杜甫、李白，皆匪特文章雄伯，而無不對於宇宙人生之原有所窺見，更不願以文人自居。中國文人均欲儕於哲人，此中國文學哲學關係特密之徵三。

不特中國文人均欲儕於哲人，而中國哲人亦咸求能文。吾人讀西方哲人之書，則拙於文者比比皆是。康德、黑格爾、孔德之文均晦澀不堪，非特以其思想之艱深也。然在中國哲人，則「言之無文，行而不遠」，早已發於孔子之口。故後代哲人闡理明道之作，無不求文質彬彬，足以稱旨。惟墨子恐人「買其櫝而還其珠」，故樸質其文。宋明儒恐人玩物喪志，故有「求工於文則害道」之論，然諸理學大師之文固皆斐然可觀。中國哲人均欲兼美文辭，此中國文學哲學關係特密之徵四。

猶有進者，中國古代之學以歷史及哲學爲主，而歷史旋卽哲學化。文學之發展可謂後於哲學之發展。此與西方之情形不同。西方希臘之文學原於史詩，史詩源於游牧民族之遷徙無常，一面歌詠故事，一面藉抒情素。故歷史實先融於文學中，後乃獨立。哲學則始於自然現象之觀察，其文化效用屬於破壞歷史上之傳統信仰者爲多，屬於解釋歷史上之傳統信仰者爲少。故哲學與歷史殊途，歷史對文學爲後輩，而文學與哲學最初卽有抗衡之勢。故希臘戲劇家諷刺蘇格拉底、柏拉圖欲逐詩人於其理想國之外，職是故也。而中國古代則爲農業民族，農業民族安土重遷，社會政治極早已有相當穩定之組織。農業民族順四時而行，時間觀念早發達，故有史極早。然農業民族居於斯，食於斯，環境少變異，遂少奇幻幽渺之思。而史詩之構成則必託於一定之歷史事實，再加以奇幻幽渺之思，如荷馬之奧德賽等可證。中國有史時期雖極早，而古代歷史初卽專紀天時與農業之關係（後卽漸成月令一類之書），繼紀人事亦繫於年歷，多係實事而無文人任意加以想像構造之餘地。中國神話之無系統當由於此。抒情之詩雖原始人卽有，然斷章零曲，個人吟唱，非如史詩之集體歌誦，不易傳諸久遠。故中國古代學術遺產之六經，實以史爲主。章實齊龔定庵六經皆史之說固未必然，然禮書春秋初爲史斷不容疑；惟詩乃爲今所謂純粹文學。而詩起商頌，遠古之作已不可見。擊壤卿雲之詩，眞僞在疑似之間。故中國文學之流傳較歷史之流傳可謂爲後起。且古代詩之保存，當有賴於史官。采詩陳詩，不可謂無其事，但不能謂史官保存詩遂謂詩之本身爲史耳。故中西相較，則古代西方歷史孕育自文學，而古代中國則文學附從於歷史。至於中國先秦諸子之哲學則自歷史中直接誕生而出。先秦諸子之思想，淵源於古代之格言如左傳國語中賢人之言之類，此類格言多出自史官。卽不出自史官，亦係由觀察歷代禍福存亡之變所得。洎諸子時代，孔老以降，墨翟孟軻，皆據史事以言哲學，皆有所承繼於傳統文化，而以闡揚宣發之責爲己任。此正與西方哲學之與歷史傳統文化立於對待之地位者殊科。故中國哲學直承歷史而發展。先秦諸子著作旣多，漸以其著作取歷史地位而代之，哲學遂成爲先秦文化之中心，而文學遂不能如希臘之與哲學歷史成鼎足之勢，以後文學遂恆與哲學混合而不分。此蓋卽上所論中國哲學文學書之不易分，文學之名之不與哲學對待，中國學人恆欲兼具哲人文人於一身之故歟？

以上所論，乃係自中國哲學與文學關係之特密，論此種研究之重要，遠過西方文學哲學關係之研究。然此種研究尚有其重要過於西方文學哲學關係研究之兩點：其一爲中國哲學就其本身之性質言卽特近於文學。蓋所謂文學無不重想像重直覺重體會，而中國哲人所論宇宙人生之理，卽處處待人之直覺體會而後能識其意味——此亦卽賴一種想像力。吾人前謂中國哲人多能文，其所以如此者，正因所悟得之理有其不得不用文學性之具體事物的描述來象徵，或以一種文章的氣度情趣來暗示之故。因此吾人欲了解中國哲學最須持一種文學的態度。如純以讀西哲書之態度讀中國哲人之書必不得其門而入。故吾人觀中國哲學最宜於將中國文學與之比觀，觀中國哲學之表現於中國文學者何如。雖中國文學中所表現之中國哲學思想不盡爲其最精深之處，而多只能表示其較粗淺膚廓一面；然吾人可自此粗淺膚廓一面而反溯至其精深之處，而使吾人較易把握其精深之處。其二爲中國過去若干類文學作品優美之處，吾人若不解其哲學亦不能了解。此由於中國文學之表達情感，特重蘊蓄委曲，此又與西方文學之重直接激蕩之情志有異。故西方文學作品，較易使人嘆賞讚美，而中國文學作品則所賴於讀者之優柔饜飫涵泳浸潤者較多。故如讀者對中國之宇宙人生觀若根本不具同情的了解，中國許多文學作品之優美處，必致不能欣賞。

以上論中國哲學文學關係之研究之重要性竟。至於如何研究此題目，則可有二法：一爲自中國何類文學特盛而溯源於何類哲學思想之特發達。一爲提出一種中國文學哲學所共同表現之中國人之普遍的人生態度、心靈活動之方式，以說明中國文學哲學上各特質。此二法均可用，今略舉用二法之例如下。

如採前法，就中國何類文學特盛而溯源於何類哲學思想之特發達，則下數者皆吾人所宜注意而較易知者。

一、中國詩文寫自然之文學爲世界各國冠。所謂山水田園記游之詩文，以至隱逸遊仙之詩文均以寫自然爲主。以此名之詩人文人如陶謝王孟韋柳等至多。此類文學之興盛，顯與中國之道家思想最密切相關，老莊之慕至德之世，安居樂俗，莊子之言：「山林歟，臯壤歟，使我欣欣然而樂歟。」「乘夫莽渺之鳥，以處壙埌之野。」「君其涉於江而浮於海，望之而不見其崖，愈往而不知其所窮；送君者皆自崖而返，君自此遠矣。」此正後世詩人返於自然之先聲。劉彥和謂：「莊老告退而山水方滋。」老莊之化及自然詩人與自然詩人之無不樂老莊寄老莊思想於詩文，皆足以證之。

惟吾人言中國之自然文學源於老莊思想實尚多不盡。以老莊之返於自然，惟復歸於樸，游心於塵世之外，以養其天和，無累於物，逍遙絕待耳。順老子虛心實腹之義而極之，則流連光景，恣情邱壑，亦聲色之娛。誠知莊子之道在於屎溺，腐臭與神奇齊觀，得道之士在與天地精神相往來，游心於物之初，則花鳥移情之事亦在所必絀。故中國自然文學之多，不僅原於道家返於自然之義，且兼源於儒家視宇宙爲生生不息之機之流衍之義。此視宇宙爲生生不息之機之流衍，道家蓋亦有之。然老子之術，恆逆生以全生，莊子一死生以平得喪，宇宙生生之義非其所特重。而儒家則素以廣生大生之德屬之乾坤，以「洋洋乎發育萬物」「四時行百物生」爲天地之心。「觀天地生物氣象」自昔儒者已然。惟儒者之業，尤重立德立功，故恆不願自遁於田園。然其視宇宙無往而非生機洋溢，實爲中國自然詩人得寄情世外而意趣盎然之故。如中國最早特以自然詩名之陶淵明，自其「不覺知有我，焉知物爲貴。」形影神贈等之詩觀之，謂之道家可也。自其「野外罕人事，游好在六經。」及「羲農去我久」詩之「汲汲魯中叟」觀之，則謂之儒家亦可也。其詩中最普通者如「採菊東籬下，悠然見南山。山氣日夕佳，飛鳥相與還。此中有眞意，欲辯已忘言。」此忘言之眞意非特莊子嗒然若喪其耦之眞意，亦卽中庸鳶飛魚躍之眞意也。又如「孟夏草木長，繞屋樹扶疏，眾鳥欣有託，吾亦愛吾廬。」鳥託於樹，樹繞吾廬，而吾居廬中，草林之長，鳥之欣，吾之愛，相孚而同情，此卽宇宙生機之流通而環抱之象。此非老莊思想本身所必具，而正儒者之襟懷。卽以後中國自然詩人之詩，其表現之境界爲儒或道亦不易分。以儒道之思想本身亦愈至後代愈交融而互織；而文人感物連類，宛轉無方，亦非家派之所限。大體觀之，皆兼含儒道之義，惟或有偏重而已。如柳宗元之游西山：「悠悠乎與灝氣俱而莫得其涯，洋洋乎與造物者游而不知其所窮，引觴滿酌，頹然就醉，不知日之入，蒼然暮色自遠而至，至無所見猶不欲歸，心凝神釋與萬化冥合。」之類，則當謂得於道家之義者多耳。

二、中國文學所特重而與世界他國之文學不同者，第一為自然文學，第二為倫理道德文學。西方文學中以人生為對象者，或為英雄之歌頌，或為愛情之發抒，或為社會之寫實。此皆非中國文學之所長。中國文學中無頌讚英雄之作，蓋中國人物可稱為英雄者本少。秦皇漢武頗有英雄行徑者，中國人視之則暴君耳。且其終身非有眞正冒險奇創之行，仍非西方英雄之比。項羽暗鳴叱咤，可稱為中國歷史上唯一之英雄；而亦惟有項羽本紀略狀其為人，以成王敗寇之觀念牢中人心，司馬遷亦不能盡其讚揚之筆，惟寓讚揚於抑貶。後人更無歌頌之者。而詩人竟有為「勝敗兵家不可知，包羞忍恥是男兒，江東子弟多才俊，捲土重來未可知。」詩以諷之者。不知英雄之所以為英雄，還在其能直下承擔光榮之失敗。英雄心理之不見了解於後人者如此。故卽中國小說中亦無想像構造之英雄人物。三國演義中之關羽可謂義氣重，然以西方英雄之格繩之，則英雄之特質，與其謂為義氣，不如謂為意氣及無盡自信；如亞力山大、凱撒、拿破崙之類是也。故關羽仍非西方英雄之類。至於此外戰事小說中之英雄，大多能戰三百回合武將之類而已。下至如兒女英雄傳之類，評之者謂寫十三妹如生龍活虎，然亦祇俠義之士。俠義之觀念出於倫理，故十三妹終為賢妻良母。以此而名之曰英雄，與西方布魯塔克 Plutarch

之英雄傳之人物相較豈不笑煞人乎？眞正男女之愛而表現於婚前之文學亦非中國之所長。詩經中「愛而不見，搔首踟躕」，「邂逅相遇，適我願兮」，天眞樸質則有之矣；然試譯爲白話，或一思其意義，則其情至癡獃，殊可笑矣。西廂記常人所喜讀之愛情韻文也，然其情始自「多愁多病身」見「傾國傾城貌」，甚無謂也。惟別宴，驚夢二齣，情致頗悱惻深婉。然乃在約定之後，已夾雜夫婦之倫理意味於其中，非純粹之男女之初愛之情也。曠觀中國詩文小說中，凡寫男女純粹初愛之情者大率出於好色，而惟以身體之結合爲目的者也。此由中國之短篇小說如唐代叢書今古奇觀聊齋志異，更易見其千篇一律如出一轍。「才子佳人信有之」，如是而已。紅樓夢推言情傑作，然其長處實在刻畫家庭瑣事及各平凡人物之性情。以小小之榮寧二國府中之日常生活，而以文章佈局之謹嚴，竟有千門萬戶之觀。若其所言男女之愛，細膩曲折則有之矣，然尚非至深純至高貴之男女之愛。寶玉於黛玉固有一往深情，然其見寶釵之臂而欲移於黛玉之身與其吃胭脂之事，則其愛情仍與色情爲鄰。以中國文學中所寫男女之愛與西方文學家如但丁、哥德、雪萊、拜倫、瓦茲瓦斯、莎士比亞，所寫之男女之愛較，則見後者之視男女之愛，大都含精神之意義。其視女性乃爲一人格之補足者，靈魂賴以上升者，以至爲形而上境界之一種象徵。故愛者不必求身體之結合，如哥德最後之與一最平凡之女性結婚，但丁之遇彼特斯於天國，羅米歐與朱麗葉之遇於墳墓。故西方文學家之狀女子之眼，如蒼空之星，足以傳遞天國之消息；狀女子之愛，如日如月，足以照耀人生之行程。此與中國小說家之以身體之結合爲男女之愛之最後目的，紅樓夢之必繼以紅樓圓夢紅樓續夢，西廂之必繼以續西廂，牡丹亭之必還魂，與長生殿之必求楊貴妃重返人間。狀女子之眼則曰杏眼秋波，狀女子之愛則曰溫柔之鄉者，其高貴平凡相距遠矣。此外社會之寫實亦非中國文學之所長。中國詩文詞曲幾無純粹寫實之作，小說戲劇中如紅樓夢、金瓶梅之類，頗可見中國過去家庭生活之一面，只旁及當世社會情狀。水滸傳狀中國之游俠社會，然實重在寫人物。故或傳施耐庵著水滸乃先繪人物於牆上，而時凝目想像其可能之性格，乃成水滸一書。元明雜劇爲烘託史事，亦不在狀社會之情態。儒林外史近人推爲社會寫實小說之巨擘，然亦止於士人。滿清末季之二十年目睹之怪現狀等，寫及中國社會之各方面，然實受西方文學之影響。以中國過去小說而論，或爲歷史小說，或爲神怪小說，或爲言情小說，或爲劍俠小說，而社會小說之名不與焉。故中國小說之寫社會但爲附筆，由此以觀，中國社會小說最不可靠，故史家罕取小說爲史料或史事之借鏡。此與西方寫實主義、自然主義、社會主義之小說，有意專以社會本身爲對象者迥然不同矣。

中國文學不長於英雄之歌頌，愛情之抒寫，社會之寫實，然則中國文學烏乎長？曰長於倫理道德之文學是已。此與中國哲學之精神有密切相關之處甚明。西方英雄恆賴凡民爲供驅使之工具，而自成其爲英雄，故其意氣睥睨寰宇，若呈世界精神於馬上（黑格耳讚拿破崙語），足以爲無盡權力意志之象徵。西方哲學尊重權力，故英雄爲所崇拜。然在中國哲學中則最惡以人爲工具，輕視權力本身之價值。如拿破崙之流，自中國哲人視之，則善戰者服上刑，罪不容於死。中國哲人意謂有德者當文思安安，光被四表，格於上下，修身而天下平，何待征伐。英雄之行爲中國先哲所不許，敎化所棄，而英雄不易出矣。中國先哲於男女之愛，素主以禮節之，待媒而締婚姻，本於人格之獨立自尊，亦如士無介不見，惡相賣也。禮敎既立，而自媒爲醜行。以異性爲人格之補足者，靈魂賴以上升者形而上境之象徵，惟習於西方宗敎哲學思想者知之，古代中國又無此類思想之流行，故賢哲之士於男女間自必潔身自好；而敢於踰閑越禮者，皆放情肆志之流。此才子佳人之小說之徒以形色慕悅爲誘因也。至於社會之寫實，實則由於西方思想中本有社會獨立於個人外爲客觀實在之思想，故有專以社會本身爲對象之文學。在中國思想中，則一方只知家族爲人與人結合之本。於是社會組織不外家族之擴大；一方則視民吾同胞，中國爲一人，社會不在我、萬物一體之仁以外，社會爲獨立客觀實在之思想，亦中國思想中所未有也。中國思想所特重，除有關於形而上或自然宇宙者不論，其關於人生者蓋特重人與人間之倫理道德，故中國文學之所長，亦在含倫理道德意味之文學。中國文學中無多男女之愛之文學而特好者，然寫父子母子之愛兄弟之愛之文學則世界各國無以冠之。惟近人治中國文學者，全不解中國倫理道德爲何事。且交通發達，青年遠游不歸，亦漸不解天倫之愛，而惟知男女之愛。而習文學者或不諳西方眞純高貴之男女之愛，於是中國文學中之言男女之愛，而辭實淫哇者反膾炙人口，特爲今之著文學史論中國文學者所喜徵引，而古人關於天倫之至情至性之作遂被湮沒。不知人類若無此類之情不當入於文學則已，若人類有此類之情當入於文學，則中國文學中此類之作之文學之價值，終不得而抹殺也。以余所見此類之作在中國古代文學中至不少，且罕有如近人所斥爲勸世格言者。人之以勸世格言視之，惟不解中國倫理思想不能體會其情耳。誠能解中國倫理思想而體會中國古代人天倫之愛，則吾知其對於中國此類文學之有價值者所發現者多多矣。此中國倫理道德之文學之一端也。其第二端即朋友夫婦死生離別之情之文學是已。吾今別夫婦之情與男女之愛者，蓋以純粹男女之愛多在婚前，不必有倫理意味，夫婦之情則爲男女婚後之愛而含倫理意味者。此抒寫男女婚後之夫婦之情及朋友之情之文學多以生離死別之際爲對象，亦中國文學之所特長，而西方文學中之所短。吾嘗謂西人之情其表現最深厚之處，在其未得而求得之際，中國人之情其表現最深厚之處，則在既得而復失之際。一則追求仰望於未來，一則低徊顧念於既往。此差別在朋友兩性之情上亦可表現。故西人婚前男女相愛之詩叶可誦者至多，而悼亡惜別之作罕傳焉。西人求友時初相交之時書信，極表仰慕之情者至多，而憶故人思亡友之作罕傳焉。而中國則婚前男女之愛好者極少，上已論之，而婚後夫婦之情之表現於悼亡、惜別、懷念征人、遙想閨中、久別重逢、亂離後之相遇者則好者極多。而寫節婦賢妻之情者，中國小說劇曲中好者尤多，如琵琶記尤著者耳。（此非提倡女子守節，以女子當不當守節是一事，而過去女子之守節乃表示一種道德又是一事，以其忠於其所信仰即一種極高之道德，道德之本質本不在其所信者如何，而在眞能忠於其所信耳。故此類寫節婦賢妻之情之文學，仍有其本身之價值。今人之以反對節婦賢妻之道德觀念，而併否認其道德之情緒及此類文學之價值，皆自外論文學而非自文學論文學也。）復次中國言朋友之情之文學亦以別後相思之書札詩詞與死後之祭文挽詩好者爲多。關於此類文學以流爲應酬之作，而多濫調濫套，故人對之不生好感。然其好者如魏晉君臣間之書札，古詩中如蘇李贈答，杜甫夢李白，納蘭容若及顧貞觀爲吳漢槎作之金縷曲之詞者，自不可掩。而此類好者之仍不見重於今世，則由今人之愛，大者則擴至國家人類，小者則惟限於男女。交通既發達，相識滿天下，友好既多，情致反疏，故於古人友朋間死生契闊之情不能體貼，而此類文學之價值遂不復被重視。然誠能置心於古人之情中，則此類文學之價值與上所論關於夫婦之情之文學之價值，終必爲人所認識。

此中國倫理道德文學之第二端。其三卽中國雖無西方之歌頌英雄之文學，然頌贊賢哲及稱揚俠義之士之作則又爲西方所不及。頌贊賢哲之文或爲直稱道其氣象行誼作爲贊文（此類之文亦以流爲應酬而爲人所厭），或爲憑弔遺跡而懷仰高風，詩中此類，好者頗不少。而於游俠之士在古代中國人心目中之地位，卽適相當於英雄在西方人心目中之地位。中國游俠與西方英雄之不同，則爲英雄之力在使人忠己，游俠之德在忠於他人。前者之本質在意氣與自信，後者之本質在義氣與不願負人之信念。卽與西方中世紀之武士道亦不同，以中世紀之武士道以服役於人卽服役上帝，遂求人而服役之；中國之游俠之盡忠於人乃所以踐己對人之信約或諾言。故史遷游俠列傳序謂：「游俠舍生取義，急於爲人而不爲己，單身提劍入虎穴，身較鴻毛猶輕，不顧父母之恩，不幸妻子之愛，嘗欲爲國士酬知己，一諾堅於千金。」刺客列傳中之豫讓聶政荊軻，信陵君列傳中之侯生……皆此類之人。吾人讀梁任公所編之中國之武士道，卽知此種精神乃中國古代人道德生活極重要之一面。此種精神與春秋時尚信義之道德思想及墨家團體中自定法自守法之思想有密切關係。後世人君以外尙儒陰用黃老之術執法以御臣下，故此種俠義之精神不表現於廊廟而表現於民間，而成爲下層社會之道德。及今江湖袍哥中猶多少保存之，然已寖失其眞。表現此種精神之文學以史記中之若干篇最好，漢魏樂府中亦尙有不少頗佳之作。陶淵明尙有詠荊軻之詩。六朝綺靡之風被文壇，而此類之作遂隱而不見。唐詩中邊塞之作但頌武將之勇，已非游俠文學。游俠之士，忠人之事，不求顯名，非同英雄之諠赫，故沒則已焉。然三國演義中之關公之逐漸成神而與孔子並列，猶足見此潛伏之精神歷久而益普被於民間焉。故今中國之游俠文學雖已早絕，然史記中之此類作樂府中之此類詩及一部之義俠小說猶自褒揚之價値，以其代表民間流行哲學思想之一端也。除此上三者而外，中國倫理道德思想之表現於文學者，卽爲自個人道德意識出發而憂國勢危亡民生憔悴之作。此類之作亦以中國爲盛，蓋西方文人之感國家社會之危機時，多卽自去參與政治，或從事革命，若從事文學創作則代表一種社會的道德意識，而爲激動宣傳之作，非特表示個人之道德意識。而在中國則不在其位，不得謀其政，眞正革命之思想自古所未有，激動宣傳之作人所不敢爲。改朝易姓之事，非託名禪讓，卽草野寇盜爲其欲一嘗天子之味，而逐鹿中原。故每當亂離之世，則文人惟有寄其個人憂國憂民之情於篇翰，而此類文學作品遂特多。如屈原離騷、杜甫、陸放翁等之詩是也。此類之文學雖亦似寫社會之實（故杜甫有詩史之稱），然其非對社會本身爲宣傳激動社會本身而作，實本於儒者民胞物與之思想，而發於悲天憫人之嘆。故與西方社會寫實之文學或代表社會革命之呼聲之文學，以社會本身爲對象而創作者，終不可相提並論也。

以上論中國文學所特重而與世界他國不同之第二點倫理道德之文學竟。然此點之根本意思亦極普通。此外尚有一點爲中國文學所特重表現中國文學之特殊精神而亦與中國哲學之根本思想相連者，即中國文學中所表現之人在全自然或宇宙中之根本情調是也。關於人在宇宙中之根本情調可姑自兩面論之：一爲悲感一面，一爲樂感一面。以西方文學哲學而論之，人在宇宙內最大之悲感即爲感各種宇宙人生之力量之衝突。或爲人之意願之力與宇宙命運之力之衝突，如希臘之悲劇。或爲個人性格中各種矛盾的力之衝突，如莎士比亞之悲劇。或如個人無盡的追求與價值世界、經驗世界之探索不盡之衝突，如哥德浮士德之悲劇。或爲罪惡之欲望與良心之義務之衝突，如托爾斯泰之悲劇。然其悲劇之感生於力量之衝突則一。至於其樂感（此字不恰當姑用之）一面，則爲人之意志之一種戰勝，一種超拔。此或爲如斯賓諾薩之所謂對自然之鐵的紀律，必然命運之寧靜的觀照；或爲如叔本華之所謂對於自己意欲之智慧的擺脫；或爲如哥德浮士德最後之對於自己未來無盡努力之絕對的信念；或爲如許多宗教家哲學家之對於上帝之永遠的皈依，賴上帝萬能之力以拯救自己於罪惡及一切矛盾衝突之外。此在西方詩歌中多有之。然在中國文學哲學中，則人在宇宙之根本情調，其悲感一面固不生於感宇宙人生之力量之衝突；樂感一面亦不生於人之意志之一種戰勝超拔。蓋中國哲學中固素無視宇宙人生爲各種力量會萃交戰之場所，而以人之命運與幸福卽視其對此各種矛盾力量解決至何程度而定之思想。中國哲人視太和之氣爲貫乎人心及天心者，人之責任不在解決呈於人心之諸矛盾力量，而在將吾人生命中原有之人與宇宙之和諧使之繼續擴充。故西方文學中所表現之人生悲劇之感，爲純粹中國人所極難了解者也。然中國人亦有特殊之人生悲感，卽中國文學中所表現之人生無常之感。此種感情乃深植根於中國人之靈魂者。蓋純粹中國人無彼界之信仰，無天國之信仰，無對於未來世界之信仰。中國人所信仰者，惟其自身之生命，由此種信仰使中國人皆爲現世主義者。然時間流轉，現在卽化爲過去，「萬歲更相送，聖賢莫能度。」求長生而長生不可得，求及時行樂而樂往哀來。此猶謂低等之文人思想也。然卽第一流文人如屈原之「唯天地之無窮兮，哀人生之長勤，往者吾弗及，死者吾弗聞。」陳子昂之「前不見古人，後不見來者，念天地之悠悠，獨愴然而涕下！」曹子建之「天地無終極，人命若朝霜。」陶淵明之「人生無根蒂，飄如陌上塵。」「人生似幻化，終當歸空無。」無一非人生無常之感也。故霸氣桓桓之曹孟德，有譬如朝露之嘆；雄才大略之漢武帝，有少壯幾時之悲。曠觀中國文學中此類人壽短而時間無盡之感，蓋無處不有之。而由古詩十九首至魏晉之際，佛敎初來而未盛之際，此類情緒之表現於詩文中尤極其哀愴之致。卽佛敎輸入以後而詩人之不眞信西方世界者，亦咸有同類之情緒。自此義論之，中國人之人生一面爲最重視現實者，一面卽爲最富人生如夢如幻之感者，此在中國有名小說家之基本情調亦可證之。如水滸傳之寫百零八條好漢可謂驚天動地矣，而其最後則以一夢收束之。而觀施耐庵之水滸序，尤足見其爲一尼采所斥之虛無主義者。紅樓夢之以夢錯綜全書而終於寶玉爲僧，更無論矣。三國演義作者志在述劉關張孔明之忠義，而其開卷之臨江仙詞，吾尚憶及之，即爲：「滾滾長江東逝水，浪花淘盡英雄，是非成敗轉頭空；青山依舊在，幾度夕陽紅，白髮漁樵江渚上，慣看秋月春風；一壺濁酒喜相逢，古今多少事，都付笑談中。」亦人生虛幻之意識也。名劇曲如西廂、桃花扇最爲人所傳誦，而西廂以驚夢終之，桃花扇餘韻尤令人生與亡滿眼盡雲烟之感。歸元恭萬古愁曲中間數段忠憤塡胸，然最後以「俺唱這道情兒歸山去了」結之。故中國文學中含今昔之感者最多好者，弔古憑高之詩文恆令人吟咏不置而欷歔感慨也。此類之文學在西方豈曰無之，然西方人終信神之世界及未來之世界。而中國哲學則素未建立人之此一種信仰，故其此類之情不及中國文學中所表現之深也。

以上自悲觀一面論中國文學中所表現之人在宇宙之情調竟。然吾人尚當知在另一面卽本於同一之現世主義而中國人在宇宙之情調尚有其樂觀一面表現於中國文學中者。此非謂由列子楊朱篇一類思想所引出之中國文學中之享樂主義。如「今朝有酒今朝醉，明日愁來明日憂」之類，以凡持「今朝有酒今朝醉」者，皆昨日曾愁而明日必愁，不能眞對人生有樂觀之情調者也。此乃謂出自眞正「中國樂天自得之哲學」之樂天自得之文學。中國之樂天自得之哲學與西方哲人之由信人之意志可有一種戰勝超拔而樂觀之思想迥然不同。蓋後者出自能所對待之心境，而前者出自無能所對待之心境，前者出自生命活動之越過一種限制而感一種自由，後者出自對於生命活動本身之自發性有一種自覺而感自由；前者多爲自信志氣可通神可通宇宙本體之自由，後者多爲自覺志氣卽爲神卽塞天地之自由。中國哲人常能深體斯義，故不自信一彼界天國未來世界，而信當下一念淸明，卽彼界天國卽在吾心，未來之無窮可能皆具於當下充塞宇宙之眞心。循此人生態度則能生順死安，視死生如晝夜，蓋心一不離當下，卽無時間長短比較之念。凡時間比較之念皆心離當下自外看生命者也。若心恆內看，爲其當下所當爲，則「一念萬年」，非同語怪，理實尋常。此中國哲人之所以不必信不朽，而能自絕於人生無常之想，反無入而不自得之故。惟中國一般文學家，能體斯義者少。故以量而論，則由現世主義之哲學影響於文學，反以其遮撥天國未來世界之信仰一面而引起之人生虛幻之感者爲多。此卽上所論。然第一流之文學家亦咸能多少表達此義於文學作品，而陶淵明於此所得尤深。故其一方雖有人生幻化之感，一方則「縱浪大化中，不喜亦不懼，應盡便須盡，無復更多慮。」「聊乘化以歸盡，樂乎天命復奚疑。」「形迹憑化往，靈府常獨閑。」之句亦不少。此外文中如蘇東坡赤壁賦「自其不變者而觀之，物我皆無盡也。」詞中如張惠言水調歌頭之「千古意君知否只斯須。」皆不過將此意說明者。文學本非說理，故明說者少；惟宋明理學家詞及僧詞多明說又恆墮理障。然隱含此意者則中國文學中一切眞正曠達超脫之情無論於寫自然或敍人事時表現者，蓋均直接間接原於此種情調。就中尤以藉寫自然而暗示此意者爲多。此不能一一論，但多留意，自知吾言之不誣，而明曉此種之情乃中國文學中所獨當，非西方文學中所能並駕者也。

以上所論乃係指出何者爲中國文學所特重，而溯其源於中國哲學。上文雖似頗成系統：第一點就自然說，第二點就人生說，第三點就人與宇宙關係說，然實罅漏甚多。以此每一點均可再加分疏，而可引出其他問題。但此文本非求賅備，而只在說明第一種研究法。至於第二種研究法，則以前文順筆寫下，篇幅所佔已多，今不及多論。所謂第二研究法者乃在先提出中國文學哲學所共同表說之中國人之普遍的人生態度心靈活動之方向，以說明中國文學哲學各特質。此法與前法本不同，蓋前法但就已有中國文學發達之事實而求其與中國哲學思想相照應之處，後者則須以意匠先構成一凌空中國式心靈之模型，而將有關之哲學文學之材料納於其下，而觀此諸材料之內容意義相照應之處。譬如在此中國式之心靈之模型中，吾人可以前所提到之天人合一之觀念或現世主義之觀念爲其中心，而視中國人之心靈之其他活動及各種人生態度之變化，皆繞此中心觀念而轉，或自此中心觀念輻射而出。吾人亦可先不假立一中心觀念，而標出各種心靈活動之種類，如求眞之活動，求美之活動，求愛之活動，求權力之活動，求善之活動，各種求一種價值之活動。或標出自中國人之人生態度中所涵蘊之各種意識：如空間之意識，時間之意識，物質世界之意識，生命之意識，心之意識，人格之意識，神之意識。或標出中國人之心靈或生命內涵之各種性向的構成之理論的形式：如好對稱的形式，好反覆的形式，好循環的形式，好納大於小的形式，好交關互貫的形式，而觀其共同表現於中國文學哲學中，何者爲其非共同表現於文學哲學者應卽可反襯出。吾人若如此研究，則不僅限於了解何類文學爲中國所特重，且能了解中國文學中所表現之中國式的美感種類，中國文學表現美感之方式，中國文學特殊之哲學的意義體裁，（如中國之駢文律詩之重對仗，我在昔年所作之文中，卽指出其與中國陰陽相對之哲學有關，並以駢文之最早卽論陰陽相對之易傳文爲證，此乃其極淺顯者。）中國文學特殊之象徵法之哲學的意義，（如中國文學中喜以植物象徵性情而不喜以動物，此卽與中國哲學中重潛伏之生命活動而不重顯露之生命活動相關——此言有語病讀者會意今不暇申述。）……而可重建一種中國文學理論之體系。唯此種研究必須自更廣博的眼光出發，且須暫將治文學史的態度完全隔離，於一切文學作品均不當因其在何時因何事而作，惟當觀其所象徵之涵義，而體會其與中國哲學之關聯之處。從此種研究然後吾人乃可對中國文學漸有正確之估價，而可決定今後之中國文學當如何補昔日之短以開拓其前途也。

（一九四三年四月「思想與時代（遵義）」第廿四期）

中國宗教之特質

要認識中國民族特殊的民族性，可以從各方面看。但是，我認爲最好從中國的宗教思想上看。中國的宗教思想，在我看來，有好幾點特色。這幾點特色都可多少反映出中國民族的特殊的心靈。這個題目，似尚未見近人作過，所以我選來試作初次的討論。

一、中國民族無含超絕意義的天的觀念　中國人對天有個普遍的觀念，就是天與地是分不開的。但在其他民族，則無不把天視作高高在上，與地有極大的距離。姑無論近代西洋人把天看作無窮大，地只太空中一小點；卽在希臘雖把地作爲宇宙的中心，然仍認爲在地之外，更有一重一重的天。辟薩各拉氏（Pythagoras）的天文學是希臘第一次成系統的天文學，他的天文學中的天體，便是一層一層的重重圓圈套合而成的。他所謂天體，最中心一層是火，火外是地，地外是月。在月與中心之火間，屬於無秩序的世界。月與其他六行星，卽金星木星水星火星土星太陽，屬於有秩序的世界。七行星以外是爲恆星世界或神的世界。以後，在柏拉圖的提姆士（Timeaus）中，在亞里士多德或托勒姆的天文學說中，雖對於辟薩各拉氏之說均有所修正，然而對於天體有層疊天超於地之外一點，卻無異辭。所以到了中世紀，遂逕直謂在我們日常所見之天外另有天堂之天。雖然在基督教中所謂天堂，乃指一種精神上的境界；然其來源，實係從自然之天有層疊的觀念——或天外有天的觀念——推廣而來。天堂在英文中名 Heaven，但 Heaven 又可指 Sky 上面較高遠部份的天。可見天堂的觀念之產生，與天有層疊之信仰間之關係。此外，其他民族，如印度、猶太、波斯、埃及、阿拉伯的民族，亦無不有一種超乎地之上的天的信仰。在中國，則自來把天與地連論。自易經老子以來的哲學書，無不把天與地乾與坤視作不可離的。關於這點之證據，俯拾卽是，今姑不論。天有層疊的觀念，中國自來沒有具體形成。通常所謂三十三天的觀念，乃自印度傳來。中國古代雖有四天九天之說，然四天之分乃純本於時節。所以爾雅及劉熙釋名，都說：「春爲蒼天，夏爲昊天，秋爲旻天，多爲上天。」九天之分初見於楚辭天問。天問有云：「九天之際，安放安屬？隅隈多有，誰知其數？」其所謂九天，據王逸註：卽全係以方向而分，以東、南、西、北、東南、西南、東北、西北、中央，分爲九天，我們看天問中用隅隈二字，亦可推知其九天爲平列之九天。後來張揖博雅之九天，則全本王逸之說。此外，在揚子雲太玄卷八，亦分天爲九。其所謂九天，意義如何，亦不能確定。但就九天之名——中天、羨天、從天、更天、晬天、廓天、減天、沈天、成天——而言，則顯係自天之功用而分天爲九。又其所謂九天與九地相對。其九地爲沙泥、澤地、沚厓、下田、中田、上田、下山、中山、上山，顯爲連綿於一地平面唯有功用不同之一地；可知其九天亦唯爲功用不同之一天。所以關於 Sky 與 Heaven 的分辨，中國就沒有。高遠的（Heaveu)是此天，低近的（Sky)亦是此天。羅列星辰的是此天，籠蓋四野的亦是此天。因天不能離地，所以中國的神話中，一向有最初天地混沌如鷄子的神話。這神話實表示中國人天地不相離的原始信仰。所以，後來邵康節遂有天依地地依天天地自相依附的說法。現在一般人之常說的天圓地方，也全是從天之覆罩地面上看。至於曾子家語所載曾子對天圓地方懷疑，說：「天圓地方，則四角之不掩也。」而於天圓地方之義作進一解，則正是更進一步要求天地處處相附合的表現。卽在以天代表宗敎的意義時，中國人亦從不把天認爲高高在上。所以詩經說：「天高聽卑。」俗語說：「擧頭三尺有神明。」中國祭天之壇，都是平臥地上，與西洋敎堂之上聳雲霄者，正是一對照。一般所謂天堂雖含在上之意，然此觀念在學術思想上迄未正式建立起來。在一般人心理中，對於天堂的企慕遠不及對於極樂世界的企慕；然而，極樂世界在西方，並不在上面。這都可見中國人對於含超絕意義的天無所信賴。

二、中國民族不相信神有絕對的權力　在中國以外的其他民族的宗敎思想中，上帝均有絕對的權力。猶太敎中的耶和華的權力，簡直是至高無上的權力。宇宙爲他所造，宇宙造成之後，他覺人類及生物不聽他的命令，遂放洪水淹滅人類同生物。基督敎中的上帝，雖變成人的父親，與人親近許多，然而仍是全知全能的。此外，回敎中的上帝，則不特是全知全能的，且啟示穆罕默德用武力去殺戮不信仰他的人。希臘的 Zeus 雖與 Poseibon、Pluto 分掌三界，然其權力仍最大。荷馬的依利亞特中所描述雅典與托洛之數十年戰爭，卽全是以 Zeus 一時的決意而引起的。其他的宗教中，上帝的權力亦無不極大。在中國，則上帝或天（此天作天神之義解）的權力並不大。書經中雖常有「天命殛之」一類的話，詩經中常有「上帝震怒」一類的話，左傳中常有「天將興之，誰能廢之」一類的話；然而這些都只是表現一種天有權力的觀念，至於天的權力的實質的想像，天如何施行其權力去滅一朝代死一君主的想像，則中國古代典籍中並沒有記載得見。可見中國古代人對於天的權力，實無具體之意識，並非眞相信天有絕對的權力。因爲眞相信天有絕對的權力，便絕不會沒有關於天的權力的實質如何，及如何表現的想像。而且，尙書所載天的意志，通常均表現於民的意志中，尙書泰誓篇尤明顯的說「民之所欲，天必從之」的話，是天的意志尙須順從民的意志。這種思想到春秋時更甚。所以左傳上屢次徵引「民之所欲，天必從之」的話。自春秋以後，天便完全成自然之天。老子已有「天法道」的話，孔子把人視作天地之心（禮運），易繫辭以天地人爲三才，中庸以人贊天地之化育，孟子說知性則知天，到荀子便要「制天而用之」。天的地位日益低下。墨子雖極力推尊天志，但他說：「我爲天之所欲，天亦爲我之所欲。」是人與天的關係仍只是一種交互對待的關係，天並無絕對的權力。而且就是墨子這種推尊天志的思想，後人也不肯承認。漢儒雖認爲天能降禍福，然漢儒的天早失了人格的意義，已不是權力的中心，不過一種能與人的善惡相感應的流行之氣。如何去感應，則全在人的意志，不在天的意志。宋明以來，因理學之影響，一般人均知天理卽良心。天的權力更全移於人身了。就是從中國神話上看，中國有共工氏觸不周之山天柱折的神話，有女媧氏鍊石補天的神話，有后羿射日的神話，有夸父追日的神話，小說中有微帶人性的孫行者大鬧天宮的描寫；然而中國卻從來沒有上帝創造天地創造人的神話或小說。據列子天瑞、淮南精神訓、神仙通鑑、開闢演義諸書所載，在天地之先都只有一種元始的氣或連氣尚未顯出的虛無狀態。其他民族的神話中所謂上帝創造天地的辦法，如舊約所載「上帝說，宜有光，卽有光；又說，宜有穹蒼，卽有穹蒼；又說宜有大陸，卽有大陸。」中國人從來未想到。中國一向有盤古開天闢地的神話，但卻從來沒有盤古創造天地的神話。太平御覽天部所載：「天地混沌如鷄子，盤古生其中，萬八千歲。天地開闢，淸陽爲天，濁陰爲地，盤古在其中，一日九變，神於天，聖於地。天日高一丈，地日厚一丈，盤古日長一丈。如此萬八千歲，天數極高，地數極厚，盤古極長。」是盤古與天地同時存在。任昉述異記所載與此微有不同。述異記載：「昔盤古氏之死也，頭爲四岳，目爲日月，脂膏爲江海，毛髮爲草木。秦漢間俗說，盤古氏頭爲東岳，腹爲中岳，左臂爲南岳，右臂爲北岳，足爲西岳。先儒說，盤古氏泣爲江河，氣爲風，聲爲雷，目瞳爲電。」但卽從這段看起來，盤古亦不曾創造天地；不過盤古死了，遂變爲天地。有盤古時，沒有天地；有大地後，亦沒有盤古。盤古若有上帝之權力，何不造一個天地？可見盤古不能比上帝。後來在小說中，又有所謂玉皇及所謂造化小兒。但玉皇亦不曾創造天地。造化小兒中「造化」二字，乃宇宙變化過程之象徵，而非一權力之象徵；小兒二字，顧名思義，更無創造天地之能力。中國神怪小說中有一部後西遊，其中曾記載關於造化小兒之故事，頗有趣。謂小孫行者遇見造化小兒，造化小兒之法寶是十八個圈，圈名酒、色、名、利……共十八個，以十七個套小孫行者，均未套著，最後抛一圈，名好勝圈，遂將小孫行者套住。由這個故事，可知造化小兒本身並無特殊的權力；他所能運用的法寶，都從人本身的性質的弱點中取來的而已。

三、中國民族的神與人最相像　人類對於神，本來都是以自己的像貌或性質來想像。不過各民族中的神，與人類相像到甚麼程度，卻各自不同。婆羅門教中的梵天，是印度教的上帝，其與人的相似性，便簡直不顯著。猶太教、基督教、回教，都相信神以其自己之像貌造人；但神之性質，終於與人不同，在人之先存在。希臘人的神，則不僅像貌像人，性質也像人。他們的主要神是 Zeus Gupiter，Zeus Gupiter 原意都是天，以後才變成神名。天顯然在人之先，所以希臘的神亦都是先人而存在；是人與神間還有時間的距離。同時，希臘的神只居住於 Olympus 山；神與人又有空間的距離。然而，在中國神話中，則不僅神與人像貌相似，而且一切神像都可畫出塑出；不僅神與人性質相似，而且神常有不願爲神願變爲人的趨向。所以，中國小說中，星宿下凡的事特別多。最流行的水滸傳，是記載百零八宿下凡的；鏡花緣是記載天上仙女下凡的。在模倣西遊記的小說中，尚有一部名玉帝下凡的北游記。玉帝卽相當於其他宗教中之上帝，然而他也思凡；可知中國的神之人間性之重，簡直在希臘諸神之上。希臘諸神雖亦如人之同有戀愛戰爭之事，然與人戀愛戰爭之事仍不很多。中國之神則專欲在人間當才子佳人，當英雄好漢。而且，中國的神不似希臘的神之有一定的居處。希臘的神居於 Olympus 山，中國則沒有這樣一個相當的地方。崑崙山雖指爲神之居所，但崑崙山爲神之唯一居處的觀念，則卽在古代亦不曾正式建立起來。到後代，神更無一定之居處。中國的神到處都有，（土地是每地都有的，這不用說。）韓愈與孟尙書書中所謂「天地神祇，昭布森列。」最可表示中國神無處不在的思想。所以，中國哲學中一直普遍著「鬼神之爲德，體物而不遺。」「神也者，妙萬物而爲言者也。」「神無方而易無體。」的泛神論思想。這些話立意雖不同，然同樣表示中國的神與人間無空間的距離。至於神與人間時間的距離也沒有。因爲神在人先的神話，在中國向來便沒有天神照理應在人先。但據最近燕京學報顧立雅釋天一文所論，「天」之文在甲骨文中作「大」乃像有位之貴人。是天的觀念，乃從人之觀念引來，非在人先。中國最流行而又最符合過去之神話傳說的神怪小說是封神演義，據封神演義所載，一切神均由仙來，而仙則均是人修鍊而成的。也可見神並不在人先。盤古雖在人先。但盤古雖可謂之神，而一般人仍只認之爲最早之一人。至於上帝與天定在人先的神話，中國從來不曾有。神話中雖有女媧氏摶土爲人之說（太平御覽人事部所引），但女媧氏後雖成神，原仍是一人（或一族人）。可見中國的神與人之相似性實在其他各民族中的神與人的相似性之上。

四、重人倫關係過於神人關係　世界其他有宗教的民族，無不把神人關係看來比人倫關係著重，主張愛上帝的心應過於愛人的心，愛人亦當爲上帝而愛人。其他宗教固不必說，卽世界公認爲含有最充分倫理意識的基督教，亦還不免把愛上帝當著比愛人重要的事。耶穌一方說人應當愛鄰如己，同時又教人愛上帝重於自己。耶穌在勸人愛人的時候，通常總是說：「人類都是上帝的兒子，所以你應愛他人。」路加福音與馬可福音並載有兩段論愛上帝應過於愛父母及其他一切人的道理。馬可福音第三章載：「耶穌之母及其兄弟至，立於外，遣人呼之。眾環坐，謂之曰：『爾母及兄弟在外覓爾。』耶穌曰：『孰爲我母？我兄弟乎？』遂四顧環坐者曰：『試觀我母我兄弟。蓋凡行上帝旨者，卽我兄弟姊妹及母也。』」路加福音十八章載耶穌之言曰：「善者唯一上帝而已矣。未有爲上帝國舍屋宇父母兄弟妻子，而今世不獲倍蓰，來世不獲永生者也。」都可見基督教之把神人關係看來過於人倫關係。所以西方的道德哲學書大半都把道德隸屬於宗教，從愛上帝的意義來講愛人的根據。（雖所謂上帝之意義，不復爲基督教之原義。）然而在中國，則從來不曾有主張愛神應過於愛人，及愛人應本於愛神的學說。卽在古代中國，對於天對於上帝，都從來不曾說過愛字，只曾說過敬字畏字（畏卽敬）。敬卽表示一種間隔，表示不視之爲至親。所以孔子有「敬鬼神而遠之」，莊子有「以敬孝易以愛孝難」的話。可見敬自來卽含疏遠之意。對神愛尚說不上，更何能有愛神應過於愛人之事？拿夏商周三代來說，據禮記表記所載，亦只有殷代尊敬鬼神，夏周均遠鬼神。至於愛人本於愛神之說，中國哲人亦從不曾主張過。墨子主張天志在愛人，所以人亦應愛人。此不過謂人應體天之心，如天一般之愛人，此正是表現一種想以人之德齊天之德的心理；或一種怕不順天志會受天處罪的心理。並非謂人應愛天，更非謂人應爲愛神而愛人。至於墨家以外的哲學，則更找不出愛神應過於愛人，或爲愛神而愛人的思想。在迷信中雖有以人作犧牲之事，如以人祀河之類，但其動機全爲祈福利，避災害，並非眞出於愛神之心理。反之，在中國的宗敎思想中主張愛人應過於愛神的思想，到是有的。左傳載：「夫民，神之主也。是以聖王先成民而後致力於神。……故務其三時，修其五敎，親其九族，以致其禋祀，於是乎民和而神降之福。」論語載季路問事鬼神，子曰：「未能事人，焉能事鬼。」這都是愛人過於愛神的思想之表現。至於以後儒者更無不把事人看來較事鬼重要。這可不必論了。

五、祖先崇拜與聖賢崇拜之宗敎　表面看來崇拜祖先崇拜聖賢是一切民族之所同，因世界民族無不祀祖先，不敬聖賢者。但是其他民族之崇拜祖先，均不及崇拜上帝之甚，而且只有上帝才是人民共同崇拜的對象。然而在中國，卽在古代人，對於上帝或天之崇拜，亦未必能超過其對於祖先之崇拜。殷人所事鬼神，大都爲其祖先。到後代，一般人也只能祀其自己之祖先。所以孔子說：「非其鬼而祭之，諂也。」上帝或天，唯天子可以祀之。禮記曲禮說：「天子祭天地，祭四方，祭山川，祭五祀，歲徧。諸侯方祀，祭山川，祭五祀，歲徧。大夫祭五祀，歲徧。士祭其先。」這一種把祀天的資格限於天子，雖一方面似乎把天的地位抬高，然一方面亦無異於把天的地位抑下。因天由此對於一般人就逐漸失去神的意義，而漸變成自然之天了。所以，在詩經中卽已多懷疑天德的話，如「浩浩昊天，不駿其德。」「如何昊天，辟言不信。」之類。到了春秋以後，一般人對於天的信仰更全失人格之天，全化成自然之天了。現在每家的神龕上雖仍舊書「天地君親師」五字，然而，在一般人禮拜時，對於天是否尚有宗教的情緒，卻根本是問題；恐怕其宗教的情緒完全寄托在「親」字上面了。中國人之崇拜聖賢，亦在崇拜上帝、天或其他神之上。上帝、天或神在中國知識階級的心目中，除哲學的意義外，幾無別的意義；然而聖賢卻婦孺皆知敬禮。所以全國每縣都有孔廟，每縣都有先賢祠，聖賢的書人人都知道是不可褻瀆的。易經這部書，一般鄉下人都相信其可以降伏鬼神。中國人因為相信字是聖人造的，所以中國最下愚的人都知敬惜字紙。流行民間的功過格中，把焚化字紙作為一種極大的功德。這乃是其他民族所沒有的。

六、以人與人間交往之態度對神　在其他民族的宗教中，大都把神視作與人根本不同，所以其與神交往之態度，與與人交往之態度亦迥然相異。在中國人則因不承認神與人間有根本差別之故，所以其與神交往之態度，與與人交往之態度簡直差不多一樣。在其他民族中，因為相信神有較大之權力之故，所以人對神唯一的態度就是祈禱神賜與我的力量。在得神的助力之後，對神的態度遂為極深厚的感謝之情——因覺無從報答故。然而中國人則雖信神力時可大於人力，卻不憑空祈求神力降臨，常相信自己有能力轉移神意或天意。所以，中國古代人在希望神來相助時，不純用其他民族祈禱禮拜的方式，而重在卜筮以測神的意向。若神的意向相悖，則專從修德上努力，相信德盛神自會來相助。這種思想，從書經詩經左傳中都可看出。到了孔子時，則逕完全不主張對神祈禱；而說：「丘之禱久矣。」爲什麼說「丘之禱久矣」？因爲孔子相信其數十年之修德，即是祈禱。由此再進一步，便是人只當從修德上努力簡直不要管天意如何；而儒家中遂逐漸產生盡人事聽天命的教義。盡人事聽天命的意思，後來雖含教人不要願乎其外之義；然而最初實含你能盡人事自然能轉移天命用不著祈求禱告之意。中國人既然相信人力能回天，所以人在得神之助之後，雖一方感謝，但並不覺無從報答。中國先儒講祭祀的意義，便是爲報答。祭天地是報答天地好生之德，祭祖宗是報答祖先養育之恩，祭聖賢是報答聖賢設教之德。中國人並不覺得這報答不相稱，因爲只要祭祀之意誠，照先儒看起來，則可動天地感鬼神。這種地方都可表示中國人對神的態度，與對人的態度相同。修己以交賢，有恩必報，這不是人與人間交往的正當態度嗎？

七、現世主義的宗教觀　在其他民族中，一般人信仰宗教的目的，大都爲求升入彼界或天堂。此在信仰耶教回教佛教猶太教的民族皆然。但中國一般人信仰宗教的動機，則充滿現世主義的動機。中國人希望神賜予我們力量時，大都是希望神助我們解決實際的困難；並非望神助我們從此世間得著解脫。所以財神與觀音成爲一般人崇拜的神。中國人崇拜天以外，尤崇拜地；崇拜玉皇不及崇拜閻王，因爲天與我們實際生活的關係，似尚不及地之直接。天之能生萬物以養人，乃全靠地能長育。所以社稷之神從古至今均普遍的爲一般人所崇拜，土地廟遍於鄉間。城隍之所以每縣都有，亦由其管一方土地，與人實際生活關係最密。玉皇之所以不及閻王爲人所崇拜，因玉皇只管天上諸神而閻王則管人。人之生死，及其來生之富貴貧賤，全靠閻王一枝筆。閻王在一般人心目中的地位，較玉皇重要得多。所以中國本土的宗教一直盛行的，只有道教。道教的主要目的在求長生，鍊成萬古不老的金仙，或在爲人治病驅魔。（鍊養服食採補諸派均以長生爲目的，丹鼎派則兼以長生與鍊金爲目的，符籙派則以爲人治病驅魔爲目的。然無論前者與後者，均同樣表現一種極端的現世主義的精神。）此外，中國宗教思想中之現世主義的精神，還可從兩方面去看：就是從中國對於基督教與佛教之態度去看。基督教在唐代已傳入中國，然而迄未在中國文化中生根。近代基督教之入中國亦有好幾百年的歷史，仍然對中國人生沒有多大的影響。其中最根本的原因，就是：中國人相信人性是善的，不相信基督教原始罪惡的觀念，不相信人是生而有罪非賴上帝之拯救不能超拔。中國人不相信人有原始罪惡，是因中國人只從現世的人生看。從現世的人生看，當然看不出人有甚麼原始罪惡，須待上帝來超拔了。佛教輸入中國後，也染了不少現世主義的色彩。佛教本來偏重出世的，然中國的佛教徒，卻最愛倡出世間法與世間法並行不悖之論。在家人士之信佛者，尤好「三教同源」「孔子爲大菩薩」之說。佛教中的大乘是比較最能與世間法以地位者，所以中國佛教中大乘教遂最盛，十宗之中大乘竟佔其八。而且，中國佛教徒常有把講佛理看來比修行求解脫還重要的趨向。魏晉時之僧徒，其興趣便大都偏於講佛理一方面。禪宗的末流，只重逞機鋒。這明是把佛學當作世間的玄學來談玩，也是表現一種現世主義的精神。此外，中國的佛敎徒尙有一種特色，卽好選好風景之地居住，好作詩文書畫；這又是一種現世主義精神之表現。中國一般人之學佛者，多係欲以今生之苦行換取來世之富貴，眞想成佛者已佔少數；而想成佛者復大都信賴「不立文字直指本心見性成佛」之禪宗（尤以倡頓悟之南派爲得勢），或「臨終一念不亂憑仗佛力升西」之淨土宗，印度三大阿僧祇刼而後成佛之說，一般人簡直不願聞。這種學佛而想速成的心理，正是一種徹底的現世主義的精神之表現。

八、宗敎上之寬容精神　世界其他有宗敎的民族，均無不曾經宗敎戰爭，以至許多次的宗敎戰爭。世界其他民族的宗敎徒，對於異敎徒通常總是用慘殺或流放的辦法來對付。然而中國卻是世界上唯一不曾經過宗敎戰爭的民族，（太平天國之戰，不能算宗敎戰爭，因太平天國諸領袖，並非眞相信基督敎，不過藉基督敎以推翻滿淸耳。）中國的宗敎徒從來不曾用慘殺或流放的態度來對付過異敎。中國民族可以說是世界上唯一富有宗敎上寬容精神的民族。「道並行而不悖」，「殊途而同歸百慮而一致」，自來便是中國一切宗敎或非宗敎徒共同的信仰。所以，在中國，一切宗敎都可自由施敎。漢武帝雖曾罷黜百家，獨尊孔子，但罷黜百家獨尊孔子，不過把孔子抬高放在百家之上，並不曾禁止百家之學。此早經人考訂過。後來的君主也不曾因之而排斥其他宗敎。佛敎在中國只曾經過三武之厄，周世宗晚年曾廢佛寺，乾隆皇帝曾頒布限制男女出家的命令。然而，這不過極少數君主的意旨。儒者中如宋明儒者雖極力闢佛，韓愈並主張「人其人火其書」，然而，這並不曾在社會上造成一種排佛的運動。而且，韓愈卽曾與大顛往還——想人其人的結果，卻是友其人。此外濂溪之於壽涯，朱子之於妙喜，亦都極交好。就是純粹儒家的程子，見佛像亦表示敬禮謂：「某雖反對其學，亦敬其爲人。」可見中國儒者實無不富於寬容精神。中國人對於道教徒，歷代皆任其自由施教。道教之厄只有一次，卽元世祖曾下令焚道藏僞經。至於中國對於基督教徒亦未曾禁止其施教。康熙之逼害天主教徒，乃因羅馬教皇不許信徒祭祖先，一時引起康熙憤怒之故。可見中國民族實是宗教上最富寬容精神的民族。所以中國很早就有三教同源的說法。張融死時左手執孝經老子，右手執小品法華經，乃一最富象徵意義的事實。到了近來又有種種五教同源六教同源的說法，及甚麼佛化基督教運動，科學化佛法運動。這些都可以說是中國宗教徒富於寬容精神的表現。

本文論中國宗教思想之特質，表面看來是八項；但是這八項都是從「天人不二分全合一」的根本觀念引來的。因爲中國人相信天人不二分全合一，所以沒有超越的天的觀念。因爲沒有超越的天的觀念，所以也沒有與人隔絕高高在上有絕對權力的神的觀念。於是，把神視作人一般，逐漸成重人倫關係過於神人關係，因而產生祖先崇拜聖賢崇拜之宗教；因而以人與人間交往之態度對神，而產生現世主義的宗教觀。現世主義的宗教觀注重宗教的實際性，遂使人不再褊狹的迷信獨斷的教義 Dogma，因而產生宗教上的寬容精神。所以，此文所論，與作者在中國文化根本精神之解釋一文中所論中國文化之根本精神爲「天人不二分全合一」實相照應，讀者可參看該文也。

（一九三六年五月「中心評論」）

莊子的變化形而上學與黑格爾的變化形而上學之比較

引　言

一切形而上學的開始，都是要自變化的現象中尋求不變的原理。但一切形而上學的完成，都依賴於克服變化的現象與不變的原理二者間的矛盾。要克服變化的現象與不變的原理間的矛盾，有兩種辦法：一種辦法，是先撇開變化的現象，視之爲非眞實，而專論不變的原理，次拿不變的原理來說明變化；另外一種辦法，是直下承擔變化的現象，不在變化的現象外成立不變的原理，而把不變的原理建立在牠敵人的城堡上（卽承認變化之爲變化卽一不變的原理。或變化本身是不變的）。採取前一種辦法去建立形而上學的是重「常」的形而上學家，採取後一種辦法去建立形而上學的便是重「變」的形而上學家。關於這兩種形而上學的優劣與歷史上的著名形而上學家，是否都可能分派到上列之任一類去，這不是我在此地要討論的問題。我在此地只是要舉出在西洋哲學史上最看重變化形而上學家黑格爾與中國哲學史最看重變化的形而上學家莊子，拿他們作爲兩方重變的形而上學的代表而加以比較；指出他們雖同樣著重變化，然而對於變化的解釋並不全相同，而因此解釋之不同，遂造成他們的形而上學之不同。

本來照比較的意義，不外同中見異或異中見同。黑格爾也說過：「愈好的比較便是在愈同的地方看出異來，愈異的地方看出同來。」（小邏輯 p. 219） 本文在未論他們不同之點時，理當先指出他們的相同之點。不過，關於他們的相同之點，最近張東蓀先生在燕京學報十六號有一篇從西洋哲學的眼光看老莊已論得不少。因爲張先生作該文的動機，是在指出形而上學的思維方法與普通思維方法之不同，所以拿老莊與黑格爾來作例證；因此全著重在他們的同的方面。而我在作此文之先，卻一向有一種中西思想路向根本不同的看法。關於這種看法的大意，約略具在前在中大文藝叢刊所發表的中國文化根本精神之解釋一文裏面。我用這種看法去看中西思想的結果，遂常著重在兩方思想異的方面。因此我現在之論黑格爾與莊子亦把重心全放在他們異點的討論上面。至於他們最相同的一點，就是同看重變化。而他們之看重變化，則早已成爲一般的常識。要自他們的書中找出相類的論變化的話來，可以說俯拾卽是，用不著多所徵引。我現在只姑就他們論變化時同注重的變化之三方面——無固定之實在、正反相生、無往不復觀或循環觀——略加論列。我想這三點恐亦同樣成了常識，但是我在下面，將用我自己的話來重新解釋。

共同點

一、無固定之實在　莊子與黑格爾最顯明的相同點，就是同不承認宇宙間有固定的實在。在一般人及一些哲學家，只看見短時間的不變，因此總執著固定的實在。莊子在大宗師篇說：「藏舟於壑，藏山於澤，謂之固矣，然而夜半有力者，負之而走，昧者不知也。」這實最足以發執著固定的實在的人深省的話。然而一般人總不能自長時間看，總以爲有不變的實在，所以莊子常要自長時間看。他指有五百歲爲春五百歲爲秋的冥靈，有八千歲爲春八千歲爲秋的大椿，八百歲的彭祖。他指出他們並非只是要顯出他們有更大的「逍遙」與「自由」，同時是要顯出他們同樣有他們的春秋，他們的生死，與當前不知晦朔的朝菌，逝者如斯的流水，同樣表現宇宙之變化。所以莊子書中無處不講變化，因爲我們明明無處不看見「物之生也，若驟若馳，無動而不變，無時而不移。」（秋水）「春夏先，秋冬後，四時之序也。萬物化作，萌區有狀，盛衰之殺，變化之流也。」（天道）我們回頭來看黑格爾，也有同類的思想。黑格爾在他的著作中，無處不表示反對常識的及一般哲學家執著固定之體的看法。他對於任何意義的物之自體（thing-in-itself）無不反對。他在他的邏輯中首先便成立有無合成變之理。他明顯的指出有無的本身，都只是變的一面。所以他說：「眞理非『有』亦非『無』，而是從無到有，從有到無。」（大邏輯卷一p.95小邏輯 pp. 158-163）「有」「無」都要在「變中」獲得其眞理價值。他邏輯的最後範疇，是絕對理念。絕對理念表面看來，當爲固定的。但他說他所謂絕對理念的內容，正不外他全部邏輯範疇由低至高的發展。（But its absolute Idea's true content is only the whole system of which we have been hitherto studying its development. 小邏輯 p. 375）所以他說這理念本質上是一過程。（The idea is essentially a process. 小邏輯 p. 357）此外在精神現象學中，他從此時此地的「感覺確信」（sense certainty）開始；但是，他馬上便指出這種此時此地覺著的一種東西 this，一定要轉爲不在此時此地，然後可成爲我們知識之對象。他於是從知覺到悟性，到自覺之各型態，到理性之各型態，到精神之各型態，宗教之各型態，他指出每一型態均不能自足而必轉變至另一型態。他指出精神必然以發展爲一本性。就是他所謂絕對知識（Absolute knowledge），在他看起來亦非靜的，因爲絕對知識非他，即是哲學；而哲學的本質即在認識此精神之發展，自覺此精神之發展。要自覺此精神之發展便必需重演此精神之發展於哲學的心靈中，所以絕對知識仍是以變動爲本質。關於這點他在百科全書第三部精神哲學中最後論哲學一節（Wallace 譯本 Philosophy of Mind pp. 315-316）尤說得明白，讀者可自去參考，此地不必徵引了。

二、正反相生　變化是一種狀態A到另一狀態B。但是A要變成B，必先之以A之毀滅。此地便來了一個問題，即：A既已成了一種狀態，如何又能毀滅而讓位給B。我們不能說B使A毀滅，因B

尙未生，如何能使A毀滅；亦不能說另有一狀態C來使A毀滅，因爲所謂C使A毀滅，不外C來代替A之意。但C來代替A，卽由A變到C之意。這樣一來，C的情形又與B一樣，卽C與B同爲尙未變化出者，如何能使A毀滅。所以A要毀滅便只能是自己毀滅——卽在A生時已含有滅的種子。但是，我們知道A滅時必有B代之，所以我們說A生時已含有滅的種子，卽無異於說A生時卽含有起而代之的B的種子；卽是說正面的A本身含有反面的B。這就是所謂正反相生。這正反相生的道理，莊子非常看重。所以莊子處處講「彼出於是，是亦因彼。」講「方生方死，方死方生。方可方不可，方不可方可。」「其分也，成也。其成也，毀也。」（齊物論）「合則離，成則毀。」（山木）黑格爾更非常看重正反相生。他所謂辯證法，正是要指出一切有限的存在，都含蓄反面於其自身，所以必然逐漸由正面轉到反面。這在他的小邏輯 pp. 174–182說得非常清楚。他在此書 p. 174 一段更說得明白。他說：「從固定的概念上看，一切存在物似乎只有常住的性質。我們雖明知一切有限者無不變，然而這種存在物的可變性，從浮薄的眼光看去，總以爲這不過存在物有這種變化的可能而已，總不肯相信這可變性是存在物本身的性質。然而事實上，存在物之可變性，卽含於存在物之觀念中，其外表之變化不過其內容之表出而已。」他在這段最後說：「生的爲什麼會死，正是因爲生的時候，已含有死的種子。」（The living die, simply because as living they bear in themselves the germ of death.）這不正是莊子「方生方死」的話嗎？此外，在黑格爾書中講正面含攝反面的話太多了，因爲任一範疇之轉變到第二範疇都是含攝 implicit 於第一範疇的反面之顯出（explicit），所以都要論到正反相生。

三、無往不復　變化的可能原於正反相生，變化的結果是無往不復。變化是一種狀態取消其自身到另一狀態，即黑格爾所謂由正（positive）到反（negative）。假如正可以到反，反亦當到反。這就是黑格爾所謂反之反（negation of negation）。反之反是否一定回到正，我們本可從常識說A之反爲B，B之反不一定回到A。關於這種說法裏面所含的問題，我們在此地不必多討論。但是我們至少可以說B若經過所有與牠相反的CD……最後必遇到A，雖然此A之意義可較原先之A升高了一層。所以，我們仍可說反之反一定要回到正。這樣講來，我們只要承認有由正到反之往，必承認再回到正之復。所以莊子與黑格爾都主張無往不復觀。莊子秋水篇說：「年不可舉，時不可止，消息盈虛，終則有始。」寓言篇說：「始卒若環，而莫得其倫，是謂天均。」田子方篇說：「消息滿虛，一晦一明，日改月化。日有所爲，而莫見其功。生乎有所萌，死乎有所歸，始終相反乎無端，而莫知其所窮。」德充府篇假託仲尼曰：「死生存亡，窮達貧富，賢與不肖，毀譽，饑渴，寒暑，是事之變，命之行也。日夜相代乎前，而知不能規乎其始者也。」在黑格爾哲學中，亦有同樣的論調。他在他精神現象學同大邏輯序言小邏輯序言中，都曾論到哲學自何處開始的問題。他爲甚麼要先提此問題，因爲他覺得嚴格講起來，哲學實無處開始，哲學根本是一圓周。哲學爲甚麼是一圓周？因爲哲學的對象在他看來是一圓周，一切邏輯範疇，自然範疇，精神範疇，無往而不表現一圓周。所以他在他大邏輯最後章說：「這種學問根本是一圓周，或許多圓周的圓周（Circle of circlers）。」（大邏輯 Vel II p. 484）因每一正反合卽一圓周。此外，他的自然哲學、精神哲學亦無非一圓周的圓周。他整個的哲學系統，始於邏輯中的純有（Pure being），終於精神哲學中的絕對精神中的哲學，而哲學的最高階段就是他的哲學。但是，我們問甚麼是他的哲學，則從邏輯中的汎有開始，直到絕對精神中哲學又是一圓周。（關於他把他的哲學視作哲學最高階段一點，可參考 Stace: Philosophy of Hegel, pp. 516–518 一段有趣的評述。）可見黑格爾正是一徹底的相信無往不復觀的。

以上三點可以說是黑格爾與莊子的變化形而上學同樣注重的。表面看來，這三點是一切變化的形而上學家同樣承認的。從上面所述，我們已可看出三者間有必然的聯繫，因爲要承認一切皆在變化中無固定之實在，必說明變化的可能，而須承認正反相生；要承認正反相生，又不能不承認無往不復。這種聯繫是我們從這三者的邏輯關係中看出的。在形而上學家本身，並不必同時注重此三者。譬如柏格孫便是極注重變化的形而上學家，但是他並不看重正反相生無往不復。正面含攝反面，有含攝無，這一套道理，柏格孫並不看重。因爲柏格孫看來變化是究竟的範疇，是不能再分析的。變化何以可能這問題，在他是不成問題的。同時他認爲生命的前進，只有日新又日新，永無回復，所以他也不承認無往不復。又如斯賓諾薩所謂本體，自因自化，亦非固定之實在。他亦頗看重正反相生。他承認每一種有限的存在，卽含有毀滅的原因在內。但他並不很看重無往不復。莊子與黑格爾卻是同樣看重此三者的。關於柏格孫、斯賓諾薩與黑格爾、莊子哲學的高下，此乃另一問題。但是這三者卻是應當同時並重。因爲只承認了無固定的實在只算承認了變化的事實，必承認了正反相生纔說明了變化的基礎，必承認了無往不復纔說明了變化的歸宿。這樣一來變化的槪念本身亦纔有了變化。所以我把他們當作中西哲學中兩個代表的變化形而上學家。

異　點

以上約略講了黑格爾與莊子的同點。我們現在便應進而問他們有甚麼不同。關於他們的不同，我想讀者在看到上文無往不復觀一項，或已想到一點；卽：黑格爾所謂反之反，並非只回到正，而是高一層正與反之合。黑格耳的循環，並非眞正的循環，同時是向前推進的循環。莊子所謂循環則似乎不表現向前推進的趨勢。這誠然是莊子與黑格爾很明顯的不同的一點。（關於這點的討論，將包在下文第五項去。）這點雖很明顯，尙非莊子與黑格爾差異的由來。我們要找出他們差異的由來，必須從他們最根本的不同點上出發。必這樣，我們纔可以看出他們的一切不同點的來源，都是從一根本點根據邏輯的必然引申而來，以致成爲對立的兩種型態的變化形而上學。以下便當依序先討論他們根本不同點，然後再論他們的其他不同點。

一、從有到無與從無到有之不同　我們知道所謂變化，就是從有到無，從無到有。必須兼此二者，纔有變化。這是黑格爾與莊子同承認的。然而，他們雖同承認變化必兼含由無到有由有到無，而變化的開始（此開始乃邏輯上之意義）究竟是先由有到無或先從無到有，則他們各人的意見卻不同。黑格爾主張變化的開始是從有到無；莊子則主張變化的開始是從無到有。在只注意黑格爾與莊子相同一面的人看起來，似乎這種差別不算甚麼，而且不甚顯著。然而哲學上的分野，都是從最細微的地方差別起走的，正如莊子所謂：「作始也簡，將畢也巨。」何況這種差別其實也並非不顯著。譬如，黑格爾的邏輯範疇第一是「純有」，第二纔是「無」，他之說明有無合成變的步驟如下：「『純有』不含任何性質，無任何之定限，所以無以別於『無』，於是而可由『有』的範疇轉變到『無』的範疇。而純粹的『無』亦無定限，所以亦無從與『有』差別，又可轉變爲『有』的範疇。由『有』到『無』，又由『無』到『有』，這樣遂成『變』的範疇。」（大邏輯 pp. 94–95，小邏輯 p. 158–163）他明顯的著重從有到無。所以他先提出「純有」的範疇再到「無」的範疇。他爲什麼不先提出「無」的範疇，再到「有」的範疇？這就轉到前面 With what must the science begin 一章中的問題。他在這一章中，最精彩的部分是分析「開始」（beginning）的意義的幾段。他一來分析開始的意義，立刻便指出，在開始的概念本身，就含有一種東西在開始的意義，有一種「有」（being）在開始的意義。他在此地本可說由無而後有，（因爲我們很可以說在剛開始的時候甚麼也沒有，他也說：「甚麼也沒有，一種東西要開始了。」So far there is nothing: Something is to begin.）但是馬上說在開始時，已有「有」在其中。他說：「The beginning is not pure nothing, but a nothing from which something is to proceed; so that being is already contained in the ceginning. The beginning contains both being and nothing. It is the unity of being and nothing or is not-being which is being, and being which is not-being.」（大邏輯 p. 85）他即在開始的概念的分析中，都不肯承認先無後有。在莊子便不同了。莊子原是承繼老子之學說的。老子就曾說過：「天下萬物生於有，有生於無。」「無名天地之始。」莊子當然變本加厲。所以他說：「以無爲首。」（大宗師）「以無有爲首。」（庚桑楚）「泰初有無，無有無名，一之所起，有一而未形。」（天地）他對人的生命的來源的看法，他總是說：「察其始，而本無生。」（至樂）他總是要先從無到有，正與黑格爾之先從有到無相反。黑格爾分析開始的概念，他也分析開始的概念。但黑格爾分析開始概念中，一定要避免無的在先性；而他分析開始的概念，則正是要建立無的在先性。他說：「有始也者，有未始有始也者，有未始有夫未始有始也者。有有也者，有無也者，有未始有無也者，有未始有夫未始有無也者。」這與黑格爾不正是一有趣的對照。（黑格爾大邏輯第一卷一一二頁曾批評從無開始之說之不當。謂：「從無開始，如中國哲學之所爲，則人不能舉一指，因才舉則無已爲有矣。」其所謂中國哲學大約卽指老、莊。然其說並不能全打倒老、莊，因可爲在未舉之時爲無，舉時方有，正是由無而有也。）

二、以有為主與以無為主之不同　由有到無與由無到有之不同，由上面一段所述，似純是次序問題。然而，我們馬上可看出這次序的問題，成為實質的問題。在黑格耳哲學中，第一範疇是有與第一範疇是無簡直有絕大的差異。黑格爾哲學，我們前面已說過，根本是一圓周。所謂圓周是甚麼意思，我們尚未完全解釋。我們前面說由正到反之反之合為一圓周。此尚是意義的一半。黑格爾哲學中所謂圓周，尚有一層更深的意義。即：一方面終點必預設始點，一方面始點也預設終點。譬如說正反合之合，是由前面正反而來；然而一方面正反之所以能存在，也因為先有合。此所謂先非時間上之先，乃邏輯上之先。所以他邏輯中最後的範疇，絕對理念，預設前面一切範疇，最前的範疇也預設後面一切範疇。第一範疇與最後範疇各據一意義的最高地位。因此第一範疇是有（being）或無（not-being），意義便截然不同。現在第一範疇既然是純有，所以他說純有一方是絕對直接的，一方也是絕對被間接的。（It is in this respect, that pure being the absolute-immediate is also absolute-mediated.）（大邏輯 p. 84）所謂絕對被間接的，即預設全部以後範疇為基礎。而預設全部以後一切範疇為其基礎，同時其本身也即為以後一切範疇的另一意義之基礎。所以，黑格爾把純有（pure being）當作第一範疇，即無異使全部邏輯範疇，都為此範疇所滲貫，都含攝於此範疇中。在黑格爾邏輯系統中就是用「有」（being）之名，都用了三次。「純有」是有，統屬「純有」、「無」與「變」三範疇的也是有，統屬「質」、「量」、「度」三類範疇的也是有。這雖似乎是名稱的問題，然而「有」在黑格爾哲學系統中之地位遠非「無」所及，也可想見。在莊子中則恰恰與黑格爾相反。黑格爾以有爲主，以有滲貫其全部邏輯範疇——亦即滲貫其自然範疇，精神範疇，因後二者本於前者故。莊子則以無滲貫其全部宇宙。莊子之論變化既然偏重自無到有，所以，進一步必然以「『無』爲萬彙之有所從出」；再進一步便爲「萬物以『無』爲根本性質」。這種說法乃從老子來。老子曾說：「天地之間，其猶橐籥乎？虛而不屈，動而愈出。」這是說一切有均來自無。又曾說：「夫物芸芸，各歸其根。歸根曰靜。」這是以無可表見之靜爲萬物之根本性質。所以莊子也說：「萬物有乎生，而莫見其根。有乎出，而莫見其門。」（則陽）「萬物出乎無有，有不能以有爲有，必出乎無有。」（庚桑楚）「芒乎芴乎，而無從出乎，芴乎芒乎，而無有象乎，萬物職職，皆從無爲殖。」（至樂）這是說一切均自無來。他又說：「寂寞無爲者，萬物之本也。」「天不產而萬物化，地不產而萬物育。」（天道）這是說「寂寞無爲」爲萬物之根本性質。此外，同樣要說明「無」爲「有」所從出，「無」爲萬物之根本性質一類的話，莊子書中也還有。這種說法從常識看來，似很奇怪。如何無能爲萬彙所從出？無如何能爲萬彙之根本性質？其實並不奇怪。因爲當前的一切東西，都明明是前一刹那無而後一刹那有的，這顯然便是有自無來。「有」既然自「無」而來，「無」便是其根本性質。誠然，我們可以說：後一刹那之「有」是潛伏在前一刹那之「無」中，所以，前一刹那之「無」非眞無，後一刹那之

「有」非以前一剎那之「無」爲其根本性質，乃以前一剎那「潛伏之有」爲其根本性質。但是，莊子在此至少可說此「潛伏之有」終爲「無」所包裹，所以仍是「無」含「有」。誠然，你也可反過來說：此「有」雖爲「無」所包裹，然此「有」乃「無」的主宰，能使「無」破裂而化爲「有」者；所以，仍是「有」攝「無」。這就成了黑格爾的說法。然而，這種說法並不能推翻前一種說法，因爲這不過畸輕畸重的問題。黑格耳既然可以畸重在「有」，以有攝無，以有「主」萬物；莊子爲甚麼不可畸重在無，以無含有，以「無」主萬物呢？

三、回到有與回到無之不同　上文的第一節是說黑格爾論變化注重從有到無的一面，莊子論變化注重從無到有的一面。第二節是說黑格爾論變化由注重從有到無遂以有爲主；莊子論變化，由注重從無到有，遂以無爲主。同時，我們知道眞正的變化，一定要一往一復的。我們現在把這三層意思加起來，黑格爾與莊子之更大的不同便可更顯出了。黑格爾論變化，既然注重從有到無的過程，同時他又以有爲主，於是一往一復的結果，必然仍回到有。反之，莊子論變化，注重從無到有，同時他又以無爲主，於是一往一復的結果必然回到無。所以，在黑格爾哲學中，處處表現發展，每前進一階段，意義必更深厚一層，豐富一層。譬如，在他邏輯中，愈是高級的範疇內容必愈充實。所以，在黑格爾哲學中，否定（無）的作用並不是消極的，而完全變成積極的。每一次的否定，都是達到更高一層的肯定的準備。矛盾亦不含消極的意義，而成爲更高的和諧的準備。因此，他說：「矛盾是世界運行之原理。」（Contradiction is the very moving principle of the world。）（小邏輯 p. 223）我們千萬不要誤會黑格耳眞否認矛盾律。黑格爾只否認一意義的矛盾律，並非否認一切意義的矛盾律。在黑格爾哲學中低的範疇之所以必然要演進到高的範疇，就是因爲要去除矛盾。（關於這點，麥太加 Mctaggart 特別著重，主要的參考，可看其 Study of Hegelian Dialectic 第一章、第四章。不過其說也非全對，今不具論。）所以，愈高的範疇，所含之矛盾纔愈少。邏輯範疇發展至總念，所有的矛盾便都已可謂完全化除。他說：「The notion is the principle of freedom, the power of substance self-realized. It is a systematic whole in which each of its constituent functions is the very total which the notion is and is put indissobly one with it. Thus in its self-identity, it has original and complete determinatedness and the notion is completed self identical in its otherness.」（小邏輯p. 287）至於到了絕對理念，更絕對沒有矛盾，同時也成了絕對的「有」，無待於外的「有」。（爲甚麼絕對理念會成無待於外的有？因爲一切矛盾的過程，一切變化的過程均含攝於其自身故。所以他說：「絕對理念，爲其自身之內容。」（It is its own content）（小邏輯 p. 374）正因爲絕對理念是無待於外的「有」，所以纔能迴繞到開始的「純有」（pure being）而成一圓周。所以，他在他的精神哲學中說：「The absolute mind（卽 absolute idea 之 for itself）while it is self-centred identity, is always also identity returning and ever returned into itse-

1f.」(wallace 譯本 p. 291) 然而，我們來看，莊子則恰巧相反。黑格爾前進得絕對之有，莊子則要後退求絕對之無。黑格爾只想一切由有到無之必回歸於有，莊子則只想著一切由無到有者之仍必歸於無。所以，他說：「萬物皆出於機，皆入於機。」(至樂)「有乎生，有乎死，有乎出，有乎入。入出而無見其形，是謂天門。天門者，無有也。」(庚桑楚) 生死萬物出入萬物的「無」，便是莊子所謂「絕對之無」。爲甚麼這是「絕對之無」？因這「無」非與「有」相對之「無」。何以見得其非與「有」相對之「無」？因「有」來自此、歸至此故。「有」來自「無」，是「無」能自己否定。「有」歸向「無」，可見「無」又能重新自己肯定，故是「絕對之無」。所以，莊子在知北游篇不特要人無「有」，且要人無「無」。爲什麼要無「無」，因「無」仍與「有」相對，必無「無」方爲「眞無」。「眞無」，則「無」不與「有」相反。因與「有」對待之「無」方與「有」相反，「眞無」不與「有」對，何能與「有」相反？「眞無」既不與「有」相反，則「無」與「有」間自無礙；「無」與「有」間既無礙，則「無」中自可出「有」、「有」亦可歸於「無」。到此，我們便可知道莊子所謂「道」何解。莊子所謂「道」，有人說牠就是「無」，亦有人說牠「非無」。在我們看來，說道是「無」固不對，說道「非無」也不對。莊子所謂道，絕非普通之「無」。若爲普通之「無」，則「無」與「有」相對，如何能爲萬象之主？然而亦不能說「道」「非無」，因爲莊子許多話，明明要引起我們作「道」是「無」的揣測。於是，張東蓀先生，在前面提到之文內，便拿出「道」是「從有到無、從無到有」的過程的主張，說「道」卽相當於黑格爾所謂變化之範疇。這樣一來，便把「道」之「是無」、「非無」兩層意思都包括了。這種說法誠然高明許多。不過，假如「道」只是「從無到有、從有到無」的過程，仍只說明了「道」的流行義，忽略了「道」的主宰義。要說明「道」的主宰義，便一定要在「有」「無」兩頭中著重一頭，以一頭爲主，「道」若是「從有到無從無到有」，則我們於「有」「無」二者應當可任著重其一，而以一頭爲主。然而，我們顯然不能著重有的一頭——因與莊子書中重「無」之意不合。而且，拿黑格爾所謂「變化」來與莊子之所謂「道」來比，尙有一層不適當；就是：黑格爾所謂「變化」是黑格爾邏輯系統中極低的範疇，本身是最不完全的最要待超越的，其距黑格爾哲學中的最高概念尙距百多個範疇，而莊子所謂「道」則是莊子哲學中的最高概念，拿道比變化，未免比得太低了。所以，我以爲莊子所謂「道」非他，卽剛纔所謂「絕對之無」。照我們剛纔所說，「絕對之無」實不與有對而爲含攝「有」在內之「無」，換言之，卽爲「有」所自出「有」所自入之「無」，簡名之曰「出入有之無」。（「出入有之無」其根本性質卽「出入有」，「出入有」卽「無」之唯一屬性，故著重之點不在「無」，而在「出入有」，這我們要特別注意。）我假設拿這種「出入有之無」的概念去解釋莊子所謂「道」，則無往而不通。莊子所謂「道」，在形而上學上的意義，我加以分析，不外下列四義：一、先天地生之萬物生成的原理；如大宗師所謂：「道自本自根，未有天地，自古以固存。神鬼神地，生天生地。在太極之先而不爲高，在六極之下而不爲深，先天地生而不爲久，……」卽以道爲萬物生成的原理。二、覆包萬物。天地篇的：「夫道覆載萬物者也，洋洋乎大哉。」天道篇的：「夫道於大不終，於小不遺，故萬物備。廣廣乎其無不容也，淵乎其不可測也。」秋水篇的：「道無終始，物有死生。」均自「道」之覆包萬物作用處言「道」者。三、混融萬物。齊物論的：「舉莛與楹，厲與西施，恢恑憰怪，道通爲一。凡物無成與毀，復通爲一。」和知北游的：「臭腐復化爲神奇，神奇復化爲臭腐。通天下一氣耳。」以及「道在螻蟻，在稊稗，在屎溺。」的話，皆謂「道」混融萬物而道自無所不在。四、以虛爲體。如「唯道集虛。」（人間世）「夫虛靜恬淡寂寞無爲者，天地之平而道德之至。」（天道）「道不可有，有不可無。」（則陽）「夫昭昭生於冥冥，有倫生於無形，精神生於道，形本生於精，而萬物以形相生。」（知北游）都是以虛來形容「道」。（此外，知北游篇的：「有先天地生者物耶？物物者非物，物出不得先物也。」也當是論「道」。這也明明是說明「道」非實而爲虛。）這四種意義，都可包含在我們剛纔所謂「出入有之無」之意義中。因爲，這種「無」之根本性質既爲「出入有」，則自始我們便不能概念之爲固定之「無」。假設我們暫時把這種「無」爲「有」所自入之一面不論，而只論其爲「有」之所自出一面，則這種「無」便可概念之爲「將化成有之無」。這種「無」既根本以化成「有」爲性，當然能生萬物；因爲在其概念本身上卽含蓄一種生發之機，（這種「無」正好比清明在躬志氣如神時，心中之空無所有。）當然可謂之爲生萬物者。這種「無」既爲一切「有」所出入，則根本滲透於一切「有」之內，與一切「有」交融遍攝，猶如當前的虛空，當然能覆包萬物，同時爲萬物轉變的樞紐，使萬物錯綜混融。至於虛爲「道」之體一項，更非承認「出入有之無」，卽「道」不可，因爲虛正是一種可含攝有的無。老子說：「致虛極，守靜篤，萬物並作，吾以觀其復。」莊子人間世也說：「虛而待物。」此外講虛的地方都含此意。莊子以虛爲「道」之體，豈不正與我說「道」爲「出入有之無」之意相合？所以，我敢斷言莊子所謂「道」卽我所謂「絕對無」。

四、較超越的形而上學與更內在的形而上學之不同　黑格爾在西洋哲學史上，本來是主張內在的形而上學的。他所最反對的就是超越的形而上學。不過，超越的與內在的之分常是程度的。黑格爾比起西洋其他形而上學家雖然要算主張內在的形而上學的，然而比起中國的老、莊，則又要算主張超越的形而上學的了。因爲，黑格爾所謂絕對理念，從我們有限的存在看來，乃是一無限無窮包羅萬象的全體，他本身是超越我們能思的一切有限的存在之外，我們能見的一切有限的存在，不過是構成他的全體的一分子。我們能見的一切有限的存在，都是呈現於時空內，而絕對理念則是超乎時空以上——時空不過其所包攝之範疇而已。所以，絕對理念自有其本身的結構，本身的發展。不過，這發展並不是他本身的歷史；他本身無歷史——歷史是他從時間的範疇顯現其自身的形態。我們於是可以從歷史去看絕對理念如何在時間中顯現其自身。絕對理念當其顯現於人類意識時是爲絕對精神。假如我們從人類歷史上去看絕對精神的發展，我們便可看出歷史的發展自有其必然的定律。我們有限的存在在歷史發展到那一階段，我們便有我們必然的命運。這從黑格爾的歷史哲學精神現象學中都可以使我們感到這種啟悟。所以，黑格爾的絕對，顯然含不少超越的意味。莊子所謂「道」則情形大不相同。莊子所謂「道」一方雖能生天生地，覆包萬物，然而他本身是含攝「有」而未形的虛空。他本身唯一的作用就是由無中出有，使有入無。他沒有其他任何特殊的結構，他也無其他內在的發展。所以，他並不能決定萬物的特殊命運。他唯一所能決定的，只有「合則離，成則毀，其分也成也，其成也毀也。」相反相成循環無已的變化。然而，這種變化便把「道」的全部意義都表現出了。所以，他一方雖在天地之外，一方也即在天地之中；一方雖覆包萬物，一方即在任一物中。因他本來以虛爲體，一點虛空他便可全部表現其自身。這顯然與黑格爾之絕對不同。黑格爾雖亦謂絕對無乎不在，然而黑格爾並不肯說每一物均能表現全部絕對。他只能說凡一物均負荷絕對，或如前面論 being 時所謂被絕對所間接（Mediated by absolute）。莊子之「道」則無乎不在，在螻蟻，在稊稗，在屎溺。其實這並不奇怪。因爲黑格爾所謂絕對是「絕對的有」，「絕對的有」是超越一切「有限的有」的「有」，那當然須在一切「有限的有」之外，而莊子的道則是「絕對的無」，則只要能使「有」出入的便是。這種「無」當然隨處可表現了。

五、自己完成的絕對與永遠流轉的道之不同　前面已講到黑格爾之絕對是超時間的。不過，我們要記清楚黑格爾之所以說絕對是超時間，是因爲時間根本是絕對之一範疇，時間存於絕對中之故；並不是有一超時間的絕對，與在時間中的現象相對，若果如此，則絕對已不成絕對。我們在想像絕對之先，便須把我們所能想像的一切存在都屬於絕對，同時相信絕對又超越這一切存在。我們這時纔能了解絕對。所以，時間已沒入絕對中。然而，這樣一來，就有一個問題；就是：時間既已沒入絕對，絕對本身便不能有變化。因爲一切變化要經過時間，而時間卽只能存於絕對中，所以變化亦只能在絕對中變化。因此從絕對本身的觀點看來，一切變化便只能看作虛「幻」；絕對本身只能是不變化而自己完成的。所以他說：「The consummation of infinite end, therefore consists merely accomplishing itself in the world, and the result is that it need not waits upon us, but is already by implication as well as in full actually accomplished in the course of the process, the idea creates that illusion, by setting an antithesis to confront it and its action consists in getting rid of the illusion which it has created.（小邏輯 p. 352）The act of differentiation is merely a movement, a playing of love with itself, in which it does not get to the otherness or other-being in any serious sense, not actually reach a candition of separation and division. (Philosophy of Religion, p. 35)」此書我未見今間接引自 Haldar, Neo-Hegelianism p. 456）這樣看起來，黑格爾所謂「絕對」雖以發展或過程爲其內容，我們不能說他所謂「絕對」是靜的固定的，也不能說他的哲學不是變化哲學；然而，就其把「絕對」本身視作不變一點而言，卻是超乎變化哲學

的範圍了。我們回頭來看莊子，則莊子所謂「道」正與黑格爾所謂「絕對」相反。黑格爾所謂「絕對」是超時間的，莊子所謂「道」則是隨時間而流轉的，或者就是時間的本質 Essence。莊子所謂「道」，據前文所說，不外能「出入有之無」；而時間的過程正是一由無而有由有而無的過程。所以，黑格爾所謂「絕對」是自己完成的，而莊子所謂道則正是絕對的流轉的。黑格爾以爲只有在「絕對」的完成中，方能包含變化或流轉。莊子則以爲只有絕對的流轉，然後有所完成。因爲絕對的流轉卽絕對的與時變化，絕對的由無而有由有而無，卽絕對的生生不已。莊子說：「天道運而無所積，故萬物成。」因有所積便是有而不無，有而不無則「前有」爲「後有」之礙，萬物便不能生生不已相繼已成了。不過，我們同時又要注意，我們說莊子之「道」是隨時間而流轉，是時間的本質，並非說「道」亦如其他萬物之限於時間之中。「道」若如其他之萬物限於時間之中，則「道」亦當由無至有由有至無。如此，則「道」不成其道。而且，照我們前面所說「道」，不外能「出入有之無」，「道」如能由無至有，由有至無，這亦出於「道」之作用。我們這時已先預設 (Presuppose)「道」的存在。所以，我們說「道」在時間之中，卽等於說「道」不在時間之中。因此，道不能限於時間之中。關於這點並不很難懂。因爲，「道」雖然是時間的本質，時間的本質必隨時間而流轉，由時間中表現其自身；然而時間的本質之爲時間的本質，並不在時間之中。譬如，我們從另一方面說，時間的本質是「過去」「未來」，而「過去」「未來」必表現於過去未來之時間中。然而，「過去」之爲「過去」，並無所謂過去；「未來」之爲「未來」，並無所謂未來。「過去」不會去，「未來」不會來。所以，「過去」「未來」本身必不能限於時間中。同理，「道」雖是時間的本質，然而「道」並不限於時間中。不過，反過來我們仍可以說「道」雖不限於時間中，卽隨時間而流轉。這又說回去了。我們假設能完全通徹這兩層意思，也便能完全了解莊子所謂「道」的意義了。

六、認識絕對與認識道方法之不同　黑格爾以爲「絕對」是超我們一切有限的存在的，但是此地又來了一個問題；就是：我們本身根本是一有限的存在，我們如何能認識無限的絕對。這是一個極困難的問題。在從前的西洋哲學家，承認有無限的絕對的，對此問題，均無法解決。然而，黑格爾卻有一種辦法，就是他所謂辯證法。他所謂辯證法原來是他認識絕對的方法。因爲在他看來，我們有限的存在之所以不能認識絕對的理由，就是因爲我們認識的心受了限制。我們的心爲什麼會受限制，就是因爲我們只看見一面，忽略了較大的一面；看見了較大的一面，忽略了更大的一面。我們如何能逐漸認識更大的一面呢，這便只有賴我們逐漸取消我們的限制，逐漸否定我們原認識的一面A，到他相反的一面B，再綜合原認識的一面A與相反的一面B成C，再去認識與C相反的D，再綜合C與D成E。這樣依著正反合的方式逐漸擴大，我們的心便可達到把我們心中一切限制都取消的時候，而認識宇宙的最完備的一面（亦卽宇宙的整面或宇宙全體），於是我們的認識達到了絕對。所以，用黑格爾的方法去認識絕對是一步一步的向前推進的，因爲黑格爾所謂絕對是絕對的，是有一定的內容的，我們要認識他當然非先次第經歷他全部的內容不可，不能立刻就認識的；同時，只能用思維的方法，因爲只有思維的進展，纔可有一定的步驟，把握一定的內容。莊子認識「道」的方法則既不須一定的步驟，亦不須用思維的方法。莊子所謂「道」根本是出入有的無，他本身並無一定的內容，認識他當然用不著一定的步驟；而且，纔想採取一定的步驟便陷於執定的有中，而與「道」相遠了。所以莊子要人：「游乎天地之一氣。」（大宗師）「游於物之初。」（田子方）「藏乎無端之紀，游乎萬物之終始。」（達生）說「道」「可傳而不可受，可得而不可見。」（大宗師）這都是要人超脫一定的步驟的觀念的意思。同時，也就不能用思維的方法去認識道，因爲一切思維均有一定的對象，均是固定的有，不能是出入有的無。莊子處處總指出道之不可以思慮推求，知北游篇論此猶多，如說：「無思無慮始知道。」「道不可聞，聞而非也；道不可見，見而非也；道不可言，言而非也。知形形之不形乎，道不當名。」道本質上既然不外一「出入有的無」，根本上即一沒有性質可指的意味或過程，而且這過程根本是普遍呈現於一切變化之物中的過程，而不是一逐漸開發的過程。所以，連找出他一定的動向都不可能，那當然不能以思慮推求，而只能從表現「出入有的無」的循環往復的事中，一回一回的體味。在本文中我雖然處處用「出入有的無」來講「道」，然而我也並不能說讀者只抽象的了解了我所謂「出入有的無」，便算已知莊子所謂「道」。除非讀者能眞正在心目中常常覺有一「出入有的無」，無在無乎不在，不能算眞合莊子所謂知道。然而，讀者若眞能無時無地不覺一「出入有的無」，則讀者此時的心，一方面已非「出入有的無」一概念所能表示，而超乎思慮言語之外去了。

七、歸宿於哲學與歸宿於道術之不同　承認了我們上面所說黑格爾認識絕對的方法，我們便可了解黑格爾在各種文化領城中最看重哲學的理由。黑格爾在精神哲學中認爲絕對精神之表現有三：一、藝術；二、宗敎；三、哲學。藝術的生命，在他看來，全寄託於宗敎。所以他在精神現象學中簡直就把藝術合於宗敎中討論。然而，宗敎的意義則全在哲學。在他看來，宗敎與哲學的對象，同是目的在認識絕對精神。所以他說：「The object of religion, as of philosophy is the eternal truth, in its object ivity, god and nothing but God and the explication of God.」（原文見黑格爾何書我不知，此轉錄自 Haldar Neo-Hegelianism p. 469）不過，他認爲最高的宗敎對上帝的解釋，都只是用表象的描述的方法。（他在精神現象學中常用的所謂 Presentational picture thinking, Figurative presentation 者是）所以宗敎中所啓示的關於上帝的眞理，還不曾完全爲我們所自覺。我們要完全自覺上帝的眞理，便不能不再進一層到哲學或絕對知識。因爲只有在哲學中，纔把宗敎中所啓示的眞理完全表現出來。雖然他並無拿哲學代替宗敎之意，然而至少很容易啓人以這種誤會。難怪黑格爾學派分裂後，便有徹底主張以哲學代替宗敎的左派。關於黑格爾之這樣重視哲學，在有些人看來很奇怪，如麥太加（Mctaggart）在 Study of Hegelian Dialectic 第六章便認爲黑格爾太著重哲學，是同他思想本身的趨向不合的。但是，在我看來，這並不奇怪。因爲黑格爾把絕對精神視作絕對的有，絕對的有一定要是能絕對的自己置定（self-positing）的，所以，從絕對精神一方看來，必然要求絕對的自覺其內容。絕對精神要求絕對的自覺其內容，當然只有賴哲學的活動。因爲只有哲學的活動在黑格爾看來纔是思想之自己思想（Thinking of Thinking），即思想之自己了解其內容，即眞正的自覺（self-conciousness）。而從我們有限的存在看起來，亦只有賴哲學——即思想之自己思想——思想纔能踏穩他自己的脚，一步一步的向前推進，把握絕對精神的內容。這樣一來，黑格爾當然會看重哲學當他形而上學的歸宿了。

從黑格爾的形而上學引申下去，必然看重哲學；然而，從莊子的形而上學引申下去，則並不看重哲學。哲學都要可言傳可意致，而莊子所謂「道」則係言之所不能盡，意之所不能致。因爲「道」，照我們上面所說，即「出入有的無」；然要眞了解「出入有的無」的意義，照上段所說，全靠處處體味，非只知「出入有的無」一抽象概念就行。這樣一來，哲學至多只有引導的作用，當然不會被莊子看重。照莊子看來，我們不認識「道」則已，我們一認識「道」，我們的心便與「道」打成一片。我們的心與「道」打成一片，我們的心便能施「道」行「道」。我們說「道」是「出入有的無」，我們得「道」後，我們的心也便成「出入有的無」。我們的心成「出入有的無」，則我們的心便能如「道」之能使萬物轉化而其本身超出一切轉化之外。我們的心爲「出入有的無」，則我們的心能虛靜至極。所以說：「至道之精，窈窈冥冥，至道之極，昏昏默默。」（在宥）虛靜至極，則無論什麼都能容受。所以說：「視乎冥冥，聽乎無聲。冥冥之中，獨見曉焉，無聲之中，獨聞和焉。故深之又深而能物焉，神之又神而能精焉，故其與萬物接也。至無而供其求，時騁而要其宿。」（天地）同時虛靜之極，則無論什麼都看得明白，而不爲任何物所礙。所以說：「心靜……天地之鑒也，萬物之鏡也。」（天道）這樣一來，我們的心便成了能自由變化而又不陷於變化之物的萬象之主，能無爲而無不爲。所以說：「貴在於我，而不失於變，且萬化而未始有極也。」（田子方）「一龍一蛇，與時俱化，而無肯專爲。一上一下，以和爲量，游游乎萬物之祖，物物而不物於物，則胡可得累耶？」（山木）「無爲也，則用天下而有餘。」（天道）「無不忘也，無不有也，澹然無極，而眾美從之」。（刻意）於是，我們遂有了道術。道術，我認爲是莊子哲學的究竟義。不過，道術內容之一部，已屬於莊子人生哲學的領域，非此文討論的內容，所以不細論了。

結論

以上已將莊子與黑格爾兩家形而上學之同異之點，一一陳述了。我們現在總括起來，可以說他們相同之點，在：同樣認爲宇宙是變化的，同樣主張宇宙無固定之眞實，同樣主張正反相生，同樣主張無往不復。不過，因爲變化之意義兼含由「無」到「有」由「有」到「無」二者，他們一重前者，一重後者，於是有第一點之不同。由第一點之不同，進一步遂有第三點以「有」爲主與以「無」爲主之不同。合一二兩點加上無往不復之義，遂有第三點回到「有」回到「無」之不同，於是有絕對與道之不同。到此，我們遂可了解莊子與黑格爾在變化的現象上，同時建立不變的原理的方法。又因爲黑格爾之所謂「絕對」是「絕對有」，而當前的現象都是「相對有」，所以「絕對有」含較多超越的意義；而莊子所謂「道」是「絕對無」，「絕對無」之性質惟是出入有，所以性如虛空，無所不在，於是含較多內在的意義。因而有第四點較超越的形而上學與更內在的形而上學之不同。相連而來的就是第五點自己完成的「絕對」與永遠流轉的「道」之不同。第六點認識「絕對」與認識「道」之方法之不同。第七點歸宿於哲學與歸宿於道術之不同。可見這各種不同點之間，處處表示邏輯上之必然關係。不過這種必然際係的敍述，已散見於前文中，此地不須重述了。　廿五年三月廿七日

（一九三六年四月「中山文化教育館季刊」第三卷第四期）

中國哲學中天人關係論之演變

一　引　論

以中國哲學與西洋哲學相較，其最顯著之差別，卽西洋哲學，大率自天人對立之觀念出發。所謂天人對立，卽將宇宙人生先視爲二，一方爲客觀宇宙，一方爲主觀人生，二者相持相拒；視客觀宇宙自有其律則或運行之軌道，而人則自有其祈嚮或活動之目的：卽一方爲自然之天，一方爲反乎自然之人，一言以蔽之則內界外界先視爲二是也。此種內界外界爲二之二元觀，實爲西洋多派哲學共同之開始點。西洋多派哲學蓋無不努力如何超越此二元，以求內界外界之統一。然在中國哲學中則一向持天人合一之觀念，宇宙人生素未分爲二。客觀宇宙與主觀人生，天道與人性素未隔絕，內界外界中國哲人從不以爲二元。在中國古代宗教中，人於天神雖不免恐懼之情，覺天命之可畏，然其嚴肅之程度，實遠不及在西洋古代之宗教者。且中國自有正式之哲學產生，卽視天人可合一。故老子謂：「人法地法天。」孔子謂：「人者天地之心也。」墨子視天雖同於原始宗教之天，以天爲有意志人格之主宰，以天志爲不可逆；然墨子視天純以愛人爲心，故謂：「我爲天之所欲，天亦爲我之欲。」是天人仍爲交與之伴侶。莊子雖有造化爲大冶人爲鑄金之喻，若人小而天大；然莊子此類言之本意仍在使人由順造化而與造化爲一，故謂：「天地與我並生，萬物與我爲一。」又自謂：「與天地精神相往來。」荀子雖將「生之所以然者」之性，與人僞對立，天論中持「從天而頌孰與制天而用之」之說；然其所謂制天而用，正含以人德同天之意。故天論下面卽謂：「淸其天君，正其天官，備其天養，順其天政，養其天情，以全其天功，……則天地官而萬物役矣。」至於此外之儒家道家亦莫不持天人合一之論。中國之形而上學源於先秦。先秦有系統之形而上學者唯儒道。故中國歷代之形而上學者，遂咸持天人合一之論，而內界外界如何求統一之問題，在中國哲學中，遂迄未嘗有。此卽中國哲學家論形而上學不必先以認識論爲媒介，而將形而上學與人生哲學連論之故，由此可見天人對立與天人合一，實中西哲學大塗上之差別。至此種大塗上之差別所由來，蓋頗有由於中國古代民族與西洋古代民族生活形態之不同者。原西洋古代之民族皆爲游牧民族，希臘民族及近代之諾爾曼爾人皆夙爲游牧民族。游牧民族處荒寒之地，驅彼牛羊，奔逐水草，常行廣漠，轉徙於風塵之中；如易經需卦所謂：「需於沙，需於泥，需於酒食。」上視則天蒼蒼，前視則野茫茫，行行重行行，道路阻且長。其心靈中必然孕育「人生天地間，忽如遠行客」「人爲世界中之生客（Stranger）」之感觸，同時其蒙昧之意識中，對此悠悠蒼天茫茫大地，必含「天之蒼蒼其正色耶？其遠而無所至極耶？」「天其運乎？地其處乎？日月其爭於所乎？孰主張是？孰維綱是？推而行是？意者其有機緘而不得已耶？意者其或運轉而不能自止耶？雲者爲雨乎？雨者爲雲乎？孰居無事，淫樂而勸是？風起北方，上有彷徨，孰居無事而披拂是？」（借用莊子——天運語）之種種疑問。故當其能作宗教與哲學上之反省時，立卽覺到人與宇宙爲二，宇宙自有其律則，自有其主宰。欲知其律則與主宰，遂生出知識上之追求態度。由此追求之態度，遂肯定世界必有其內在之本質，自存之本體。於是邏各斯（Logos）本住（Substance）支持體（Substratum）物之自身（thing in itself）或此一類之信仰因仍而起。循此種信仰，於是外界自是外界內界自是內界之對律觀念遂正式產生，而哲學問題遂盤桓於如何求外界內界之統一，天道與人性之連貫。然中國古代民族得天獨厚，黃河流域古代地極肥沃，氣候極溫和，故成爲農業民族極早。農業民族「日出而作，日入而息，鑿井而飲，耕田而食。」「草榮識節和，木衰知風厲，菽稷隨時藝，鷄犬互鳴吠，童孺縱行歌，斑白歡游詣。」本易覺自然與人之和諧。且黃河流域原爲極平曠之地，俯視則阡陌縱橫，川原交錯，通達無礙。遠目則「江流天地外，山色有無中。」「星垂平野闊，月湧大江流。」覺天地相依，中無間隔。遙望則「時見歸村人，沙行渡頭歇。」「曖曖遠人村，依依墟里烟。」覺人及其居舍之在自然，卽與自然混融爲一。於是吾人可想像中國古代民族在其未脫離原始之宗教信仰，未曾有甚深哲學之反省時，其心靈中必已孕育宇宙與人原爲一體之情緒。及哲人既出，其仰觀俯察之目的，自非視世界爲外在的獨立的而追問其有何自存之本體或本質，而係游心寄意於自然中日往月來水流雲散等天地變化之境，「麥秀漸漸禾黍油油」等「草木蕃」之境，故物我之對待在開始點卽無由產生。於是將我之情融於物中，但覺吾心與宇宙均同在一流行變化之中，本體唯於此流行變化中見，而性與天道自不容離，內界外界自當不二。

惟吾人將中國哲學與西洋哲學較，謂中國哲學家咸主天人合一之論，此不過標舉大端而言。細察之，則中國先秦哲學三大派中唯儒家於天人合一之意發揮最多。墨學早絕，道家之學以後轉入術數方技神仙。漢以後純道家哲學家極少，哲學界主要全爲儒家之勢力（實際上爲道家精神與否今不問），論天地合一者，亦以儒家爲最多。故「天人合德」「天人同體」「天人一貫」「天人無間」「天人不二」「大人合策」「天人之際」「天人相與」「性卽天道」之言儒家書籍中蓋隨處可見。唯以同類言之多，淺者不察，遂謂儒者之言天人合一乃各代儒者所同（如日人山村澤吉之儒學概論卽犯此誤）。一言概之，不復分疏。不知中國儒者雖同好言天人合一性卽天道之義，然其所以言天人合一性卽天道者則異。唯以所以言者之不同，故各家所謂天人合一之程度，亦不必盡同。詳別之，蓋人各自異。原儒家哲學之發展共有四期：一爲先秦，一爲兩漢，一爲宋明，一爲由明末至淸。此四期之儒，雖同宗孔子，未悖聖言，然立論方便，思想偏重，實迥然不同，相觀而善。嘗欲詳論，未之能及。故今論儒家哲學中天人關係之演變卽分此四期而論，借以略見此四時期儒家哲學大體趨向之不同。惟以範圍過大，徵引斯難，人物㘪多，例外難免。故今先自聲明，我所謂先秦儒家乃以孔孟中庸易傳禮記中樂記諸家爲主。兩漢儒家以董仲舒春秋繁露白虎通義及緯書爲主（此中不純爲儒家思想然爲漢儒所承受）。宋明儒家以周濂溪、張橫渠、程明道、程伊川、朱晦庵、陸象山、王陽明諸家爲主。明末至清之儒家則指王船山、顏元、戴東原等。蓋此諸家皆爲各時代之最重要的儒家思想家而同時對此問題有最具體之主張者，選爲代表，當蒙共許。

中國儒家言人心之本體卽宇宙之本體，言性卽天道，理雖至簡，含義則豐。詳加論列，義諦紛繁；約而言之，蓋有三面：（注意非三截）一、本體卽於宇宙流行變化中見，卽天道於宇宙之流行變化中見。二、流行變化卽生生不已，生生不已之機爲善，故本體含善之價值性，卽天道含善。三、本體在人爲性，或天道賦於人爲性，故人性亦含生生不已之機，而人性爲善。以下分論四時期之儒家哲學之天人關係論亦各各分爲三項論之，卽一、本體如何見，二、本體之善，三、人性之善。爲方便起見，今先將我所欲指出之結論先舉出：

一、天道如何見問題　先秦儒家以天道當由宇宙流行變化本身上見，故其觀天道自宇宙之流行變化相交處觀。卽以此相交處爲太極。漢代儒家則溯現象之流行變化於所自來之元氣，故其觀天道自元氣或近乎元氣之陽氣之表現處觀。（合觀陰陽亦以陽氣爲主，而以太極爲元氣。）宋明儒家多以現象之流行變化，依於浩浩不窮之天理，故以天道當自所以流行變化之理上見；以理爲太極。明末至清之儒家，則現象之流行變化爲二氣之佈，以天道當自二氣之化運行不窮處見；以太極爲陰陽二氣相化相合之總名。

一、天道之善問題　先秦儒家，直指宇宙之流行變化本身中所表現之生生不已之機，以言天道之善。漢代儒家以宇宙之流行變化依於氣，故就發動之陽氣中所含生生不已之機，以言天道之善。宋明儒家以氣本於理，故就自理發出之生生不已之機，以言天道之善。明末至清之儒家言氣，必言二氣，故就二氣之化中所含之生生不已之機，以言天道之善。（生生不已之機，乃形而上的意義，非生物學的意義。）

三、人性之善問題　先秦儒家就宇宙之生生不已之機，直接交貫於人，人之稟賦有宇宙生生不已之機本身，而言人性善。漢代儒家就此宇宙之發動之陽氣中所含生生不已之機，流注於人，人稟賦有宇宙之陽氣中所含生生不已之機，而言人性善。宋明儒家以宇宙生生不已之機本於理，故就宇宙之理表現於人，人稟賦有此宇宙之理而言人性善。明末至清之儒家以宇宙生生不已之機，存於二氣之化中，故就宇宙間二氣之化之凝結成人，人稟賦有此宇宙之化而言人性善。

由上三者所得結論遂爲先秦儒家自人心上下與天地同流處，言天人合一，可名之曰天人通德論。漢代儒家自人承天處，言天人合一，可名之曰天人通氣論。宋明儒家自天人一理上，言天人合一，可名之曰天人同理論。明末至清之儒家則自人與天之氣化同運上，言天人合一，可名之曰天人同化論。

上列結論，整整齊齊，或將責余自造网罟，強納先哲之說。然余意殊不如是，余之目的，唯在指出各時期儒家哲學家偏重趨向之不同。此種偏重之不同，余蓋嘗通觀合覽各家之言，參伍權衡後之所得。故舉出之或可於欲了解此各時期儒家哲學之「理論型式」者有所助，進而能作親切之體會工夫。不善讀者以此機械之抽象格套自束，非我之罪。至於下文即當就此四時期一一分別述各代表哲人對此諸問題之主張，證明其實趨合於上列之各點。陳述之法重在舉出證據，關聯對較之處，隨文附釋。惟以天人關係問題乃中國哲學上最精微而渾淪之問題，中國先哲論及此問題時，多示意於言外。今述各時期儒者於此問題主張之不同，雖務明大端，未求深細，亦時覺言不逮意之苦。復不便用西方哲學論文之形式，曼衍其辭，廣說邊緣之義，用托中心之旨。顏習齋先生於存性篇所引之語曰：「理之不可見者，言以明之，言之不能盡者，圖以示之。圖之不能盡者，意以會之。」余於下文亦時以圖表示各時代儒者所偏重之各義。至其圖之所不能表者，則亦惟有再引習齋先生之言以自解：「吾願觀者尋其旨於圖內，會其意於圖外耳。」

二　天道如何見問題

（一）先秦儒者所論天道，其本身是否限於宇宙之流行變化之現象中，此乃別一問題；然各家皆以天道當就宇宙現象之流行變化本身而見，則無可疑。今先舉孔子之言為證，再舉餘家，唯次序不定依時代先後。

論語：「子曰：「天何言哉，四時行焉，百物生焉，天何言哉。」

禮記：「哀公問於孔子曰：『君子何貴乎天道也？』孔子對曰：『貴其不已也，如日月東西相從而不已也，是天道也。不閉其久也，是天道也。無爲而物成，是天道也。已成而明，是天道也。』」禮記孔子閒居引子曰：「天有四時，春夏秋冬，風雪霜露，無非教也。地載神氣，神氣風霆，風霆流形，庶物露生，無非教也。」

易繫傳引子曰：「知變化之道者，其知神之所爲乎。」「易其至矣乎。」

凡此諸言皆係直接指出宇宙之流行變化，而視爲究極之天道之所寓焉。

易傳中庸，蓋孔子弟子所傳孔子之學，經發揮光大而成之作。其中論天道當直接由宇宙之流行變化而見尤詳。今先言易傳。

易傳爲易經而作。易首乾坤，次之以屯。乾以龍喻，坤以馬喻。飛龍在天，牝馬行地。屯者物之始生。屯心於動，作易者已然。故乾彖曰：「大哉乾元，萬物資始，乃統天雲行雨施，品物流形，大明終始，六位時成，時乘六龍以御天。乾道變化，各正性命。」坤彖曰：「至哉坤元，萬物資生，乃順承天。坤厚載物，德合無疆，含弘光大，品物咸亨。牝馬地類，行地無疆。……先迷失道，後順得常。……」屯彖曰：「屯剛柔始交而難生，動乎險中。雷雨之動滿盈。天造草昧，宜建侯而不寧。」

乾道變化，固無可疑。坤曰順承，乃順承乾道而變化。含弘所以爲光大，使品物咸亨，仍以化育爲德。至屯之難生，則正勃勃欲生之貌。故曰「雷雨之動滿盈」。由此三卦，已可見易以變動不居爲教。故六十四卦終於未濟，以示一物不可窮」之義。繫辭傳曰：「易與天地準，故綸彌天地之道。……範圍天地之化而不過，曲成萬物而不遺，通乎晝夜之道而知，故神無方而易無體。夫易廣矣大矣，……以言乎天地之間則備矣，……天地設位，而易行乎其中矣。」「夫易，開物成務，冒天下之道，如斯而已者也。」其爲卽易以見宇宙本體更彰彰明甚。

次論中庸。中庸曰：「天地之道，可一言而盡也，其爲物不二，則其生物不測。」「詩曰：『惟天之命，於穆不已。』蓋曰天之所以爲天也。」是中庸之就流行不息以言天道，亦顯而易見。禮記乃七十子後學所作，其中樂記言天道特精。樂記曰：「天地訢合，陰陽相得，嫗煦覆育萬物。」「地齊上齊，天氣下降。陰陽相摩，天地相蕩。鼓之以雷霆，奮之以風雨，動之以四時，煖之以日月，而百化興焉。」

孟子單言天道時少，然亦謂：「莫之爲而爲者天也。」又曰：「誠者天之道也。」又曰：「與天地同流。」是其意亦以天道由其流行不息而見，與中庸同。

荀子天論篇謂：「惟聖人不求知天。」然其前復言：「列星隨旋，日月遞炤，四時代御，陰陽大化，風雨博施；萬物各得其和以生，各得其養以成。不見其事，而見其功，夫是之謂神；皆知其所以成，莫知其無形，夫是之謂天。」則其視天道爲運行無已者，亦無殊於前所舉數家之說。

（二）觀宇宙之流行變化，自流行變化中之相交處而觀。宇宙之流行變化，必由流行變化中相交之處而見。孟子曰：「觀水有術，必觀其瀾。」瀾由何見，由波波相攝處而見。故先秦儒者觀大化之流，必觀流之交。流之相交，未交爲靜，向前交彼爲動。靜曰陰，動曰陽，故一易而有陰陽二端。然流之未交，其本身原動，惟其原動，故必向前交彼以順其動，故陰中含陽。流向前交彼，及交已成，就成而言，則爲靜。前交必求交成，故前交實由動而靜，故陽中含陰。總括宇宙而總名一整個之流行變化，則就其散殊各別若未相交之質，而名之曰地，曰坤道；就其合同而化相交之能，而名之曰天，曰乾道。然未相交之散殊之質中固含相互合同而化之能，合同而化之能既成其能，卽凝爲質。故天地乾坤陰陽之德交相含，此先秦儒者之所以兼言天地乾坤陰陽之故。如前舉孔子言之第一段子曰「四時行」乃專就天乾陽而言，「百物生」則兼就地坤陰而言，第三段則明將天地並言，所舉中庸樂記孟荀言亦復雙提天地或陰陽，又所舉易傳乾坤彖辭，坤順承天，其含乾無可疑。「乾坤變化，各正性命。」各正者各定，定者靜也，是乾亦含坤德。

故乾坤均有動靜——

易文言傳曰：「乾至健，（靜體也）而動也順；坤至柔，（靜體也）而動也剛。」

易繫辭傳曰：「夫乾其靜也專，其動也直，是以大生焉。夫坤其靜也翕，其動也闢，是以廣生焉。廣大配天地。」

乾坤相攝故天地相攝——

易謙卦彖辭曰：「天道下濟而光明，地道卑而上行。」

咸卦彖辭曰：「天地感而萬物化生。」

姤卦彖辭曰：「天地相遇，品物咸章也。」

歸妹卦彖辭曰：「天地不交而萬物不興。」

泰卦彖辭曰：「天地交而萬物通也。」

否卦彖辭曰：「天地不交而萬物不通也。」

繫傳曰：「天地絪縕，萬物化醇。」

至於陰陽相攝則易卦中無處不表現旁通，卽無處不含陰陽相攝之義。凡彖辭中言應，言往來，言剛柔上下者，皆明白指出陰陽之相攝。至於直標提此義之語，則易繫辭傳中明言：「一陰一陽之謂道，陰陽合德而剛柔有體。」「陰陽不測之謂神。」蓋乾之本卽爲陽，坤之本卽爲陰，易繫傳曰：「乾陽物也，坤陰物也，乾坤爲易之門」，乾坤相攝卽陰陽相攝，唯陰陽相攝，故易無往而不言「相錯、相摩、相得、相易、相薄、相蕩、相推、相感、相取、相逮也。」

以圖表之，易傳中言陰陽乾坤之相交當如圖：

表陰陽乾坤之相交

（三）由流行變化之相交處見太極。先秦儒者，惟易言太極，而易中之太極，惟於繫辭傳中一言之，曰：「易有太極，是生兩儀。」其言謂「易有太極」是太極在易中。總觀易一書乾坤並建，以陰陽之相摩相蕩爲道，決無視陰陽以上有物之意，亦無將陰陽合而視之爲一物之意。而先秦哲人言生多爲緣引之義，如老子之有生於無，非如父母之生子，是知其所謂太極不過陰陽相錯中之交點。以惟有此交點而陰陽之運，方繼續不已；如有屋極，梁柱遂有所交會，斯極之本旨，故曰太極。就前圖觀之，則太極之地位，適在陰陽之相交處。

此外，荀子禮論中言大一，其形而上學上之涵義不可知。禮記禮運中言大一，謂：「夫禮必本於大一，分而爲天地，轉而爲陰陽。」其大一似在天地陰陽之上，然同篇復言：「夫禮必本於天，動而之地。聖人作（則指禮樂等）必以天地爲本，以陰陽爲端。」是所謂分而爲天地轉而爲陰陽，亦不外天地陰陽爲大一之兩端，卽大一爲天地陰陽之交之意。仍非必承認大一在天地陰陽之上，故不可執以爲先秦有陰陽上之大一之說。何況禮運是否先秦儒家之作尙多疑之者耶？

以上論先秦儒家對於如何見天道問題，所主張者有三點：一爲宇宙之流行變化本身而觀；二爲自宇宙之流行變化之相交處觀；三由流行變化之相交處見太極。在漢儒，雖亦謂天道當於宇宙之流行變化見，然漢儒認爲只由宇宙之流行變化本身尙不足以見天道。必須：

（一）連宇宙之流行變化於流行變化所自出之元氣以見天道。原「氣」之一名，先秦儒者亦嘗連之於天地陰陽，如樂記「地氣上齊天氣下降」、曾子家語「陽之精氣陰之精氣」之類，然此類情形極少。先秦儒者大率連同天地陰陽而言。蓋言天地陰陽，卽足以盡流行變化之義，不必再提氣字。至於單提氣字，以爲天地陰陽之所自出者，則先秦儒者未嘗有此說。在漢儒則常言陰氣陽氣，卽單言陰陽時皆常含陰氣陽氣之意。此證極多，讀漢儒書者，皆有同感。此蓋由漢代儒者，多受陰陽家道家影響使然，（老子言沖氣，莊子言大塊噫氣，虛而待物之氣，氣母，蓋較儒家更好單言氣。）故將氣單提出說，名之曰元氣，以爲宇宙現象之流行變化之所自出，爲陰陽之本。故——

易緯乾鑿度曰：「太初者，氣之始也；太始者，形之始也；太素者，質之始也。」

乾鑿度別一段曰：「太易者，未見氣也；太初者，氣之始也；太始者，形之始也；太素者，質之始也；氣形質具而未離故曰渾淪。渾淪者，言萬物相渾成而未相離，視之不見，聽之不聞，循之不得，故曰易也。易無形畔。易變而爲一。一者形變之始。淸輕者上爲天，重濁者下爲地。」

春秋說題辭曰：「元淸氣以爲天，渾沌無形體。」宋均註曰：「元言元氣之初如此也，混沌未分也。言氣在易爲元，在老爲道，義不殊也。」

雒書甄耀度曰：「元氣無形，洶洶隆隆，偃者爲地，伏者爲天。」

乾坤鑿度曰：「元氣澄陰陽，陰陽正易大行，萬彙生。上古變文爲字，變氣爲易。」

鑿乾度又託孔子曰：「變易也者，其氣也。天地不變，不能通氣。」

何休公羊解詁隱元年曰：「元者氣也，無形以始，有形以分。」

白虎通天地篇曰：「任地者，元氣之所生，萬物之祖也，地者施也，萬物懷任，交易變化。」

春秋命歷序曰：「元氣正則天地八卦孳也。」

董仲舒春秋繁露五行相生篇曰：「天地之氣合而爲一，分爲陰陽。」

其雨雹對又曰：「天地之氣，陰陽相半，陰陽雖異，所資一氣也。」

重政篇，又曰：「是以春秋變一爲元。」一元者萬物之本，是其氣卽是元氣。

由上可見漢儒溯萬象之流行變化，於其所自出之太初之元氣，而以爲氣在易之先，爲陰陽之本；與先秦儒者之謂「易其至矣乎」「一陰一陽之謂道者」異矣。

漢儒以元氣變化而成天地萬物，是元氣以動爲性近乎陽氣，故漢儒之觀天道又：

（二）自元氣或陽氣之表現處觀；合觀陰陽氣亦當以陽氣爲主。

易緯乾鑿度曰：「風之發洩由地出處，故曰地戶。戶者牖戶，通天地之元氣。天地不通，萬物不蕃。」宋衷易註曰：「純陽天德也，萬物之始莫能先之。」

春秋公羊傳疏云：「春秋說云：『元者端也，氣泉無形以起，有形以分，窺之不見，聽之不聞』宋氏註云：『元爲氣之始，如水之有泉，泉流之原。無形以起，在天成象；有形以分，在地成形。有形與無形，皆生乎元氣。故曰造天地之始也。』」

荀爽易卦集解序卦集解曰：「陽動在下，造生萬物於冥昧之中也。」

又坤卦註曰：「坤性至靜，得陽而動。」

此則謂當由陽氣表現處以觀天道者也。董仲舒春秋繁露合觀陰陽氣以明天道，然必以陽氣爲主。以陽前而陰後，陽實而陰虛，陽尊而陰卑也。故——

天道無二篇曰：「天之常道，相反之物，不得兩起。一而不二，天之行也。陰與陽相反之物也，故或出或入。……陽之出常縣於前而任歲事，陰之出常縣於後而守空虛。」（基義中亦有同類言）

陽尊陰卑篇曰：「陽常居實位而行於盛，陰常居空虛而行於末。」

陰陽義曰：「空者之於實也，淸溧之於歲也，酸鹹之於味也，僅有而已矣，故天之道以三時成生，（三時春夏秋）以一時喪死（冬）。死之者謂百物枯落也，喪之者謂陽氣悲哀也。」

陽尊陰卑篇曰：「陽始出物亦始出，陽方盛物亦方盛，陽初衰物亦初衰，物隨陽而出入。」

蓋「陽氣生而陰氣殺，陽行於順陰行於逆」（王道通三），故「陽爲德陰爲刑」（同上）。「刑不可任以成世。猶陰不可任以成歲」（陽尊陰卑），故「天以陰爲權以陽爲經」（陽尊陰卑），遂「顯經隱權」、「前德後刑」、「貴陽賤陰」、「知貴賤……所在，則天地之情著。」（陽尊陰卑）故六辨篇曰：「陰者陽之助也，陽者歲之主也。」蓋「陽爲德陰爲刑」（陽尊陰卑），刑之價値唯在反「德而順於德耳」（王道通三）。又其賢良策亦曰：「王道之大者在陰陽，陽爲德，陰爲刑，刑主殺，德主生。」

白虎通卷二論五行；於木言「陽氣始動，萬物始生，木之爲言，觸也，觸地而出。」於火言：「陽在上萬物垂枝，……萬物布施，……陽氣用事，萬物變化。」而於陰水惟言「任養萬物。」：於陰金則言：「萬物禁止。」就其屬辭之輕重多少，亦可知其重陽之義。故論五行之性，逕謂「陽尊陰卑」。

虞翻易註曰：「天貴地賤，故曰尊卑。」又曰：「乾生故吉，坤殺故凶。」

此種貴陽賤陰，尊陽卑陰，扶陽抑陰之言，在漢儒家書籍中均可見，不及一一舉，而董子言之最詳。可知漢儒之觀天道乃全自陽主乎陰，使陰順陽，使陰轉爲順陽處見天道。與先秦儒者之以坤之自性本欲交乾，乾之自性本欲交坤，陽必動之陰，陰必動之陽，稍重陽而非必抑陰之說異矣。（易經中以陰爲小人，然其中小人指人民，非必惡之也。若夫否卦之否，乃表示君子不能治人民則社會亂，所謂上下不交而內外無邦，亦非以小人本身爲惡。）

前言先秦易傳中言陰陽乾坤之關係如圖：

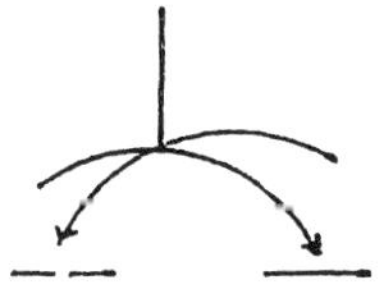

表陰陽乾坤相交

漢儒註易者尚能承上圖之意，然仍特重陽。故就全體而言，漢代儒者言陰陽乾坤之關係當如圖：

表陽乾主乎陰坤使之順於陽乾

漢儒之貴陽賤陰，專由陽之主乎陰以見天道，由漢儒之特尊天而卑地（例多不能盡舉），以地不過承天之功（如春秋繁露王道通三篇所云：「地事天也，猶下之事上也，地，天之合也」之言。可見），故漢儒書籍中言天道常卽指天之道，故常單提天；與先秦儒者之言天道爲天地之道，常雙提天地者異矣。

（三）以太極爲元氣。先秦儒者之視太極，不過爲陰陽之交；然在漢儒，則視太極爲陰陽之前之元氣。

前漢書律歷志曰：「太極元氣，涵三爲一。」（涵三者，涵陰二與陽一也。）

乾鑿度謂：「孔子曰：『易始於太極，太極分而爲二，故生天地。天地有春夏秋冬，故生四時。』」以乾鑿度他言推之，太極亦當係指元氣。

乾坤鑿度曰：「太易始著，太極成，太極成。乾坤行。……乾坤既行，太極大成。一大之物曰天，一塊之物曰地，一氣之𩅈名混沌，一氣分萬霄，是上聖鑿破虛無，斷氣爲二。」曰斷氣爲二，言分乾坤也。乾坤出於太極，是太極卽氣可知。太易者氣之始，亦可爲證。

又易繫辭傳：「是故易有太極。」鄭康成註曰：「極中之道，淳和未分之氣也（未分爲陰陽也）。」（文選張茂先勵志詩註）

劉歆曰：「經元一以統治，易太極之首也。」

又謂：「元氣轉三統五行於下。」（並見漢書五行志三統歷）可知其亦以太極爲元氣。

漢儒以太極爲元氣，元氣在陰陽氣之先，在陰陽氣之上，故太極在陰陽之上。

以圖表之，遂當如：

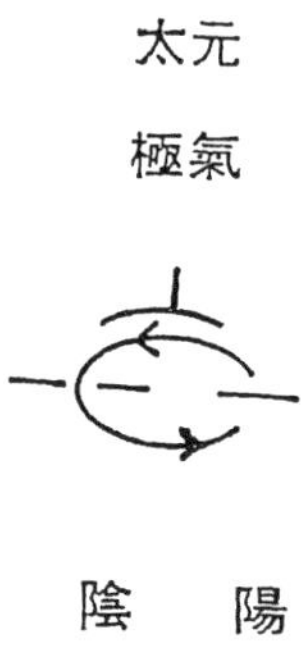

與先秦儒者之分視太極爲陰陽之交者，如前之圖所示，迥不同。雖沿用一名，非舊義矣。

以上論漢儒之如何見天道問題竟，今進而論宋明儒者如何見天道。亦分爲三段論之：

（一）連宇宙之流行變化，於流行變化所依之理以見天道。理之一名，先秦儒者漢代儒者亦常用之，然皆就事物或德行而言理。故或曰文理，如中庸之「文理密察」。或曰倫理，如樂記之「通倫理者也」。或曰條理，如孟子之「始條理終條理。」或曰分理，如白虎通情性篇曰「禮義者有分理」，許愼說文解字序「知分理之可相別異也」。漢儒單訓理，則說文曰：「理，治玉也。」鄭康成喪服四制註曰：「理，義也。」樂記註曰：「理，分也。」易傳言易簡天下之理得。乾以易知坤以簡能，易簡乃乾坤之德，是理不出乎乾坤；乾陽物也，坤陰物也，是理不出乎陰陽；未有以理在事物德行陰陽之上者。惟樂記言天理，微含有在日常事物德行之上之意；然此一例而已。在宋儒，則將理推出於陰陽之上而言之。此或不免受佛家如華嚴宗之建立理法界等影響使然。故宋儒程伊川首先明白反對一陰一陽本身爲道之說，謂：「道非陰陽也，所以陰陽者道也。陰陽氣也，氣是形而下者，道是形而上者。」道者何，理也。故言陰陽必並陰陽以上之理而言，言宇宙之流行變化必並流行變化所依之理而言。以流行變化之所以可能，乃由於有流行變化之理也。故伊川曰：「生生之理，自然不息。如『復』言七日來復，陽已復生，物極必返，其理須如此。有生便有死，有始便有終。」「天地之氣，自然生生不窮。其往來屈伸，只是理也。」

朱晦庵言理爲宇宙之流行變化之所依之言尤多。如曰：「有這動之理，便能動而生陽；有這靜之理，便能靜而生陰。」（朱子語類九十四）易本義一陰一陽之謂道解曰：「陰陽迭運者，氣也，其理則謂之道。」「理搭在陽陰上，如人跨馬相似。」（朱子語類九十四）

「太極，理也。動靜，氣也。氣行則理亦行，二者常相依。……當初原無物，只有此理。有此理便會動而生陽，靜而生陰。靜極復動，動極復靜，循環流轉。其實理無窮，氣亦與之無窮。」(朱子全書四十九)

「理有動靜，故氣有動靜。若理無動靜，則氣何自而有動靜乎。」(朱子全書四十九)

故朱子常謂天理浩浩不窮。程伊川、朱晦庵以外，如程明道雖不如伊川晦庵之重理，亦分形而上形而下之別。何謂形而上？明道曰：「上天之載無聲無臭。其體則謂之易，其理則謂之道，其用則謂之神。」(二程遺書卷一)又謂：「冬夏寒暑陰陽也，所以運用變化之者神也。」神卽理之用，神爲運用變化陰陽者，是陰陽變化之所以可能本於理也。此外如周濂溪、張橫渠、邵康節雖未明「理爲所以陰陽之形而上之道」之義，然周濂溪所謂形而上之道爲太極(見太極圖說)爲誠(見通書)，邵康節所謂形而上之道爲心，爲神(見觀物外篇)，固皆含在陰陽之上爲陰陽所本之義。張橫渠所謂形而道上之爲「虛氣不二之太和」，而彼於虛氣二者間又言「太虛無形氣之本體」，其所謂氣雖不外乎陰陽，其所謂太虛則爲氣之所出入，超乎氣亦超乎陰陽。是諸家所謂形而上之道，實與程朱所謂理同其作用。此彼等之學之所以爲程朱理學之先聲也。朱子同時之陸象山雖反對朱子，然其全集三十五亦謂：「自形而上者言之謂之道，自形而下者言謂之器。天地亦是器，其生覆形載必有理。」天地之生覆形載卽天地之流行變化，是亦將理連於宇宙之流行變化而言。故與朱濟道書曰：「天地之所以爲天地，順此理而無私焉耳。」

陽明雖謂「理外無氣，氣外無理」，然謂「氣是理之條理，理是氣之運用」，又謂「心之本體為天理」，「天理之昭明靈覺為良知」，仍不免以理為主。

至於明儒如薛文清、羅整庵雖宗朱子，而不以朱子之理先於氣之說為然。然文清仍將理氣平論；羅整庵雖以氣為主，然其以心為氣之靈，性即理而心非性，是亦含理非氣以理與氣平之意（參考明儒學案黃梨州按語）。是諸家之說仍與漢儒之單言陰陽氣者不同，乃兼理與氣言，亦即兼理與氣之流行變化而言，與漢儒之說殊矣。

（二）自陰陽循環無端處觀天道。陰陽循環之義，先秦及漢代儒者皆知之。然先秦儒者觀天道，重在觀天地陰陽之交；漢代儒者觀天道，重在觀陽主乎陰之處，故較不重陰陽循環之義。而宋明儒者，則劃分形而上與形而下，形而上之境界中「百理俱在平鋪放著」（程子語），故陰陽之理，相攝並在，可直下齊觀，無分先後。故觀形而下之陰陽之運轉，亦當綜合而觀其循環無端之性質，以見其實本於理。

程明道曰：「天地萬物之理無獨必有對。」

他處又言：「萬物莫不有對，一陰一陽——皆自然而然，非有安排也。每中夜以思，不知手之舞之，足之蹈之。」

程伊川曰：「動靜無端，陰陽無始，非知道者，孰能識之。」

周濂溪太極圖說曰：「太極動而生陽，靜而生陰。一動一靜，互爲其根。」

邵康節、張橫渠、朱晦庵及明儒言此者尤多。今略舉邵、張、朱等宋儒之一二言爲例——

邵康節觀物外篇曰：「陽以陰爲基，陰以陽爲倡。陰生陽，陽生陰，陰復生陽，陽復生陰，是以循環無窮也。」

張橫渠正蒙曰：「陰陽兩端，循環不已者，立天地之大義。」

又曰：「陰陽之氣，循環迭至，聚散相盪，升降相求，絪緼相揉，相兼相制，欲一而不能。」

朱晦庵曰：「動靜無端，陰陽無始，其固並立而無先後。」（朱子全書四十九）

「動靜無端，陰陽無始，不可分先後，今只就起處言，畢竟動前又是靜，陽前又是陰，……將何者爲先後？」（朱子全書第四十九）

「吾觀陰陽化，升隆以降中。前觀固無始，後際那有終。至理諒斯存，萬古與今同，誰言混沌死，幻語驚盲聾。」（朱子感興詩）

可知宋明儒觀天道之陰陽之化乃直觀其循環不已，謂二者不能分先後。非若漢儒觀天道之陰陽之化，重在觀陽之主乎陰使陰順陽，謂陰在先而陰在後之說矣。

以圖表宋明儒如何觀天道則當如圖：

與前二圖較

先秦

漢

（三）以太極超乎陰陽之氣含陰陽之理者。太極爲含陰陽之理者，宋儒中二程未論及，朱子言之甚多。可參考朱子全書及朱子語類。前段所舉例，亦並可爲證。周濂溪以太極動而生陽，靜而生陰，太極中含動靜之德。邵康節以太極爲心，其用爲神。神動靜而有陰陽，亦同於含陰陽之理。張橫渠謂：「一物而兩體，其太極之謂歟。兩體者，虛實也，動靜也，清濁也。」虛動淸爲陽，實靜濁爲陰，是太極含陰陽。然其所謂太極卽其所謂太和，太和者中含陰陽乾坤之性，非顯於外之陰陽之氣，故亦同於只含陰陽之理者。

由上所論，於是宋明儒之論太極與陰陽之關係當如圖：

表太極中含陰陽之理

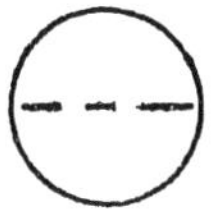

四箭頭表陰陽循環

與前二圖比較

先秦

漢

太極

以上論宋明儒者如何見天道之言竟。今進而論明末至淸儒者如何見天道之問題；亦分爲三項：

（一）就陰陽二氣之化以言天道。陰陽二氣之化，兩漢宋明儒家言之已多，漢儒重陰陽二氣所自出之元氣，重陽氣之運陰氣，宋儒則以氣化必依於理。張橫渠不於氣化外立理，亦論氣化依於氣化以上之虛。明儒言理氣不離之言多，特明氣化之言少。劉蕺山言一氣之流行，未直標二氣之化。然及於王船山、顏元、戴東原，則專就陰陽二氣之化以言天道。蓋王、顏、戴三家皆同不滿於宋明儒者理在氣上之說。其間雖未有師承之迹，而言多如出一轍。諸家就陰陽二氣之化以言天道之言，隨處可見，不及多舉；略示數例如下：

王船山讀四書大全說卷三曰：「天以陰陽五行化生萬物。以者用也，即用此陰陽五行之體也。天運而不息，只此是體，只此是用。」

讀四書大全說卷十曰：「言道，即以天之化也，……天者固積氣者，以理言天，乃推理之本而言之。……可云天者理之所出，不可云天一理也。……由氣化而後理之實著，道之名因以立。」

周易外傳繫辭上傳卷五曰：「陰陽者定體也，確然隤然爲二物而不可易者也。而陰變陽合交相感，（變合相感化也）以成天下之亹亹者，存乎相易之大用。……緯書……謂太初有太始，有太易，易在乾坤既建之後，動以相易，若陰陽未有之先，無象無體，而何所易耶。」

顏元於其存性篇釋其所謂妄見圖曰：「大圈天道統體也。上帝主宰其中，不可以圖也。左陽也，右陰也，合之則陰陽無間也。陰陽流行而爲四德，元亨利貞也。陰陽二氣，天道之良能也。二氣，四德之良能也。化生萬物，元亨利貞之良能也。」

王船山雖宗張橫渠，而於張橫渠所謂太虛則蔑視之。故思問錄曰：「太虛一實者也。」其正蒙註於張言及太虛之處皆以氣解之。

戴東原原善上釋一陰一陽之謂道曰：「一陰一陽，言天地之化不已也。」

孟子字義疏證卷中首曰：「道猶行也。氣化流行，生生不息夫是之謂道。氣卽陰陽二氣。」

又曰：「道卽陰陽氣化。」（答彭允初書）

疏證中又曰：「一陰一陽之流行不已，夫是之爲道而已。……陰陽之未成形質，是形而上者也，非形而下明矣。」

凡此諸家言，均並指陰陽二氣之化而名曰天道。其與漢儒之以陽主乎陰爲天陰，宋明儒之以所以陰陽者爲道明異。而諸家言陰陽均指陰陽之氣，以氣化言流行，又與先秦儒者之專就陰陽言陰陽，就宇宙之變化流行本身以論宇宙之變化流行之說，不無差別矣。

（二）自陰陽之運行不窮處觀天道。由陰陽之運行不窮處觀天道，亦似非淸儒所獨。然先秦儒者重在觀陰陽天地之交，漢代儒者重在觀陽氣運陰氣處，宋明儒者重在觀陰陽之循環無端處，故觀陰陽之運行不窮，非所首重。在王顏戴諸家則以由陰陽二氣之化以見天道之故，遂必觀陰陽之運行不窮，始能知天道。故王船山特重動，以致將陰陽同隸屬於動之下。如——思問錄曰：「太極動而生陽，動之動也；靜而生陰，動之靜也。廢然無動，而靜陰惡從生哉。一動一靜，闔闢之謂也。由闔而闢，由闢而闔，皆動也。廢然無動，則是息矣。至誠無息，況天地乎。維天之命，於穆不已。何靜之有？」（此與先秦易傳之以乾坤皆動不同，以易傳復謂乾坤皆有靜也。）讀四書大全說卷十曰：「在天之氣以變合生，在人之氣以情才用。皆二氣之動也。」（自註曰：此動字不對靜言，動靜皆動也，由動之靜亦動也。）顏元亦重觀二氣四德無窮之變；其存性篇曰：「二氣四德，順逆交通，錯綜薰蒸，變易感觸，聚散卷舒……十六者，四德之變也。……十六之變不可勝窮焉。爲運不息也。……參差無盡之變也。」（此段論十六之變，詳喩廣說，不能盡引。）至於戴東原之重觀陰陽之運行不窮，則可由其處處言生生不息而見。如「一陰一陽其生生乎。」

「生生者化之原。」「氣化之於品物，可之一言而盡也，生生之謂歟！」（原善卷上）一類之語蓋無段不有。則其重在觀陰陽之運行不息，可以知矣。

以圖表之，則淸儒之觀天蓋當如圖：

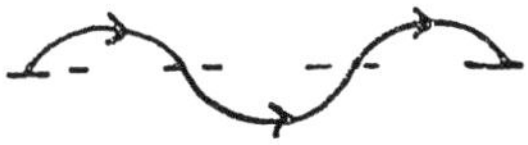

與前三圖較

先秦

漢

宋明

（三）太極乃陰陽二氣相化相合之名。惟清儒觀天道，與前代儒者異，故其論太極亦與前代儒者不同，而視太極爲陰陽二氣相化相合之名。

其周易內傳繫辭上傳論一陽一陰之謂道曰：「陰陽者，太極所有之實也。……合之則爲太極，分之則謂之陰陽。」

又易有太極註曰：「太極者，極其大而無尙之辭，……其實陰陽之渾合者而已。」

周易外傳繫辭上傳第一章曰：「如實言之，太極者乾坤之合撰。」（此言與劉蕺山之「太極乃兩儀之總稱」之言同，然於此言前後卽反對乾坤前有太極之說。）

顏元書中未嘗見其論太極，今不論。

戴東原孟子字義疏證謂：「太極指氣化之陰陽。」是亦以大極爲陰陽二氣相化相合之名。故清儒所謂太極，以圖表之，當如：

惟彼等以太極即在陰陽之氣化流行之中，其與流行之陰陽二氣之關係遂如圖：

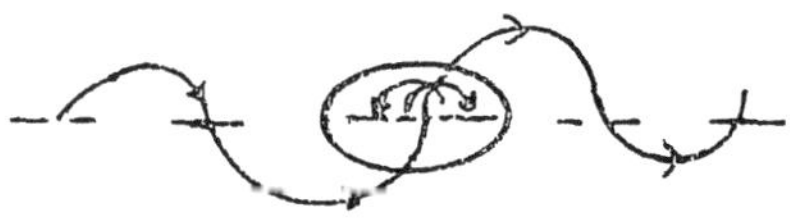

表太極即在陰陽二氣流行之中，其本身亦不外流行之陰陽二氣，惟此圓圈不能死看。

與前三圖比較

先秦

漢

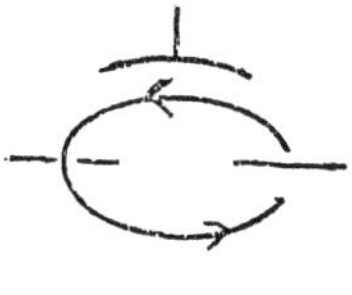

宋明

今以方便之言，括而論之曰。先秦儒者乃於流行變化之交，以顯太極；漢代儒者則溯流行變化之源，以示太極；宋明儒者則體流行變化之所依，以悟出太極；明末至淸之儒者則觀流行變化之所佈，以狀太極。「荒荒坤軸悠悠天樞」之謂交；「行到水窮處坐看雲起時」之謂源；「月到天心處風來水上時」之謂依；「大鈞無私力萬理自森著」之謂佈。直下承擔之謂顯；自上垂下之謂示；如有物焉之謂悟；卽事明道之謂狀。此方便之言，不可執定，唯所以助讀者之了解耳。

三　天道之善問題

儒家以天道由流行變化而見。流行變化中卽含生生不已之機，生生不已之機卽善，故無不以天道含善。然四時期儒者言之言流行變化，或專就流行變化本身而言，或兼理氣而言。故四時期儒家言天道之善亦不同。其不同之點正與言天道如何見之不同相應。讀者須熟記上所論，方可知其關合處之密切。今分別論之如下：

（一）先秦儒者言天道之善，乃指宇宙流行變化中所含之生生不已之機以言天道之善。易乾文言以「乾始能以美利利天下」，有「保合太和……首出庶物萬國咸寧之德」，是以乾含善也。乾之善由何而見？由其變動中含生生不已之機而見。故繫傳曰：「乾其靜也專，其動也直，是以大生焉……易……（乾以易知）之善配至德。」易坤彖辭謂：「坤厚載物，德合無疆，含弘光大，品物咸亨，……

陰……有美。」是以坤含善。坤之善又何由見，亦由其動變中所含生生不已之機而見。故繫傳曰：「夫坤其靜也翕，其動也闢。是以廣生焉，……簡（坤以簡能）之善配至德。」繫傳中贊易曰：「旁行而不流，樂天知命故不憂，安土敦乎仁故能愛。……仁者見之謂之仁，智者見之謂之智。盛德大業至以哉。」是總論易含善也。然曷見「易」具盛德大業而含善？由其本身即爲宇宙變化發育之原理，含生生不已之機。故曰：「富有之謂大業，日新之謂盛德。生生之謂易。」又曰：「天地之大德曰生。」「繼之者善也。」

中庸謂：「誠者天之道。」誠者，善也。是天道中含善。何以見天道之誠？亦由天道之流行變化中含生生不已之機而見。故中庸曰：「天地之道……其生物不測……今夫天，斯昭昭之多，及其無窮也，日月星辰繫焉，萬物覆焉。今夫地，一撮土之多，及其廣厚，載華嶽而不重，振河海而不洩，萬物載焉。今夫山，一卷石之多，及其廣大，草木生之，禽獸居之，寶藏興焉。今夫水，一勺之多，及其不測，黿鼉蛟龍魚鱉生焉，貨財殖焉。詩曰：『維天之命，於穆不已。』蓋曰天之所以爲天也。……大哉……聖人之道：洋洋乎發育萬物，峻極於天。」

樂記論天道曰：「春作夏長，仁也；秋斂冬藏，義也。」是以天道含仁義。然春作夏長秋斂冬藏何以爲仁義？以「動之以四時百化興」，「化……時則……生」也。是亦以天道之含仁義由於其流行變化中含生生不已之機也。

又前引孔子貴天道，是亦以天道爲善。而其所以貴天道，則由於天道之不已，四時行而百物生。是亦以天道之善由其流行變化中所含生生不已之機也。

（二）漢儒論天道之善，就發動之陽氣中所含生生不已之機以言天道之善。先秦儒者以陰陽皆含動靜，皆能由靜之動，雖未動亦生生不已之機。故易謂易無思無爲寂然不動，而亦含感而遂通之能。故乾（陽）坤（陰）無時不具善。（易文言，乾元善之長，陰有美。）然在漢儒則陽專於動，陰專於靜，以陰不自動，承陽而動，於是恆惟就陽氣而言其中含生生不已之機。如荀爽易註曰：「陽動在下，造生萬物於藏昧之中也。」宋均易註曰：「純陽則天德也，萬物之始莫能先之。」是皆專指陽氣而言其中所含生生不已之機也。

又以陽惟以動爲性，若不動則失其所以爲陽，不復具生生不已之機。故靜而反陽者卽爲死機，卽爲惡。漢儒論天道以陽爲善，以陰爲惡——陰惟從陽而後含善耳。春秋繁露王道通三篇曰：「惡之屬盡屬陰，善之屬盡屬陽，……陽氣暖而陰氣寒，陽氣予而陰氣奪，陽氣仁而陰氣戾，陽氣寬而陰氣急，陽氣愛而陰氣惡，陽氣生而陰氣殺。」白虎通情性篇引鉤命訣：「陽氣者仁，陰氣者貪。」荀爽易註曰：「乾生故吉，坤殺故凶。」是皆將陰陽對較言陽善而陰惡也。

（三）宋明儒家以氣本於理，故就自理發出之生生不已之機以言天道之善。漢儒論天道以陽氣之動爲主，以陽氣之動中含生生不已之機，故本之以言天道之善。宋明儒者論天道則以陰陽之氣皆形而下者。唯形而上者所以陰陽者乃可謂之道，故於所以陰陽之理上見天道；以爲宇宙生生不已之機本於陰陽以上之理。於是其論天道之善亦於理上見，如曰「生理」「生動之理」「生生不息之理」「樞紐乎萬化之理」「流行於大化之理」「生物之本之理」。

朱子曰：「太極是個極好至善的道理——太極者，天道之本也。」（全書卷四十六）「天理只是仁義禮智之總名，仁義禮智便是天理之件數。」（全書四十六）「理之所具，便是天德。」（性理精義卷九所引）故陳淳曰：「夫子（指朱子）所謂善，是就人物未生之前造化源頭處說。」造化源頭者，理也。朱子從未嘗以氣本身有所謂善；氣之善者唯其依於理耳。

伊川謂：「天下之理，原其所自，未有不善。」於氣則曰：「有善有不善。」氣之善則由於合於理，是亦只以理爲善也。

明道謂：「天下善惡皆天理。謂之惡者本非惡，但或過不及，便如此。」以惡本非惡，生於過不及，是亦以天理本身爲全善也。

陽明謂：「太極生生之理，妙在無息而常體不變。」又謂：「仁是造化生生之理。」是又非就宇宙之理本身言善而何。

此外宋明儒就理以言天道之善之證例極多，不勝舉。但略於宋明儒書用功者，皆有同感。至若專以氣言天道之善者，則未有人。周濂溪、張橫、邵渠康節等，但不似程朱之明言自理以見天道之善耳；周之太極，張之太虛，邵之心神，固非氣之所能攝也。

（四）明末至清之儒家就二氣之化中所含生生不心之機以言天道之善。漢儒論天道，以陽氣之運乎陰氣爲主，故於陽氣上論天道之善。宋明儒論天道，以所以陰陽之理爲主，於理上論天道之善。然明末至清之儒，則以言氣必兼言二氣，以理不過二氣之化中之條理，無自存之理，遂由二氣之化上見天道；因而其論天道之善亦於氣化上見，以爲宇宙生生不已之機，由二氣之化（或簡言氣化）上見，視「氣不與天地隔者爲生」。二氣之化含生生不已之機，因而含善。

戴東原讀易繫辭論性曰：「天地之化不已者，道也。一陰一陽，其生生乎。其生生而條理乎，……生生仁也，未有生生而不條理者。條理之秩然，至禮者也。條理之截然，義至者也。」原善上曰：「氣化之於品物，可以一言而盡也。觀於生生，可以知仁；觀於條理，可以知義。」「一陰一陽，蓋言天地之化不已也；道也。一陰一陽，其生生乎？其生生而條理乎？以是見天地之順。……生生仁也，條理之秩然，禮至著也，條理之截然，義至著也。以是見天地之常。」「生生者化之原，生生而條理者化之流。生生者仁乎，生生而條理者理與義乎。」此何莫非自二氣之化以觀其生生，觀其生生之理，以言天道之善乎？

王船山讀四書大全卷十曰：「天之道惟其氣之善，是以理之善。氣充滿於天地間，即仁義充滿於天地間。」思問錄內篇曰：「程子謂觀鷄雛可以觀仁，觀天地化機之仁也。」讀四書大全說卷三曰：

「若有未用之體則不可。未用之體，未化育之體也。言誠者天之道也。舍此化育流行之外，別問窅窅空空之太虛，雖未嘗有妄，亦無所謂誠。」同書卷十又曰：「太極生兩儀，唯其善是可儀也……元亨利貞四德，和氣爲元，通氣爲亨，化氣爲利，成氣爲貞。在天之氣無不善。」是皆明專指氣化中化育流行之機，以言天道之「仁」，與「誠」之善也。

顏元論天有元亨利貞四德，相當於人之仁義禮智，是言天道之善也。而元亨利貞四德由何而見？則彼作「渾天地二氣四德化生萬物圖。」「二氣四德，順逆交通，錯綜熏蒸，變易感觸，聚散卷舒以化生萬物之圖。」「萬物化生於氣四德，中邊直屈，方圓衡僻，齊銳離合，遠近違遇，大小厚薄，清濁強弱，高下長短，疾遲全缺之圖。」以表之，就其圖之名已可見其全係自二氣之化上言天道之善。

在王戴書中，言天道之善，無往而非就陰陽二氣之化，而指其中含生生不已之機，例不能盡舉。彼等於陰陽二氣之外，從不承認有所謂理或虛；復不言陰陽可分言，各有其靜；亦不承認易有無思無慮寂然不動之德。是知彼等之言天道之善，實於以前儒家言天道之善外別開一生面也。（王船山本有「六經責我開生面」之語，顏元存性篇後亦嘗自謂曰：「或僅僕一人之所謂性，尚非孔孟之所謂性，亦謂可知也。」

四　人性之善問題

唯先秦儒者言天道之善異，故其言人之善亦異。其間一一相應處，亦須熟記上文方可全會得：

（一）先秦儒者，以天道之善，由宇宙之流行變化中，所含生生不已之機本身而見。故其言人性之善，由宇宙生生不已之機，直接交貫於人，人性稟賦有此宇宙之生生不已之機本身而言人性善。

易傳曰：「一陰一陽之謂道，繼之者善也，成之者性也。」是以「一陰一陽」言宇宙之流行變化。「繼之者善」言宇宙之流行變化中所含生生不已之機之善，「成之者性」言宇宙之生生不已之機直接交貫於人，人性稟賦有此宇宙之生生不已之機以爲性也。

中庸曰：「天命之謂性，率性之謂道。」是以性爲善也。天命者何？中庸引詩經曰：「維天之命，於穆不已。」是天命者，天之流行變化之謂。天者何？中庸曰：「誠者，天之道也。」道者何？中庸曰：「生物不測。」是誠者，天之生生不息之機也；是天命之謂性者，天之流行變化中所含生生不息之機表現於人之謂性也。

孟子言性善，主旨在明仁爲人心。何謂仁？「仁者愛人。」何謂愛人？推己自樂其生之心而愛人之生，己之生機自然通於人之生機，己之生機不爲己所限，而爲生生不已之生機也。是仁者，人之生生不已之生機也。然孟子論人之仁心何所本而有？孟子曰：「此天之所以與我者。」何謂天？孟子亦曰：「誠者天之道也。」又曰：「莫之爲而爲者天也。」是孟子所謂天，亦爲流行變化而含生生不已之機者。然則謂人之心爲天之所以與我，又非天之生生不已之機表現於人，則爲人之生生不已之機而何？

（二）漢儒以天道之善，由發動之陽氣中，所含生生不已之機而見。故其言人性之善亦由此宇宙中發動之陽氣中所含生生不已之機之流注於人，人性稟賦宇宙間之陽氣而言性善。然以宇宙間除陽氣外尚有陰氣，故人性中尚有惡。但又以陽氣在宇宙間之地位，高於陰氣。故陽氣爲天道之本，故善亦爲人性之本。於是有性善情惡之論。

說文言：「性，人之陽氣。性善者也。」

白虎通情性篇謂：「性者陽之施，情者陰之化。」故鉤命訣曰：「情生於陰，欲以時念也。性生於陽，以就理也。陽氣者仁，陰氣者貪，故情有利欲，性有仁也。」

董仲舒春秋繁露深察名號篇雖謂：「善比於米，性比於禾，米出禾中，而禾未可謂全爲米也。性雖出善，而性未可謂全爲善也。」謂：「天兩有陰陽之施，人亦兩有貪仁之性。」然據王充論衡本篇所言，則董子亦主性善情惡之說。王之言曰：「董仲舒覽孫孟之書，作情性之說曰：『天之大經，一陰一陽；人之大經，一情一性。性生於陽，情生於陰。陽氣仁，陰氣鄙。曰性善者，見其陽也；曰情惡者，見其陰也。』」

在漢代不主性陽而善情陰而惡者雖大有人，如王充、荀悅、揚雄等皆是；然王充、荀悅皆在漢末。揚雄雖言善惡混而未詳其說，劉向唯反對性爲陽情爲陰之說，而於性之善惡則未有所論。王充嘗以是責之（見本性篇）。故吾人仍可謂漢代性說之特質爲情善情惡論也。

（三）宋明儒言天道之善由理上見，謂宇宙生生之機本於理。故其論人之善，由宇宙之理表現於人，人稟賦宇宙間之理而言性善。然唯以宋明儒多認理外有氣，故人一方稟賦此理，同時稟賦此氣。理雖皆善，然氣質則有濁。濁則蔽理，故氣質有善有不善。於是有義理之性天地之性、與氣質之性之分。「論天地之性則專指理言，論氣質之性則理與氣雜言之。」然以理在宇宙間之地位高於氣，故天地之性義理之性，在人心中之地位，亦高於氣質之性，故天地之性義理之性，乃可謂之人之性。彼等所言性，遂皆指天地之性。今試就彼等言性（卽天地之性義理之性）善本於宇宙之理善之言，略舉數則於下：

伊川論性善曰：「性卽理也，所謂理性是也。天地間之理，原其所自，未有不善，喜怒哀樂未發，未嘗不善。發而中節，則無往而不善。」是推性之善也。

明道論性善曰：「人生而靜以上不容說，凡人說性，只是說繼之者善。」何謂繼「之者善」？則彼曰：「天只是為道，繼此生理者，只是善也。」是亦推性之善本於理之善也。

朱子論性善謂性具仁義禮智，亦由性卽理上立論。故曰：「性是實理，仁義禮智皆具。」（朱子全書四十三）「仁義禮智，性也。性無形影可以摸索，只有此理耳。」（六語類卷六）「性只是合如此底，非有個物事。若是有底，則既有善必有惡，惟其無此物，只有理，故無不善。」（語類卷五）

周濂溪以性為善，而宏意記聞載，周子以理為性體；是則周子明係本理以言性善，不必待朱子之註釋，已可知矣。

王陽明不於良知外立天理。然言知而曰良，必就其具天理而言。是亦未始無就天之理言性之善之意味矣。

（四）明末淸儒以天道之善由二氣之化上見。謂宇宙生生不已之機，惟本於二氣之化。故其論人性之善，由此二氣之凝結成人，人稟賦此宇宙二氣之化而言性之善。然以明末至淸之儒者由二氣之化上見天道，不專就陽氣言天道之善，又不承認有氣外之理理外之氣，故以爲二氣之化皆具理皆善。人稟此二氣之化以爲性，亦皆善而無惡。故不似漢儒之以情爲惡，亦不似宋明儒之以氣質之性有不善，而謂人之性卽氣質之性，人之性無不善。其於惡則歸於性以外之引蔽習染（顏元），情欲與知之私蔽，（戴東原），情才運用之差（王船山），非性本身之過。今舉數證於下：

戴東原曰：「性者，血氣心知，本乎陰陽五行。（卽氣化。原善卷上曰『在氣化，曰陰陽，曰五行。』）……而理義者人之心知，有思輒通，能不惑乎所行也。……仁義禮智……不離乎血氣心智，……孟子言人無有不善，以人之心知異乎禽獸，能不惑乎所行之爲善爾。」又曰：「人之血氣原於天地之化者也。有血氣，則所資以養其血氣者，聲色臭味是也。有心知則知有父子，有昆弟，有夫婦，……有君臣，有朋友。……所謂仁義禮智，卽以名血氣心知。所謂原於天地之化者之能協於天地之德也。」此東原言性善，本於陰陽五行氣化之說也。

「人與物同有欲（血化）。欲也者，性之事也。人與物同有覺（心知）。覺也者，性之能也。欲不失之私則仁，覺不失之蔽則智。」（原善卷上）「私生於欲之失，蔽生於知之失。」（疏證卷上）「生人而有情有欲有知，三者，血氣心之自然也」。（疏證卷下）「欲之失爲私，私則貪邪隨之矣。情之失爲偏，偏則乖戾隨之矣。知之失爲蔽，蔽則差謬隨之矣。不私則欲皆仁也，皆禮義也。不偏則其情必和易而平恕。不蔽則其知乃所謂聰明聖知也」。（疏證卷下）此東原終不肯承認本於氣化之血氣心知本身之有惡，而「歸惡之原於血氣心知之私蔽偏而失血氣心知之本」之說也。

王船山曰：「氣之化而人生焉，人生而性成。……就氣化之流行於天壤各有其當然者曰道：就氣化之成於人身實有其當然者曰性。」（讀四書大全說卷三十五頁）「朱子謂告子只是認氣爲性，其實告子但知氣之用，不知氣之體。……人之性只是理之善。是以氣之善。天之道，唯氣之善，是以理之善。」（讀四書大全卷十）「在天之氣無不善。天以二氣成五行，人以二殊成五性。溫氣曰仁，肅氣曰義，昌氣曰禮，晶氣曰智。人之氣無不善矣。」（讀四書大全卷十）「理者紀乎善者也，氣者有其善者也。情以應乎氣者也，才則成乎善者也。」（讀四書大全說卷十）此王船山言性善本於氣化之說也。

「陰之變，陽之合，……有變有合天能皆善，……然非陰陽之過，而變合之差。在不之氣本無不善。……天不能無生，生必因乎變合而不善者或成。……在天之氣以變合生，在人之氣以情才用。

……變合而無恆以流乎情，交乎才者，亦無恆也。故情之可爲不善，才之有善有不善，無傷於人道之善。」（讀四書大全卷十）「情以性爲幹則無不善，離性而自爲情，則有不善矣。」（讀四書大全卷三十九頁）此王船山終不以本於氣化之性情本身之有不善，而歸之於情才運用之差之說也。

「二氣四德者，未凝結之人也。人者，已凝結之二氣四德也。存之爲仁義禮智謂之性者，以在內之元亨利貞名之也。發之爲惻隱羞惡辭讓是非之情者，以及物之元亨利貞言之也。」此顏習齋言性本於氣化之說也。

「人之性命氣質雖各有差別，而俱是此善。氣質正性命之作用；其所謂惡者，乃由引蔽習染四字爲之祟也。」（上太倉陸桴亭先生書存學篇卷一）此顏習齋終不以本於氣化之性命氣質有不善，而歸惡於引蔽習染之說也。

五　結　論

上文已將四時期儒者之所以論本體於流行變化中見、本體含善之價值、本體在人爲性三者之不同略加論列。其間相連之論理關係，已隨文指點。然以本文操術主乎分析，而宇宙大理，本非分析所能盡——分析之用惟在使已心知其意者更有較明顯之認識——故言不逮意之苦作者已深感之。至於結論中所欲言之數點，則更非常言所易表。故下文唯多舉各時期儒者之言並列於下，讀者惟有通覽各段並列之言，混融其意味，而再投注之於所畫之圖中，再參互觀之，庶幾中國四時期儒者言天人合一之不同，可得見爾。

（一）先秦儒者以宇宙之流行變化中生生不已之機直接交貫於人爲人之性，其天人關係論可謂天通人德論。以圖表之：

天↓↑人

故先秦儒者好論人德齊天德：

左傳：「劉康公曰：『民受天地之中以生』。」

論語：「大哉堯之爲君，惟天爲大，惟堯則之。」

易屯卦：「雲雷屯，君子以經綸，天造草昧，宜建侯而不寧。」

易乾文言傳：「大人者，與天地合其德。」

說卦傳：「聖人之作易，將以順性命之理。」又繫辭傳：「以體天地之撰，以通神明之德。」

易繫辭傳：「天地設位，聖人成能。」

易繫辭傳：「有天道焉，有人道焉，有地道焉。」

孝經：「人之行莫大於孝，孝莫大於嚴父，嚴父莫大於配天。則周公其人也。昔者周公郊祀后稷以配天，宗祀文王於明堂以配上帝。」

中庸：「唯天下至誠爲能盡其性，能盡其性，則能盡人之性；能盡人之性，則能盡物之性；能盡物之性，則可以贊天地之化育；可以贊天地之化育，則可以與天地參矣。……博厚配地，高明配天，……大哉聖人之道，洋洋乎發育萬物，峻極於天。……仲尼祖述堯舜，憲章文武，上律天時，下襲水土，譬如天地之無不持載，無不覆幬。譬如四時之錯行，日月之代明。萬物並育而不相害，道並行而不相悖，小德川流，大德敦化，此天地之所以爲大也。」

禮記郊特牲：「萬物本乎天，人本乎祖，此所以配上帝也。」

禮記經解：「天子者與天地參，故德配天地，兼利萬物。」

荀子王制：「天地生君子，君子理天地。」

荀子天論：「天有其時，地有其財，人有其治，夫是之謂能參。」

孟子：「存其心，養其性，所以事天也。」

孟子：「萬物皆備於我矣。」

孟子：「君子所過者化，所存者神，上下與天地同流。」

凡此所引皆以人德配天，人贊天地之化育。而人德之所以能配天，人之所以能贊天地之化育，則由於人稟賦有天命至善之性，宇宙生生不已之機，直接交貫於人，爲人之性。謂之天人通德論不亦宜乎。

（二）漢儒以發動之陽氣中所含生生不已之機，流注於人，爲人之性。故其天人關係論可名之天人通氣論；而人氣恆不及天氣之廣大，故以人爲上合天者上承天命者。以圖表之：

天
↑
人

今舉證於下：

董仲舒春秋繁露重政篇曰：「人之元安在乎，乃在天地之前。……人雖生天氣，及奉天氣者，不得天元。」

王道通三篇曰：「人受命於天也，取仁於天而仁也。」

爲人者天曰：「爲生不能爲人，爲人者天也。……天亦人之曾祖父也。」

韓詩外傳卷一第五條：「人之命在天。」

以人之元，在天地之前，人受命於天，取仁於天而仁。以天爲人之曾祖父，不言人通天，明與先秦儒者「上下與天地同流」，「體天地之撰通神明之德」，以「萬物本乎祖」，而將人與天齊之言異矣。

說文：「天，顛也。至高無上，從一大。」

趙岐孟子章句滕文公：「天道蕩蕩乎大無私，生萬物而不知其所由來。」

春秋說題辭曰：「天之言，顯也，居高理下，爲人經紀。」

白虎通天地篇：「天之爲言，鎭也，居高理下，爲人鎭也。」

此四段以天高至無上，居高理下，顯與先秦儒者「民受天地之中以生」，「人與天地合德」，「堯與天同大」，「人道與天道地道並立」之言異。

乾鑿度：「始起於天，始起先有太初，後有太始，混沌相連，視之不見，聽之不聞。然從剖判清濁，精出曜布，度物施生。精者爲三光，號者爲五行，行生情，情生汁中，汁中生神明，神明生道德，道德生文章。」（白虎通亦引此）

春秋繁露五行五事篇：「聖能施設事，各得其宜也。」

人副天數篇：「天德施，地德化，人德義。」

立元神篇：「天生之，地養之，人成之。」

此數段以道德文章遙承宇宙之元氣而生，以聖不過能施設事各得其宜，人只成天生地養，天施地化之功，與先秦儒者以人之至誠直接「贊天地之化育」「萬物皆備於我」之言大不同矣。

㈢宋明儒以宇宙生生之機本於理，以此理之表現於人爲人之性，故其天人關係論可謂天人同理論。以圖表之：

理具於天卽具於心，理無大小，故天人同大，今略舉證於下：

程明道曰：「天人本不二，不必言合。」又曰：「天地之用皆我之用。」又言：「天地之化已剩一體字，只此便是天地之化，不可對此別有天地。」又曰：「道未始有天人之別，在天則爲天道，地則爲地道，在人則爲人道。」

程伊川曰：「一人之心卽天地之心，一物之理卽萬物之理。」

邵康節詩曰：「宇宙在乎手，萬化在乎心，萬化自我出，自餘復何言。」又詩曰：「能知萬物備乎我，肯向三才別立根？天向一中分造化，人從心上起經綸。」

陸象山曰：「宇宙卽吾心，吾心卽宇宙。」

朱子曰：「天道無外，此心之理亦無外。天道無限量，此心之理亦無限量。天道無一物之不體，而萬物無之非天。此心之理亦無萬物之不體，而萬物無之非心。……蓋是理在天地間流行圓轉，無一息之停，凡萬事萬物小大精粗無一非天理流行。吾心之全得是理，而是理之在吾心亦本無一

息，不生生而不與天地相流行。」（朱子全書四十四）

陽明曰：「仁人之心與天地萬物訢合和暢，原無間隔。」

以上所引宋明諸家言，二程及朱子皆明就天人之同理，以言天人之間隔。康節及象山陽明，則直明天人之無間隔。皆不就人之承天以見天人合一，亦不就天人之通德以言天人合一。立言之道，又自與前代殊矣。

（四）明末至淸之儒家，謂宇宙生生不已之機，本於二氣之化，以二氣之化凝結爲人，而成人之性。故其天人關係論可謂天人同化論。以圖表之：

天人同氣化，氣化常在流行之中，故王顏戴諸家多就人與天之氣化同運言天人合一。王船山言人

與天之氣化同運之言極多，而最易見其此意者，在其「命日降性日生」之說。「命日降性日生」之說，船山初嘗自疑爲其獨創異於先聖者，繼又於古書得其證，實則船山之獨創也。其「命日降性日生」之說曰：「命日降，性日生。性者生之理，未死以前皆生也，皆降命受性之日也。」（思問錄內篇）「成性存存，相仍不舍。故曰：『維天之命，於穆不已。』命不已性不息矣。謂生初僅有者，方術家所謂胎元而已。」（思問錄內篇）「聖人說命，皆就在天之氣化無心而及物者言之。天無一日而息其命，人無一日而不承命於天。故曰凝命在受命。若在有生之初，則亦知識未開，人事未起，誰爲凝之，而又何大德之必受哉？只此陰變陽合，推盪兩間，自然於易簡之中，有許多險阻。化在天，受在人。其德則『及爾出王游衍』而爲性，其福具『化亭生殺而始終』爲命。此有生以後之命，功埒生初，而有生以後之所造爲尤倍也。天命無心而不息，豈知此爲人生之初，而盡施以一生之具爲此人，生之後遂已其事而聽之乎？又豈初生之頃，有可迓命之資，而有生之後，一同於死而不能受邪。（同上）命之日降，性之日生，就人與天氣化同運言天人合一之說也。

顏習齋言行錄卷下：「思天地一我也，我一天地也。萬物一我也，既分形爲我，爲天地萬物之靈，卽我爲有作用之天地萬物，非天地萬物外別有我也。時而乘氣之高，我宜效靈於全體；時而乘氣之卑，我亦運靈於近肢。分形靈之豐嗇，乘氣機之高卑，皆信乎此理之自然，此氣之不得不然。不特我神萬物不能強作，亦非天地所能爲也。」習齋以「我爲有作用之天地萬物，而我之作用則見於乘氣之不得不然而運靈」，乃謂「此亦非天地所能爲」。其以氣化統天地萬物與我，就氣化之一元，以明我之所以運靈於天地萬物之中，人與天合一之旨意，可云顯矣。

戴東原原善中：「物之離於生者而氣存，形與天地隔者也。卉木之生接，時能芒達已矣；飛走蠕動之儔，有覺以懷其生矣；人之神明出於心，純懿中正，其明德與天地合矣。故氣不與天地隔者生，道不與天地隔者聖。……天德之知，人之秉節於內，與天地化育侔者也。」又答彭二林書曰：「心者，氣通而神，精氣附益，神明自倍。」東原以氣不隔爲生，道不隔爲聖，而與天地化育侔。其道者指氣化，道不隔爲聖者，亦言其氣通於天地萬物，而能以天地萬物爲一體，親親仁民而愛物耳。與彭二林書曰「心者氣通而神」，其意可知矣。以氣通而言，我與天地萬物爲一，其以人與天地萬物同運於氣化中可知。「精氣附益神明自倍」者，誠以氣化爲主，神明惟氣之靈通處故耳。

以上分別舉四時期儒家言天人關係之不同，所舉證例，自以助余之說者爲限。各時期儒者同類之言足以破余說者亦非無有。然論各代哲學精神之所在，則當先舉其特殊偏重之點。言特殊偏重之點，則不能略其相同之點。又在一時代之思想家其言雖相同而所以者又不同，是論一時代哲學之特色，又不能不暫將同代思想家各自之面目置諸不論。此非割裂篇章削足適屨之謂也。

至於以上所述各時期儒者論天道論性及其相互之關係之不同，於其中可見何種升降或發展之迹；又何時期儒家，論此諸問題於義爲最精，於理爲最當，最能明天人合一之義，足之幫助解決西洋哲學上天人問題：又此四時期儒者論天人合一，其論據何者能成立，何者不能成立；或需何種西洋哲學上之論證以爲補充；或需添何種新論證；或別有默識心通之方；又或中國先哲天人合一論，乃根本錯誤之說，則吾人當研究如何指出先哲立說之始，皆爲一謬妄之觀念所迷；凡此等等，問題綦繁，見仁見智，存乎其人，今所不論。　廿六年四月

（一九三八年一、二月「重光月刊」第一、二期）

老莊易傳中庸形而上學之論理結構

此文為二十五年冬在南京中國哲學會所讀論文。其提要曾載哲學評論，全文未發表。此文之導論乃自一派新實在論之哲學立場，以解決此派哲學本身之問題。其實此種新實在論之多元觀，即在當時個人已放棄。唯自此派哲學立場以立本體界之存在，乃最易領會者，故姑取此立場。然取此立場即有其不可避免之問題，而此不可避免問題之解決，自然引出吾人之辯證觀點。個人作此文導論之目的，本在指出由此派新實在論至超此派新實在論之路。今日重覽舊文，則覺自始可不必由此派新實在論哲學立場以論老莊易傳中庸形而上學，此為個人今昔態度之不同。唯仍認為自此派新實在論立場出發則舍此文導論所論，似尚無解決其所引出之問題之法。而今之國人正多欲憑此派新實在論哲學以建設哲學，而彼等於此問題似尚未真正接觸，故與本論一併發表。

導論

形而上學研究之對象爲本體界，故必須先確立本體界之存在。以所謂本體界意義之不同，確立本體界之存在其道亦多端，問題皆極複雜。茲姑以至簡之言，確立本體界之存在。

萬相遷流，前滅後生。由今成昔，由來至今。來經今以入昔，今成昔以迎來。此生生不已之相，析而觀之，固莫非舊勢之所遺，舊因之所積。然吾人此時若暫不尋其舊勢，不問其舊因，直下承擔，澄心默契；則當前之相，均亘古所未有，萬世之後，而不能再遇。其至也無端，其去也無迹。相相皆新，交臂非故。生生相續，新新不停。此之謂也。然此生生相續新新不停者，果無所自來乎？就此生生新新者之爲生生新新者而言，謂其自舊勢舊因而來已不可能。以新者自新而舊者自舊也。然若此生生新新者皆無自而來，則生者未生，誰使之生？生者已滅，誰使生生？新者未有，誰使有新？新者或故，誰使新新？萬相遷流，何不中斷？乾坤運轉，何不毀裂？若謂舊因既具，舊勢已成，諸緣並作，陳推新出。倏爾新現，倏爾新滅，新本無自，有自非新，問新所自，徒失新義，則新不自舊，因我所立。惟今所問，新相本身。新相本身，究自何來？陳推新出，是新相出。倏爾新現，是新相現。倏爾新滅，是新相滅。則汝所言，預設新相。新相未出，當先自存。不先自存，誰爲出者？新相未出，相先自存。此自存相，新相所自。必先建立，新相方成。若謂出時始有，未出卽無，未出無相，卽出生相，則當相出時，是先有此「出」，抑出與相不離。若先有此出，則此時無相，出何所出？若出與相不離，則「出」對相，仍爲兩端。就兩言兩，非可混一。未出無相，卽出生相，無有是處，以此推尋，相之本身仍當自存。惟其自存，故汝言陳推新出，實言陳開新入。號相之多，名之曰萬。萬相遷流，無窮無盡，自存之相，亦無窮無盡，以別於當前生生相續新新不停之相，而以界劃之，一面名曰現象界，概諸生滅之象，一面名曰本體界，概諸自存之相。（此相同西哲所謂 Essence Gegenstand，柏拉圖所謂 Idea，佛家所謂法相。）以上所云唯在建立現相界外有本體界。現相界外有本體界，蓋中西一切形而上學之所同。然本體界中之究極的本體如何，復如何說明之，則中西哲學截然殊塗。而其本則在如何求得本體立法之不同。嘗試論之，西方哲學求體之法在析相以知體，立體以持相；中國哲學求本體之法，在卽相以悟體，明體以顯相。故西方形而上學之方法，重思辨用推論，先細析宇宙萬象之條理，再觀其會通。中國形而上學方法，重體會，用直覺，觀宇宙萬相之會通，不復細析其條理。以此之故，西方形而上學家之立言，均系統嚴整，綱舉目張，意期盡道，言期盡意。中國形而上學家之立言，則大率隨事言理，應答無方，書不盡言，言不盡意。至道之極，超於意外。默識心通，惟賴自得。故今日論中國先哲之形而上學，實遠較論西方形而上學爲難。古人往矣，墜緒茫茫。玄旨幽微，探微匪易。縱有好學深思之士，心知其解，然孔墨不復生，將誰使證之。故私心以爲今日論中國先哲形而上學終不出嘗試解釋之一途，謂一己之解釋，卽已得古人之眞，蓋非愚卽妄。勉求近眞，斯已可矣。唯既曰解釋則必解而釋之，寧病支離，毋病汗漫。渾者固無妨析之，隱者固無妨顯之。若以渾釋渾，以隱索隱，是「以火救火，以水救水，名之曰益多」。蓋中國先哲之立言，既多書不盡言言不盡意之處，其意之所隨，而言未及傳者多矣。吾人豈可以其言之未及，而遂謂其意必未及乎？吾人將自己之主見橫加於古人之書，謂古人已先得我心，固非解釋古人書之道；然古人書中涵蘊之意確可由通貫其全文而得者，又焉可誣。故今論四家之形而上學之論理結搆，不採尋文繹義之法，而先以論證成立(以論證之語氣便於說明)四家形而上學上共同之信念，意旨所向之究極的本體。此中論證吾人雖不敢斷言諸家皆曾明白意識之，然必涵蘊於諸家之形而上學的心靈之中。故眞欲了解諸家之形而上學之重要性，最好先了解此諸論證，故特先論之，次則提出四家形而上學之根本觀念，本之以會通諸家之形而上學，然後再列舉諸家之言爲證。蓋以爲嘗試解釋之道，當如此也。今先以論證成立諸家在形而上學上共同之信念。下文共分十二段。第一段以降乃直接上文而論本體界之相即自存之相之性質。以後逐步一直下推，以指出諸家意旨所向之究極之本體。蓋從事形而上之探討，誠若康德所言：蓋如航海者之航海，時時爲海市蜃樓之光景所誘惑，復處處皆驚濤駭浪，有覆舟滅頂之危，即無往而非歧路，無往而無極困難之問題。故航海者恒只能冥心獨往，不容左顧右盼，亦不必迴溯舟行之迹；否則道阻且長。是以下文惟務前推，推進一步即將前步之所得包裹於內，而將抽象之前步之所得放下，於旁邊之問題亦一概擱置。此望讀者先誌於胸者也。

一、本體界之象無所謂有無。此文篇首曾建立本體界之相自存之義。此云自存，不含有義。常言有無不可加於本體界之相。此含三義：一者常言有無，皆就現相界言，所謂某相有，不外某相顯於現相界內。某相無，不外某相隱於現相界外。本體界之相不隨現相界之相而有隱顯，故無所謂有無。二者凡言有無，必相對言。本體界中，寂寥沖漠，萬相森羅，然此萬相，非如棋子布列棋盤，以本體界遮現相界而立名，界只劃別，猶如一線。如前所論，非眞有界，爲自存之相所居。現相界可謂有界，爲有時空；自存之相，超時空故，其他之界不可得故。設想一界，爲自存之相所居，則可設想者亦一相，就本身言亦一自存之相，與其他自存之相平等，不應獨爲他自存相所居；又其本身應亦有所居，如是則推至無窮，最後之界仍不可得，棋在棋盤，盤上有隙。棋處無隙，隙處無棋。棋對隙有，隙對棋無。然若無盤，則有無何別？棋子雖存，不自有故。常言無盤而有棋，預想時空爲盤故。三者常言有無，必問何由而知其有，何由而知其無。此卽表示常言相之有無，均自此相外之他相而見。常言有某相，實不外有他相與某相關係之義。常言無某相，實不外有他相與某相無關係，或一切相皆與某相無關係之義。本體界中之相，炯然獨在，他相與之有無關係，與其本身無「與」（「無『與』」亦屬關係，然此「無『與』」乃關係之純否定 mere negating the relations 之意），故其本身無所謂有無。

二、本體界之相無所謂出入。此亦含三義：一者常言出者不外某相原未顯於現相界，尙隱於現相界之外，而今顯於現相界之內。常言入者不外某相原顯於現相界之內，今復隱於現相界之外。出卽由隱而顯，入卽由顯而隱。本體界之相，不隨現相界而有隱顯，故無出入。二者常言出入，必有出入之所，如著棋子，爲有棋盤，故有著取，本體界非眞有界當於棋盤，上文已論。本體界無界故無出入。三者常言相之出入，必問何由知其出入。此又表示常言相之出入，亦自此相外之他相而見。常言某相出入，實不外指某相與他相由無關係而有關係。某相入實不外指某相與他相由有關係而無關係。本體界之相炯然獨在，他相與之有無關係，與其本身無「與」，故無所謂出入。

三、本體界之相無所謂變化。此亦含三義：一者常言某相變爲另一相，不外某相由顯之隱，出於現相界之外，易以另一相之由隱之顯，入於現相界之內。本體界之相不隨現相界而有隱顯，故亦無變化。二者常言相之變化，前滅後生，二不並時。又如棋盤，必取前子，始著後子。爲有盤故，是有著取，亦唯有盤，故著取不能同時，必取而後著，唯取而後著，故有棋之變化。本體界原非如棋盤，本無相當於棋之著取者，故亦無相當於棋之取而後著者，故亦無變化。三者常言某相變化爲他相，必問何由知其變化。此卽表示常言某相之變化爲另一相，必以周圍之變或不變之相爲坐標。常言某相之變化爲他相，實不外某相與周圍之他相由有關係而無關係，繼以另一相之由無關係而有關係。本體界之相炯然獨在，他相與之有無關係與其本身無「與」，故其本身無所謂變化。

四、本體界之相無所謂繼續。此亦含三義：一者常言一串之相之繼續，不外第一相由顯之隱，繼以第二象由隱之顯，復隱，繼以第三象由隱之顯；如是相續。本體界之相不隨現相界而隱顯，故無繼續。二者一串之相旋生旋滅，生滅相繼，又可喻如圍棋之有著有取，著取相繼。唯有棋盤故可繼續圍棋，本體界非如棋盤，本無相當於圍棋著取相繼者；故無所謂繼續。三者常言一串之相之繼續，亦必言何由知其繼續，此又表示常言一串之相之繼續，必以周圍其他繼續或不繼續之相爲坐標。常言一串之相之繼續，不外一相與其周圍之相由無關係而有關係之後復無關係；繼以與其周圍之相中原無關係之第二相由無關係而有關係復無關係，又繼以原其周圍之相無關係之第三象，由無關係而有關係；如是相續。本體界之象炯然獨在，他相與之有無關係與其本身無「與」，故本體界之相無所謂繼續。

五、以上論本體界之相無所謂有無出入變化繼續等，各含三義。然每項中之第一義皆本於本體界之相無隱顯，第二義本於本體界之無界，第三義本於本體界之相炯然獨在。第一義無隱顯實已包餘一義，以所謂隱顯卽隱顯於一處，卽必有界，又言一處，必有所指定，卽必有爲標誌之他相與隱顯其處之「相」相並。故本體界之相無隱顯，則無界可居，炯然獨在。是此三義屬於一義。吾人可以一言概上文：本體界之相，唯無隱顯，故無所謂有無出入變化繼續。

六、以上論本體界之相，無所謂有無出入變化繼續。吾人試以之與現相界之相相對，於是吾人心中頓現出兩世界。一則如如不動，萬相潛存，不生不滅，千古如斯。一則變動不居，萬相遷流，生滅無常，都無暫住。一則如碧宇星羣，橫亙太虛。一則如海中星影，隨波起伏。然此二世界將如何而相連，如何而又屬於同一宇宙乎？本體界之相，既不生不滅；現相界之相，又緣何而有生滅乎？本體界之相，既超於現相界之相矣，如何復能表現於現相界乎？離現相界與本體界則易矣，合之將何由？謂自始卽不當離乎，則由前所推論已不能不離。謂本體界之相之不生滅始爲眞實，現相界之相之生滅乃幻妄乎，則此幻妄之相之生滅，又何自而有。若於現相界本體界別立一主宰或本體，以連係二者乎？

則此第三者是否可爲意識之對象。如可爲意識之對象，則亦不外一相。就其在意識中言不過一意識中之相；就其自身言，不外本體界之自存之相。如不可爲意識之對象，則何由知其有？如謂此第三者之立唯本論理上之要求，即本體界與現相界不能不有聯係之者，則吾人當問吾人假設此聯係者時，於此聯係者之性質，除其聯係之功能外，尙有無其他性質？若有其他性質，性質如何？若果可指，仍爲一相。若除此聯係之功能外，別無其他性質，則乃以聯係之可能說明聯係之可能，同無所說。是知此問題實極困難，西方印度哲人無能解決之者。唯先知此問題之困難而深切把握之，而後能了解老莊易傳中庸諸家對於形而上學上貢獻之大。蓋諸家之形而上學中卽潛伏有對此問題之解決法也。以下仍以己語口氣，說明諸家形而上學中潛伏之對此問題之解決法。

七、吾人欲說明本體界與現象界如何聯係，說明無所謂「有無出入變化繼續」之本體界之自存之相，如何表現爲有所謂「有無出入變化繼續」之現象界之相；唯有先把握此二種相之差別，卽無「有無出入變化繼續」與有「有無出入變化繼續」之差別。然當吾人把握此種差別時，吾人立卽將有無出入變化繼續視作吾人意識之對象，吾人卽可認識以下諸事：

（一）「有無出入變化繼續」各各本身無論如何複雜，然各各如其所如而觀，卽 as such 而觀，各各爲吾人心中之相，同時爲自然界之相，卽現相界之相。

（二）現相界之有「有無出入變化繼續之相」，爲其與本體界異者。

（三）現相界之一切相，恒與「有無出入變化繼續之相」合。

（四）若現相界之一切相，不與「有無出入變化繼續之相」合，則與本體界之一切相無差別。

（五）由是則現相界之一切相，所以爲現相界之相，唯在其與「有無出入變化繼續之相」合。

（六）是「有無出入變化繼續」等乃構成現相界一切相之現相界性者，亦卽使現相界成爲可能者。

（七）然「有無出入變化繼續等相」離絕外緣，單獨成爲吾人意識之對象時，吾人追溯其所自存，如本文第一段之所爲，又必謂其自身各爲一自存之法相，卽各爲本體界之一相（此段爲前文轉入後文之樞紐）。

（八）於是吾人當謂本體界之「有無入變化繼續等自存之相」，乃使現相界成爲可能者。

（九）然只有本體界之「有無出入變化繼續等自存之相」，又不能爲使現相界成爲可能之充足理由，本體界之此諸自存之相，必先轉入現相界與現相界之一切相合，然後現相界始眞能爲現相界。

（十）於是吾人之問題遂唯在：本體界之「有無出入變化繼續等自存之相」如何能表現爲現相界之「有無出入變化繼續等相」？若此問題而可解決，則本體界與現相界有聯係有貫通；本體界爲現相界之本體界，現相界爲本體界之現相界之說可成立。以圖表吾人之問題如下：

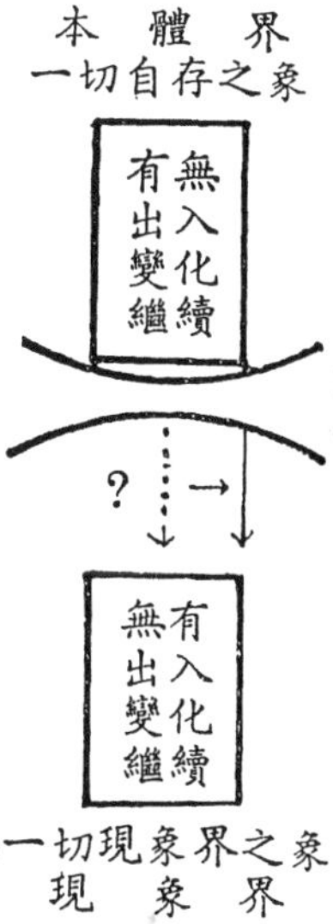

虛線表示二者間應有一種聯繫。吾人所求者爲實有一種聯繫，卽易此虛線爲實線。

八、欲答此問題，須先將有無出入變化繼續四相加以分析，復簡化之，使之隸屬於一自存之相。蓋據前所言：所謂有者，不外一相之顯。所謂無者，不外一相之隱。所謂入者，不外一相顯之隱。所謂出者，不外一相隱之顯。卽入不外一相有之無，出不外一相無之有。（「有之無」「無之有」「隱之顯」「顯之隱」之「之」字，用易註義言「往也。」下文仿此）。所謂變化，不外一相顯之隱，又易以另一相隱之顯；卽不外一相有之無，易以另一相無之有。所謂繼續，不外一相顯之隱，易以第二相隱之顯，繼以第二相復由顯之隱，易以第三相由隱之顯，如是相繼。卽繼續不外一相有之無，易以第二相無之有，繼以第二相由有之無，復易以第三相由無之有。故可以圖表有無與出入變化繼續之關係如左：

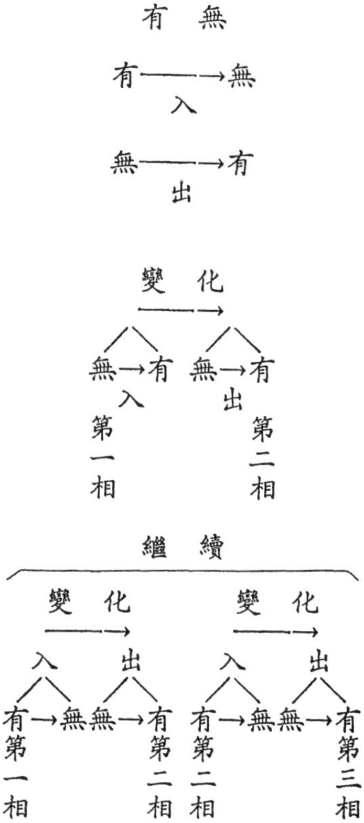

在第二圖中上一橫所表之變化，乃使「入」易爲「出」者；卽使「入」本身由有之無；「出」本身由無之有者。第三圖上一橫所表之繼續，乃使前一「變化」易爲後一「變化」者；卽使前一「變化」由有之無，使後一「變化」由無之有者。故此二圖當改爲：

於是吾人可成立一「有無之一實體」有╱→無。謂「有」為其一端，「無」為其一端。「出」「入」為分裂其自身所成之兩面。「變化」為此自身分裂為兩面後，復以其自身之兩端貫攝此兩面，如是以構造其自身。「繼續」則為既構造其自身為一「變化」後，復再構造其自身為另一「變化」，再以此兩端貫攝此「變化」。收吾人今可姑以「有無之一貫體」為本體界之自存之相，以之概括「有」「無」「出」「入」「變化」「繼續」等自存之相。以有無出入變化繼續等或為其自身之一部，或由其自身重疊架構而成故。於是吾人以前之問題，以圖表之為：

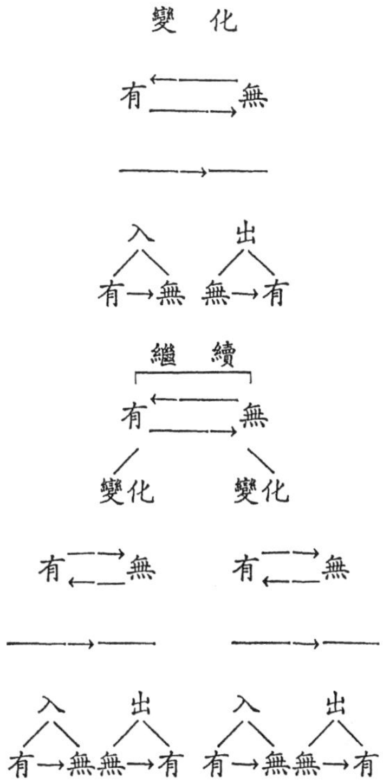

本體界

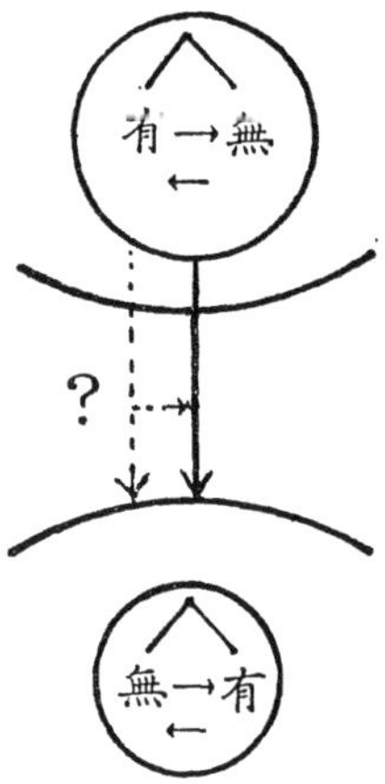

現相界

於是，此問題之核心在本體界與現相界既爲二，則何處來一原理使∧有⇄無由本體界入於現相界，爲表現於現相界之相？（以下讀者須將∧有⇄無視作一名詞而思之，方易了解。）

九、欲答此問題，須分爲三項：（一）所謂∧有⇄爲爲表現於現相界之相，究作何解？（二）表現於現相界之∧有⇄無是否合此解？（三）本體界之∧有⇄無表現於現相界如何可能？

（一）欲知∧有⇄無爲表現於現相界之相究作何解。吾人最初只須將∧有⇄無視作一普通之相。吾人先問一普通之相爲表現於現相界之相究作何解？此據吾人前所言，則現相界之相異於本體界之相者，唯在本體界之相無所謂隱顯，現相界之相有所謂隱顯。然現相界之相隱時，則此相無。現相界之相顯時，則此相有，是現相界之相有所謂隱顯，義同現相界之相有所謂有無。是所謂表現於現相界之相即有所謂有無之相。是〈無⇄有〉爲表現於現相界之相之意，即其本身亦爲有所謂有無之相之意。

（二）欲知表現於現相界之〈無⇄有〉是否合此解，即是否有所謂有無。可以例明之。秋溪流水，前波逝後波興，此中有繼續變化是有〈無⇄有〉之表現，是〈無⇄有〉之顯而有也。冬日水源枯竭，溪流乾涸，是〈無⇄有〉不復於此有所表現，是〈無⇄有〉之隱而無也。由是可知表現於現相界之〈無⇄有〉本身，實有所謂有無，而實爲表現於現相界之〈無⇄有〉。

（三）於是吾人可進而討論〈無⇄有〉有所謂有無，如何而可能？即表現於現相界〈無⇄有〉如何能爲表現於現相界之〈無⇄有〉？吾人於此，可先思：一、普通之相有所謂有無如何可能？花開花謝，是爲有所謂有無，然花開之「有」，由何而有？花謝之「無」，由何而無？花開之「有」，實由花未開時「花之無」而來。爲今無「花之無」，故今花始有，是今花之「有」，由「花之無」。自否定以之「有」而有。花謝之「無」，實由花開時之「有」而來，因無「花之有」，故花始謝爲無。是「花之無」由「花之有」自否定以之「無」而無。故「有」由「無」之來，「無」由「有」之來。故花之有無之可能，由於「有無相之」而可能。二、普通「相」之有所謂有無之可能，由於「有無相之」。現相界之〈無⇄有〉之有所謂有無，亦由於「有無相之」。如秋溪流水中表現有〈無⇄有〉，冬水乾涸時，溪中不表現此〈無⇄有〉，是卽〈無⇄有〉之由有之無。又當去年冬水乾涸時，溪中未表現此〈無⇄有〉，今秋溪水流時，溪中復表現此〈無⇄有〉，卽〈無⇄有〉之由無之有。然由有之無由無之有，本於〈無⇄有〉，是〈無⇄有〉自身之有所謂有無，卽本於其自身。有所謂有無，卽有所謂隱顯，卽表現於現相界之意。是〈無⇄有〉之表現於現相界之所以可能，所根據之原理，卽其自身。卽〈無⇄有之所以能由本體界入現相界表現於現相界乃其自身爲其自身根據之原理。卽本體界之〈無⇄有以其自身爲其自身根據之原理，遂入現相界而表現於現相界。故〈無⇄有有三身，一、自身；二、爲其自身根據之自身；三、表現於現相界之身。今以圖表之如下：

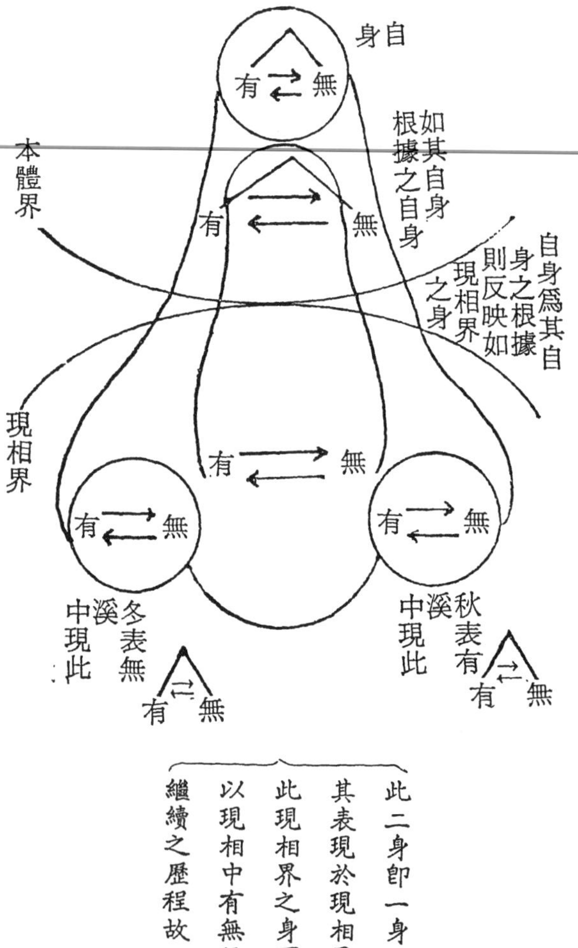

此二身卽一身，以皆爲其表現於現相界之身。此現相界之身可無限，以現相中有無限之變化繼續之歷程故。

十、故吾人對於∧(無⇄有)如何能由本體界入現相界，認爲不需另求原理。其自身卽爲其入現相界所根據之原理。然此時人或將發一問題，卽∧(無⇄有)之自身及爲其根據之自身，究爲二爲一？如其爲一則不應有自身及爲其根據之自身。如其爲二，則爲二∧(無⇄有)。答：非一非二，乃一而二。何以非一，相位別故。何以非二，其性同故。何以一而二，卽∧(無⇄有)自能分化其自身爲自身及爲其根據之自身故，或自身與其根據之自身本可合成一自身故。或如問此分化合成之原理又自何來，則此乃不能問者。以在∧(無⇄有)外別無分化或合成之原理可得，若別有分化合成之原理，則此原理之本質當唯是使此∧(無⇄有)分化合成，然所謂分化如有意義，實不外使一物喪失其原形而成二物。此不外一原物之由有之無，後二物由無之有。所謂合成如有意義，不外使二物不復獨立而成爲一，此不外原二物之由有之無，合成之物由無之有。是分化與合成之意義，仍不出∧(無⇄有)所含意義之外。故在∧(無⇄有)外別無分化合成之原理可得。卽只能謂其自身原自合成原自分化，原爲一而二，能合成能分化，一而二乃其本性。若疑者終不解，謂世間無一而二，則當問汝自覺汝心時，汝能知之心與所知之心爲一爲二？如其爲一，何以分能所？如其爲二，豈有二心？若謂心爲二只不離而已。則不離之際，必有交點，交點爲一爲二？若交點爲二，則不相交，如只一點，一點攝兩邊，非一而二而何？若明此例，吾再問汝：汝言「有」有時，此中前有與後有，爲一爲二？言「無」無時，此中前無與後無爲一爲二？如其爲一，何有兩名？如其爲二，則其性何別？若謂性雖同仍爲二，則單就性之同言爲一爲二？如其爲二，則有兩有性兩無性。如單就「性」而言爲一，非一而上而何？若此例復明，則在此例中後有後無，即前有前無之根據。「有」「無」可爲「有」「無」之根據。則$\wedge\rightleftarrows^{無}_{有}$爲有之$\wedge\rightleftarrows^{無}_{有}$根據也何難？汝疑自可解矣。若仍不解，再變問題而曰：「一而二中一處仍是一，二處仍是二，仍無所謂一而二。」則相緣問題可至無窮，答不勝答。吾唯有勸君勿以觀固定之物觀此理，始終游移於一二之兩邊，試一直下承擔此「而」字耳。

汝但承認$\wedge\rightleftarrows^{無}_{有}$可一而二，則汝於本體界之一$\wedge\rightleftarrows^{無}_{有}$，何以表現於現相界仍不失其自身。何以一$\wedge\rightleftarrows^{無}_{有}$可化分爲無窮之$\wedge\rightleftarrows^{無}_{有}$，皆可不復致疑矣。

十一、本體界之〈無⇄有〉吾人前以之概括「有無出入變化繼續諸自存之相」。有無出入皆不外〈無⇄有〉之兩端或分列其自身而所成之兩面。變化繼續。則由其自身重疊架構而成。故本體界之〈無⇄有〉能入現相界表現其自身爲現相。郎本體界中之「有無出入變化繼續等自存之相」，亦能入現相界表現爲現相界中「有無出入變化繼續等相」。

現相界之構成，由於「有無出入變化繼續」之入現相界與現相界之一切相合。故現相界之構成，郎由〈無⇄有〉之能自本體界入現相界，而〈無⇄有〉之自本體界入現相界，又出自〈無⇄有〉之本性。故吾人不可視〈無⇄有〉之在本體界，徒爲一自存之相，而可謂生天生地之原理。

吾人若將以前所述各節全部會通了悟，於是吾人對於世界當作如下圖之思維：

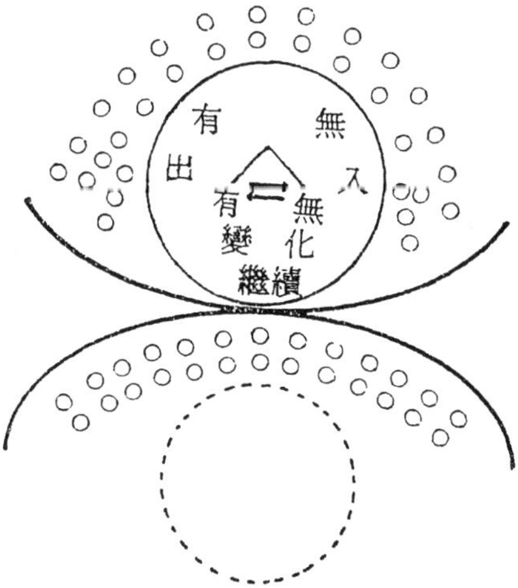

上諸「○」表本體界自存之萬相，下諸「○」表現相界自存之萬相。「↓」表「△⃝」之反映入現相界，使現相界成爲可能。

吾人細觀此圖則對於世界之想像，不當如前所謂一爲萬星齊燦之太空，一爲隨波起伏之星影；當想像如暮靄沈沈，海天無辨，忽有月輪，由海上生，隨波蕩漾，自光相翻，月朗風清，海天同浸潤於月光中，天上萬星，遂映於海面，上下起伏，與月交輝。此中月之自身喻△⃝，月隨波蕩漾喻△⃝之表現於現象界。自光相翻，喻其自身以其自身爲根據。月先映於海面，星影上下起伏，喻△⃝使現相界有萬相之隱現。星影與月交輝，喻此萬相與△⃝不離。海天同浸潤於月光之中，喻本體界與現相界不可謂二。

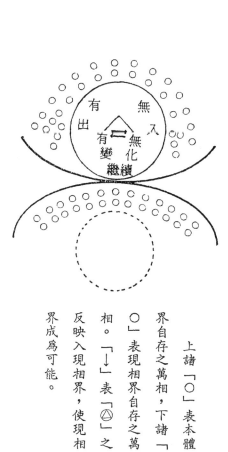

乃互攝無礙，可謂本一。現相界乃一本體之流行，形上形下同歸一道。至於月又與天上之星交輝，則純屬本體界之構造事，問題尚繁。前皆未論，今不取喻。其他如海水在下與太空若相隔絕等則根本不能取以相喻，喻取一分，本難盡適。除上所說，不可妄喻，觀者應知。

上文謂〈無⇄有〉為生天生地之原理，宇宙之本體，而變化繼續乃由〈無⇄有〉自身重疊架構而成，各各自身單獨而言，皆可謂生天生地之原理，為宇宙本體。有無與出入或為〈無⇄有〉之兩端分列成之兩面，故單獨不能為生天生地之原理，宇宙之本體。然吾人將有無連貫同時承認有無相之時，則同於〈無⇄有〉而可為宇宙之本體。又將出入連貫同時承認「出入相之」時，則此中含有〈無⇄有〉亦可為宇宙之本體。

我在此文篇首謂導論之目的，在以論證成立四家形而上學之共同信念，於其中指出四家意指所向之究極的本體，並提出四家形而上學之根本觀念，然此一一畢竟如何，今作答於下：

一、四家形而上學之究極的本體（此係以最單純而名之曰究極），即〈無⇄有〉，然表示之之時則不必直指之。

二、四家形而上學之中心觀念，老子可謂直指此究極的本體以有無之一貫體爲道。莊子以出入之一貫體爲道。易傳以變化爲宇宙之本體。中庸以繼續爲宇宙之本體。

三、四家形而上學之共同信念，卽本體能由本體界至現相界，故一方爲超於現相界，一方爲現相界之所自出，一歟表現於現相界。上文卽欲說明此三事。使此三事成爲可理解。爲說第一事，必須使人寄心於現相界以上，故先成立一充滿自存相之本體界。此卽篇首第一段之所爲。爲說明第二事，故必須溯現象界之原於本體，此論證第一段至五段之所爲。爲說明第三事，故必須說明本體之表現於現象如何可能，此卽論證第六段至十二段之所爲。此中除爲成立第一事而論充滿自存相之本體界時，似以諸自存之相可各自分立，爲老莊易傳中庸形而上學所不必含蘊者外，餘皆爲老莊易傳中庸之形而上學所必涵蘊者 (implication)。然論充滿自存相之本體界一節，雖非諸家形而上學所涵蘊，然仍可謂諸家教人之方便術所涵蘊。以彼等眞欲開導常人信有超現象之本體時，仍先爲可此立論，使人有所把持，而寄心於現象界以上，故初可謂涵蘊諸家形而上學之心靈中也。

至何以知老子以有無之一貫體爲本體，莊子以出入之一貫體爲本體，易傳以變化爲本體，中庸以繼續爲本體？又何以知諸家確信本體爲超於現相爲現相界所自出，並表現於現相界？又諸家如何論其所謂本體之表現之於現相界，諸家如何證其所謂本體表現於現相界之品德？則上文全未言，當於本論中一一論之。

（附註：導論中現相界之象用相字，本論中仍用象字。相、象在本文中同義，以象字在導論中易生誤會，故通改爲相。而在本論中則象字較方便，故仍用象字。）

本　論

甲、老　子

一、老子之所謂宇宙本體卽其所謂道，卽「有無相之」之一貫體，卽〈無⇄有〉。（下文簡「有無之一貫體」）

何以見老子所謂道爲宇宙之本體？本體者，起於天地萬物之象者也。

老子論道曰：「道隱無名。」

又曰：「視之不見名曰夷，聽之不聞名曰希，搏之不得名曰微。」

「道之出口，淡乎其無味，視之不足見，聽之不足聞。」

「有物混成，先天地生，寂兮寥兮，獨立而不改。」

本體者，現象所自出也。

老子論道曰：「道生之。」（「之」指萬物，下文可見。）

「大道……萬物恃之而生而不辭。」

「道生一，一生二，二生三，三生萬物。」

老子之以道爲宇宙之本體，由此可見。

二、老子所謂道卽有無之一貫體，老子之所謂道常以「無」釋之，非也。莊子天下篇論老子曰：「建之以常無有。」老子第二章言「有無相生」。第十章言「有之以爲利無之以爲用」。其非單重無可知。由第一章可見老子以「有無之一貫體」爲道。

老子第一章曰：「道可道，非常道。名可名，非常名。無名天地之始，有名萬物之母，故常無欲以觀其妙，常有欲以觀其徼。此兩者同，出而異名，同謂之玄。」

此章以可名之名非常名，下卽承以無名有名，是明以「有」「無」爲常名。常名卽所以狀常道，故常無欲以觀其妙，常有欲以觀其徼」。「其」卽指道也。無卽可以觀其妙，有卽可以觀其徼。妙盡其虛，徼盡其實，道之不外「有」「無」可知。「此兩者同，同謂之玄。」玄，黑白不分之色，從出從入，出而入者不可辨之意，是以玄明「有」「無」之爲不離之一貫體。又曰：「無名天地之始，有名萬物之母。」則此道，此有無之一貫體，爲宇宙之本體之意，更可見矣。

莊子天下篇論老子曰：「建之以常無有，主之以太一。」太一卽主乎無有，是卽有無一貫之意也。

三、現象界萬物之顯，由於道之「有」。故曰：「天下萬物生於有。」顯前爲隱，隱爲無，故又曰：「有生於無。」現象界萬物之有，由於隱之顯。卽無之有。故曰：「樸散則爲器。」

道爲「有無之一貫體」，有無二者相連不離。故「樸散成器」，「有」必兼攝「無」，仍表現有無之一貫。

「萬物負陰而抱陽，冲氣以爲和」。陰無也，陽有也，冲氣有無一貫之表現也。

又曰：「三十輻共一轂，當其無，有車之用，埏埴以爲器，當其無，有器之用。鑿戶牖以爲室，當其無，有室之用，有之以爲利，無之以爲用。」器有其「有」爲利，有其「無」爲用。是「有」「無」之一貫表現於器也。

又曰：「天得一以淸，地得一以寧，神得一以靈，谷得一以盈，萬物得一以生。」「天」「地」「神」「谷」均能有能無，故曰得一，得一者得「有」「無」之一貫也。

四、唯「有」「無」一貫，故「有」「無」相生。有無相生者，只「有」必之「無」，「無」必之「有」，以保持「有」「無」之一貫也。故物之具虛具無之性者，必轉而充實其有；器物之失其虛無之性，只具實有之性者，必轉而入無。蓋器物之所以爲器物，原由其兼具「有」與「無」；失其無之性，只具有之性，則失其所以爲器物也。

剛、強、壯、老、盈、奢、泰、甚、益、堅、雄、牡、躁皆陽性，而偏具實有之性，失其虛無之性者，故毀滅入無。

故曰：「剛強者死之徒。」

「物壯則老。是謂不道，不道早已。」

「舍後且先死矣。」

「或益之而損。」

「將欲翕之，必固彰之。將欲弱之，必固強之。將欲廢之，必固興之。」

柔弱、嬰兒、赤子、下、後、冲、嗇、損、雌、牝、靜皆陰性，而具虛無之性，反而充實其無得存在、得有。

故曰：「柔弱者生之徒。」

「高以下爲基。」

「後其身而身先。」

「大盈若冲，其用不窮。」

「損之而益。」

「靜爲重根。」

「重爲靜君。」

「牝常以靜勝牡。」

總而言之曰：「天之道其猶張弓歟？高者抑之，下者舉之。有餘者損之，不足者補之。天之道，損有餘而補不足。」

此卽爲老子之自然律。

五、然當剛強者之死毁滅而入無也，則剛強者所驅去之「無」還於剛強者之身。卽剛強者所破壞之一貫還回到其自身。然現象界之所以必求回復此「有」「無」之一貫，實以本體界之「有無一貫體」之道爲之根。唯以道爲「有無之一貫體」，道爲現象界所自來，故現象界不能不求回復此「有」「無」之一貫以合於道。就道而觀，則現象之所以必回復此「有」「無」之一貫，反剛強者使死，不過「通」欲保持其自身。故曰：「反者道之動。」又曰：「夫物芸芸，各歸其根。歸根曰靜，靜欲復命，復命曰常。」又曰：「玄德深矣遠矣，與物反矣。」依同理，柔弱者之生，得存在而能有，至爲現象界表現「有」「無」之一貫使之然。溯現象界所以表現「有」「無」之一貫於「道」，則當云「道」欲表現其自身。故曰：「弱者道之用。」又曰：「道冲而用之或不盈。」冲卽冲氣以爲和之「冲」，卽兼含陰陽之氣，卽「有」「無」之一貫。「道冲而用之或不盈」，道本其「有」「無」之一貫性發出其不盈——卽弱——之用，亦道欲由其用以表現其自身也。

以道能保持其「有」「無」之一貫性，表現其有無之一貫性，故道在現象界，不可得而若可得。

故曰：「如有物焉，湛兮似或存。」又曰：「混而爲一，其上不皦，其下不昧，繩繩不可名，復歸於無物。是謂無狀之狀，無物之象。」又曰：「惚兮恍兮，其中有象。恍兮忽兮，其中有物。窈兮冥兮，其中有精，其精甚眞。……以閱衆甫。」

六、由道之保持其「有」「無」之一貫性，使剛強等死，使柔弱等生，於是萬物之繼續變化，相循無已。故曰：「天地不仁，以萬物爲芻狗。」「天地之間其猶槖籥乎。」又謂道：「周行而不殆。迎之不見其首，隨之不見其後。」又曰：「自古及今，其名不去，以閱衆甫。」謂道曰：「古之道。」而自現象界以觀道，則曰：「綿綿若存，用之不勤。」曰：「用之不足旣。」曰：「道乃久。」曰：「大道氾兮其可左右，……衣養萬物，……強爲之名曰大。大曰逝，逝曰遠……，玄德深矣遠矣……，乃至大順。」又曰：「玄之又玄。」玄之又玄者，「無、有」又「無、有」，「無」「有」之一貫性繼續保持其自身表現其自身，由現象界以觀之，但覺其生生不窮也。

自道之本身言，曰「周行不殆」，曰「古之道」；自現象界以觀道，則覺其生生不窮，道乃久，故道曰常道。知道曰知常。

乙、莊　子

莊子與老子之不同，人皆知之，然老子與莊子之哲學觀念有根本之異，則人罕注意及之。莊子天下篇雖不必爲莊子所作，然當爲莊子後學所論。此篇以老莊爲二家，其論老莊之語截然不同。其論老子曰：「建之以常無有，主之以太一。」總論老莊關尹曰：「以本爲精，以物爲粗。」曰建、曰主、曰本。而其論莊子，則曰：「芴漠無形，變化無常。死與生與，天地並與，神明往與，芒乎何之，忽乎何適，萬物畢羅，莫足與歸。」曰：「與天地精神相往來，而不敖倪於萬物。」明見莊子心靈所寄託之境界與老子逈異。蓋自天下篇視老莊，則老子重常，莊子重變，老子之常本於「有」「無」之一貫，變則必有出有入而後可見。是莊子不重老子所謂「有」「無」之一貫而重「出入」，已略乎可睹。然吾人謂莊子以「出入之一貫體」，卽其所謂宇宙之本體，亦卽其所謂道，則須依次論之如下：

一、莊子之道卽宇宙之本體。吾人前言本體有二性質：一起於現象界，二爲現象界之所自來。莊子大宗師篇曰：「夫道自本自根，未有天地，自古以固存。神鬼神地，生天生地。在太極之上而不爲高，在六極之下而不爲深，先天地生而不爲久，長於太古而不爲老。……」

「夫昭昭生於冥冥，有倫生於無形，精神生於道，形本生於精，而萬物以形相生。」（知北游）

卽此二段，已可見莊子所謂道符於本體之二義。

二、莊子所謂道卽「出入之一貫體」。莊子未嘗如老子之明言其道爲何，然莊子罕將「有」「無」對言，而恆將「出」「入」對言，視「出」「入」各爲一事之一面之語則極多！茲姑舉二語：

「萬物皆出於機，皆入於機。」（至樂）

「有乎生有乎死，有乎出有乎入，入出無見其形，是謂天門。」（庚桑楚）「幾」爲何，「天門」爲何，今姑不論。出入於機，出入天門，則「出」「入」之爲一貫可知。「出」者始也，「入」者終也。秋水篇曰：「終則有始。」寓言篇曰：「始卒若環。」田子方篇曰：「始終相反乎無端，而莫知其所窮。」明謂出者必入，入者必出，「出」「入」之不離，更躍然可見。「出」者由無之有，「入」者由有之無。「出」「入」之不離，即「無之有」與「有之無」之不離。此「無之有」「有之無」之不離之原理自身，即莊子所謂道，此由則陽篇而可知。則陽篇先論：「吾觀之本，其往無窮。吾求之末，其來無止。」是明始終之無端，亦即出入之無端，「出」「入」之不離。其下即繼之曰：「道不可有，有不可無。道之爲名，所假而行。」（齊物論曰：「道行之而成。」天地篇曰：「行於萬物者道也。」）郭象註曰：「物所由行，故假名之曰道。」「道不可有，闢前文接子「『或使』則實」之說。有不可無，闢前文季眞「『莫爲』則虛」之說。或使執實以「有」爲有；莫爲則虛，以「無」爲無；莊子皆闢之。則莊子以道含「有之無」「無之有」可知。故下文逕以物所由而行爲道。物之行非由「無之有」「有之無」之不離乎？然則物所由行之道，爲「無之有」「有之無」不離之原理可知矣。

莊子所謂道既爲「有之無」「無之有」之不離，則如以圖表其與老子之別，則老子所謂道當以：

有⇄無表示。莊子所謂道，當以

有→無　無→有

表示。

三、換言之，在老子只有「有無」合成之一「一貫體」；莊子則有「有無」合或之二「一貫體」，而此二「一貫體」又一貫而爲一「一貫體」。唯老子只有一「一貫體」，故言「有無」二者之不離卽可盡其意；故論萬物之所自，但言：「天下萬物生於有，有生於無。」唯莊子有二「一貫體」，而此二「一貫體」復爲一貫，故論萬物之所自，不僅當溯「有」於「無」；且當超越此一「一貫體」而之他一貫體，卽當超越「有」與「無」。超越卽否定卽「無之」(Negating)。超越「有與無」，則當「無『有』」復「無『無』」。故溯萬物之原不僅當溯之於「無」，且當溯之於「無『有』」「無『無』」。故莊子不如老子之單言「『有』生於『無』」，「『無』名天地之始」，而言「無有」，且進言「無無」。

「萬物出乎無有，有不能以有爲有，必出乎無有。」（庚桑楚）

「以無有爲首。」

「天門者，無有也。」（庚桑楚）

莊子言「無『無』」。之確切不疑者為知北游篇。其中有句曰：「予能『有無』矣，未能『無無』也。」又「泰初有無無有無名」句，昔有二種斷句法。如以「泰初有無無」斷句，則所言者明為「無『無』」。如以「泰初有無」斷句，則「無有無名」又可有二解：如作無「有無」之一名解，則仍論「無『無』」。如作無有復無名解，則論泰初之「無」，其中無「有」，雖非明論「無『無』」，亦含「無『無』」之義。「無」中無「有」，以「無」狀「無」，以「無」狀「無」，即「無」之狀為無，是亦「無」為無，亦「無『無』」也。莊子之必溯萬物之原於「無『無』」，在齊物論言之尤詳。齊物論篇曰：「有始也者，有未始有始也者，有未始有夫未始有始也者；有有也者，有無也者，自未始有無也者，有未始夫未始有無也者。俄而有無矣，而未知有無之果孰有孰無也，今我則已有謂矣，未知吾所謂其果有謂乎，其果無謂乎？」「有有」「有始」，有也，「無」與「未始有始」，無也。「未始有無」，「未始有夫未始有始」，「無『無』也」。「未始有未始有無」也者，「無『無無』」也。自此而推，可至無限。然「無」之所以必進至「無『無』」者，去有「無」之執耳。「無『無』」之必進至「無『無無』」，亦去有「無無」之執耳。故由「無『無無』」以至無限，亦唯以欲超一切有成「無『無』」耳。知此意則言「無『無』」盡之矣。「無『無』」即溯有之源至於至極，其下降也則「無『無』」降而有『無』」，故曰「俄而有無矣」，由「有『無』降而「有」，故曰「既已有謂矣」。然「有」終不離「無」，故曰：「未知吾所謂其果有謂乎，其果無謂乎。」觀下圖：

「○」處「無『無』」也。下端之無則「有『無』」也，下端之「有」即「有謂」也。下端「有」「無」之不離，即「有謂」「無謂」之不分也。「無『無』」者，下文所謂「天地與我並生，萬物與我爲一，旣已爲一矣，豈得有言乎?」也。「有『無』」者「旣已謂之一」，置定（Posite）此「無」，所指在「無」也。「有謂」，置定之後，置定之活動已顯而自成一「有」。「能指之有」遂與「所指之無」相對，故曰：「一與言爲二，二與一爲三。」「一與言爲二」者，「無『無』」與置定此「無『無』」之「有『無』」也。二與一爲三者，「置定之活動本身」與「有『無』」「無『無』」也。若不承認此二重之一貫體，則莊子此段文義終不得其解。讀者循上所論而細參莊子之文，則知其微旨所在矣。

四、惟莊子有兩重之一貫體與老子之只有一重之一貫體異，故莊子之論萬物存在之原理亦與老子異。老子論萬物存在之原理，爲兼含陰（無）陽（有），以有爲利，以無爲用。以道惟兼含「有」「無」，只有「有無」二者之一重一貫性，故萬物之存在，亦表現一重之一貫性而已。莊子之所謂道則有二重之一貫性，故其論萬物存在之原理，亦表示二重之一貫性。

田子方篇曰：「至陰肅肅，至陽赫赫。肅肅出乎天，赫赫發乎地。兩者交通成和而物生焉。」此段言陰言陽，言和，與老子「負陰而抱陽」「冲氣以為和」之言相似；然曰負曰抱，皆以一持二，一在中而而在左右：陰陽不相錯。惟會於一而已，其於至陰之肅肅，曰出乎天——天本陽也；於至陽之赫赫，曰發乎地——地本陰也；則明表陰陽之相錯，故曰：「兩者交通成和而物生焉。」以圖表之：老子之陰陽與物之關係為

，莊子之物與陰陽之關係為

。陰出之陽，陽入之陰，是物之和成本於出入之一貫，與老子之言異矣。

蓋自老子觀之，物之為物，有實有虛。實者其「有」，虛者其「無」。物不外乎虛實二面，故兼含「有」「無」而已。自莊子視之，則物之未有，由無而有，是「出」也；物之能有，乃生自他物，以他物入，此物乃出，是「入」也；物之既有，旋滅或無，又「入」也。故物之為物，自顧為「出」前後顧皆「入」。「出」「入」之交，物之所居。故曰：「其分也成也。其成也毀也。」（齊物論）由他而分出，故能自成，當其自成，又復將毀。是以老子將生死並論，但言生轉為死，而生與死壯與老各在一時，莊子則逕言：「方生方死，方死方生。」（齊物論）以圖表之，莊子之「物」與「出」「入」之關係如下：

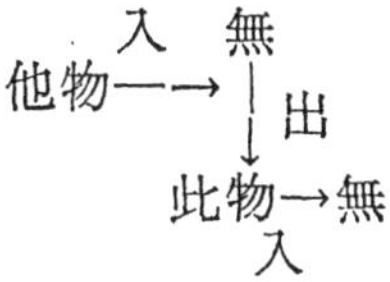

五、惟老子以「物」只表現有無之一貫，莊子以「物」表現出入之一貫，故老子不復重物與物間之繼續變化，不將物與物間之繼續變化作爲論列之對象；而莊子則恆以物與物之繼續變化爲論列之對象。蓋一物既兼「出」「入」，自顧爲「出」，前顧見他，「入」後顧則自入，而他入前，他曾出，自入後，另一他將出；故「一物之出入」與「一物之出入」相繼。以圖表之：

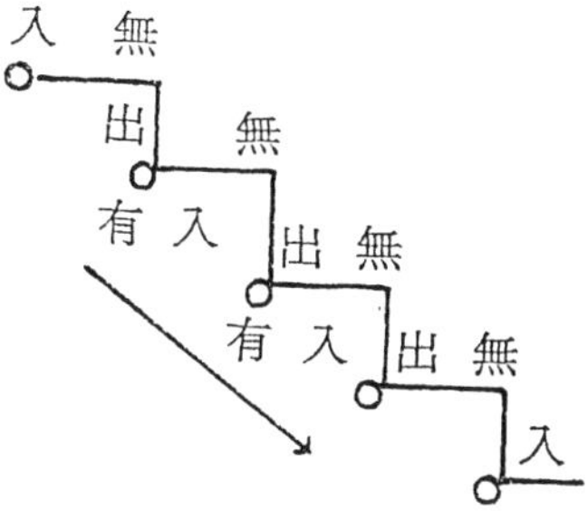

宇宙之過程，卽不外如是「一物之出入」與「他物之出入」相繼之過程；亦卽一物之變化，與他物之變化相繼之過程。

故曰：「物之生也，若驟若馳，無動而不變，無時而不移，何爲乎，何不爲乎？夫固將自化。」（秋水）

「春夏先，秋冬後。四時之序也，萬物化作，萌區有狀，盛衰之殺，變化之流也。」（天道）

「種有機」（至樂篇）一段之確解雖不可知，然其係論物與物間之繼續變化則確乎無疑。

六、物之變化爲他物。每一變化均爲出入一貫性之表現，前者變成後者，前者卽喪失。是就前者本身而言，前者入而不出，然出入既爲一貫。則前者入後還當再出，卽後者還須轉爲前者。換言之，卽上圖之變化繼續之方向應不只自左向右，且當亦有自右而左者：故又有變化之循環。論變化循環之語甚多：

「年不可舉，時不可止，消息盈虛，終則有始。」（秋水）

「消息滿虛，一晦一明，日改月化，日所有爲而莫見其功。生乎有所萌，死乎有所歸，始終相反乎無端，而莫知其所窮。」（田子方）

「死生存亡，窮達貧富，賢與不肖，毀譽饑渴寒暑，是事之變命之行也。日夜相代乎前，而知不能規乎其始者也。」（德充符）

七、唯莊子視一物之變化與他物之變化相連，宇宙間無物不變爲他物，他物又變爲他物，無一物之變化不與一切物之變化相連；而一切物之變化又可反復其變化，循環其變化，歸於原之一物（假設爲原物），故宇宙可謂一變化之系統，互相滲透之變化系統。唯爲互相滲透之變化系統，故：「始卒若環，莫得其倫，是謂天鈞。」「天鈞」者天然之平衡，天然之平衡者，出入之平衡出入一貫性之表現也。出入一貫性表現於環，「出入之一貫體」（Unity）在環中可知。此齊物論之所以謂得環中，卽得道樞也。

唯宇宙爲一互相滲透之變化系統，每一齊可變而之他，故宇宙爲一整體。

故曰：「臭腐復化爲神奇，神奇復化爲臭腐，通天下一氣耳。」（知北游）

八、然宇宙之爲一整體，尚不只自萬物之輾轉變化交互變化見也。蓋但就一物之出入而言，則他物入而此物之出也，卽物自以爲此（「此」莊子名曰「是」）。出乎他物，卽以他爲彼。物自爲是，則一切物均彼。是不自是，因彼而是。彼不自彼，因是而彼。因彼而是者必彼彼，出乎彼而有是也。因是而彼者，必是是，有是出而有彼也。出入不離，故彼是不離。彼是不離，則一物與一切物不離。一切物與一切物不離，則一切物與一切物互爲彼是。故曰：「彼亦是也，是亦彼也。」此又非宇宙爲一整體之謂乎。此孰爲之？出入之一貫性爲之也。

故曰：「惡乎然？然於然。（自是也，自出也）。惡乎不然，不然於不然（非彼也，出乎彼也。）

物固有所然，物固有所可，無物不然，無物不可。故爲是。舉莛與楹，厲與西施，恢恑憰怪，道通爲一。」（齊物論）

宇宙以「道之出入一貫性」之作用之表現而爲一體，故道亦無乎不在。

故曰：「道在螻蟻，……在稊稗，……在屎溺，……汝唯莫必，無乎逃物。至道○是。……周偏咸三者，異名同實，其指一也。」（知北游）

九、道爲出入之一貫體，出入之一貫唯存於物之出入間——卽道在物之空處。

故曰：「唯道集虛。」（人間世）

一切物均有出入，卽一切物之上下之空處，均爲道所彌綸。

故曰：「夫道覆載萬物」。覆自上覆，載自下載。

「夫道於大不終，於小不遺，故萬物備。廣廣乎其無不容也，淵乎其不可測也。」（天道）廣廣乎無不容，包萬物也；淵乎不可測，上下均不可極，均爲道所覆載也。

故曰：「精至於無倫，大至於不可圍。」（則陽）

唯道覆載萬物，故無終始。蓋道爲「出入之一貫體」。「出入之一貫體」雖使出入表現於一切物中，而「出入一貫體」之本身則無所謂出入。若有所謂出入，其所以能出入仍本於出入，定出入而仍未嘗出入。道無出入，卽無終始。

故曰：「道無終始，物有死生。」（秋水）

「物物者，與物無際。不際之際，際之不際者也。謂盈虛衰殺。彼爲盈虛非盈虛，彼爲衰殺非衰殺，往爲積散非積散。」（知北游）

「出入一貫體」之使一切物出入，而其本身無出入，由斯言可見矣。莊子之言道之無所不在，與老子同；然其所以言，則異。但會前文，無煩再釋。

惟道遍在萬物，覆載萬物，在萬物上下之空處，其本身無終始無生滅。故道在宇宙萬物中，亦在宇宙萬物外。道出其自身入於宇宙萬物，復出乎宇宙萬物，入其自身。自道之出乎宇宙萬物言，則道與宇宙萬物爲二，本體界與現象界相離。自道入於宇宙萬物言，則道與宇宙萬物合一，本體界與現象界相即。爲二，故道超於天地萬物之上；合一，故能生天生地而表現於天地之中，此卽回復第一段所論。

釋莊子之言，略盡於此。推「出入一貫體」之義於莊子形而上學上之他義，以及知識論人生哲學上之主張，皆可相通。今不及一一論。惟或有之疑，不可不釋。或曰：「莊子有言：『道不可言，言而非也。』又曰：『可以言論者，物之粗也。可以意致者，物之精也。言之所不能論，意之所不能察致者，不期精粗焉。』又曰：『無思無慮始知道。』故曰：『終身言未嘗言。』而子文乃欲以一觀念表莊子之所謂道，反復以思慮推索其涵義而說明之，意在牢籠『萬物畢羅莫足與歸，與天地精神相往來』之莊子，無乃太狂悖乎？則陽篇論道曰：『因其大以號而讀之則可矣，已有之矣譬猶狗馬。』吾子之以三觀念表道，徒等道於狗馬耳。」答之曰：「不然。則陽篇亦曰：『言而足，終日言而盡道，言而不足，終日言而盡物。』吾言之爲道爲物，惟吾自知之。『出入一貫體』之觀念簡矣，然誠欲知此五字之涵義，未嘗游心於萬化之出入者又安能？誠能游心於萬物之出入，此五字又何有？又豈言之所能盡意之所能致，思慮之所及？故誠欲知此五字固必入乎此五字復出乎五字。蓋必出乎此五字，游心於萬化之出入，始知此五字；則言之終於寓言，終於未嘗言，又何難解。故吾之一言亦如未嘗言；反復以思慮推索此一言之涵義而說明之，亦未嘗說明。子以吾言爲牢籠「萬物畢羅莫足與歸與天地精神相往來」之莊子乎？則未知欲會吾言，必超乎吾言也。子以吾言不能牢籠「萬物畢羅莫足與歸與天地精神相往來」之莊子乎？不知莊子之『萬物畢羅莫足與歸與天地精神相往來』，正出入於萬化之謂也。子以吾之五字爲降低莊子之所謂道於狗馬，而不知狗馬之出於道，眞欲知狗馬即當出狗馬而入於道。故只就吾言以知莊子者非也；只就子言以知吾言者亦非也。」吾言至此，吾意無窮。反復推尋，終或戲論。則陽篇又曰：「道物之極，言默不足以載。非言非默，議其有極。」莊生允矣。書此以終此篇。其可免於「言而愈疏」之罪歟？

（附註：此文論莊子之道爲「出入之一貫體」，與莊子與黑格耳比較一文中所謂莊子之道爲出入有之無同義，該文謂莊子偏無乃與黑格耳之說對較而言，故二文之義不相衝突而可互補充。）

丙、易傳

一、易傳之形而上學論之最難，然今仍欲以一觀念釋之。易傳之形而上學，即以「易」爲宇宙之形而上之本體，卽以變化本身爲宇宙之本體。今先舉易傳之言爲證，易傳以「易」之本體爲超於現象者，其言甚明。

易傳曰：「形而上者謂之道，形而下者謂之器。」

「一陰一陽之謂道。」

「乾坤其易之門邪。乾陽物也，坤陽物也。」

「闔戶之謂坤，闢戶之謂乾，一闔一闢之謂變，乾坤毁則無以見易，易不可見，則乾坤或幾乎息矣。」

「知變化之道者，其知神之所爲乎。」

「陰陽不測之謂神。」

合此諸言而觀之，則道卽形而上者，卽易，卽變化，卽神。亦卽乾坤之合一，陰陽之合一，闔闢之合一。其以易爲形而上之道形而上之本體，彰彰明甚。

易傳以「易」爲現象界宇宙萬象所自來之言亦多如。

「夫易開物成務，冒天下之道，如斯而已者也。」

「易……知周乎萬物，而道濟天下，故不過……範圍天地之化而不過，曲成萬物而不遺。」

「夫易廣矣大矣，以言乎遠則不禦，以言乎邇則靜而正，以言乎天地之間則備矣。」

惟易爲本，體故本爲不易。故曰：

「易無思也，無爲也，寂然不動，感而遂通，……不疾而速，不行而至。」

何謂感而遂通，不疾而速，不行而至，今暫不問。然據此言，可知易傳以易之本體，本身爲不易不變化者。蓋「易」之本體而若易若變化，亦本於「易」或變化之原理，若易之本體而眞易眞變化以去，宇宙將無易之事無變化之事矣。此理不須煩釋。

二、易之本體含八面（八機動 moments）卽八卦。易之本體含八卦，卽可由易之本體本身之意義而可引出。蓋宇宙間所謂變化，自其最簡單者而觀之，皆先有一象以之（往也）他象。第二象生時，第一象卽已滅，視第二象爲有，則第一象爲無。然當吾人認識變化時，必同時知第一象之無。與第二象之有。卽在時間上二者雖不同時，然在意識上必視之爲一平面，卽近代心理學上所謂特殊現在 Specious Presence 之感。故若吾人抽出變化之所以爲變化，於變化之象外而視之爲本體時，亦必於一平面上有第一象之無與第二象之有。二者以圖表之當爲：

一象無→另一象有

一象之無爲一象之隱，名之曰陰；一象之有爲一象之顯，名之曰陽。二者之交爲太極。故曰：「易有太極，是生兩儀。」

所謂一象無者，一象自「有」之「無」——卽入；另一象有者，另一象自「無」之「有」——卽出；故當吾人覺一象變爲另一象時，亦必同時有第一象「有之無」第二象「無之有」之感。在象之變化中如此，在變化之本體——易之本體——中亦當如此。故前圖當化爲：

易

一象有之無→二象無之有

就第一象本身與第二象本身言，第一象先無，第二象後有。第二象有時，第一象已無。故若第一象爲有之無，則「第一象之有之無」，本身亦必先過去先無。第二象「無之有」相繼而來，後有。易之本體仍當含此二者，故此圖又當改爲：

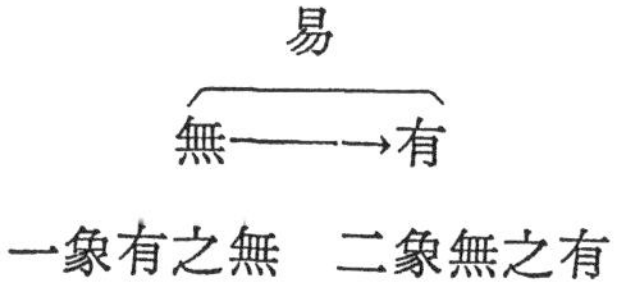

或

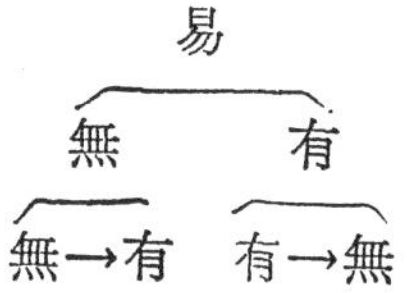

在此圖中直承於易字之下之「無」「有」，乃在顯其作用中以成爲易。

「無」「有」之顯其作用，即下行，連此「有」「無」於下之「有」「無」，而成「無無」「有無」「無有」「有有」。無爲陰，有爲陽，是爲「陰陰」「陽陰」「陰陽」「陽陽」⚏⚎⚍⚌之四象。故曰：「兩儀生四象。」

然由第一象之無而第二象之有，吾人一方覺第一象與第二象在一平面上，生所謂「特殊現在」

Specious Presence 之感。然而同時覺第一象乃犧牲其自身，以成就第二象，投入其自身於第二象之懷，而伏於第一象之下。第二象亦接受此犧牲反抱此第一象，而超至第一象之上。換言之，即覺第一象之犧牲與第二象之成就爲一相滲透之一貫體 unity。是即易之本體中當有此相滲透之一貫體 unity，即太極當爲此相滲透之一貫體 unity。故當再改如下圖：

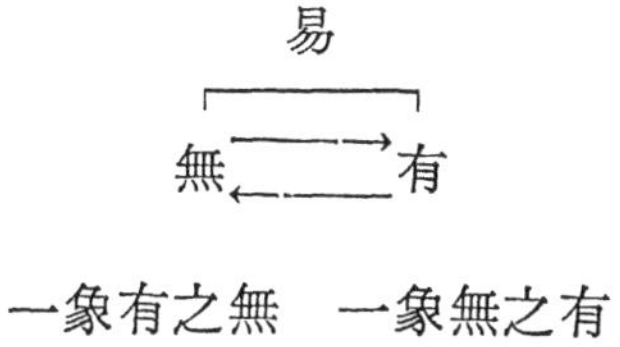

或

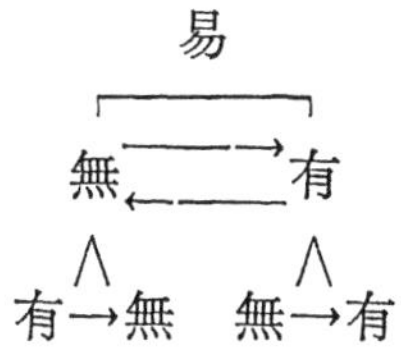

然若第一象之犧牲，爲第一象有之無，第二象之成就，爲第二象無之有，則此成就⇆與犧牲之相滲透而爲一貫體，即第一象之「有之無」與第二象「無之有」之相滲透。故上圖易下⇆所表示之滲透之活動必當下行，即表現其活動於下「有」「無」之兩端。如圖：

由：

1.

而：

2.

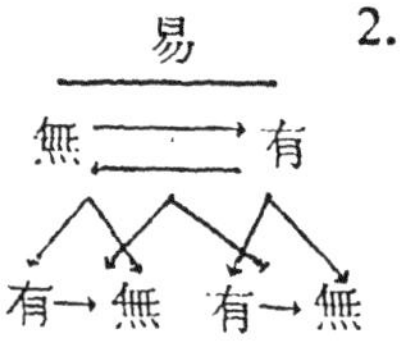

而：

3.

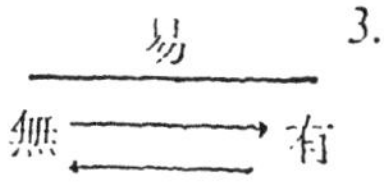

入於

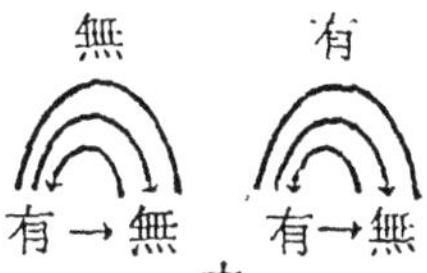

之中成：

4.

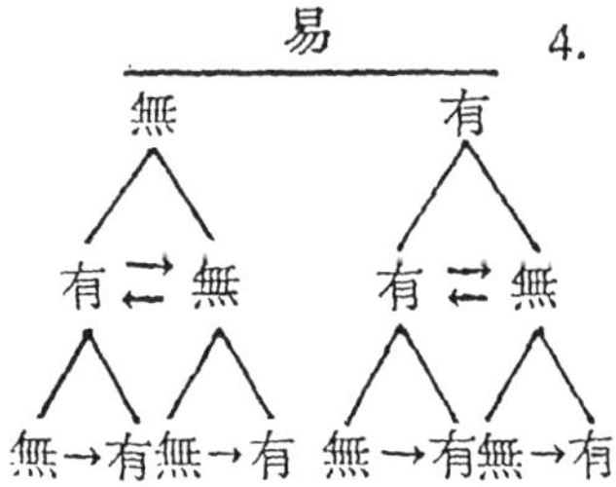

於是有「有無有」「有無無」「有有有」「有有無」「無無有」「無無無」「無有有」「無有無」，即「陽陰陽☲」「陽陰陰☳」「陽陽陽☰」「陽陽陰☱」「陰陰陽☶」「陰陰陰☷」「陰陽陽

☵」「陰陽陰☵」而成八卦，故曰：「四象生八卦。」

八卦之生由於自第一象至第二象，必有第一象之「有之無」，第二象之「無之有」，而二者必相滲透。二者相滲透，即易之本體之完全之表現。故八卦乃易之本體之八面。

八卦爲易之本體之八面，然每一面均不能離餘七面，故每一面均含攝餘七面爲一整體。

三、宇宙原於易之本體，由是而一切物均表現變化。故易傳視一切物之所以存在之原理即易，而以一切物皆爲一變化之意味。莊子惟知位物於出入之交，未知將物之本身即視作一變化之意味。蓋出入之交只內涵 Implicit 有變化，可外拓出 Explicit 變化，尚非變化本身，故終不知視物本身爲一變化之意味，仍將物與道對。易傳則視一切物均不外一變化之意味，故乾坤坎離等以其健順陷麗之意味可代一切天地水火及禽獸草木人身之具同樣意味者，以圖表之：

莊子之物爲

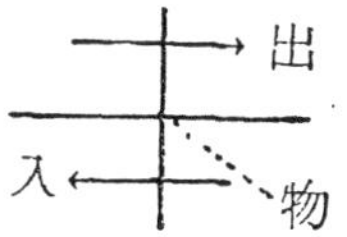

易傳之物爲

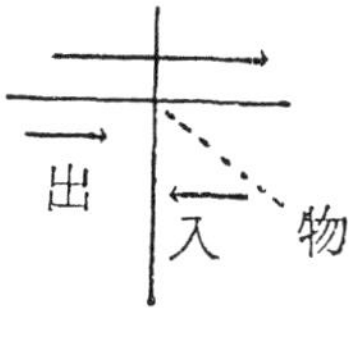

四、變化爲由一象至另一象，故自現象界觀，一變化完成後一半即失前一半。唯易之本體乃兼含

前一半。本體既必要求表現於現象界，故易之本體欲有完全之表現，遂失而欲復再得。由是而有宇宙間一繼續變化。故曰：「易不可見，則乾坤或幾乎息矣。」

易傳言繼續變化與莊子同而異。以莊子不知置定 Posite 變化本身，故其相繼續之變化只呈〰之形；而易傳之繼續變化則呈∽之形。其異在莊子只知有初終，而易則有「初中終」。故一卦有初中終三爻。

五、易之本體，若只向一進向繼續變化，一往奔逐，以求其完全之表現，則在此向前奔逐之過程中，易之本體所已失之表現，終遺落而不可復得。故易之本體又必須向後退縮步步索回，其已失之諸現，由繼續變化而有循環。

故曰：「日往則月來，月往則日來，日月相推，而明生焉；寒往則暑來，暑往則寒來，寒暑相推，而歲成焉。往者屈也，來者信也，屈信相感而利生焉。」（繫傳）

易傳之言循環與莊子同，然莊子言循環則止於循環，易傳言循環則歸於再繼續。

故曰：「生生之謂易。」（繫傳）

一切現象由易之本體來。易之本體無所不在，故變化之繼續。變化之循環無所不在。

故曰：「反復其道天行也。」（復彖）

六、由變化之表現之繼續，則第一「變化之表現」變爲第二「變化之表現」，即爲「變化表現」本身之變化。「變化表現」本身之變化，即原於「易之本體」本身之變化。故第一「變化之表現」變爲第二「變化之表現」時，前一時之「易之本體」即變爲後一時之「易之本體」，亦即「易之本體」分化其自身爲二，成前一時「易之本體」與後一時「易之本體」。「易之本體」之所以能變化，即本於其自身——以其自身即變化之原理。故「易之本體」變化時，乃在其自身中分化其自身，亦即以其自身再構造其自身。故「易之本體」含八面八卦。「易之本體」之變化，即含六十四面六十四卦。

八卦爲一整體，故六十四卦亦爲一整體。六十四卦之整體之所以成立，即所以說明一變化之表現，變爲他「變化之表現」何以可能者——即一變化之表現至他變化之表現必有六十四卦之整體在後。

變化之循環爲變化之表現由第一表現至第二表現後，復由第二表現至第一表現。故此時易之本體變化其自身後復回到其自身，即第一度之變化使其自身構造其自身成六十四卦後，第二度之變化經六十四卦而歸於八卦之整體。

七、變化之表現之繼續無所不在，變化之環無所不在，故易之本體之「由八卦而六十四卦之八卦之整體」亦無所不在，以變化之繼續與循環之無所不在，因而有無窮之變化之繼續循環，因而易之本體有無窮之表現，而易之本體有無窮複雜之結構。

無窮之易之本體之複雜之結構，均由於易之本體自身分化其自身回到其自身而成。故只須成立此六十四卦之整體，卽可以表易之本體之無窮複雜之結構，以成立此六十四卦之整體。卽可以表易之本體分化其自身復回到自身，使易之本體自己置定其眞實性，使易之本體成爲眞正之本體故。

八、就兩變化之表現而言，第二象同時存於第一變化與第二變化中。故第二象雖與第一、三兩象異，對第一第三兩象爲變化，然對第一變化與第二變化則爲不變。由此第二象之對第一變化與第二變化之不變，使吾人覺第二象爲「第一變化」「第二變化」合成之變化之流之「一貫」（unity）。此中卽潛伏不變之感。惟此不變之感爲前後兩變之感所淹沒不顯。然如有第四第五象亦經此第二象向另一方向而去，則第二象同時爲二變化之流之一貫（unity），於是足以抵消原先之前後兩變之感，而此一貫（unity）中潛伏不變之感遂顯出；於是吾人對於第二象可有不變之感。故一切之變皆生於諸變化之流之交叉。一切不變均爲變化之流之切面。一切所謂不變物，均由於其所繫之變化之流過廣大或過隱微，不爲吾人所見。覈實而談，實無所謂不變，不變實生於變。然吾人若但觀諸變化之流之交叉點，亦可說爲有不變。故現象界有變之表現亦有不變之表現。

九、一切不變之表現均依於廣大或隱微之變化之流，故一切不變之表現，均潛伏有變之表現。反之，一切變化之表現，當其變化之流與他變化之流滲融互貫而交凝之點，其中亦可湧出不變之表現。故變化之表現下，亦可謂潛伏有不變之表現。

十、若變化只有繼續之變化，則不變終只存於變化之流交貫處，卽變化之範圍，終較不變之範圍大。如此，則變化之流汙漫於外，終非不變所能盡，如此圖無。就全宇宙之一切變化與不變而言，二者不能相切應（Coincide），則宇宙不能成一整個之體。然變化有繼續復有循環，有循環故向外汙漫之變化之流，可自包超而相交，而於相交處可表現不變。惟循環之變化，可使一切變化反包超而相交於相交處，又表現不變。故變化流行之境界可同時爲不變之境界，故宇宙能成一整體。

十一、宇宙有變化之表現，復有不變之表現，故宇宙有動有靜，有種種動靜之結構。動者，「有」突出於「無」上，卽「無」前均有「有」。以䷿未濟表示。靜者，「有」均下沈於「無」下，卽「有」前均有「無」。以䷾既濟表示。至動者，有突出不已，無全掩於下，故以䷀乾表示。至靜者，全有沉於無下，故以䷁坤表示。其餘一切卦均各表示一種動靜之結構六十四卦之整體，卽所以表示全部宇宙變與不變之結構之整體。

每卦各含攝其反面之卦，表示變與不變動與靜之相切應（Coincide）。然各卦中乾爲至動，坤爲至靜，故乾坤之相含攝卽一切卦之相含攝。故乾爲乾元，坤爲坤元，而統六十四卦。

十二、唯宇宙有變有不變，變化載不變，故不變貫穿於變化。不變貫穿變化，卽不變者使變化有共理，有會聚。

故曰：「天下之動貞夫一者也。」（繫辭）「觀其所聚，而天地萬物之情可見矣。」（萃彖）

變化有共理，則變化依共理順理之所指而變化，故變化有順序。

故曰：「時止則止，時行則行」（艮彖）

「言天下之至動而不可亂也。」（繫傳）

「觀其所恆，而天地萬物之情可見矣。」（恆彖）

變化順共理而變化，卽共理乘變化而運轉往來，故宇宙間有感通。變化無所不在，共理無所不在，故宇宙間無處不相感通。

故曰：「變則通。」（往來不窮之謂通。）

「易寂然不動，感而遂通。」（繫傳）

「觀其所感，而天地萬物之情可見矣。」（咸彖）

宇宙以共理之運轉往來而相感通，而共理乃一而多多而一者，故宇宙爲無窮由一至多由多至一相滲貫套合之宇宙。

十三、此宇宙之共理，以六十四卦整體中各種變化之流之相交通而表示。是爲交變。莊子不能眞知宇宙之一多之合一，以莊子不知由「生生不已變化之繼續循環」建立變化中之不變，建立共理，建立變化之順序，再建立宇宙之相感通；他只知直接由變化之循環繼續建立宇宙之相感通，故只知多合爲一，而不眞知多之爲多，一之爲一。其論多唯由異見，一唯由同見。可證多非確立之多。故其所謂一多之合一只爲一多之不分，唯易傳確立共理，就共理之順序變化以建立宇宙之相感通，乃可謂確立多之爲多而復明其爲一者。

十四、宇宙由有共理而變化，有順序相感通，爲無窮由一至多由多至一相滲貫套合之宇宙，故一方秩然不亂，是卽智之德。一方切切相關，是卽仁之德。而此皆出自易之本體。故易之本體含仁與智之德。

故曰：「仁者見之謂之仁，智者見之謂智。」（繫傳）

統仁與智，名之曰善。故易之本體含仁智卽含善。

故曰：「一陰一陽之謂道，繼之者善也。」

「易簡之善配至德。」（繫傳）

丁、中庸

一、中庸對於形而上學之論列甚簡，其所著重者，在人生哲學。然卽在其至簡之形而上學之論列中，已可見中庸之形而上學爲易傳之形而上學之進一步發展。前論易傳之形而上學乃係自易之本體中引出繼續變化之觀念爲關鍵：由繼續變化之表現中即預設（Presuppose）易之本體自己構造其自身所成之六十四卦；由六十四卦之爲整體，遂使六十四卦所象徵之各種動靜之結構交流互貫而有共理等，而引出易之本體含仁智之價值。然易傳終未嘗將價值之名，名易之本體。唯曰：「一陰一陽之謂道，繼之者善也，成之者性也。」而中庸於易傳所謂成之者性上，統名之曰天命。而曰：「天命之謂性。」天命者，天之道。於是，中庸所謂道中，本身即包含有價值。故名道曰誠。易傳又終未嘗將「繼續」本身作爲其形而上學之開始。而中庸之所謂誠，即以「繼續」爲性，中庸以誠爲本體，即以「繼續」本身爲本體，如形而上學之開始。

何由見中庸之誠即繼續？

中庸曰：「誠者，自成也。」

自成者，自己繼續其自身也；在其自身繼續其自身，其自身繼續其「自身之繼續」也。

故曰：「至誠無息。」

又以「惟天之命於穆不已」狀天之道，亦即以狀誠也。何由見中庸以誠爲宇宙本體？

中庸曰：「誠者天之道。」

又曰：「上天之載，無聲無臭。」

是誠爲超於現象界之本體也，誠爲「繼續」爲宇宙之本體，故宇宙現象界之構成，由誠於之表現。

「天地之道，可一言而盡也，其爲物不二，則其生物不測。」

不二者，誠也。誠則生物不測，言物之生於誠之本體也。然誠之本體，何以能使生物不可測？以誠之本身卽「繼續」。繼續之表現於現象界者，亦爲繼續無窮，故不可測也。

二、中庸以「繼續」爲宇宙之本體，故其視物不似易之只視作一意味一變化，而視物爲在其自身中相續之意味，相續之變化。卽物之所以爲物，乃含內在之相續意味相續變化者；以相續之意味相續之變化本身如構成（Constitute）物之存在性者；或吾人可視物之存在性本身爲一殼（Kernel），其本質卽相續之意味相續之變化者。

故曰：「誠者物之終始，不誠無物。」

「誠者，物之終始。」言相續之變化意味內在於物也。「不誠無物」者，言相續之變化，意味爲構成物之存在性者也。終始者，相續之意味，相續之變化。

唯中庸視物中含誠，故視天地萬物爲誠之繼續表現——卽「繼續」之繼續表現，亦卽一「繼續」繼以他「繼續」或「無窮之繼續」。換言之，卽唯有「無窮之繼續」始有天地萬物。

故曰：「今夫天，斯昭昭之多。及其無窮也，日月星辰繫焉，萬物覆焉。今夫地，一撮土之多。及其廣厚，載華岳而不重，振河海而不洩，萬物載焉。今夫山，一卷石之多。及其廣大，草木生之，禽獸居之，寶藏興焉。今夫水，一勺之多。及其不測，黿鼉蛟龍魚鱉生焉，貨財殖焉。」

天地萬物為一「繼續」繼以他「繼續」，一誠之表現繼以他誠之表現。由一誠之表現繼至他誠之表現，其過渡之機動（moment）如下。

誠之表現為「繼續」之表現。「繼續」之表現，為一物（廣義之物）之存在性中，包含之「繼續之變化」。就此存在性及其所結合之繼續之變化而言，則為形。此所含之「繼續之變化」脫穎而出於此存在性之面，則為著。此「繼續之變化」脫穎出於此存在性，將此存在性反映於外，則為明。此存在性反映於外，則物超其自身，而之他物，是為動。此物之他物，則此物變至他物，是為變。此物變為他物，即此物內包含之「繼續」出此存在性而通於他物中，亦即此物所含之「繼續」與他物所含之「繼續」相融為一。「此物之繼續」為「他物之繼續」所繼續則為化。是為誠之至。

故曰：「誠則形，形則著，著則明，明則動，動則變，變則化。」然此由一誠之表現，繼至他誠之表現，本身為一繼續。故由一誠之表現至他誠之表現，仍本於誠之自身。

三、物為誠之表現，故物之能化之原理即在其自身。物盡其誠即物盡其所以為物之性。物盡其性則能化，故人率性思誠即能化。即能由己之誠通人之誠通一切之誠通宇宙之誠而與宇宙之誠合一。

故曰：「惟天下至誠為能化盡其性，能盡其性，則能盡人之性，能盡人之性，則能盡物之性，能盡物之性，則可以贊天地之化育，可以贊天地之化育，則可與天地參矣。」

惟此已屬於人生哲學之範圍，今不一一論矣。

以上論老莊易傳中庸四家之形而上學論理結構，乃將四家思想之血肉剝除而惟論其骨髓。四家形而上學皆潛存一辨證觀。然此辨證觀與馬克斯之辨證觀迥殊，與黑格爾之辨證觀亦異，故領會極難。而四家之形而上學之根本出發點又各不同。由此不同之出發點而產生之不同形而上學，其辨別尤難。上文雖平列各項而條舉論之，有似支離，實則作者心中於諸家之思想結構如何不同而相照應，有一極清楚明晰之冥會。然表諸文字則不能不成排比並列之勢。深覽全文而知作者之所冥會，則作者私心所想望也。

（本文大綱刊于一九三六年十二月「哲學評論」）

略論作中國哲學史應持之態度及其分期

哲學之名本中土所未有。如昔所謂道術、理學、心學、玄學之名，與西方所謂哲學(Philosophy)意義皆不盡同。今持西方所謂哲學之內容，以求中土思想中所論列之問題與之相同者而名之曰哲學，此固合乎立名之道。然以此名之立，緣類比而生，故近人治中國哲學史者，恆喜以西哲之言釋先哲之學。執柯伐柯，其則不遠。索隱鈎沉，固多探獲，如名墨諸家之著作，沈埋二千年不得其解，今以有西方哲學之借鏡，於是漸能節節貫通，堪爲一例。然覈實而談，哲學乃民族文化精神之結晶。民族文化精神不同，哲學亦不同。近人於中西民族文化精神之不同多能道之，而於中國哲學與西方哲學之不同則尚多昧焉。持西方之說以較中國哲學者；多喜觀其同，罕明其異，以殊方之尺度自衡，大類以中國哲學爲西洋哲學之附庸。唯參伍比較之事，又爲文化學術交流之際所不能免。而比較之術，則觀同易而識異難。先得其同，繼知其異，個人研究之進程如是，而社會學術文化之進展亦復當如是。時賢哲學史於觀中西哲學之所同，既已多所發現，則此後之中哲史，當進而著眼於中國哲學與西方哲學之所異，藉以標示先哲之所獨造，而顯示吾民族之特殊文化精神，以增吾民族之自信。

關於中國哲人立說之精微所在，固不易論，然中西哲學之內質之必當不同，則固可自外表而徵知。以哲學與其他學術文化之關係言：則西方哲學與宗教及科學特密，而中國無固有之宗教，科學亦不發達，而與倫理政治文學藝術等關係皆密；一也。以方法態度言：西方哲人特重分析之思辨，中土哲人大率輕思辨，以分析之術爲小言破道，故多重體會默識，由行證知；二也。以哲學各部門之關係言：西方哲學恆自論理學認識論以達於形上學人生哲學，中國哲學中論理學之研究絕於先秦，印度傳來之因明，亦未嘗生學術上之影響，而西方所謂認識論問題幾於無有，中國哲人之立論，大皆直由本體論宇宙論以通於人生哲學政治哲學；三也。以哲學各部門之問題言：則西方哲學中體象一多心物之爭，中國形而上學中亦幾於無有；而中國形而上學之概念，如道、如天、如太極、如理、如陰陽五行，在西方哲學中亦無相當之名詞；又可徵知中國形而上學有其特殊之問題，在人生哲學中，如西洋人生理想論中至善論快樂論之爭，自由定命之爭，不朽問題之討論，中國哲學中亦所罕有，而於人與宇宙之關係所謂天人關係、人性善惡之辨、修養方法之術及倫常之道，則爲中國哲人所極喜論；四也。以著作之體裁言之：西洋哲學著作皆統系謹嚴，綱舉目張，書期盡言，言期盡道，且喜標新義，立異前賢；而中土哲學著作則多隨題發揮，問而後告，書不盡言，言不盡意，且好托古自重，代聖立言；五也。凡此五者，皆人所共見之中西哲學之異點，以皆見於外表者也。然人心不同，各如其面，由外表以反溯內質，而求其外表有如是異點之故，則必進而求得內質之異，可以探吾土先哲特殊創獲之所在矣。由上所論，治中國哲學史當重中國哲學之特質，其持西哲以較論之處，於其同點外，當更重其異點，此爲治中國哲學史應持之態度一。

復次，持哲學之學，與其他學術文化對待而嚴分其疆界，亦中國所未有。蓋學術文化之截然分科視爲各有其領域，亦西方學術精神之表現。故彼土哲人喜言哲學之分類，科學之分類，及哲學與科學之關係，哲學與其他文化之關係；然此類討論，中國所未有也。中國有圖書類別之討論，如七略四部之分是也。然四部之分經史子集，皆以體裁分。七略中六藝略諸子略，亦無關於學術之分類。章學誠欲反四部於七略，明七略中互著別裁之義，蓋有意於重作學術之分類。然其旨在考鏡學術之源流，而歸宗於六藝，則史家之態度，非西方所講學術分類之比也。唯如是，故中國哲學與其他學術文化，迄未有爲之定明顯之界限所在者。中國哲學之精神，尤滲融於其他學術文化，而不易辨別。辨別之難及如何辨別，此又一問題。然吾人由其難於辨別，即可徵知其與其他學術文化交互影響之關係之特密。故論西方哲學史，尚易將哲學獨立於其他文化學術而單獨敍述之，然後自外論其與其他學術文化之關係。而述中國哲學史，則自始即難將其與其他學術文化之交互關係存而不論。蓋中國哲人之立言，求有如西方哲人之一以純粹眞理爲鵠的者，恆係爲應付當時之社會文化之問題，補偏救弊，爲求善而罕眞，故異代之學說，多迹殊而本一，貌異而心同。今徒見其貌之異，而以西方哲學中截然對峙之派別相例，罕能免於誣妄。故治中土哲學尤貴於知言論世；而知言論世，則必自始卽自哲學與其他學術文化交互影響之關鍵上見之。而時賢之中國哲學史，於此實爲忽略。故注重中國哲學與其他學術文化之影響，當爲治中國哲學史應持之態度二。

復次，哲學史之意旨，在明哲學之史的發展。欲觀哲學之史的發展，當注目在哲學問題之演變。大凡於歷史上有特殊地位之哲學家，蓋皆無不對於其先哲及同時代異派哲人所提出之問題有所解答，而復引起下時代哲學之新問題。故較論哲學之史的發展，不可專自各時代哲人所主張之學說之同異上著眼而當自各時代哲人所感之哲學問題上着眼。蓋哲人主張之學說，皆對其所感之問題生異義。哲學之學說，相因繼起，纚纚如貫珠，哲學問題則其線索也。然西方哲學著作，以邏輯體系之謹嚴，故其所欲解答之問題，恆先標明其癥結所在，然後持其新立之義，游刃於癥結之中。批郤導窾，謋然已解。然中國哲人之立說，則罕有先明其所欲解答之問題如何，恆只將其最後之結論示人。故其如何解決問題之過程，哲人罕自言之。鴛鴦繡出，金鍼遂隱。故欲知中國哲人所感之問題所在，大有賴於冥會洞察之功，非徒排比提要之術所能爲力。雖冥會洞察之深淺，得失權衡，唯在於一心，無客觀之標準；然舍此亦別無了解歷代先哲哲學問題，而據問題之演變，以觀哲學思想之演變之道也。故注重哲學問題之演變，爲治中國哲學史應持之態度三。

中國之哲學於先秦時代雖九流並峙，秦漢以後則匯歸於儒。故儒家思想，爲中國思想之主流，異於儒者皆支流也。此固人所共知。然以儒家思想與諸家思想有主流支流之分，故欲標示中國思想之特質，不能不以儒家思想爲中心而論之。於主流之遠源，及支流之循何道以入於主流，最宜加意。昔之儒者有道統之說，其欲將學術思想定於一尊，固不合於今世；而孔子以前道統之傳，及宋明以降道統之爭，尤滋近人謗議；然治史者以道統屬一人固非，而中國思想自有其一貫之傳統，則治史者所不能否認；且當黽勉以求，冀標出中國哲學之精神所寄。孔子以前之史固不必皆信而有徵，然由流溯源，必不能謂其上無所承。秦漢以後之儒家思想，雖枝分派衍，然朝宗所向，亦不無其共同之方向。今爲顯中國哲學之精神而增吾民族之自信計，較論中西文化之異同計，持固有文化以融合西方文化之優長計，均當於中國正統思想之儒家，特爲提出，以爲中國哲學史敍述之中心。故注重中國儒家思想之傳統，爲治中國哲學史應持之態度四。

關於中國哲學史之分期，吾人以爲當自哲學與其他文化之關係及哲學潮流中所表現之精神而分爲五期；今略論吾人分爲五期之理由如下。

自上古至孔子爲第一期　中國哲學史之作，近人多斷自孔老，以孔老乃眞正之獨立思想家，且孔老以前書籍多係僞書，故斷自孔老誠甚便利。然孔老之哲學思想不能無所自。孔老以前雖無正式之哲學家，然不能謂其無哲學。近人好以西方例中國，以爲必正式發爲哲學上之主張，乃可稱哲學，不知中國哲學思想之淵源所自，與西洋哲學之淵源所自乃截然不同。西洋之哲學思想源於希臘，而最早之哲人多原爲殖民地之人。彼等僑居異地，仰視俯察，發爲玄想。故其思想，初與實際社會政治殊少關係，而首發生自然哲學，次乃及於人生哲學。然在中國則素爲農業民族，聚族而居，國由族成。故思想恆集中於實際社會政治之問題，而掌握實際政治者，所感之問題爲最多，其思想亦更爲發達。故中國古代有哲王哲臣而無獨立之哲人。然哲王哲臣之思想，不當徒事坐言，尤重起行，顯爲事業。故人疑中國孔老以前無哲人，實則哲王哲臣亦哲人也；哲王哲臣所遺之言，卽哲學思想也；其所定之制度中，卽潛存一哲學思想於其中也。西方之哲學導源於殖民地，故初與實際社會政治無關，恆離事而言理。中國哲人原爲政治上之統治者，故其哲學思想與其政治事業融攝而不二，恆卽事以言理。近人以習於西方之離事言理者，乃謂之哲學，故於中土之哲王哲臣之卽事言理者，卽不謂之哲學，此比附之謬也。今欲將孔老以前之哲學思想抉剔而出，誠屬不易。然由詩書六經，亦非無端緒可見，易經中尤潛存一偉大哲學體系，不得以難而置諸不究不論之列。故今後之哲學史，孔老以前之哲學思想仍當一加論列，以顯示吾民族哲學思想之淵源。此孔老以前，爲中國哲學思想之孕育時代；是爲第一期。

由孔老至兩漢爲第二期　中國古代政治與學術旣合而爲一，故諸子出於王官之說，雖未必盡是；然王官之學衰而後諸子之說起，則爲不容否認之事實。孔子以六藝敎人而學由官守，廣及於社會，故諸子之學多源於孔子。老子成書之時代問題，近人爭執甚烈。然其思想仍淵源於吾民族之固有思想，其思想之流佈，在孔子後而先於莊子，斷不容疑。墨子乃受儒者之業而非禮樂，尊天事鬼，爲儒家之反動，而承受原始之宗教觀念者。莊子之學乃老子之進一步之發展，而田駢彭蒙愼到，則由老至莊之過渡。法家之興仍當導源於管子。管子之書固僞，然管子精神當爲法家所自出。管子尙言禮義廉耻，此爲春秋時代之傳統思想。申子言術，商君言法，而以孝弟仁愛等爲六蝨之論輿，乃一主於徒事賞罰之法。合申商之法術成韓非子之學。韓非以荀子之性惡爲其心理學之根據，以老子之無爲論爲法術之效用辯護。史公所謂申韓原於老子之意，今仍當折衷而取之。儒墨道法四家之學，末流互相影響而彼此融攝，此於兩戴記中可見之。呂氏春秋兼採諸家之說，昔名之曰雜家；然實有融合諸家之意。其以春紀明貴生乃取道家之義，夏紀言禮乃儒家之義，秋紀言刑乃法家之義，多紀言節用乃墨家之義。及於西漢淮南子書，亦集眾賓客而成，以道爲主而兼融儒法。西漢儒家論六經，多採陰陽家義，董仲舒主罷黜百家獨尊孔子，然其思想實以儒爲主，而兼統諸家。其陽德陰刑德刑相輔之說則以儒統法，其言陰陽五行則陰陽家說，言天多墨家天志之義（友人李源澄有文論此）。呂覽淮南及春秋繁露諸書在哲學本身中之地位固不及先諸子，然實表現各家互相滲融之思想潮流。董仲舒罷黜百家獨尊孔字，同時君之好惡，與孔子之不得意於君周游講學爲一對稱。王官之學衰，孔子以世家之後降而爲民，散學術於社會，演爲諸子之學，裂爲百家，由一本而分殊之勢也。由呂覽淮南而董仲舒，皆兼取諸家，與政治爲因緣。董仲舒欲憑藉政治以推行其所尊之學術，而漢武亦欲以學術定天下爲一尊，此由分而合之勢也。分合之勢相映而環抱。由合而分者萬流競注，有一往澎湃之勢，由分而合者則健往之氣趨於衰竭，故融會之後有特殊創見之思想家日少。王充徒以破壞陰陽家所造成之迷信為事；揚雄局促，不足與語大義，東漢光武獎勵儒術，乃以政治推行儒術之精神，其效在社會風氣，故東漢多名節之士；然無與於學術本身之發揚光大也。此為第二期。

由魏晉至唐為第三期　由上古至兩漢之學術文化，純為吾固有一貫相承之民族所創造之學術文化。自兩晉六朝而五胡亂華，至唐而中外民族及學術文化成大交通之勢，中國學術文化受此空前之動盪，哲學亦易其面目。自光武尚儒術，吏治遂不免於寬緩柔懦，故東漢學者多主矯以法家之義。如崔實、王符、仲長統之論皆主覈名實以明賞罰，至曹氏父子而直以法術治國。諸葛武侯……有儒者之懷，而治術亦一於法。由用法而核名實，魏晉學人遂好談名理，化為老莊之清談。而佛學自漢末輸入中國，東漢譯籍漸多，魏晉之清談老莊與佛徒之談空互相緣引，六朝之佛學遂大盛。至於隋唐，固有之儒學竟黯然無色。文中子講學河汾，眞有其人與否，尚在疑似之間，即有其人，其書亦無甚精義。直至唐末乃有韓愈以闢佛老聞於世，然持論淺薄，何足以服佛徒。非宋儒之標榜，韓愈終只能列於文章家之林而已。故由漢光武之推行儒術之治至於唐代，儒學有日益漸衰之勢。清談之士，多為貴冑，六朝唐代之佛學，皆得力於君主之提倡。然魏晉玄學也，隋唐佛學也，皆與實際政治無關，其影響惟在社會文化。玄言妙論可以拓文學藝術之境界，增長人之智慧，提高人之性靈，而無與於移風易俗。在此期中學術政治分途，有中國固有哲學思想之席為外來佛學之思想所奪。此第三期也。（至於佛學

入中國而中國化則爲另一事）

由宋至明爲第四期　逮夫宋明自孫明復講學泰山，胡瑗石守道之倫復以儒者之學詔世。濂洛關閩之學盛，程朱陸王之徒散之天下，而周張程朱陸王諸君子，早年皆曾治佛學，入其室操其戈，雖或謂其陽儒陰釋，而其旨在復興儒學則彰彰明甚。然宋明儒者皆不得意於政治；二程扼於王安石；朱子被韓侂冑禁爲僞學；陽明早年謫於龍場，晚年功在蕩寇，然謗之者滿朝；陽明之徒，多居高位，亦無事功可見。宋明儒者之效，亦惟在於社會文化。南宋節義之士，多爲朱子後學。王陽明湛甘泉之學，數傳而爲東林之死節，然無救於宋明之亡。此一期中，學術與政治自始卽爲分途發展，與魏晉隋唐之佛學有在上者爲之提倡者又不同。此中國傳統文化精神，經六朝隋唐，而潛存於社會者之自動復蘇也。此爲第四期。

由明清之際迄近代爲第五期　宋明儒之學術以所謂理學家爲中心，然理學家以外有與朱子對峙永康永嘉之學。理學家重內心之修養而諱言事功，貴王賤霸，蓋不免於偏靜而輕動；永康永嘉之學義利雙行王霸並用，蓋病理學家之明體而不足以達用。永康永嘉之學，合事理爲一，蓋亦陽明知行合一所自出；然陽明之徒言心言性，置四海之困窮而不問，終不免重本遺末。故明清之際反對王學者輩出。顧炎武以經學卽理學，宗程朱而闢陽明，王船山於宋儒則唯宗横渠，於陽明攻擊尤不遺餘力，黃梨洲出自劉蕺山門，雖於王湛之學有所承，然所重仍在經世之學。此正遠紹永康永嘉之精神。而顏元李塨直反宋明儒之全體。然其思想則殊膚淺。至載東原焦循體系，乃能於宋明儒所以釋孔孟之道外，另求一釋孔孟之道，而有新建設之哲學體系。然顏李焦戴之倫，皆病宋明儒之重內輕外，重靜輕動，辨天理人欲過於嚴刻而悖乎人情，不足以措之於日用民生，非王者易簡易行之道。而淸代帝王名臣，亦崇尙程朱，以理殺人，箝制輿論，故諸君之學興。唯諸君之學，又皆不能够轉移風氣，顏迂而李不免於乎，故其學再傳而絕。戴焦之精力，大半在考據，其哲學思想未嘗有大影響於社會文化。至晚淸今文家興，更明以經世致用之口號相呼召，至康梁而遂欲以今文家經世致用之學改造政治。而中山先生則受歐美政治哲學之影響，遙承中國固有民本之思想，創爲主義。是則以學術之理想直接改造政治，中國古所未有。然其精神，則有淸一代由顧黃王以來一貫之經世致用之精神。此爲第五期學術求與政治合，學術求影響於政治，而終達其改造政治之目的者也。

吾人曠觀中國學術思想之演變，則孔老以前，哲學政治與其他社會文化三者，蓋融合爲一。至孔子散學術於民間，以其哲學理想敎弟子，於是官師分，政敎離，學術獨立於政治之外，自散佈其影響於社會。此後哲學遂自原始三者之胚胎中脫穎而出，成爲獨立之文化勢力。以黑格耳之言喻之：則孔子以前之中國文化全體其正也，孔子以後其反也，然反復欲再反以歸於正，故孔子以後，哲人輩出，皆欲以哲學理想，改造政治社會文化，而尤重在政治，恆欲通過政治，使其哲學之影響，及於社會文化之全體。故孔子干七十二君，諸子之徒皆游說於時君世主之門，然皆不能見用，唯著書授徒，以詔天下後世。孔墨孟荀無論矣，商韓亦皆不得其死，不得立德立功而立言，諸子之所悲也。至董仲舒而漢武帝竟納其議，定學術於一尊。漢光武獎勵儒術，儒家哲學漸滲透入政治，幾於復歸於合。然兩漢君臣所倡之儒學，終不能於造成儒家之社會文化；而儒家之吏治，反不勝迂緩柔懦之弊。故儒者轉尚法，而道家老莊之學盛，而佛學奪固有哲學之席，則又一反也。魏晉老莊之學也，隋唐佛學也，皆與政治若絕緣，而但有其社會文化之影響，此則哲學之獨立於政治之外，以發抒其社會文化作用之時也。至於宋明講學之士，則與在上之統治者正立於反對之地位，而講學以詔世，則與老莊佛之影響於社會文化者，唯在文學藝術等方面者又不同；乃直接影響於社會之道德及風俗，以其終不能大影響於政治以改造政治，故無救於宋明之亡。然宋明之排佛老而重新揭櫫儒家之學，復奪回佛徒奪去之席，則中國固有哲學之自覺的求自主，此又一反也。宋明儒欲反佛學，則不能不暢論性與天道與佛學之玄學相抗，不免重本而遺末，故明清以來之學者，病宋明儒之空疏，有救世之心，無救世之術，致力於經世致用，而終達於哲學理想改造政治之目的，是正中國自孔子以來儒者共同之志願。孔孟有其道而不得意政治；漢儒多爲名臣，然其儒術咸成君主御用之工具；宋明儒聚徒講學，以改造社會人心風俗爲事，則不求諸上而求諸下；清初顧黃王之倫，或閉戶著書，或誘掖後學，其影響皆在社會文化；積三百年之蘊蓄，儒者經世致用之要求日益迫切，而有晚淸今文家之學，而有康梁之反對考據，孫中山先生之革命。是則民國之成立，乃宋明儒以來儒者欲直接自社會中發動改造政治之力量之實現也。孔孟及兩漢儒者欲憑藉政治以改造政治終歸失敗，而宋明清以來之儒者之影響徒在社會文化者，乃終自社會中引出推翻政治之力量，是則黑格爾所謂「捨棄自己於其反對面乃能完成其自己」之謂也。有清以來之經世致用之學，尙功利而貴切效，言經世之術，可謂知外王矣；然其反對宋儒所言之性與天道以爲空虛，不知不極高明則不足以道中庸，不盡精微則不足以致廣大，一民族必須高明精微之哲學，然後可以與於足食足兵，故有清以來之儒者，言經世致用，恆不免重末遺本，其反對宋明之言內聖，未免矯枉失正矣。史之效不僅在推徹過去且預測未來，吾人觀歷史之波動，則知今之吾人所處之時代乃正當憑學術上之主義理想，以建設政治而改造社會文化之時期。此爲中華民族自覺的求自主其未來整個文化之命運之始。今後之政治與社會文化亦當使之爲吾民族固有之哲學所滲透。清儒矯枉過甚，太重經世致用之學，故至民國以來之思想潮流，日趨於功利主義、實用主義、唯物思想之塗；今欲矯功利唯物之思想，則當一面重申宋明內聖之學，一面反於先秦貫內聖外王而一之之精神。宋明儒闢佛老者，以中國人已忘其固有哲學之自信力也；自宋明來，中國哲學已經一度自覺的求自主之階段；緣此自覺的求自主，其哲學之精神，而成今日自覺的求自主其整個文化之精神。吾人能於吾固有之學術文化自覺的求主宰其命運，則當永無爲外來學術文化奪席之憂。而大本既立，吾人正當以吾固有學術文化爲本，以吸收融化其他之學術文化。吾人今日復正與嶄新之西洋文化接觸，故中國未來之學術文化，必當破除宋明儒之排斥異端之習；佛老之學也，西方之學也，當日爲中國固有之思想所融化，藉以充實其自身。故未來中國之內聖外王之學，當不限於以往所謂內聖外王之學，而由學術以影響政治社會文化所造成之理想社會，雖亦貌似於孔子前三者合一之社會，而亦必迥然不同。其不同之大者，則以孔子以前三者合一之社會，乃未分化「原始文化體」，其形成也，非由於學術之自覺；而未來之理想社會，則政治學術與其他社會文化，必各有其獨立之領域，交相影響配合成和諧之全體，是乃人類憑其自覺之學術理想所成之社會；而將爲人類自覺之光所透明者。此理想社會之造成，則有待於固有學術之復興與西方文化之吸收，印度文化之重新估價，而爲今後從事學術者所當努力者矣。

（一九四〇年十二月「學燈」）

附錄

前言

下面附錄三篇二十一年所作的文章，我最初本不打算加入，因覺分析嫌太少。但繼發覺此三文與前面數文頗有密切關聯之處，可補充前面數文之不足，故今加入列爲附錄。今將加入之意略述於下。

我加入第一篇二十世紀哲學之特質的意思，是因爲我在論中西哲學中關於本體觀念之一種變遷及論中西哲學中關於道德基礎論之一種變遷，都曾指出中西哲學在其史的發展上有相交合的趨向，意在暗示中西哲學以後可匯歸一途。然此二文中對於西洋二十世紀之哲學未及多論，實一極大缺憾，在此文中我指出之西洋二十世紀哲學之五種特質，分析雖嫌略，然實皆可幫助我們成立中西哲學以後可匯歸一途的信念。此文謂西洋二十世紀哲學之第二特質爲注重價值問題，我們知道中國哲學一向是以價值問題爲中心的，一切形而上學的討論都附屬於人生價值理想的討論上（參考前文）。所以西洋二十世紀哲學之特別注重價値問題，實表示與中國思想更接近。又此文之第五特質謂西洋二十世紀諸多哲學家在價値論上力反對把價値認爲只存在於個人心中的主觀主義，而主張一種把價値視作超越個人的心自有其宇宙中的客觀地位的客觀主義。這實是糾正十七八九世紀以來唯物論者、實證主義者、進化論哲學家之漠視價値在宇宙中之獨立地位，而使人認識宇宙本身是含有價値。然而我們知道中國哲學極早便明白認識宇宙本身含有價値之說，極早卽知自然中含有當然之理（參考前文）。所以二十世紀哲學中價値論之客觀主義的趨向，亦表現一種與中國思想交合的趨向。又第三特質謂西洋二十世紀哲學在形而上學上有把宇宙看作變動進化發展的趨向，我們知道中國哲學一面在形而上學上卽是主張宇宙現象是流行不息的，而本體卽在流行中見（亦參考前文），二十世紀哲學家之把宇宙看作變動進化發展亦有相應之處。至於第三特質謂二十世紀西洋哲學在認識上傾向實在論，則中國哲人雖不重認識論，然其在認識論上潛伏信仰，實各近於實在論，而非所謂觀念論（此點前文亦有暗示），故亦與中國思想可交合。至於第一特質謂西洋二十世紀哲學與科學接近，第三特質謂西洋二十世紀哲學在形而上學復趨向多元論，雖與中國哲學精神無一定之應合可說，然從西洋哲學史本身上說，則二十世紀哲學之與科學接近，實表示與宗教漸遠。重多元論乃對於從前一元論之一種反抗。雖然我認爲哲學與宗教不能隔絕，而且認爲所謂一元論的哲學家如黑格爾、菲希特、斯賓諾薩等在哲學上的貢獻，遠較二十世紀這些所謂多元論的哲學家爲大。然哲學與宗教過於密切，黑格爾等之偏重一元忽視個體人格之獨立性，實當加以糾正。（此意深長今不及論）所以二十世紀哲學之與科學接近，偏重多元論，就其反面之效用說，亦可引西洋哲學便與中國哲學會合。這樣看來，可見此文所舉西洋二十世紀哲學之五特質，均可幫助我們成立中西哲學以後可匯歸一途之信念，此實對於前舉二文所暗示之意，有所補充。所以此文之分析處，雖嫌太簡單，亦附載於此。

至於我加入第二篇論不朽的意思，則是因為我在中西哲學問題中，曾論中國哲人對於不朽問題之解決法，其中極力為中國哲人之對於不朽問題之解決法作辯護。但是此種辯護純是站在求同情了解的立場作的。這種辯護在一個只具中國人的心靈的人看起來，誠然不錯。但在具另一種心靈的人看來，則不朽問題決不能如此解決。中國哲人不朽問題之解決法，實大可自另一觀點加以批評。我在前面許多文中目的皆在解釋，所以處處專從正面說話，處處都似在指出中國哲學比他之哲學高處。但我本意一大半只在說中國哲人對哲學問題的看法及所悟得之最後結論很圓融。至於對哲學問題的分析，論證之嚴整豐富，我素以為中國哲人不及他方學者。一小半則專門作同情的了解，只從一意義為中國哲人作辯護，如不朽問題便是一例。但因我在前未加申明之故，也許使人誤會我是全贊成於中國哲學的，進而引人以為中國哲學全無可疵議，以致陷入對於中國哲學的盲信，則甚非我之意。論不朽一文含意雖多未申，但對於中國過去哲人解決不朽問題之不當，則頗有批評，故亦附載於此，既可以使讀者知吾人對於不朽問題，尚有另一面之看法，亦可刺激讀者對於中國哲學上之結論之反省，勿輕陷於盲信之病。

關於附錄第三篇孔子與歌德加入之理由，已見於序，今不贅。

二十世紀西洋哲學之一般的特質

時間之流衝擊到二十世紀，從前感到所謂世紀末悲哀的人生，處處走到新的園地：政治上有繼續不斷的民族運動，經濟上有社會主義經濟制度的試驗，科學上有物理學天文學的革命。對於這些新園地價值之估量是第二問題，然總是新園地。同時，哲學上也湧出股股的新潮：如英美之新實在論；意大利之新唯心論；德之現象學派；及其他雖孕育於十九世紀而成熟於二十世紀之英美實用主義派；新黑格爾派；法國之柏格孫派；德國之新康德派，文化哲學派；俄之辨證法唯物論派；使二十世紀成有史以來未有之哲學發達的時代。在這一篇短文內，我不想對這些異路揚鑣的哲學，加以敍述或批評；也不想指出二十世紀哲學必然向往的未來趨勢。我只是要從二十世紀三十年來各派哲學家的主張中找出幾點共同性，作爲二十世紀哲學一般的特質而略加以說明。我自信我的態度比較客觀，並不曾想把我在哲學上的信念附會到最新的思想上去——因我對於下面數點也並不能無條件的贊成。

在我看來，下面數點可以說是二十世紀各派哲學所共同努力的方向，可以叫它們爲二十世紀哲學一般的特質：

一、與科學接近。

二、注重價值問題。

三、宇宙論中的多元論與進化論。

四、認識論中的實在論。

五、價值論中的客觀主義。

現在試一一加以簡單的解說。

一、與科學接近　近代科學的發達，初本賴培根、笛卡兒一流哲學家的鼓吹。十七八世紀的哲學家多同時爲科學家，科學家亦多同時是極富於哲學思想。這差不多是人所共知的。到十九世紀，因科學愈分愈細，科學家便不能兼營哲學的思辨，哲學家亦不能同時作科學的實驗。於是，科學哲學遂頓成對峙的局面：科學家大有以爲宇宙全體卽可以在顯微鏡下看出之勢，哲學家也不免以爲他額上的皺紋卽世界秩序的象徵。所以，一方面有孔德之高唱玄學時期之過去，皮爾生（Pearson）造出玄學鬼的名詞，丘淺次郎把哲學當作好玩的藝術；一方面黑格爾卻儘管相信他的絕對理性系統可以包括宇宙，以爲太陽的行星之只有七個也可由其系統推算出來①。但是到了十九世紀之尾，哲學家與科學家卻比較互相諒解。赫克爾恰恰在一千九百年發行他數年內銷三十萬册之宇宙之謎，根據當時的科學建立其哲學。他說：「科學無哲學，則見樹不見林；哲學無科學，則見林不見樹。」雖然宇宙之謎一書現在我們覺得無大價値，然而他這書之行銷，卻大可看作當時人需要一種綜合科學的哲學的象徵；他這兩句話也可代表十九世紀末科學家哲學家一般覺悟——覺悟到合作之必要。因此，到了二十世紀，哲學與科學的關係便愈弄愈密，其密度殆猶有甚於十六、十七、十八諸世紀者。蓋以前關係之密，由於科學哲學本尚未分家，其關係之密爲自然的；而現代科學哲學關係之密，則生於已徹底分家後之求合，故其關係之密遂不僅是自然的，且出自人爲的努力。在二十世紀哲學中，幾乎沒有一派哲學家不想把他的哲學與科學打成一片的，不過有偏重文化科學或自然科學之不同而已。現代的哲學家中，如羅素、懷特海（Whitehead）是數學家出身；杜里舒、摩根（Morgan）、霍爾登（G.S. Haldane）是生物學家出身；瓊斯（Joans）、愛丁頓（Eddington），是天文學家出身；亞力山大（Alexander），白老特、斯墨次（Smuts）、布丁（Boodin）、維登卡（Widen Carn）、卡西納（Carsiner）對現代科學都有極深的研究；此外如詹姆士、柏格孫、杜威、斯伯朗格（Spnanger）、克羅采（Croce）、曾提勒（Gentile）、霍爾特（Holt），或同時是心理學家，或同時是教育家。所以現代哲學中關於科學的哲學特別發達——尤其是自然科學的哲學。所謂科學的哲學之任務，爲現代哲學家所共同努力的，大概說起來，不外下列三方面：

1.科學概念的確定　科學上的許多概念，如數，如量，如因果，如本質，如屬性，如關係，科學家從來不曾對其意義加以確定。從前的哲學家對於這些概念，雖多曾在他們的哲學系統中論列到，然而卻不曾把這些概念作爲獨立的對象，而加以精細的討論。現代哲學家中卻有不少人把這些概念特別提出，認爲應作哲學單獨討論的對象。懷特海在科學與近世一書第一章中便有這樣明白的提議。白老特於英國現代哲學（British Comtemporory Philosophy）一文中論哲學之分類，主張哲學應分爲思辨哲學（Spetulative Philosophy）及批評哲學（Critical Philosophy）二部，而批評哲學便是以研究這一類概念爲主的。懷特海白老特本人在此點便都各曾表現卓越的成績。此外，現代哲學家只要對於科學的哲學有興趣的，亦無不自分析科學概念開始。於是，科學概念的分析，成爲現代科學的哲學中最主要的內容。

2.科學假設的批判　一切科學不離假設；但是科學之假設不一定正確，且不一定必要。從前科學上假設有同因同果律；假設有時間空間的絕對性。這些假設在現在看使便都很有問題。所以，要使科學的假設都是必要且正確，必經哲學的批判方可。此種科學批評的工作，本來自十九世紀德之馬黑（Mach）、愛文那利斯（Avenarius），法之布特魯（Boutroux），英之皮耳生等早已開始；但是最爲學術界所重視仍在二十世紀，二十世紀哲學家中如法之柏格孫、勒努維（Le Roy）、梅演生（Weyerson）、布朗席維（Brunschvig），英之懷特海、白老特、愛丁頓（Eddington）、瓊斯（Joans）、霍爾登（R. B. Haldan）、維登卡，德之杜舒里，美之勒夫局（Lovejoy）、色勒斯（Sellars），都各曾對於科學上的假設作過許多銳利的批判工作。他們的著作只要稍為踏入現代哲學的門檻的人都知道，也不必多引。

3.科學結論的融貫　哲學本以構造一種系統宇宙觀爲目的，哲學家對於科學結論，當然應儘量吸收而綜合融貫之。從前的哲學家多是先有一哲學思想之體系，然後去容納與此體系相合之科學結論，如羅素於哲學中之科學方法第一章所謂「傳統哲學」者卽是；因此，常不能盡量包容科學上之結論。然二十世紀之哲學家則多能很客觀的承受科學上的一切結論來造哲學系統。如懷特海、亞力山大之哲學系統，便都是很能綜合現代科學上的許多結論的。懷特海之於現代數學物理學，亞力山大之於現代生理學心理學，取資尤多。羅素也只要科學上有一新紀錄，便一定要應用到他哲學中去。他比較最有系統的一本哲學綱要(Outline of Philosophy)。其中內容差不多全是科學結論的分用。所以，有人提議羅素這書，最好改名科學大綱。此外，如斯墨次、色勒斯、布丁在他們宇宙論的著作中無不充分引用科學的結論。近來有個美國的哲學家康格耳（Conger），在他的著作中（尤其是 World as Epitomization 一書），差不多對於現代科學的任何部門的材料都一一引到，幾乎把哲學面目全失掉。但這也算現代哲學家對於科學結論之尊重的一種表現。

由於哲學家之好討論科學的哲學問題，哲學的科學化之呼聲，在二十世紀亦特別喊得響。西洋的哲學著作的結構之嚴密整齊，與科學著作相比，本已毫無愧色。然而，現代許多哲學家，還嫌未澈底科學化，覺得哲學中之命題意義太含混，哲學之推理不能如科學之秩序井然，都有根本改造哲學方法的主張。羅素便是最激烈的主張澈底用科學方法於哲學的一個。羅素的朋友摩爾（G.E. Moore），羅素的學生白老特、維根斯坦（Wittgenstein），對於哲學問題的解析法，便都專取解析科學命題的方式。這兩年勃興的奧國「邏輯的實證主義」（Logical Positivism），更進而認爲所有哲學問題無不可由命題的解析解決之；否則，由於問題本身之無意義，可由解析而取消之。此外，虎塞爾（Husserl）在他的純粹現象學（Pure Phenomenology）的序言中，也說他的目的是要使哲學成爲眞正的嚴密科學（Exact Science）。最近看見德人非息（Ficher）的一本思想之結構（Structure of Thought），全書先只是提出幾個假設，便由之以演繹出他的思想系統及哲學史上的一切哲學系統的邏輯結構來；這完全是模做科學的推演法的。在這種哲學的徹底科學化運動中，雖然還夾雜許多先決的問題，究竟能否成功，尚難決定；然而，這卻大可見現代哲學與科學接近的趨向。

二、注重價值問題　本來西洋希臘哲學，後半期及中世哲學都非常注重價值問題。蘇格拉底、柏拉圖、亞里士多德、伊辟鳩魯學派、斯多噶學派，都是以價值問題爲中心問題。中古哲學亦復如是。但是，到了近代哲學中，認識論形而上學的問題卻取價值問題而代之。尤其是認識論的問題，差不多絞了近代哲學家腦髓汁一大半。許多唯物論者簡直不把價值問題當作哲學問題；除少數唯心論者理想主義者外，一般哲學家談價值問題時，常遠不及他們談認識問題形而上學問題之起勁。所以美國有個哲學家爾本（Urban）在他可理解的世界（Intelligible World）第一章，名此種漠視價值的態度，爲哲學之近代主義（Modernism of Philosophy）。但眞正講起來，在二十世紀中，價值哲學在哲學中的地位，與從前已大不相同。拿德國來說，二十世紀初始盛之西南學派便承繼康德實踐理性批判的精神，而主張哲學應爲價值之學。倭鏗更高呼精神生活的重要，揭出反抗漠視人生價值的自然主義主知主義之旗幟。現象學派的創始者虎塞爾本人精力偏於邏輯問題的研究，但在他純粹現象學二百七十六頁卻也特別論到價值問題。他認爲價值有許多層疊，然皆有其獨立之地位。可見他對於價值之看重。他的弟子如馬克斯希納（Max Scheler）便把現象學的方法應用到宗教哲學上去，海得格(Heidegger)便把現象學的方法應用到人生哲學上去，哈特曼的倫理學也自認受了虎塞爾的影響。此外，文化哲學家如斯伯朗格（Spra-nger）凱塞琳（Keyserling）之重視價值問題更不容論。拿英國來說，新黑格爾派之鮑桑奎勃拉得雷之重視價值問題不用說，新實在論派之懷特海亞力山大雖都以形而上學家出名，然而懷特海把宇宙根本視作一價值實現之歷程，以爲過去科學之不論價值純是方法上之便利，並無顚撲不破之理論根據。我們從他的科學與近世及理想之探關（Adventure of Ideals）二書，最可看出他對於價值問題的重視。亞力山大把價值視作第三性（Tertiary Quality），而以之與科學家所謂第二性質之色聲等第一性質之廣袤等並立，已可見他對於價值的重視。他雖然認宇宙的原始蘊積(Matrix)中沒有價值，但是他認神性爲宇宙前進之衝力（Nisus），終能眞善美之價值，均各於一種和諧關係中呈現出。這在他時空二神書第二本後半部講得極詳細。他最近又曾著一本講美學的書，可見他之注重價值問題。只有羅素是主張哲學不應該討論價值問題，而應守他所謂道德的中立（Ethical Neutrality）。但是他的社會改造原理，何嘗沒有他價值哲學的根據？他在神秘主義與邏輯一書中發表自由人之崇拜一文，對於不受一切煩惱的侵襲的自由人人格的價值，是何等的讚嘆崇拜！他時時關心的社會政治問題，豈非有一價值哲學爲背景？他不過不願劃價值哲學入哲學領域，這不過名詞的問題，他何嘗不重視價值哲學？拿法國哲學來說，柏格孫的討論價值哲學的書道德與宗教之兩源，雖最近才出版；但他的哲學之必然注重價值問題，卻從他最早的哲學著作中已可看出——他的一切哲學著作的目的，最後都不外要肯定生命之價值而已。他的弟子勒努維（Le Roy），很早便把他的哲學應用到宗教上去，沙雷（Sorel）也很早便應用他的哲學到社會革命上去。拿美國來說，實用主義者詹姆士、杜威之重視價值問題可不必論，因爲他們的哲學，根本就是人本主義的。他們之所以反對從前的哲學，就是因爲從前的哲學的忽略了知識的工具性，忽略了知識是以取得價值爲目的的。至於美之唯心論者羅哀斯（Royce）、霍金（Hocking）、來登（Leighton）、布來特曼（Btightman），他們根本即是主張價值中心論的（Valuecentrical Predircament）。只有新實在論者，最初曾經表示對價值問題不重視的樣子。新實在論者最初的著作，如新實在論（New Realism）、意識之概念（Concept of Conssiousness）、新理性論（New Rationalism）、現代哲學之趨勢（Present Philosophical Tendencies）、認識之方法（Ways of Knowing）等書，對於價值問題，都似很忽視，不大討論。但是，我們看培黎（Perry）著了現代哲學趨勢之後，又著現代諸理想之衝突(Present Conflict of Ideals)，其中談新實在論，對於價值問題之意見已較多；後來他又著價值通論（A General Theory of Value），又是一價值論之專作。又如霍爾特於著意識之概念後，又著佛洛特式之願望及其倫理上之地位（Freudian Wish and Its Place in Ethics），以表示其對於價值問題之意見。所以，我們可以說美國新實在論者之不大談價值問題，純是由於最初無暇及之故。我們從他們的趨勢上看來，他們必是一天比一天更着重價值問題的。美國的哲學尙有批判的實在論一派，現在誠然只在認識論方面共同努力，形而上學方面分頭努力，不大注意價值問題；但其中最有名最偉大的一個桑他耶那（Santayana），卻對於價值問題，特別注意，尤其對於美的價值。他崇拜哲學的詩人——他曾著三位哲學詩人論盧克利息斯（Lucretius）、但丁、歌德——而他的哲學也就是詩人的哲學。此外，在批判實在論者中，如蒲拉特（Pratt）之於宗敎，羅吉斯（Ragers）之於倫理，亦均有頗佳之著作。以上把德英法美四國哲學中重視價值問題的趨向指向，只有意大利的哲學與蘇俄的哲學尙未論到。對此二國的哲學，我都太不熟習。國人譯的蘇俄哲學書，近年出版的也還不少，我大約都翻過。我覺蘇俄所宗之唯物哲學本來是比較不重價值問題。不過，唯物哲學從他的歷史看來，我們可以說機械唯物論到馬克斯的辯證法唯物論是第一次發展；馬克斯死後，恩格斯繼承馬克斯的哲學繼續研究是第二次發展；到二十世紀之蒲列哈諾夫、波格達洛夫、德波林是第三次發展。每次發展都是添加一次人類的重要，理想的重要。共產主義的思想家，也許不承認我所謂第二次第三次的發展；然而他們的著作確乎表示此種發展無疑。機械的唯物論不談人改變環境，而馬克斯談人改變環境。馬克斯不大談必然的世界向自由的飛躍，而恩格斯常談必然的世界向自由的世界飛躍。恩格斯不大談意識的重要；而波格達諾夫、蒲列哈諾夫卻常談意識的重要；所以，蒲列哈諾夫、波德林說波格達諾夫是唯心論者。近年所謂少年辯證法唯物論派，又說蒲列哈諾夫、德波林是唯心論者，其實，他們都不是唯心論者，不過比較注重意識的功用，理想的重要而已。現在俄國哲學似還很幼稚，但我敢於預測他們的哲學如有發展，一定要向價值哲學方面發展的。（在一批所謂少年辯證唯物論者中似尚看不出此傾向，因他們中尚無一人於哲學能有系統之著述。）意大利之哲學，我更不熟習；但是意大利的現代哲學，以唯心論爲主，是人所共知。最著名大唯心論者是克羅采（Croce）與會提勒（Gentile）。關於克羅采，我曾讀維登卡（他是專門介紹意大利哲學到德國去的哲學家）克羅采哲學一書，從中很可見克羅采的哲學，全以眞善美利四種價值之闡明爲任務。會提勒，我曾讀他所著心卽純動論（Mind as Pure Act）一書。該書雖以形而上學問題爲討論中心，然亦可看出其與價值問題關係之密。他此外曾著不少涉及教育哲學的書，這亦可想見其必重視價值問題。所以，我們可以說，蘇俄、意大利哲學也向價值問題的重視一方向走去。

以上所論二十世紀哲學之特質，是只就二十世紀哲學所著重的兩方面說。現在，我所要說的是二十世紀哲學家在各哲學部門中傾向於那一派。通常分哲學爲宇宙論、認識論、價值論；在下面，我便開始分述二十世紀哲學在宇宙論、認識論、價值論中所傾向之派別。（哲學上之每一派別雖可以一簡單名詞表示，然其內容則千差萬別。如同一多元論一元論，則有各種意義之多元論、一元論。以下只言一般傾向，自不能細別，望讀者注意。）

三、宇宙論中之多元論與進化論的傾向　哲學中多元論與進化論的傾向，在十七、十八、十九世紀中也未嘗不可看出一些。但十七世紀有萊布尼茲等的多元論，也有斯賓諾薩的一元論。十八世紀的多元論的傾向，比較顯著，然而進化論的傾向，卻看不出。十九世紀後半期，雖有斯賓塞、孔德、溫德（Wundt）之進化哲學，然十九世紀前半期的哲學表現於後康德派的哲學家，如菲希特、息林、黑格爾、叔本華的哲學著作中的，仍然沒有甚麼進化論的氣息。（黑格爾的哲學絕不能解釋進化論，因黑格爾之絕對精神之發展根本是超時間的。然而多元論與進化論的傾向，卻同樣表現於二十世紀哲學中。我們先來看二十世紀哲學中之多元論的傾向。實用主義者的多元宇宙的傾向極易看出。詹姆士曾作多元的宇宙（Pluralistic Uriverse）一書，以表示實用主義之反對唯心論之一元論。席勒於其人文主義論文集（Humanism and Other Essays）十四章，謂實用主義之祖爲個人中心論之普洛太各拉氏（Protagoras）。在他們的其他書籍中，亦時時流露他們反對一元論的思想。杜威亦復如此。英國之新實在論者羅素、萊爾特（Laird），都是顯明的多元論者。羅素所主張之中立一元論是說心物出於一元，這是質的一元論，而非量的一元論。他主張邏輯的原子論 (Logical Atomism)，主張無限可能世界說 (Possible Worlds)，雖所指係潛在領域，而非存在領域，但卻很明顯的表示多元傾向。萊爾特承認許多自我的獨立也是多元論。摩爾 (Moore) 未見其宇宙論之著作發表，但就其哲學研究集 (Philosophical Studies) 看來，卻絕不能走到一元論而很有多元論的傾向。摩根、白老特主張層創的進化論。他們認爲物質、生命、心靈是一層一層創出的。表面看，他們似主張宇宙的根本只有物質。白老特的層創的進化論爲層創的唯物論，嫌疑尤重。所以，有些層創論的批評者，就簡直叫層創的進化論爲唯物論。但是，事實上他們雖以爲宇宙創進歷程的開始只有物質，然而生命、心靈創出後仍有同樣的實在性。摩根的哲學中神的概念極爲重要。他認爲生命、心靈之出現，均爲神的意志之表現，很明顯是反對物質一元論的。亞力山大、懷特海在英國新實在論者中，比較更注重宇宙之統一性。但亞力山大於其時空神中（尤其是後部）頻頻表示他雖以「空時」(Space-Time) 爲一切物質、生命、心靈所由湧出 (Emerged)，但並不謂物質、生命、心靈均吞沒 (Swallowed) 於空時中；所以他極力解釋，他的「空時」不同於唯心一元論者之絕對 (Absolute)。懷特海雖一方極重視神在創進歷程中之地位，以神爲一切「統一」(Unity) 之源泉；但是，他仍認爲若無眾多之實體 (Actual Entities)，神仍不能單獨創造宇宙。所以，他在歷程與實在 (Process and Reality) 最後章表示宇宙的根本只是創造的動，神與實體乃此創造的動（Creative Ativity）之兩頭。可見他仍非一元論者，而更富於多元傾向的思想家。英國唯心論者中如馬克太噶爾（Mctaggart）、維登卡都是多元論的唯心論者。馬克太噶爾因爲宗仰黑格爾之故，所以把黑格爾也看出多元論的色彩。（馬克太噶爾在他的 The Nature of Existence as a Whole 中雖常把 Existence 來討論，但他並非把 Existence 視作一元之體，不過要研究他所謂 Exitence 之普遍的特性（Characteristics）。他在此書五十頁註說他認爲宇宙中唯一的實在是精神；但看他所謂 Spirits include not only Indiridual Spirits, but Parts and groups of such spirits 卽可見其多元傾向。）維登卡是萊布尼茲的信徒，他的多元唯心論完全與萊布尼茲一類。至於鮑桑奎，勃拉得雷等的一元唯心論的色彩卻太顯著，確不能把他們解作多元論者。但是我們看鮑桑奎在政治學上的主張，勃拉得雷在論理學上的主張，我們仍可看出他們到底不能脫盡英國傳統的注重個人的思想，比起他們所承繼的黑格爾的思想來，要重視個人的多。美國的新實在論的多元論傾向，更較英國新實在論之多元論傾向爲顯著。斯泡丁在他的新理性論中表現之多元思想，恐怕沒有任何多元論者像他這樣澈底，他認爲所有的實有（Beings）間，均只能發生外在關係。他認爲宇宙是絕對的多，所謂全宇宙一概念，其中並不含任何一貫的本質——全宇宙只是一整堆（Totality）而已。此外，霍爾特在他意識之概念一書，認爲有各級的實有（Beings），沒有一種可以歸到其他，也表現極顯露的多元傾向。美國的唯心論者以羅哀斯爲最偉大。他的唯心論是一元的人格唯心論，卻比較重視個人。他雖然認爲宇宙的根本實在是唯一的人格，一切通常所謂個體均屬於此唯一的人格（此乃眞正之個體）。但是他同時以數學上的無窮類之包含，相對應的無窮類，來說明各個體人格在此唯一人格中之獨立。所以，在一切通常所謂個體努力實現此絕對人格的意志之過程中，每一個體仍卽是一意志之中心。所以，我們還可以說他有一點傾向多元。除羅哀斯之一元人格唯心論外，此外，英美兩國，近來還有所謂多元的人格唯心論運動，如英之華德（Ward），美之褒恩（Bowne）、布萊特曼（Brightman），均此派健將。此派把上帝不過看作一較高之人格，其爲明顯的多元論，可無庸論。至於德國二十世紀之哲學家，倭鑑非常重視個人人格，近乎多元的人格唯心論者。斯賓格勒（Spengler）主張之文化形態的多元論，斯伯朗格（Spranger）主張文化領域的多元論，是人人皆知的。現象學派的虎塞爾，在他純粹現象學一書中最後數章，雖承認一超越普遍的自我爲宇宙的一貫性之最後根據；但是他同時又討論到宇宙中各種的實有領域，認爲每一種領域中都表現無窮的 Noema（略相當於所知）與 Noesis(略相當於能知)的關係。所以，他的弟子馬克斯希納就主張文化的多元論，海得格便主張存在有多種層疊。以上是說二十世紀哲學中宇宙論中之多元傾向。現在，我再來簡單說明進化論的傾向。我所謂進化論的傾向，並非相信生物上之進化論之意，而是把宇宙看作變動看作進化的意思。這種傾向我們很易看出。我們知道柏格孫的哲學是最重視進化的。他之所以反對過去一切哲學，就是過去哲學，都不免把宇宙看作靜的，連達爾文、斯賓塞的思想，在他看來，都不免太偏於機械論，未能眞認識宇宙動之一面。德國之生機哲學家杜里舒，宛若哲學（Philosophy of As If）家瓦恆格（Uaihenger），也都是注重宇宙變化與活動的。英美的實用主義，也是顯然主張宇宙是在發展中，尚未完成的——因實用主義很受達爾文的影響。杜威的達爾文主義及其在哲學上之影響一文（Darwinism and its Influence on Philosophy），不僅是他的哲學受達爾文影響之自白，而且是全體實用主義哲學家受達爾文影響的供狀。英美的新實在論者大部主張層創的進化論。摩根、亞力山大、白老特、懷特海、色勒斯固不消說都是著名的層創進化論者。就是霍爾特在他所著意識之概念第八章，斯泡丁在他新理性論二十五章、四十三章、四十六章，又何嘗不暗示同樣的宇宙觀？意大利新唯心論者最反對唯心論的一點，據他們自己說，由於舊唯心論把宇宙看作「木頭」一般，看作靜的。克羅采認為哲學即是歷史。歷史永無重複，哲學亦當如是。會提勒認為心之純動，是刻刻創新。此外，英美的新黑格爾主義者如鮑桑奎、羅哀斯亦都比較黑格爾更着重發展之概念，這也是哲學史家所共認的。在二十世紀哲學中不重視進化概念的，不過羅素、虎塞爾極少數的哲學家而已。

四、認識論中實在論的傾向　認識論中實在論的傾向，本不是到二十世紀哲學中才表現出來的，但二十世紀哲學才表現得顯著。新實在論是標明的實在論者；他們的實在論可謂實在論中最澈底的實在論。他們不僅承認自然世界之物的實在，而且承認想像幻像的實在；他們不僅承認存在於時空中的存在（Fxistence）之實在性，而且承認不存在於時空中的潛在（Subsistence）之實在性，批判實在論，也是標明的實在論。他們都反對新實在論者之直接知覺說（Direct Perception Theory），但仍同情於新實在論之主張所知能離能知而獨立。批判實在論者中如斯屈朗（Strong）、最克（Droke）在本體論上雖持汎心論，但這絲毫不礙他們在認識論上是實在論者。實用主義似站在觀念論與實在論之間，事實上卻較近於實在論。杜威曾自稱爲實在論者；詹姆士自稱爲極端經驗論者——也是實在論者；所以美國的新實在論者如培黎、霍爾特，均出自詹姆士的門下。英美的人格唯心論，在本體論上雖持唯心論，然在認識論上，仍承認所知能離我們之能知而獨立。絕對唯心論，似乎與實在論截然相反，但事實上絕對唯心論者在認識論上，正大多爲實在論者。黑格爾是絕對唯心論者，然而在認識論上，便只能算是實在論者。（泰爾勒氏（Turner）的 Direct Realism 最後一章，論此頗好。）二十世紀中之絕對唯心論者尤多，在認識論上持實在論的主張。勃拉得雷分開「這」（Thatness）與「何」（Whatness），以爲「何」是我們認識的內容，卽通常所謂觀念；然而，在「何」以外還有「這」，「這」永非「何」所能包。所以，他顯然是認識論上的實在論者。鮑桑奎亦自認他在認識論上是贊成實在論的。他在現代極端派哲學之會合（The Meetings of Comtemporary Extreme Philosophy）一書中，便說他在認識論的主張與新實在論者全相同。羅哀斯在認識論上也極表現實在論的傾向，我們讀他世界與個體（World and Individual）一書第一本第七章論（Internal Meaning and Extetrnal Meaning），認爲眞理的有效性（Validity of Truth）全係於內外意義之適合，便大可看出他的實在論傾向。所以他的學生斯泡丁著（The Realistic Aspects of Royce Philosophy）一文來論羅哀斯哲學之實在論傾向。（此文我惜未見，但新理性論一書中已徵引到。）柏格孫的哲學是生命一元論，但他在認識論上便全持實在論的態度。我們只看他物質與記憶第一章便可知道。德國的現象學派在認識論上，亦是持實在論而與美國之批判實在論相近的。俄國的辯證法唯物論更不成問題是實在論者。只有意大利新唯心論要算澈底的觀念論。但這唯一的例外，並不能推翻二十世紀哲學在認識論上傾向實在論的斷案。

五、價值論中客觀主義的傾向　價值論的派別，照一種分類法，可分成主觀主義與客觀主義二者。主觀主義以爲價值只存在於個人心中，離開個人的心便無所謂價值，無所謂善惡美醜。這種說法常識多持之。十九世紀之功利主義、實證主義、進化論、哲學唯物史觀論者的價值論都是這種。以爲雖呈現於個人之心，然其本身並不依個人的心而存在；價值是超越個人的心而爲人應去遵守或實現的一種客觀普遍的規範或本質。這種客觀主義從前也有過，柏拉圖便是一最著名的代表；但是到二十世紀中，這一價值論才特別發達。我們前面曾說二十世紀哲學最重視價值論，現在還可添一句：最重視客觀主義的價值論。在二十世紀哲學中，新實在論的價值論，大都是客觀主義的價值論。懷特海以爲從前許多科學家都以爲價值在客觀世界沒有地位，只承認機械的力與質在客觀世界的地位——他在科學與近世第一章名此說爲科學的唯物論——於是哲學家們才不得不把價值視作主觀的，被限於個人心內的；我們現在既然駁斥了科學的唯物論，便應重新肯定價值在客觀世界之地位。在他看起來，宇宙就是一價值實現之行歷，無論什麼地方，都有價值的實現。摩爾在他的哲學研究集中，分爲內在價值與外在價值（Intrinsic Value and Extarinsic Value）。他以爲內在價值，便是普遍客觀獨立於個人的心之外的。他在道德原理（Principia Ethica）中，便表示一切主觀主義的價值論，都不免把價值全視作外在的，將與價值相關聯之自然現象（心理現象也是自然現象）來說明價值，所以都犯一種自然主義的誤謬。此外，萊爾特在他價值研究（A Study of Value）一書中，也是表現的客觀主義價值論。霍爾特在意識之概念一書中，以價值是在他所謂中立實在（Neutral bing）中佔最高地位的實在，也表現客觀主義的價值論。斯泡丁以價值爲他所謂組織的全體（Onganized Whole），自有其客觀性的。亞力山大在時空神中以價值爲依賴心的（Mental Dependent），似屬主觀主義；但他仍認眞理之價值爲客觀的。美國之批判實在論者桑他耶那把價值放在他所謂精蘊領域（Realm of Essences）中，也是主張價值有普遍客觀性的。德國之西南學派之價值論主張價值是意識的規式，文化的貨財（Culture of good），是絕對普遍的，也屬於客觀論。虎塞爾雖無價值論之著作，但我們前面所提到的純粹現象學第二百七十六頁所表現的價值論，卻全是客觀主義的價值論。哈特曼自說他的價值論很受虎塞爾的影響，他的三大本倫理學要算客觀主義價值論著作中一本最好的著作。梅農（Meinong）之價值哲學，早年都是主觀主義，晚年卻轉變成客觀主義。此外，實用主義的價值論，也是想努力使價値成爲客觀；雖然實用主義者所謂客觀，只是社會的客觀，不是徹底的客觀。在二十世紀，主觀主義價値哲學家自然不少，如意大利之克羅采、曾提勒、瓦芮斯可（Varisco）、美之培黎、爾本等均是，然就整個趨向而言，終不能不說客觀主義佔優勢也。

以上已將二十世紀哲學之五特質，一一指明。第三、四、五三項係就宇宙論認識論價値論之一二問題來說。宇宙論之問題除一元多元進化非進化之問題外，通常認爲尙有唯心唯物之問題、宇宙結構之問題及其他；認識論之問題除實在論觀念論之問題外，通常認爲尙有認識之限度問題、認識之起源問題及其他；價値論之問題除主觀客觀之問題外，尙有價値之種類問題、價値間之關係問題及其他。關於這些問題，我覺得很難找出一定的趨向，所以便不再論。又，有些哲學家究屬於一元或多元，屬於主觀主義或客觀主義，不大看得出。因爲現代許多哲學家，均以調和哲學史上的各種答案自任，很難把他放在那一派。所以有些哲學家的名字我或未提到，或少提到，這並非因我忽略他們之故，而是因爲他們的思想究屬那派不大明白之故。不過，這種情形是極少的。　廿一年十二月

（一九三五年「新中華」第三卷第廿四期）

①羅素哲學中之科學方法曾引此事，謂黑格爾此言不出一禮拜，即發現海王星，不知黑格爾何如安頓之云云。

論不朽

芸芸眾生，由幼而壯而老，均係向死之途向死之途而趨。「仁聖亦死，凶愚亦死」，功遂身退亦死，壯志未酬亦死，人之云亡，百身莫贖，服食求仙，徒爲藥誤。是則斂魂拱木，縈骨蔓草，千齡萬代，共盡何言。人生歸宿惟死而已。

人之恆情，無不悅生惡死。蓋人皆有志，志必求達。志隨死共銷亡，志因生始成遂。不僅眾庶固「每生」，思保其室家之樂；聖賢亦欲生，以竟其匡濟之志。路人不食嗟來食，賢哲多殉義忘生，此蓋生義二者不可得兼，無可奈何，非不每生欲生也。至於印度外道之苦行以戕，希臘古哲之絕食以待斃，則或出於求死後長生之心，或由於覺此生之無價值。前者求生之彼界，後者思有價值之生。一二哲人雖有見於死生爲一貫，而不知悅生，不知惡死，或至以生爲附贅懸疣，死爲決疣潰癰；然大多數人固不能是。且此一二哲人，當其未悟死生一貫之理時，又何嘗不悅生惡死。即其已悟死生一貫之理後，雖能淡然於自己之生死；而當其見所親之人，一旦橫陳無語，亦未必能忘情。鼓盆而歌，恐自慰之意多耳！

人既無不悅生，而又終不免乎一死。百年不滿，賢達奈何！千歲之憂，長懷無已！誦屈子：「唯天地之無窮兮，哀人生之長勤！往者吾弗及！來者吾弗聞！」之句，孰能不愴然涕下哉？用是古今哲人，遂倡為不朽之論：或以為人雖死而實未嘗死，人實有其亡者存；或以為求不朽之心根本不當，不朽之問題可不解決而自解決。雖立論之正負不同，然所對之疑問無殊。感生死事大者既多，為不朽之論者茲眾。間嘗考之，二類共可得二十說。此二十說自皮相觀之，皆有其理；諦而察之，則雖深淺懸殊，自其建立方面言，蓋皆有不能解決此問題處。徒以人於生死之謎，恆不細加推勘之故，遂致於此諸說一接受之，以為可無復疑。於是，不朽之論雖多，而不朽問題之討論在西洋哲學中，即已不及其他哲學問題之嚴肅。（西洋哲學家誠多努力證明不朽，然作互相批評討論各所建立之不朽論時，仍較少。）在中國哲學尤為缺乏。以是不揣其愚，於此諸說，條而論之，並陳吾疑。至於諸說之所破斥，及立論之所據，則此文非以敍述為旨，不免忽略。對此問題解答之可能，則於篇末姑據成說，融入已意，加以暗示。自知結論尚無不為自抒所見；不過聊指出此問題所在及諸說未能完滿之處，以為未來之不朽論擁篲先驅云爾，若云能破迷祛執，則吾豈敢！

今先條論主張有不朽之諸說。

一、物質不朽論　人之生也，物聚以成形；其死也，形散而歸物。成人之形而有聰明睿智，物也，散人之形而歸泉壤，亦物也。神奇化爲臭腐，臭腐復化神奇，出於機而入於機；此一物之易態，同氣之流行也。今物理學家之言曰，物質常住，氣運不息。何死之有？何朽之有？

此論宗主唯物，其失彌多。今姑以二義斥之：所謂物質常住，氣運不息，不過吾人過去經驗所曾詔示，吾人烏知日月雲雷將永運而不止耶？吾人烏知物質一日不將歸於消滅耶？庸詎知不有宇宙虛空之日耶？物質宇宙本身固未嘗告吾人以將長此終古也。吾人之所以相信此物質宇宙將長此終古者，以吾人相信宇宙中有論理原則運乎其間，故由昔日可以推方來；然此論理原則本身必非物也。是宇宙唯物說之建立將無根據而不可能，此一義也。再者，縱謂日月雲雷如斯永運物質堅實長存不毀說可如是立，然浸假大星來遇，地球破裂，一切生物，同爲灰燼，以氣之運物之法觀之，與今之萬物並育文化宣明固無以異；然此可謂無彼善於此之別歟？生之與死，豈毫無價值之等差耶？豈可以形散之後，物質猶存，遂謂生死之無分耶？恐唯物論者平心以論，亦將不能自信，此二義也。

二、生物不朽論　人誠無不死，然人有生殖以續其後。「雖我之死，有子存焉，子又有子，子又生孫，孫又生子，子子孫孫，無窮盡也。」自外司曼倡生殖細胞與身體細胞分別之論，吾人知吾身有無限年代祖宗之細胞，吾身之細胞可傳至無限年代吾之子孫。且生物之所以有死，正由於其有生。淵明詩曰：「有生必有死。」既有新生，何須舊老？下等動物雌者多生殖已而亡，雄者多交尾後旋滅。若果生物均老而不死，則將禽獸充塞，人滿爲災。造化安排，有死正所以爲有生也。如知此理，則子孫繞膝，正寢壽終，理所宜然。不朽之義，在於斯矣。

斯說以子孫之無盡證人之不朽，其失亦有二：一則人不必均有子孫；有子孫者亦不必不斷。若必有子孫而不斷者方不朽，則無子孫或有子孫而斷者朽矣。且人之求不朽，豈僅求有不斷之子孫者之不朽乎？二則縱有子孫，子孫不必眞能肖之也。其形肖，心不必肖也；其心肖，不必全肖也。縱全肖，亦非一也。旣子孫不能肖，肖而不能一，則死者終死矣，終無續之者矣；終長朽矣！

三、事業不朽論　叔孫豹言人有三不朽：太上立德，其次立功，其次立言。德澤萬世，功被千古，言敎百代。堯舜仁政，秦漢武功，周孔文章，是均光芒萬丈，大業盛事，不隨年壽而盡者也。故聖賢爲遂其胞與之懷，而殺身以成仁；烈士欲功名之圖麒麟，而希戰骨之速朽；文人欲藏一家言於名山，甘受極刑而無慍色。人誠能有一於此，則史册留芳，雖歿猶存，長生久存，需之何爲？

斯說以立德立功立言言不朽，與前說亦有同類之失。立德立功立言，乃少數人所能。堯舜仁政，秦漢武功，周孔文章，雖均炳耀千古；然千萬人中能如此者幾人？若此而後不朽，則不朽之權，唯握諸彼少數人，不朽之論，亦徒慰彼少數人耳！何足決普遍之生死問題哉？且德也，功也，言也，均立德立功立言者之迹也。立德立功立言者之足貴，非徒以其迹也。其迹雖存，其人已去矣。亦猶雪泥鴻爪，雖彌足珍，然鴻飛冥冥，能不望雲天而悵惘！卽謂立德立功立言者之足貴，唯在其德功言，猶點金指之足貴，唯在其點金；然點金雖多，點金指失，又安能不哀泣以之？且德澤萬世，萬世之後，能勿竭乎？功被千古，千古之後，能勿蹶乎？言教百代，百代之後，能勿絕乎，是又難言也。

四、社會不朽論　人不離能社會而獨存，故人之言行無一不影響於社會。一顰一笑，庸言庸行，均無不與他人以印象。縱個人性癖，深藏微隱；然誠中形外，直接間接，均有不可掩者。故無論留芳百世，遺臭萬年；無論名耀典籍，沒世不稱；無論利澤羣倫，徒私小己；而其不朽則一。此社會不朽之一義也。個人在社會，猶細胞之在吾身。細胞有新陳代謝，而吾身依然故我；個人有死生存歿，而社會不因生滅。太白詩曰：「前水復後水，古今相續流，今人非舊人，年年橋上游。」前水雖非後水，江流千古而不竭；今人雖非舊人，社會綿延而不斷。此社會不朽之二義也。

斯說以社會之不朽，明個人之不朽其失有三，一者人之行爲，我亦認其無不直接間接影響社會；然若就其影響之在社會而證人行爲之不朽，則吾當問是否人之行爲影響無不在社會。若以人之行爲其影響有在社會者，卽可以證人之不朽；則亦可以影響有不在社會者，證人之朽也。人之舉石也，石動是人行爲之影響；石之動曷嘗在社會乎？（誠然由一石之動或至引起陵谷變遷，亦意中事，因而可間接有影響在人類社會。然不能謂石動之本身，亦在社會也。）二者，社會之不朽，不過人之祈嚮耳。社會究不朽乎，古代文明國之淪喪，非其社會之朽乎？縱可以其有遺文，而不謂之全朽；然其一部已朽矣！今之文明誠邁越前世，然自斯賓格勒、丘淺次郎觀之，則死滅期殆亦近也。且地球末日，非不可屆。大陸平沉，山河破碎，斯時社會又何有哉？三者，社會縱不死，然個人固死矣。吾人不可以個人之死而謂社會死，吾人又烏可以社會之不死而謂個人亦不死？吾人當哀個人之死時，若移其心於全社會，誠可因見社會日進繁榮而得慰藉；然吾人當慶社會之繁榮時一念個人之死，其哀痛仍自若也！

五、曾在不朽論　吾人言行顰笑，縱無影響於人，而其不朽自若也。吾人有一顰，則此顰已現於宇宙；有一笑，此一笑已現於宇宙。雖眉開而顰逝，而彼時之顰，未嘗逝也。雖斂脣而笑亡，彼時之笑，未嘗亡也。由是而推，人之生固無死也。吾人之所以既已爲，則與宇宙亘古以常存矣。瞻彼明月，既圓還缺。當其缺也，其圓之時仍在其圓之時也。揷足流水，抽足已逝。當其逝也，其未逝之時仍在其未逝之時也。蘇東坡曰：「逝者如斯而未嘗往；盈虛者如彼而卒莫消長。」卽當作斯解也。僧肇曰：「旋嵐偃嶽而不流，江河競注而常住。」誠以有不能無，既有斯有矣。

斯說似較順理，以一事既曾存在，則雖萬鈞之力，終不能易之；過去之事，一有則不能無也。然而以此明人之不朽，仍不當也。以人之求不朽，非僅求人之存在於宇宙。若人之求不朽，僅求人之曾存在於宇宙，則人何必求不朽——朽與不朽將毋同。蓋朽，必有朽者；既有朽者，朽者必曾存在也。人之求不朽非僅求人曾存在，且求今存在；非僅求繼續存於過去，且求繼續存在至現在未來。曾存者雖曾存在，然今已不存在矣；曾存在雖繼續存在於過去，然不能繼續存在於現在未來也。曾存在不朽論雖似有理，而實所答非所問也。

六、價値不朽論　吾人之心身，誠有死亡；然吾人心所思身所行之道，則終不亡也。何者爲眞，何者爲善，何者爲美，此均自在天地間，浩浩不窮，不隨人而絕續者也。晦庵曰：「人之所體之者，有至有不至，而道未嘗亡。」象山曰：「多個陸子靜、朱元晦，道不爲增；少個陸子靜、朱元晦，道不爲減。」陽明曰：「道，天下人信之不爲多，一人信之不爲少。」柏拉圖曰：「至善永存於概念界。」均謂價值之不朽也。

主斯說之哲人雖多，然仍不足以饜人求不朽之心也。以此所謂價值之不朽云云者，指抽象之價值共相也。抽象之價值共相，是否能離吾人生命中之價值經驗之殊相而存，即是問題，即能離價值經驗之殊相而存，亦不能以其長存不滅代生命之長存不滅。吾人之求不朽，蓋非特求此價值共相之不朽，而實爲求生命之不朽。故此說仍不免所答非所問也。

七、智慧不朽論　智慧不朽論者，以爲吾人之個體誠有死亡，而吾人之智慧則終不亡。蓋吾人智慧，明白清晰，可上通於神，對神施愛，與神合一，不似肉體情緒之污濁卑下。亞里士多德之能動智力（Active Intellegence）不朽論，斯賓諾薩之智慧之愛（Intellectual Love）之不巧論，是均說也。

此說及以後之論證概多可取，且咸知不朽之問題，在求吾人之精神或人格之繼續，故所論自切；然其結論終有所憾。此說謂智慧之不朽誠是矣，然人之要求不朽，非僅求智慧之不朽。人固求智慧之不朽，然亦求情緒之不朽。人固求與神合一之智慧能永與神契合無間，然亦求人間世之恩愛能天長地久。雖吾人可謂後者之價值不及前者，然人固亦有後者之不朽要求也。但有前者之不朽，安能滿足人全部不朽之要求而滿意解決不朽之問題哉？

八、偉大人格之不朽論　此說以爲一般庸庸碌碌之人，世界有之不多，無之不少，於世界之價值不能有增加，故不免與草木同腐；偉大人格則其爲世界價值之賦與者，其人格有特殊之構造，可以抵抗死亡，決不能與庸庸碌碌之人同朽。歌德、菲希德、洛慈及基督教之限制不朽論（Conditional Immortality），皆此類說也。

斯說亦如前說，仍忽視吾人全部之不朽要求，而與前述事業不朽論有同一之失。蓋將不朽之權握諸少數人，只足以慰彼少數人也。夫庸俗之人與偉大人格豈有截然絕對之別？就其潛能而言，毋亦程度之不同而已。偉大人格若不能不朽，事誠足悲，不得不立不朽之論以濟之。然一卑賤之乞丐飢寒而死，曷嘗不足悲歟？乞丐以資質環境之限制，不能將其與聖人同類之一點良知良能，擴而充之以盡其性，乃復飢寒以死；若果一死無復餘，永無超拔之日，不尤可悲歟？如欲滿足人全部不朽之要求，又烏可不立同樣之不朽論以濟之乎？

九、大我精神不朽論　據心理學所示，原始認識之中，人己本不分，人己均爲同一精神經驗中抽象而出之概念。吾人之心與他人之心既相同而相了解，可知必爲一體。故哲人遂倡爲大我精神之說，以爲吾人小我之精神雖死，大我之精神猶存。印度梵志（外道）喻人如瓶中之一小虛空，梵如一大虛空：人之死如瓶碎還入大虛空。西洋泛神論之說，以及近代絕對唯心論之說，於此點殆皆相同也。

斯說較前諸說大有不可同日而語者。宗教家既多立之爲前提，哲學家復從而詳陳論據。近世絕對唯心論用超越邏輯爲茲說辯護者，極多鞭辟入裏之論（此文非旨在陳述無煩列舉），然其結論終不足以慰人求不朽之心。蓋所謂大我之精神雖不朽，吾人小我之精神固已朽矣；大我之精神雖永存，小我之精神終只暫存也。如謂小我之精神爲大我精神之一部，大我精神之存即小我精神之存，則吾將問：一部云者，已死即沒入於大我精神乎？抑仍有個性之保存乎？如有個性之保存，是大我精神不朽論所不許；如無個性之保存，則小我精神固已朽矣。烏能以大我精神之不朽，慰彼感小我精神朽壞之悲者乎？

十、個體流轉不朽論　以大我精神不朽之說，不足以滿小我精神不朽之要求，遂有個體流轉不朽論。此說以爲我之個體性爲直接經驗所顯示而毫無可疑者，故如有不朽，必爲個體之不朽。此說以爲人之生也，不過此個體之靈魂與身體之相合，其死也，即此個體之靈魂離而他去；人之生生死死交替不息者，即由此個體靈魂之來往投胎。如印度之三界六道、基督教之天堂地獄之說蓋皆本此而設。西方哲學中之多元唯心論者及一部份之生機主義者如杜里舒等，率皆相信此個體之不朽論者也。

此說與上一說蓋同爲若干宗教家與哲學家之主張，且論據最豐富者。此說之勝於上一說者，在其能握住人求不朽之心理，而與之以最大滿足。雖然，以哲學上嚴格之論理繩之，則其困難仍復往往而在。蓋此說雖有見於小我之個體性，然於此個體性復執之過實，以此爲唯一原始之概念，而以靈魂本身爲獨自存在孤立無依者。於是，生下列各種困難：（一）以此說以靈魂爲獨自存在孤立無依之故，最後勢必假設任何靈魂皆無窗戶，自爲一封閉之系統，而認識外界成不可能。蓋此靈魂既無窗戶，則所認識者至多只外物所投射之影，或靈魂中自發而與外物相同之觀念；外物之本身，此靈魂既永不能認識，則此靈魂自永不能據此投射之影或自發之觀念，而知影或觀念之外有外物。（二）以必假設靈魂無窗戶自爲一封閉系統之故，則與其他靈魂之共同知識，亦爲不可能。蓋二靈魂既各爲一封閉系統，則各所得之知識均爲一單一者、特殊者、不能共同者。（以上帝保障吾靈魂中自發之觀念與外物之相合，並保障共同知識之可能，乃不能成立者。以上帝亦爲一封閉之靈魂故。）此中問題容另文再詳。（三）持此說者恆以爲人之靈魂匪特不能減少亦不能增加（以各自獨存故）於是易陷於人之靈魂爲有限數之說。（如爲無限數，則可增可減，以無限數之性質之一，據數學家所言，卽「可增加可減少」而不變其性質者也。）若人之靈魂有一定之數，則一旦人之靈魂均投生爲人之後，勢必有男女配合不能生殖之一日。此殊令人不可解。若謂人有靈魂，其他生物亦有靈魂，人之靈魂雖盡投生，其他生物爲可投生爲人；則又有三難：一則其他生物之靈魂亦有定數，勢必有其他生物雖雌雄配合而不能生殖之一日。若世間眞有男女雌雄配合均不能生殖時，則吾人實不知此事何時降臨。是否於最近降臨亦未可必。因靈魂究有多少，實無由測也。吾人婚姻之目的，求夫婦健康之目的，有時實係相信如此可以生子。吾人研究畜牧學、種植學，亦係相信如何畜養生物則可多生若干，如何耕耘卽可得若干收穫。若世間靈魂眞有限，吾人勢必不能有此「相信」。因吾人縱將一切物質客觀條件，及主觀生殖條件，完全具備，仍可因靈魂已均投胎之故，而不能有任何生殖也。然此種「相信」實係吾人生活之動力，並爲若干科學之基礎。此「相信」是否有形而上學之確實根據，誠是一問題；惟靈魂論者必須負責於此「相信」求一安頓之所，則無可疑。此必爲靈魂論之一難也。二則其他生物投生爲人，是否仍能保持其原來之靈魂。若仍能保持其原來之靈魂，則人之靈魂應有係犬或猴者。然犬猴之靈魂只能形成犬猴之身體。如犬猴之靈魂投入人胎，仍只能形成犬猴身體，則人應有生犬猴者。此事實不可能，除非生物學根本不立。若除保持原來靈魂外，尙須增加人類之靈魂一部，則此部自何來？如何與犬猴靈魂合？實無從解答。若謂犬猴之靈魂所能形成之身體雖必類犬猴，然以投入人胎之故，遂自然有一部物質附合於犬猴靈魂所形成之身體而拼成人形，故人不至生犬猴；則彼時人之身體應失其單一性，而一部有靈魂一部無靈魂矣。此靈魂論之二難也。三則其他生物如有靈魂，則其他生物之生命單位，有根本不可定者，將如何解說。如螞蝗無論裂其體爲若干部份，均可單獨成一螞蝗；蚜蟲一卵細胞可成一蚜蟲，再加一精細胞亦成一蚜蟲。若謂一生物化爲多生物時必有多生物之靈魂來，多生物化爲一生物時必有多生物之靈魂去，則吾將問如何知之。若謂此據靈魂不可分合之理故知，則我將問：汝所謂靈魂不可分合之理究何所本，非本於高等動物之有不可分合之單獨個體性耶？汝所謂直接經驗非本此耶？若謂汝之直接經驗不來自此，而來自反身內省，則何以休謨等反身內省而不得也？若汝可本高等動物之不可分合性而主靈魂不可分合，人又何嘗不可根據低級生物之無不可分合之單獨個體性主靈魂之可分合耶？是則主其他生物有靈魂，對於個體流轉不朽論，非特不能救其難，且為之增加三難矣。

由上可知主張不朽之十說，殆皆未能完滿。故不少哲人遂倡不朽問題根本不能成立之論，欲藉取消此問題以解決此問題。此論亦有十種，然其不能成立亦與前述之十說同，今試一一列而論之如後：

一、人應只盡人道論　人只應盡人道。未知生，焉知死。人之所以求不死者，蓋出於私欲也。生命者，流行不已也，自強不息也。人之所努力者，唯在使此生命之流行，無時或殆日進無疆而已，能如此努力之人，彼唯夙興夜寐，孳孳為善，故「朝聞道夕死可矣」，何暇思及歿身以後求不死之徵。故求不死者私欲。此宋明儒者之恆言也。

此說非也。人之發憤忘食，樂以忘憂，而不暇問生死之源者，誠有之矣；然此非所以語生死不應問，不朽不應求也。蓋不暇者有時而暇，任何剛健邁往天下己任之聖哲，當其獨立蒼茫之際，孰又能不生前不見古人後不見來者之悲感乎？人誠應盡人道，努力實現人之所以為人。然人之要求中有不死之要求，乃人之恆性，而人之所以為人者也。人應實現人之所以為人，則不死要求之滿足，亦人之責也。

二、無時不死論　夫死不足悲者也。世間之物本遷流不已，法爾如是，無容致怪。人之生也，忽而髫齡，忽而青鬢，忽無壯歲，忽而白頭。新吾旣生，舊吾斯滅，刹那刹那，方生方死，無時不生，無時不死。吾人憂死則應無時不憂死，吾人悲死則應無時不悲死矣。吾人旣不悲新舊吾之相代，又何悲新舊人之相代也？

斯說亦非也。蓋細胞之新陳迭更，新舊吾之刹那交替，雖可云廣義之死；然吾人固可覺吾人之人格仍連續不斷也。舊細胞去，新細胞來，舊吾去，新吾來，吾人仍可覺此如我之一體。至於一旦魂斷，永逝人間，潛寐黃泉，千載不寤，則烏可與之等量齊觀乎？

三、生卽無限論　吾人之所以憂死悲死者，以人壽有限，不似天地之無限也。然人之壽果有限乎？吾人之壽無論彭殤，殆均可謂無限。顏子可謂早夭，然以其三十二之年（或考定爲四十二年今不必問），析之爲月，再析爲日、時、分、秒以至無窮，則三十二年之壽亦無限也。循斯以談，縱顏子才生卽死，其壽亦無限也。以金石天地與顏子比，彼固不能如金石之與天地同壽；然與無限小之刹那比，顏子之壽固無限也。故莊子曰：「天下莫大乎丘毫之末，而泰山爲小；莫壽乎殤子，而彭祖爲夭。」由此觀之，「早終非命促」，死又何悲？

此言之非，顯又易見。蓋任何時間自內而抽象分之，誠均可謂無限；然自內抽象分之之無限，實非外延之無限也。縱謂顏子之壽自內析之爲無限刹那；然三十二之年爲有限，「一死生爲虛誕齊彭殤爲妄作」之言是矣。

四、死者休息論　人生勞苦，而死則休息。孔子曰：「大哉死乎，君子息焉，小人休焉。」人不能有晝之作而無夜之眠，故亦不能有生之勞而無死之逸。人既好逸而惡勞，何不好死而惡生？莊子曰：「予惡乎知悅生之非惑耶？」何不任大塊之息我以死也？

斯說之爲強自慰藉之言蓋至明。何聞其言而不究生死之源者之多也。休息睡眠可復醒，而死不可復生，此人皆知者也。人之生若誠太苦，死固可以免苦，然人之生究苦多樂多，仍是問題。以人之愛生觀之，則至少可言人之信生之樂多於苦也。人信生之樂多於苦而悅生，終不免於死，是則悲劇所由生矣。若謂此乃人之妄信，則反面之理由又將安出？予誠惡乎知悅生之非惑耶，吾又惡乎知悅生之非惑耶？莊生終無術以破人悅生之心，是人悅生而不免於死之悲劇終不可避矣！

五、人應順自然論　人者自然之產物，我生非我有，是天地之委形也。故造化我爲鼠肝，則我爲鼠肝；以爲我蟲臂，則我爲蟲臂。善吾生乃所以善吾死。何必問其生死之究竟？蓋吾人既以生矣，則吾之視聽言動無不限於生之所及。火既焚矣，則不知其始之不燃，亦不知其終之將熄；水既流矣，則不自知其先之自來，亦不知後之所往；人既生矣自不知其生爲或使，死將安歸。以生於自然者終不能越自然安排其生時所加之限制也，與其求知之而終於不可知，孰若順自然無容心以生耶？

斯說亦似是而實非也。蓋水火無知，人則有覺，水火可不問其始終，人則不能不問也。若謂人應求自然，不越自然所加於吾人之限制，則吾將曰：自然眞加限制於吾人，則不應使吾人復生追索生前死後之心；吾人既有追索生前死後之心，則自然未嘗加吾人以限制可知。若謂卽此追索生前死後之心亦卽自然所賦與而加於吾人之限制，則吾人追索生前死後之心亦卽自然限制中之正當活動；追索生前死後，正所以順自然也！

六、死根本不可遇論　死者人之消滅。人當存在時死必不存在，死存在時人必不存在。是人與死永不能遇，死安能成人之問題哉？此伊辟鳩魯之說也。

斯說之失，亦顯易見。蓋此說將抽象之死與抽象之人對比，故言二者不能相遇。充斯之極，勢必以為人無死——以人與死終不能相遇。然人固有死；斯說之不能成立明矣。

七、求不朽為原人思想論　人要求不朽根本卽來源於一錯誤觀念，卽相信自己身體敗壞之後猶有殘餘之存在是也。此種相信，復本於原人之生氣說。原始人見人死後則呼吸停止，故以人之生由於之口中氣，彼輩以此氣為生氣，遂以人為肉體及生氣復合而成，而有人肉體毀壞後應尙有殘餘之存在之觀念。吾人今既不信生氣說，又安可相信由生氣說而來之肉體毀壞以後，尙有殘餘之觀念。若去此觀念，人又何至有不朽之要求乎？

此說亦非也。蓋縱謂人之求不朽，最初由於相信人之肉體毀壞以後有殘餘之生氣存在，然不能謂觀人之求不朽，均係由於相信人之肉體毀壞後有殘餘之生氣存在也。人固早知原人所謂生氣，不過呼吸之氣矣，然今人因仍有不朽之要求。然則謂今人不朽之要求，與原人出自一種心理而應去之，豈誠篤之論哉！

八、有死生方貴論　世間之價值相對而有。有惡而後善足尊，有醜而後美堪珍，有死而後生方貴。死者，雲也；生者，月也。不烘雲，安能托月；不有死之黯澹，焉顯生之光華？人唯明知死之不可免而終努力不懈，是乃眞正之肯定人生，是乃可稱人生悲壯劇之演員，是乃足表現人生之莊嚴與神聖也。

斯說亦非也。眞美善之價值之分辨，雖待對比僞醜惡而後有，然眞美善價值之本身，不待僞醜惡而後有。眞正好眞美善者，必欲去僞醜惡而全代以眞美善，若眞美善不能離僞醜惡，則僞醜惡將永無由去矣。生之分辨雖必與死相對而後有，生之本身不必待死而後有。烘雲固可托月，然烘雲托月，雲月並存。死生不並存，未可相比也。至於明知死在眉睫，仍猶努力不懈，此種精神誠可貴。然若此種精神不隨死而消滅，不更可貴哉？

九、求不朽出於生活意義之貧乏論　人之生活意義豐富者，覺此生即有無限之價值，無限之意義，彼必不求不朽。人之所以求不朽者，蓋其生活意義過於貧乏而感其有限，又不努力充實其生活意義，故只得希圖生命不朽，以期多享受生命意義耳！

斯說亦非也。人之生活意義豐富者時覺其生活之意義價值無限，固是事實。然而，其所覺生活意義之無限與生命之有限終爲二事。後者之有限不能使前者之無限爲有限；前者之無限又焉能使後者之有限爲無限哉？覺其本身生活意義之無限者，當一心但思其生活意義之無限時，固忘其生命之有限而暫不求不朽。然以人之覺生活意義有無限豐富者暫不求不朽，因而斷定求不朽者必其生活意義貧乏，而又懶惰不努力以充實生活意義，則無論理根據也。

十、求不朽由於太重視人主觀之要求論　人之求不朽蓋由相信宇宙於人必有情而非淡漠，故以爲人有不朽之要求，則宇宙必有不朽之事實。不知人之要求根本爲人主觀心理之產物，主觀心理自主觀心理，客觀事實自客觀事實。主觀心理無論有如何迫切之要求，絲毫不能作客觀必有此事實之證。客觀事實自有其鐵的紀律，決不能以主觀心理而轉移。吾人若知此理，則知吾人主觀之不朽要求不過主觀之不朽要求；自不至強求客觀上之不朽矣。何有不朽問題之可言哉？

此說亦非也。蓋此說之根本前提卽待成立。此說之根本前提在以主客爲不可溝通之二元，故以心理之要求與客觀事實爲絕對分立。不知主客若爲不可溝通之二元，則姑無論一切認識或不可能，卽此說所斥之主觀之不朽要求亦不當有。蓋主觀之不朽要求，卽要求客觀有不朽之事實。若主客爲根本二元，卽主觀不能對客觀有此要求。主觀之對客觀有此要求，是主觀已超越主觀而與客觀連接。誠然說者可謂此客觀仍是主觀之客觀，然吾當問若主觀客觀既爲不可溝通之二元；何以客觀可流入主觀而成主觀之客觀？客觀既已流入主觀，豈復能謂主觀與客觀乃不可溝通之二元？若說者謂此主觀的客觀仍根本隸於主觀，外有客觀的客觀與此相對，仍成不可溝通之二元。則我當謂此客觀的客觀吾人仍可對之有要求，是仍可與主觀連接。雖說者於此可再反復其論，然我亦可作同等之反復。可知主觀客觀絕對分立之說，實不能立。主觀客觀既非絕對分立，則焉能謂客觀宇宙於人必淡漠而無情哉？

由以上所論，是各種否認不朽問題之說，其建立之主張均不能立；而一切欲取消此問題以解決此問題者，亦無不陷於失敗。然則，此問題之解決，不已陷於無救藥之窮途乎？曰不然。余非好作悲觀之兩難論者也。吾之旨篇首已明，惟在特指出此問題耳！持承認不朽後四說之哲學家，於提出積極建立主張時，雖多無完滿之說，然於要求不朽之正當與不朽之可能已有以啟示吾人，而完善之不朽說必備之條件，亦由承認不朽諸說之缺點處，呈露而出。故此問題之解決非無望，唯尚待好學深思之士循之以成系統之論耳！今將此三點分別略論，以結束此文。

一、不朽要求之正當　不朽要求之正當可分二：一爲自道德言爲正當；二爲自論理言爲正當。

(一) 自道德言爲正當。道德行爲之本質，卽爲實現價值保存價值。生命之存在無論何派道德學說必承認爲有價值者——縱無本身價值亦必有工具價值者。故要求生命之繼續存在，自可謂爲保存價值之道德行爲——至少非不道德行爲——而可稱爲正當之要求。

(二) 自論理言爲正當。吾人之思想行爲蓋皆在變中求常。一切科學藝術政治宗教之可能，無不本於此。吾人既無往不於變中有常，則吾人之求吾人人格之常於變中，亦自吾人理性上應有之權。吾人人格若果一死卽煙落銷沉，化爲異物，則實爲有變無常也。故吾人求其不朽不墮斷滅，實爲論理上之應然。

二、不朽之可能　關於不朽之可能可姑分爲五證：一、如宇宙爲合理，必不能使吾人主觀之要求永爲主觀之要求；二、如宇宙爲合理必不能有斷滅；三、人之生命爲一過程不能倏忽停止；四、人要求不朽卽可證人非一有限之存在；五、身體與心二者間只有函數關係。今試分別略釋之：

（一）如宇宙爲合理，必不能使吾人主觀之要求永爲主觀要求。主觀客觀之不能絕對分立，上文已言之。主觀客觀既不能絕對分立，則宇宙如合理，主觀客觀必不能互相矛盾，而應互相諧和。故吾人主觀之要求必不能限於主觀要求，而應取得其客觀之保障。蓋吾人主觀之要求卽對客觀而施其要求也。吾人既有主觀不朽之要求，亦應有客觀不朽事實爲之保障——以吾人此主觀不朽之要求，卽要求客觀有不朽事實。若客觀無此事實，則主觀客觀互相矛盾，而宇宙爲不合理——以主觀客觀原爲構成宇宙之兩面也。（此段與前評求不朽由於人太重主觀要求論相連，而所言方面不同。）

（二）如宇宙爲合理必不能斷滅。舍吾人恆於變中求常外，吾人可言宇宙無處不表現變中有常常中有變之狀態。故人謂宇宙爲相續似之「事」所構成。若宇宙之常中有變變中有常之普遍狀態非偶然，則宇宙如合理，必不能容人死後卽忽歸斷滅。蓋宇宙既爲變中有常常中有變，則復有斷滅，卽顯示宇宙自相矛盾而不合理也。

（三）人之生命爲一過程，不能倏忽停止。此爲就上述之二項之另一觀點言者。人之生命爲一過程，凡過程均以不住爲性，均以攜帶過去跨越現在而連接將來爲性，亦卽均以實現其可能爲性。呈於人意願中之事，於人均爲可能。故人之過程卽以達其志願爲性。凡一過程於其可能未全經度之時，決不能中止。故人於其願望未圓滿之時，亦決不能終止。人死之後必有死後生活繼之，以人死時恆有願望未達故。

（四）人要求不朽卽可證人非一有限之存在。此爲就上述一項之另一觀點而言者；人恆要求不朽努力證明不朽，此已可證人非一有限之存在。若人爲眞有限之存在，應不能要求此有限之存在變爲無限。人要求此有限之存在變爲無限，必人已認識無限；必人心已能超越此有限之存在。以能認識與所認識不可離故。（此段與前評「人應順自然不應問生死論」相連而所言方面異）

（五）身與心二者只有函數關係。吾人之心非在身體中，若心在身體中，應只思五臟六腑，隨而識外界爲不可能——至多亦只能認識外界對於身體之影響。然吾人心確能認識外界，故心決不在身體中。心之所在，據「能」「所」不離之理，應卽在其所思之境。心之所思不隨身體俱滅，故心亦不隨身體俱滅。身體所留於心中之印象者亦屬心，故身體亦有隨心不滅者。人之全人格卽等於其心之經驗全部。心之經驗全部不滅。故全人格不滅。（此段文簡，意未詳申，待另文補述。）

以上五證雖全用我語，然一二兩證唯心論者及佛家多用之；三證實用主義者及唯心論者羅哀斯、華德（Wald）、麥太噶（McTaggart）多用之，四證斯賓諾薩、愛默生均嘗用之，五證柏格孫、詹姆士多用之。此數證雖不出自一派哲學，且或爲心理之證明或爲論理之證明，然在我觀之，蓋有顚撲不破之理存，而可配入一思想系統。

三、完善不朽論應具之條件　完善之不朽論，由主張不朽之十說缺點處觀之，非具備下列之條件不可：

（一）必須以人格之不朽爲對象。

（二）必須以普遍人格之不朽爲對象。

（三）不能以抽象之大我不朽漠視小我之不朽。

（四）不能將小我視作有定數之實體。

（五）應將小我只視一生命經驗之焦點。然亦不能謂此焦點於死時立卽散去，使小我未遂其志卽消滅，而謂只有一混淪之大我生命經驗存在。須同時說明生命之超過個體性及個體性如前文所舉。

（六）須承認個體流傳有限度內之可能，並說明於何種限度內可能，且須說明投胎時與父母精神肉體之各種關係，而不悖乎各種科學所證明之事實。

（七）須說明其他生物朽或不朽之原因。

（八）須說明此不朽之生命經驗與物質世界之關係。

完善之不朽論，自我觀之，非同時具此八條件不可。然同時合此八條件，吾知其爲最難之事。蓋一一經度此八條件，必引起無量之矛盾觀念也。惟不一一經度此八條件，終難造成完滿之不朽說。孰有願本此八條件以建立一不朽說者乎？予企望之矣！是則余草此文之微意也。　二十二年二月十三日初稿

二十三年三月三十七日改稿

（一九三五年十一月「學術世界」第一卷第六期）

孔子與歌德

以歌德與孔子相比，在特別崇拜孔子或特別崇拜歌德的人一定不以爲然。他們兩方的理由，我都沒有耐心去敍述批評；我只是覺得假若我們承認最能代表中國文化精神的是孔子，同時贊成斯賓格勒(Spengler)之以浮士德的人格來象徵西洋近代的文化。那麼浮士德既是歌德的反映，一個代表中國文化，一個代表西洋近代文化，而歌德又是近代西洋人中最傾慕中國文化的人，而且我們可以說歌德的精神的歸宿是最接近中國人的精神的。所以我拿他來與孔子相提並論。

以歌德與孔子等量齊觀的，在十二年前有三葉集中的郭沫若、宗白華諸先生。最近有張君勱先生於北平晨報之一文。我覺他們之將此二人相提並論，都是信手拈些材料來隨便談談，並未把握住二人根本的人格，來作一對稱式的比較。而且也只論及二人之相同點，而忽略其相異點。我現在先論歌德與孔子人格的相同點，爲明白起見，我把它分成六項；但是這幾項自有其邏輯上必然的聯繫，並不是獨立的；讀者可以次第看出。

一、生活之極端肯定　歌德的人格之本質的本質，我想只是對於生活的極端肯定。在浮士德中有兩句話：

我有敢於入世的膽量，
下界的苦樂我要一概擔當。

這二句話透洩了歌德生活的神髓。歌德在他生活的行程中是無時不肯定，不負責，不努力，想這世界賦與他生活的每段意義與價值！他是：「永遠固執著這世界的衣裳，貪婪的兩手向著寶藏深挖！」然而他卻覺得是：「自然，我們被它包圍，被它環抱，携帶著我們加入它跳舞的圈子，帶著我們動！」他卻覺得是：「人都如星辰一般旋轉於其自身之重負。」所以他是永遠的追求，永遠的不能休息，永遠是浮士德的悲壯劇。

在前進中他獲得苦痛與幸福，
他是沒有瞬間能滿足的。

所以他無時不感到幻滅，無時不感到內心有不可塡補的缺憾。人間的一切享受，物質的舒適，虛榮的歡喜，藝術的創作，戀愛的陶醉，知識的探索，……他都曾深刻的體驗過；但他對於所愛過的一切異性只終於不可避免的負心。對於所學過的一切學問，只終於最後的厭倦。……所以他覺得他的生命史上只充滿著罪過同苦惱；然而他對於他生活的本身依然執著，依然緊張地「前進」。他要肯定這罪過同苦惱，他要把生命的勝利就建築在他的敵人——罪過同苦惱——的城堡上。他要把一切的幻滅同缺憾都認爲是使他人格完成的必經階段。於是「中宵倚案煩惱齊天」的浮士德終於得救。得救在「惟有不斷的努力者我們可以解脫之」一句天使的話裏！得救在「一切生滅者皆是一象徵」裏！在這因無限追求而感到的流轉幻化的世間，他「吞飲了永恆的光輝」。我們將看見歌德其他一切人格上的優點，都是從其對生活之極端肯定上產生。不過當前的事，是以孔子來與歌德比看。

孔子在生活上同是絕對肯定的人。「天行健，君子以自強不息。」是他生活上基本的信念。「發憤忘食，不知老之將至。」是他唯一可靠的自己最深刻的寫照。他在生活上不斷的遇著艱難同挫折，「吾少也賤。」又是一無父的孤兒。中年奔走混亂的人寰。「伐樹於宋，削迹於衞，窮於商周，圍於陳蔡，受屈於季氏，見辱於陽虎。」（見列子）「再逐於魯」（莊子讓王）但是楚狂接輿歌不曾冷他的熱誠，長沮桀溺的諷刺，不曾使他生活的努力微微搖顫；毀謗他「熱中」同佞的話，永遠不能攪動他「知其不可而爲」的決心。他明明知道如斯的逝水，是象徵一切努力終如幻化而歸於「不可」。然而他依然不舍晝夜，在流轉的川上建立他的「爲」。如此，他同歌德一樣，吞飲了永恆的光輝——表現在無限求中的永恆的光輝。易經繫辭傳縱然非孔子作，然而當係孔門傳下的思想；而孔子曾學易，曾見於孔門弟子正確的記載：「加我數年，五十以學易。」易是一部宇宙生滅變化的圖書，開始於「乾」的追求，終於「未濟」的幻滅。然而孔子卻正要肯定這生滅變化的宇宙，而在其上建立其不易的至健至剛的生活態度！

二、生活之各方面化　生活本是有機的全體。「萬彙本一如，彼此相聯帶，相依爲命，那可分開。」一個在生活上負責肯定的人，無論從某一部生活下手，將必然地走到生活底各方面。你將不停止你生活的擴張，因爲你不能停止你生活的擴張。天才是多方面的，不是因爲天才注定是多方面，是因爲天才必然對生活負責肯定。天才一在生活上肯定了某點，便附着於某點之被拖著，不可休息地奔馳遍相聯繫的生活園地。歌德在生活上既然是最負責最肯定的人，所以他的生活也有無限的方面，而無窮的豐富。宗白華先生「歌德之人生啟示」中說：「沒有整個的歌德，而呈現著無數歌德的圖畫。首先有少年歌德與老年歌德之分，細看來，可以說有萊布齊希大學學生的歌德，有一個少年維特的歌德，有一個魏瑪朝庭的歌德，有一個意大利旅行中的歌德，與席勒交友時的歌德，艾克曼談話中的聖人歌德。……歌德每一次生活的變遷，就啟示一次人生生活上的重大意義。……每種生活的過程裏，都是一個整個的歌德在內。維特時代的歌德，完全是一個多情善感熱愛自然的青年，著伊非格尼Iphigenie 的歌德完全是個清明儒雅徘徊於羅馬古墟中希臘的人。他從人性之南極走到北極，……然而每個人都是新鮮活潑原版的人。……歌德的一生並非自迷途走到眞理，乃是繼續地經歷全人生的各式形態。……」所以他在浮士德中說：「我要在內在的自我中深深領略全人類所賦有的一切，最崇高的最深遠的我都要了解。我要把全人類的苦樂堆積在我的胸心，我的小我便擴大成爲全人類的大我，我願和全人類一樣最後歸於消滅。」歌德明明知道最後歸於消滅，然而他依然想把他的小我擴大成全人類的大我。他依然高呼：「你想走向無盡嗎？你要在有限裏面往各方面行走！」各方面行走遍，小我便擴大爲全人類的大我，而成無盡。這無盡的大我雖最後歸於消滅，然而終實現了無盡。這大我所實現的無盡性仍不消滅。因此，歌德是詩人，然而他的生活比詩還美好。「誰人看見了這個無數彩色內耀的光圈，環繞著歌德的全人格，就會承認文藝的光圈，只是這圈之一部份。」（Bielschowshy 歌德論。宗白華譯）他是一顏色學家，他曾下細地觀察光線的屈折。他是一動物學家，曾親自解剖骨骼與肌肉。他是法學家，可同人瑣碎地討論破產法。他又是礦物學家、地質學家、植物學家。所以他在浮士德的開始就說：「哲學呀，法律呀，醫典，甚至神的一切簡編，我如今啊！都已努力鑽研遍。」然而歌德尙不只是一各方面的學者。他同時又是政治家。他曾當一國的宰相數十年；曾爲該國辦許多文化的事業。Wleiand 說：「歌德是人性中之至人。」歌德眞是人性中之至人啊；他是「各種生活都可以過而又不失自己」的至人啊！

歌德固然是人性中之至人，孔子更是人性中之至人。人人都知道，孔子是大敎育家，他敎育一切人，「來者不拒」，「有敎無類」，他的講堂莫有門禁。他又善因材施敎，對各種不同的人作一問題各種不同的答案，如答弟子之問仁問孝。他又是政治家，在魯三月而國大治的話，近人雖多不信，然而他曾爲魯國相是眞的。夾谷之會，孔子曾爲魯國辦一次勝利的外交，也是可靠的。孔子的知識技藝之博也是可驚的。孔子曾被太宰稱：「夫子聖者與，何其多能也！」子貢曰：「固天縱之將聖又多能也。」子貢在他處又答復人問：「仲尼焉學？」道：「夫子焉不學！」孔子亦自謂：「吾少也賤，故多能鄙事。」雖然孔子自以爲：「君子多乎哉，不多也。」教人亦似不重知識，宋明儒者便以爲孔子之教全不重知識，似乎多學而識，非孔子人格之要素。但是從另一方面看，孔子也十分著重知識。如教人讀詩，以多識於鳥獸草木之名，便是教人得純粹的知識。古文學家的孔子，亦復是一知識的傳授者，顏元李塨的孔子，更是以多才多藝教人的人。所以我們以孔子只是教人讀書得書本知識如胡適之說固不對，然一定說孔子看不起知識如宋明儒者也不行。此外，孔子又是詩人。他曾說「興於詩」；他常常徵引詩；他的弟子陳亢首先問伯魚「子學詩乎」，可知孔子實以興於詩爲先教。孔子曾稱讚詩之長處：「詩可以興，可以觀，可以羣，可以怨，邇之事父，遠之事君，多識於鳥獸草木之名。」我們不曾見孔子曾稱讚其他任何學問有甚於此。孔子同時又是音樂家，他曾學琴於師襄；「子與人歌而善，必使反之，而後和之。」「子在齊聞韶，三月不知肉味。」可知他如何陶醉於音樂中。他曾評太師樂如何好：「始作翕如也，從之純如也。……」又曾評子路榮不好謂：「由之瑟，奚爲於丘之門。」他曾謂音樂應以盡美盡善爲理想。他曾「自衞返魯」去正樂。「子之武城，聞弦歌之聲。」更可知孔子弟子均深受樂教影響。難怪墨子非儒篇說「孔子強歌鼓舞以聚徒」了！後來儒者均把孔子看作一個不近人情的道學先生；然而我們將子路曾皙……侍坐一篇看，子路、公西華、冉有那樣的志在福國利民，並不爲孔子所特嘉許，乃一當著老師正在談話時，自己自由鼓瑟的曾皙的話：「暮春者，春服既成，冠者五六人，童子六七人，浴乎沂，風乎舞雩。」卻反被孔子特別同情，可知孔子本人實在是一很重視藝術生活的人，那裏如程朱所說那樣道貌岸然的呢？

三、樂觀　世界只是萬象的流轉。有限的生命常是就流的萬象中選擇一部，以爲愛惡。所以有限的生命無一不因萬象的流轉而必感幻滅。然而一個極端肯定生命的人，卻將承受了一切流轉的萬象而依然樂觀。他能任他選擇的一部底幻滅，因爲他能隨時調換他新的追求。好比當二三月瀑布上流冰解凍，許多冰塊向瀑布下奔流的時節，他所站立的冰塊，雖馬上快要爲急流衝下瀑布去，然而他很快的便離開那冰塊而踏上另一冰塊；另一冰塊快要落下，他又踏上另一冰塊。他縱然也許永遠站在瀑布之旁，隨時有滅頂的危險；然而他也永遠不能眞正隨波覆沒。這樣的一個人，雖然同一般人一樣的看著世間萬象的流轉，然而他卻不如一般人一樣爲感幻滅而悲哀而頹廢。這種人相信命運，因爲他明明深切覺著萬象的流轉；但唯其相信命運，所以他能超脫命運，因爲他能靜觀命運從他心靈中經過；所以這種人建築樂觀於悲觀之上，好比搭一座橋，歌德是這種人，孔子也是這種人。歌德從來不懊悔他的過去，他在生活最煩惱不得解脫的時候，他能立地放下屠刀，突然逃走，另闢新生活的領域。所以他敢於承當一切的苦樂，敢於「縱身在時代奔波」，敢於「縱身在事變的車輪」。因此他在戀愛上感到無數次痛苦，他仍要去追逐所謂永遠的女性。在知識上感到無數次空虛，他仍要求探索太初的秘密。

他明明知道命運支配著他生活的一切，所以他在 Egmont 一劇中借一少年之之口說：「時間之奔馬，好像受着不可見的精靈的驅策，拖著我們命運的輕車向前奔馳。」然而他下面續卽說道：「我們呢！我們只有握著轠繩驅車前進！」這不是我所謂極端樂觀的人生態度嗎？孔子常說：「君子不憂不懼。」「仁者不憂！」「君子坦蕩蕩！」「曲肱而枕之，樂在其中矣。」其稱顏淵之最好處，卽在能不改其樂。論語第一章就是：「學而時習之，不亦悅乎。」孔子一生無量次政治的失敗，相傳他曾干七十二君，然而終於道不行；但他始終未說悲觀的說。他相信：「道之將行也與？命也！道之將廢也與？命也！」他相信：「天或將喪斯文，天或未喪斯文。」然而他卻樂天知命。他說：「不知命，無以爲君子。」他只要「內省不疚」，「嘗求諸己」，便「何憂何懼」！這又不是樂觀的人生態度嗎？

四、生活的和諧　一個正視人生肯定人生的人，必然使生活多方面化。所以一個正視人生肯定人生的人，自己自然創造他生活的矛盾，破壞他生活的平衡，擾亂他生活原有的和諧。但是一個生活已多方面化的人，卻必然又將從其生活的內部形成生活的統一，生活的和諧；矛盾的生活相互磨去其稜角，或相擠而擴大其所佔的位置，以求最後的協合。所以一個偉大的人格一方定是情感的奔流，一方定是理智的規範；二者成爲辯證地發展。這就是德國近代偉大的社會哲學家息默爾 Simmel 所謂生命的本質，就是建設形式與破壞形式的交替。不過一般人之建設形式與破壞形式常表現得不顯露，偉大的人格之所以偉大，就是在最能破壞形式，也是需要建設形式。歌德曾說：「……努力自身如同我們的煩悶，一樣阻礙著我們的前程。」這是表示歌德之需要形式的節制。然而：「他從形體流出，使形體生美，形體又阻障著他的行程。」因此，歌德和理想，是形式與生命的努力的和諧，由生命以得形式，由形式以得生命，所以他在自然讚歌中唱道：

自然永遠創造新的形體，去者不復返，來者永遠新。……他的中間是永恆的生命演進，活動。但他自己並未曾移走。生命是他最美的發明；……死亡是他的手段以多得生命。

這是歌德的形式生命的關係觀。也就是歌德的形式生命諧和的理想觀。

——要依着永恆的正直的偉大的定律，完成著我們生命的圈。

——一個有限的圈子範圍著我們的人生，世世代代，排列在無盡的生命底線上。

這兩句詩更將歌德的生命形式的諧和的理想明白表示了！我們來看孔子的相類的人生理想。

孔子的人生理想，一是禮，一是樂。禮樂之意，並不只是禮節音樂而已。孔子說：「禮云禮云，玉帛云乎哉？樂云樂云，鐘鼓云乎哉？」然則禮樂是什麼？我可以大膽的說，孔子所謂禮，就是相當於歌德所謂形式；樂，就是相當於歌德所謂生命。孔子所謂禮，就是形式的節制之德。「林放問禮之本，子曰：大哉問！禮與其奢也寧儉，與其易也寧戚。」不正是節制之德嗎？又如：「子入太廟每事問。或曰：孰謂鄹人之子知禮乎？入太廟每事問。」而孔子卻答道：「是禮也。」爲什麼入太廟每事問正是禮？因爲每事問表示謙恭，謙恭是節制，所以是禮。不必知太廟之禮節才是禮。我們再看孔子的嫡傳弟子著的樂記說：「大禮與天地同節。」「禮者天地之序也。」「禮者殊事合敬者也。」都可知禮不過節制秩序之意。至於樂，樂記中說：「大樂與天地同和。」「樂者天地之和也。」「樂者敦和。」和者活動活潑之謂，流動活潑者，生命之象徵也。孔子教人，恆是禮樂雙管齊下：因爲「樂勝則流，禮勝則離。」樂勝則流者，言生命之衝動無節，將片面而失軌範也。禮勝則離者，言規則太嚴，生命將約束於形式也。所以禮之用要和爲貴，樂要盡美且盡善。孔子所謂禮樂之和諧，不正是歌德所謂流動與定律、生命與形式之和諧嗎？所以，孔子一生對人類有無限的熱誠，情感非常肫摯。「顏淵死，子哭之慟。」「子食於有喪者之側，未嘗飽也。」然而他救世依然「進以禮退以義」。子夏哭子喪明，孔子仍責備他太不能節制其情。可知孔子本身便是一禮樂和諧的人格。惜乎孔子之學，自秦以後，便只有禮教而無樂教；亦只有禮節之教，孔子遂由一偉大的人格，而成一只講禮法以約束人性的君子了！

五、現世主義的人間世的　歌德孔子的人格根本的一點，只是肯定生活，我早已說了。現在再就兩點來說：一點就孔子歌德的生活態度與時間空間的關係來說；一點是就他們的宗教觀來說。我們若將孔子歌德的生活的態度與時間空間的關係來說，那麼從時間上說孔子歌德都是現世主義的，從空間上說都是人間世的。因爲孔子、歌德都是肯定生活的人，在生活上經歷一切，而又找尋著和諧永遠樂觀的人，所以生活本身的意義已無限的豐富，够他享受，他不必希望來生，因爲今生已是無限的悠久。

他不必希望彼界，此界卽是他們的天國。今生的努力失敗，不必要來生的報償，因爲在今生的努力本身已有其內在的價值。今生的罪惡同卑劣，不必要彼界來超度。在不斷努力中，眞美善必然逐漸呈現而昇化一切罪惡同卑劣；於是煩惱卽菩提，穢土卽淨土。他們的生活只繫着於這世界，用不着用幻想於塡滿超世間的虛空來自慰。所以歌德說：「人生無論怎樣都是好的。」他少時以情感是一切，老時以事業爲一切。他說：「我絲毫不顧甚麼來生。」他的詩句：「人類孩兒最高的幸福，是他的人格。」此世界人類最高的幸福，唯只有在人格中乃能尋到。浮士德雖然想打破這世界，要猛烈的離去凡境，向崇高的境地飛馳。浮士德最後升了天，然而他打破這世界，新建設的世界依然是這世界；他離去凡境，只是賦與凡境新的意義。他的升天，正象徵他是盡了人性。我們可指著歌德道：「這是超人。」然正因「這是一個人」。（拿破崙謂歌德）孔子亦復如此。孔子人格的豐富，顏淵說得好：「仰之彌高，鑽之彌堅，瞻之在前，忽焉在後。」可知孔子生活之意義與價值之無盡。所以他不談鬼神，不談死後。他只見其進，不見其止，以盡其性。他只求朝聞道賦與生活的意義價值，夕死也無妨。他只要得一個完滿的人格，他便願意燬滅，這不正是浮士德與靡非斯特定約的話嗎？

六、泛神的宗教　一切偉大的人格都有他宗教的信仰。孔子與歌德在生活上是極端的肯定，是各方面的發展，是崇高的樂觀，是生命形式的和諧，是現世主義，人間世的。所以他們的生活處處值得謳歌，值得讚嘆。他們的生活就是他們的宇宙，所以他們投射他們的生活於大宇宙中，而謳歌讚嘆today

們的宇宙。所以他們以爲宇宙充滿著神，神遍一切。所以歌德於二十歲時日記上卽說：「世界萬物都屬於神的本質，……若將自然與神分開而論，則必困難百出，因吾人唯有從自然而後得知神；……。以吾人爲神之子，故吾人自有生以來卽崇拜神。」「凡人愈有作人之精神，則愈歸進於神。」又說：「自然萬象中所顯示者，厥爲一神。」這些都可表示歌德實爲一信泛神論的宗教者。孔子在論語中曾說：「默而識之。」曾說：「天何言哉，四時行焉，百物生焉！」可知他如何讚美這世界的萬物。中庸雖不必是子思作，然係孔子嫡傳弟子作無疑。中庸：「洋洋乎發育萬物。」「天地位焉，萬物育焉。」「其生物不測」都是讚美生命的！「鬼神之爲德，其至已乎，視之而弗見，聽之而弗聞。」「體物而不可遺。」更是明白的泛神思想。易繫傳雖非孔子作，然爲孔在邏輯上必假設之形而上學。繫辭傳論神更多；說卦：「神也者，妙萬物而爲言也。」又說：「神無方而易無體。」均爲明白的泛神思想。繫辭又說：「陰陽不測之謂神。」萬物不外陰陽，這又不是泛神思想嗎？

以上六點，我已將孔子、歌德之同處論了。現在我須得來論歌德、孔子二人之異點。關於二人之異點，只將他們二人對生活的肯定不同之處指出，便可知其他處之不同了！

歌德孔子同是對於生活極端肯定負責。但我們知道歌德對於生活之肯定，常使他在某一時期整個投身於某生活。他在戀愛時，戀愛是他的一切，他在研究科學，他全部心便在科學。宗白華先生說：「歌德每段生活裏，均有整個的歌德在內。」這是說歌德寄托他的整個靈魂於他每段生活裏。所以歌德的生活我們可以分段來研究。然而孔子這偉大人格的形成卻不是如此。我們現在雖然缺乏孔子傳記可以知道孔子是否亦如歌德曾將其一時期生活專安排於生活之一方面，然而我們據孔子的自述：「十五志於學，三十而立，四十而不惑，五十而知天命，六十而耳順，七十而從心所欲，不踰矩。」我們總覺他的生活前後是向著一目標發展，年年有進步。我們再看當時人對於孔子的記載同論語中孔子前後說的話矛盾很少，使我們不能承認孔子是在某一時期僅過某一類生活，如歌德一般的。孔子常敎人「毋意、毋必、毋固、毋我」；又說「無可無不可」，又說「不為已甚」；這類話在歌德口中雖有，如其讚美中國文化之優點時；但是歌德這類話與歌德相反類話比，則遠不及孔子之多。所以我覺得孔子一定不是捨得拿他整個生活在一時期肯定於一特殊方面的人。然而孔子人格的完滿豐富，又是不容否認的事。然則孔子人格是如何的完滿豐富呢？我覺得歌德人格之偉大，可以說由於加添，由於在不同時期添加了新的人格內容。孔子人格之偉大可以說由於放大；由於在不同時期，逐漸於說放大原有雛形的多方面的人格內容。當然我說這兩句話並不是說歌德在加添了新的人格內容之後，與原生活莫有交涉，而只是各部分裂的人格；因為歌德的人格顯然愈到後來愈和諧。同樣也不是說孔子人格放大之後，原生活毫無新意義加入；因為孔子的人格晚年比早年複雜得多。不過我總覺得歌德是比較愛拿某一定時期專過某種生活，而孔子是在同一時期常有各方面之生活——如一面干政一面與從游講學；前者經無數段時期而形成其偉大的人格，後者經逐年發展而各方面生活均次第登峯造極。前者生活史的縱切面就相當於後者生活史最後段的橫切面。同樣是豐富是偉大，同樣是產生於生活之極端肯定。

我這種對於孔子、歌德異點的解釋，假如是眞的，我們可以孔子來象徵中國人，歌德來象徵西洋人——假如我們不承認孔子是影響一切中國人，歌德是影響一切西洋人的英雄史觀的話。

西洋近代的人大概都是專業化，這專業化不正是歌德在某一時期專過某一段生活的精神；終身專於一業，不正是沒有歌德生活欲那樣廣的人必然的歸宿？

中國過去的學人是想無所不通文學、史學、哲學、政治、醫方、書、畫、琴、棋、……這不正是孔子時時都無可無不可地各種生活的精神。博學而無所成，不正是沒有孔子生活欲那樣強的人必然的歸宿？

（一九三二年九月「國風半月刊」第一卷第三期）

索引

索引說明：

一　索引區分爲二部分：㈠人名索引，㈡內容索引。另附外文人名中譯對照表。

二　內容索引以名詞概念爲單位。

三　索引以筆劃多少爲序，外文人名中譯對照表順英文字母爲序。

四　索引中所標示的頁數，即本書每頁兩旁的頁數。其中有標明「序」或「附」者，乃分別指示「序言」或「附編」部分的頁數。

五　本索引編製人莊力臣。

(一) 人名索引

四　劃

五　劃

六　劃

七　劃

八　劃

九　劃

十劃

十一劃

十二劃

十三劃

十四劃

十五劃

十六劃

十七劃

十八劃

十九劃

二十劃

二十一劃

二十二劃

(二) 內容索引

一劃

二劃

三劃

四　劃

五劃

六　劃

七　劃

八　劃

九劃

十劃

十一劃

十二劃

十三劃

十四劃

十五劃

十六劃

十七劃

十八劃

十九劃

二十劃

二十一劃

二十三劃

二十四劃

二十五劃

Galileo 蓋律雷
Gentile, G 魯提勒
Geothe 歌德
Geulincx, A 衮林克
Green, T.H. 格林
Guyan, J.M. 居友

Haeckel, E. 赫克爾
Haldane, G.S. 霍爾登
Hartley, D. 哈特列
Hartmann, N 哈特曼
Hegel G.W.F. 里格爾
Heidgger, M 海德格
Heracilitns 赫拉克萊丢斯
Hobbes, T. 霍布士
Horkings 霍金
Holt, E.B. 霍爾特
Hume, D. 休姆
Huseerl, E 虎寒爾

James, W. 詹姆士
Jesus Christ 耶蘇
Joans 瓊斯

Kant, I. 康德
Keyserling, G. H. 凱塞林

Laird, J. 淶爾特
Leibniz, G.W. 萊布幫玆
Leighton 來登
Le Roy 勒努維
Locke, J. 洛克
Longer 康格耳
Lotze, R.H. 洛慈
Lovejoy, A. O. 勃夫局

Mach, E. 馬黑
Magrus 馬格奈斯
Malebranche, N. 馬爾布朗覆
Marcus Aurelius 馬喀斯奧利略
MaTggart, I.M.C. 麥克太噶爾、麥太加
Meinong, A. 梅農
Mill, J.S. 彌爾
Minkosky 閔可斯基
Mooore, G.E. 摩爾（耳）
Morgan, L. 摩根

Neyerson 梅演生
Newton, I. 牛頓
Nietzsche, Fr. 尼采

Parmenides 柏門尼德
Paul, St. 保羅
Peason,K. 皮爾生、皮耳生
Persy, R.B. 培黎

外文人名中譯對照表

Abclord, P.　阿伯拉
Adam Smith　亞當斯密
Albertus　阿伯塔斯
Alexander, S　亞力山大
Ambrose, St.　安博羅
Anaxagoras　安拉沙哥拉斯
Aristotes　亞里士多德
Augustinns　奥古斯丁

Bacon, F　培根
Bergson, H　柏格遜（森）
Berkeley, G　巴克萊
Bog dánov　波格達洛夫
Bontronx　布特魯
Boodin, J.E.　布丁
Bosanquet　鮑桑奎
Bowne, B.P.　褒恩
Brodley, F.H.　勃拉得來
Brightman, E.S.　布萊特曼
Bruno, G　布儒諾
Brunschwig, H.　布朗席維
Batler, S　布特勒

Cassier, E.　卡西納
Clarke, S.　拉拉克
Comte, A.　孔德
Crose, B.　克羅采
Cudworth. R.　卡德魯

Dawin C.　達父文
Debórin　德波林
Democnitus　德謨克利託
Deocartes, R.　笛卡兒
Dewey　杜威
Drake, D.　最克
Driesch, H.　杜里舒
Duns Scotus　鄧司科塔

Eddington, A.S.　愛丁頓
Einstein, A　愛恩斯坦
Emerson, R.W.　愛默生
Empedocles　恩比多克
Engels, F.　恩格斯
Eucken, R.　倭鏗

Faust, J.　浮士德
Fiehte, J.G.　非希特
Fischer, K.　非息

國家圖書館出版品預行編目資料

中西哲學思想之比較論文集

唐君毅著. – 全集校訂版. – 臺北市：臺灣學生，2022.06
印刷
面；公分（唐君毅全集；卷 11）

ISBN 978-957-15-1463-5 (平裝)

1. 中國哲學 2. 西洋哲學 3. 比較研究 4. 文集

110　　98008003

中西哲學思想之比較論文集

著作者　唐君毅
出版者　臺灣學生書局有限公司
發行人　楊雲龍
發行所　臺灣學生書局有限公司
地址　臺北市和平東路一段 75 巷 11 號
劃撥帳號　00024668
電話　(02)23928185
傳真　(02)23928105
E-mail　student.book@msa.hinet.net
網址　www.studentbook.com.tw
登記證字號　行政院新聞局局版北市業字第玖捌壹號
定價　新臺幣七〇〇元

一九八八年七月 全集校訂版
二〇二二年六月 全集校訂版二刷

10004

ISBN 978-957-15-1463-5 (平裝)